LA TRILOGIA MEDICEA

薬草を持つ女神ヒギエア

第二部

作曲上田真樹
作詩みなづきみのり

混声合唱組曲

カワイ出版

序　言

> 可以看到，当你想知道一些东西时，你必须阅读原始文档。
> ——司汤达，《罗马漫步》（关于利奥十世）

本书讲述的是美第奇家族 1492 年至 1527 年间的历史，近乎一本基于档案史料重建的文艺复兴时期的犯罪小说，是意大利历史的缩影。书中没有虚构的成分：最不可能的细节、最不可思议的事件、最不可能的巧合、最无法证实的预言都是真实且有依据的。弗朗切斯科·圭契阿迪尼（Francesco Guicciardini）在《佛罗伦萨史》（Storie fiorentine）中所写的内容是真实的，"这些最不起眼的东西……为最强大的实体更容易引起改变做好了准备，最终随之而来的应是共同的毁灭"，这里指的是 1492 年至 1494 年斯福尔扎家族和美第奇家族之间的决裂，"意大利的毁灭"开始了。这就是为什么我们必须关注司汤达和夏侠（Sciascia）非常喜欢的"真实的细微事实"，因为它们更能揭示历史中伟大的虚构。

作为《蒙泰费尔特罗之谜》的续集，《狐狸与狮子》的写作风格与之相同。本书以大众科普为目的，但研究方法依然严谨，为不少史料增添了新的阐释。从"豪华者"洛伦佐之死到"罗马之劫",本书所叙述的事件在时间上跨度很大,记载了这一代美第奇家族两位教皇和两位公爵所取得的巨大成功和最终的失败。

每一章开头部分的引文来自文学作品,但正文中的引文全部来自历史文献,能够在原文文献中找到,以还原叙述的真实性。贝尔纳多·比别纳(Bernardo Bibbiena)或弗朗切斯科·韦托里(Francesco Vettori)的信件段落就是这种情况,过去的学者由于无法解密其编码语言而误解了其中的内容,或做出删改以隐藏其淫秽内容。

因此就这方面来说,我想在此提醒读者,为避免可能引起的愤怒,本书会反复提到"阴部",解剖学术语随处可见,这些术语正是与故事的主角息息相关。此类文体和语言的选择是一种工具,旨在通过它展现文艺复兴时期马基雅维利式的"事物的真实真相",以及"豪华者"洛伦佐的后代在权力行使过程中的丑陋现实。"豪华者"洛伦佐支持行善,与博尔贾家族的黑色传奇形成对比。但是,如果说博尔贾家族是骄傲的邪恶承载者,那么美第奇家族就是伪善的支持者。

几个世纪以来,保罗·焦维奥(Paolo Giovio)等过度奉承者和弗朗切斯科·圭契阿迪尼等怨愤的仆人为历史编纂学构建了意识形态的外壳,由于接近权力的中心,他们从不质疑某些"真相"。我们的故事是从秘书和大使的机密视角讲述的,尽管他们知道其主人的秘密——这些秘密往往是肮脏的——但决定不完全将其披露。我们的视角并不是自下而上的(即从"平原"到"山地",正如《君主论》献词中假客气的表述），而是从幕后观察事件的发展。在这个故事的群众演员中，有整个家族的仆人网络，即忠诚或不忠诚的仆人们，包括比别纳兄弟、韦托里兄弟、圭契阿迪尼兄弟、米凯洛奇兄弟；还有皮耶罗·阿尔丁盖利（Piero Ardinghelli）和戈罗·盖里（Goro Gheri），他们是无情的官员，在追求自己的特殊利益的同时，也与其领主和"赞助人"的利益融为一体。

这种历史重塑不是也不想质疑美第奇家族的历史地位，而是带着怀疑的态度审视第一手史料，不带有偏见或先入为主的观念讲述一个关键时期——"黄金时代"的王朝中所发生的非常事件。第一任美第奇教皇利奥十世的"奇迹法庭"与过去二十年的罗马有着令人不安的相似之处，官方的说法掩盖了利奥十世的丑闻，而讽刺诗则重新揭示了民间的真相。读者不难辨认某些不诚实的人物的特征，好似出自我们当代的报刊专栏：红衣主教和皮条客、银行家和弄臣、搬弄是非的人和嫖客、警察和妓女、罪犯和逃犯。

简而言之，在洛伦佐死后的所谓的"黄金时代"，并不是所有闪闪发光的都是黄金。继续古今的类比，想想与权力相关的黑钱交易：从1512年到1527年，为了贴补美第奇家族的教皇，佛罗伦萨投入高达400万杜卡特金币（相当于今天的数十亿欧元），无法收回，这是一个天文数字。另外，政治家们勒索债务和好处的习惯是不是和今天也没有什么区别呢？他们用这些钱来支付各类费用，保障其奢靡生活和私人战争的资金来源，维系统治权力和公民支持。

谁为这一切买单？又是谁资助了美第奇如此奢华的生活？似乎所有人都有一种难以抵抗的幻想，即拥有一位富有的教皇（国家元首）也会使公民变得富有。1513年的狂欢节是美第奇家族在18年的长期流放后首次在佛罗伦萨举行庆祝活动，他们也为此举办了盛大的宴会和凯旋仪式，象征着家族永恒。瓦萨里（Vasari）在《雅各布·蓬托莫生平》(*Vita di Jacopo Pontormo*)中告诉我们，在凯旋的战车中，有一辆以"黄金时代"为主题的战车："一个赤身裸体、全身镀金的男孩"从一个巨大的地球仪中出来，象征着铁器时代的结束。不幸的是，作为面包师之子的"黄金男孩""为了赚十个盾币而忍受不适，不久便去世了"，可能是涂在身上的有毒金漆害了他。正如几年后在罗马贴出的讽刺诗句所言，他成了不很基督教的牺牲品，这样残酷的比喻代表"美第奇是我们罪恶的根源"。

菲利波·斯特罗齐（Filippo Strozzi），银行家、冒险家、诱惑者，他非凡的人物形象体现了政治与财政之间的交织或秘密协议，他是本书的神秘主角。"国家是我们的东西"的想法来自他（"我们的东西"指的是政权中可信赖的人，经常出现在当时的外交和商业信中）。

道德、政治和经济破产的现实被"揭露"，而对艺术和文学的赞助正在兴起：工作负担过重的拉斐尔和机会主义者、利奥十世的秘书彼得罗·本博（Pietro Bembo）将壁画和挂毯上的空间作为展示辉煌权力的手段；甚至巴尔达萨雷·卡斯蒂廖内（Baldassarre Castiglione）

和卢多维科·卡诺萨（Ludovico Canossa），两位出身尊贵的廷臣和骑士，虽然表面上穿着"宫廷服"的盔甲（马基雅维利喜欢在孤独的夜晚穿上），但依然淹没在政治的泥泞中。

"苦命的尼科洛先生"（引用加达的话），他没有扮演狮子的角色，也没有狐狸的戏份，所以他的存在在本书的叙述中是断断续续的——尤其是因为他被排除在权力圈之外13年，没有参与最重要的决策——即使肉身不在这里，但他的精神无所不在。他是一位杰出的见证者，他从佛罗伦萨共和国秘书的角色中跳脱出来，热切地为美第奇政治提供了锦囊妙计，最终证明美第奇政治策略要比人们想象得还要狡黠和强势。

当对金钱的需求和对权力的渴望变得极端时，利奥十世立即采用极端的补救措施，决绝地消灭其对手或盟友，甚至是不值得信赖或过于富有的朋友。最邪恶和残忍的事件是所谓的"彼得鲁奇阴谋"，这是马里奥·德·佩鲁斯奇（Mario de' Peruschi）起的名字，他便是幕后的黑手。事实上，人们特别关注这个"司法之谜"的原因在于，它代表了历史重塑的标志性过渡，新的证词被解密和重新阐释：在最受认可的传统中教皇被认为是无辜的受害者，但事实上他却是阴谋背后娴熟的操盘手和虚伪的刽子手。

如果在历史和生活中，在昨天和今天，我们经常看到伪装成正义的不正义获得胜利，我们也绝不应该为此而灰心。马基雅维利邀请我们重新发现美德并让它成为对抗"愤怒"的武器，在我们现在

第二部分

第四章 狐狸（1516—1517）……………… 105

第五章 一场可怕的混乱（1517）……………… 129

第六章 皮条客与毒药（1517—1521）………… 169

第三部分

第七章 外国人（1522—1523）……………… 197

第八章 口袋里的狐狸（1524—1527）………… 216

第九章 你的国家没有先知（1527）…………… 249

2017版附录
　　"狐狸上场，狮子下场"：阿里奥斯托与美第奇家族的《讽刺诗》………… 254

注　释………………………… 283

主要历史事件………………… 343

主要人物简介………………… 345

参考文献和文献来源………… 354

后　记
　　曾经的秘书………………………… 368

致　谢………………………… 373

美第奇家族家系图…………… 376

第一部

序 幕
"豪华者"洛伦佐

医生,你医治自己吧。

——《路加福音》4:23

佛罗伦萨,圣老楞佐圣殿庭院,1492年2月2日至3日夜间

在庭院的一个小房间里,这座教堂的本堂司铎、神父洛伦佐·圭杜奇(Lorenzo Guiducci)发着烧,正在床上休息。他满头大汗,面色潮红,一支蜡烛照亮了他的脸。早上在圣烛节*上祝福过的蜡烛象征着耶稣,即"照亮世人的光"。虽然冬季的空气湿冷,但本堂司铎还是感觉燥热难耐。他是十分虔诚的教徒,但此时或许又有些迷信,将神学与占星术结合起来,把灵魂交给上帝,把身体交给美第奇家族。多年来,这座教堂受美第奇家族保护,离家族的宫殿也就几步路的距离,宫殿内充满了艺术珍宝和不计其数的财富。

---

* 天主教的传统节日,为每年的2月2日。——译者注

临近午夜，本堂司铎突然听到有人敲门，吓得一下子跳了起来。难道是发烧造成的幻觉吗？这么晚了会是谁呢？没有人回应，他寄希望于这恼人的噪音自己消失、一切重归寂静，但是第二轮敲门声又响了起来，而且比第一轮还要响。紧接着，他又听到前去开门的人发出了无精打采的声音。来访的是一位牧师，他轻声地从门外走了进来，并为深夜叨扰而道歉。接待的牧师想道，难道本堂司铎需要什么东西吗？再一看来访者紧张的表情他就明白了其中的缘由。来访者手中拿着密封的信件，告诉牧师，深夜一个外地人到访了他的修道院，就是为了把这封信交到他的手上，让他亲自转交本堂司铎。接待的牧师解释道，本堂司铎身体不适，不能在这么晚的时间见客，况且还是一个陌生人。虽然面露难色，这个人还是把信交给了接待的牧师，让他务必尽快把这封信交给本堂司铎，甚至带着威胁的语气，告诉他在任何情况下都不能打开信封。之后这个人便火速离开了，好似有恶魔在纠缠着他。

伴着微弱晃动的烛光，本堂司铎开始仔细审视这个信封。信封上写道："圣老楞佐圣殿神父亲启。"神父打开蜡封，里面还有另外一封信，这封信则是寄给洛伦佐·德·美第奇的，上面写着如何把信亲自交给他的指示："此信十分重要，亲手交付，不能经他人之手，除了他的孩子们。立刻！马上！"

如此紧急的请求很可能暗藏玄机，于是本堂司铎便决定打开第二个信封，此时他感觉高烧所带来的寒战顺着脊梁向上走。信一看就是修士用拉丁语写的，本堂司铎非常熟悉，上面写道：

我们的主是这么说的："为什么你有了安定的生活，不认可精神的安宁和物质的荣誉，却用不公正的征收来烦扰教会和教士们。这就是为什么你生活在幸福中，却尽是烦恼；你拥有最亲爱的人和事物，却不能悉心照料他们，所以无法获得心灵的慰藉，因为我的主将他苦恼的话传到我的耳边，我的心已经做好了复仇的准备，反对你，反对你们家族的其他人！"[1]

上面的语言含糊不清却令人毛骨悚然——本堂司铎也知道，这些话并不是完全有失公允。写信者认为洛伦佐对上帝给予他的财富毫无感激之心，虽然圣音背后暗藏着凡人的口舌，但是这些指控在以往和近期的事件中也能得到证实。

本堂司铎思绪凝重：写信的会是谁呢？或许是教会中受萨伏那洛拉*思想影响的教士。萨伏那洛拉多年来一直将洛伦佐视为救济和歌颂教会的重要工具，但他最终对洛伦佐失望了。尤其是现在，洛伦佐·德·美第奇躺在了病榻上，多年来没有得到满足的期望转变成了怨恨，对他的不满也找到了发泄的渠道（比如那封信件），以道德

---

* 吉罗拉莫·萨伏那洛拉（Girolamo Savonarola, 1452—1498），15 世纪后期意大利宗教改革家。他主要抨击教皇和教会的腐败状况，揭露佛罗伦萨美第奇家族的残暴统治。——译者注

报复的形式,在此刻爆发了。

本堂司铎认真思虑了一番,决定不把这封信交上去,因为他担心洛伦佐会将之视为一种侮辱和冒犯。他小心地把信藏在了他的小房间里,开始迅速地在日志中标注接下来几天佛罗伦萨最重要的活动。

佛罗伦萨,卡勒基美第奇别墅,1492年4月8日

在生命的最后一天,洛伦佐·德·美第奇召见了他的神父。洛伦佐准备以顺从的基督徒的身份离开这个世界,但在他的一生中,他真的是这样一个人吗?

灵魂的医师(神父)从菲耶索莱的修道院出发,于午夜后抵达卡勒基美第奇别墅,这里是洛伦佐暂住的地方。马泰奥·博索(Matteo Bosso)神父接受了病人的召见,他是一篇有关真实和健康的灵魂幸福的论文的作者。尽管痛风使洛伦佐极度疲劳,但他还是让家人将他从病榻上扶起,并把他架到神父的面前,神父早已在正厅等候。洛伦佐在神父面前跪下,忏悔自己不配做上帝的仆人。"为什么我要说是仆人呢?"他补充道,"应该是敌人吧?我不知感恩,虽承蒙主的诸多恩赐,却从未听从主的神训,且多次亵渎主的庄严。"[2]

洛伦佐虔诚地祷告,准备忏悔他这一生的罪过。这段故事引自安杰洛·波利齐亚诺(Angelo Poliziano)在洛伦佐去世后所作的《圣徒传记》。作为精致的人文主义者和洛伦佐的密友,他担心通过自己的描述,无法准确地建构出一个流传后世的人物形象,既在伦理方

面清晰明白,同时又能阐明一个"生而伟大"的人物的政治立场。

洛伦佐是"痛风者"皮耶罗(Piero il Gottoso)和卢克雷齐娅·托尔纳博尼(Lucrezia Tornabuoni)二人的长子,1449年1月1日于卡勒基美第奇别墅出生。在他不到44年的生命中,他毁了一条光明的发展道路。父亲去世之时,他才20岁,便继承了第一公民的官方头衔。他曾极为优雅又带有侥幸地蹚过了文艺复兴时期政治的浑水。他多次从灾难中逃脱,每次灾难都本可以颠覆他的统治,因此他赢得了"谨慎处事"的名号。[3] 马基雅维利曾带有一丝讽刺地描述洛伦佐,意大利的所有人都认为洛伦佐是"天平的指针"、国家的舵手,没有他,国家将走向另一条道路。

洛伦佐有大量政治和个人的罪过需要对博索神父忏悔,尽管波利齐亚诺对当时场景进行了记录,"无畏地回忆往昔,关注当下,准备未来",但是在弥留之际,发着烧的他应该感到了深深的不安和折磨。他的病情持续地、缓慢地恶化,让他有了时间反思自己即将早逝的生命。

洛伦佐没有神秘主义的倾向,他的宫廷深受人文主义的影响,他个人也更喜欢古典的诗人,因为从中可以听到非基督教的回声,倡导及时行乐的风气。他是一个行乐至上的领主,在他统治佛罗伦萨期间,没有公开表明自己对上帝的信仰。而在当下宗教悔悟的氛围中,特别是萨伏那洛拉思想的传播,对于病榻上的洛伦佐,已经没有时间修正自己对于宗教的态度了。他只能表现出极度的谦卑,以期能够平静地离开这个世界，打开天堂的大门。

虽然在个人层面上，洛伦佐并未向教会敞开心扉，但是在政治和外交层面上，他却十分重视教会的权力和重要性。

一个月前，他的次子乔瓦尼刚刚被选为红衣主教，主教授职仪式庄严肃穆，正是在菲耶索莱的修道院举行的，由博索神父主持。博索欲借此机会大手笔地改造修道院，这座建筑是由洛伦佐的祖父老科西莫（Cosimo Il Vecchio）资助建成的。尽管只得到了有限的资金进行修缮，但在主持这位年轻人的授职仪式时，博索还是灵巧地绕过了教会的规定，避免宣读教皇训令——它会阻止乔瓦尼自动晋升红衣主教。博索仁慈地接纳了年仅17岁的乔瓦尼那份"独特的谦卑"。但是乔瓦尼也不应过于谦卑，因为在仪式结束后他将会被派往罗马，随行的有150名骑士和66件大型行李，里面装有金子、银子、挂毯、手稿以及他父亲珍藏的古代钱币。

洛伦佐自己吃了苦头之后才明白与教会为敌是多么危险。马基雅维利在《君主论》中将西克斯图斯四世（Sixtus IV）定义为"暴躁的"教皇。西克斯图斯四世曾煽动一场反对洛伦佐的国内阴谋和一场短兵相接、以逐出教会为手段的国际战争。那场阴谋后来导致1478年朱利亚诺·德·美第奇在圣母百花大教堂被杀，所有牵涉其中的人最终都没有什么好下场：从帕齐家族开始，到他们的家兵，以及几年后经过精心设计和谋划的复仇，再到西克斯图斯四世的侄子吉罗拉莫·里亚里奥（Girolamo Riario）。或许因为洛伦佐默许了这几桩谋杀，他才在弥留之际承认自己没有聆听耶稣的教诲，并因正当或不正当的自我防卫，多次冒犯基督教的神威，而不是甘愿再受侮辱。

西克斯图斯四世的继任者——热那亚人英诺森八世（Innocenzo VIII）——曾私下向乔瓦尼承诺，让他在13岁时获封红衣主教，即1489年，用以换取英诺森八世的私生子弗兰切斯凯托·奇博（Franceschetto Cibo）与洛伦佐的女儿马德莱娜（Maddalena）之间的联姻。他向洛伦佐索要嫁妆，嫁妆的金额是马德莱娜其他姐妹的两倍。但是教皇的恩惠也是有前提的，即向教皇国提供价值为10万杜卡特金币的巨额贷款，用以充实教廷财产管理处的资金储备。这是为了成功进行利益交换所必须付出的代价。洛伦佐是一个有远见的人，早在1489年就将此事当作"我们家族最大的一件事"。弗兰切斯凯托的道德品行存疑，但他是一个温情的女婿、热心的姐夫，曾经向洛伦佐提出对乔瓦尼进行适当训诫，因为乔瓦尼即将成为"帮派林立的教会团体的成员"，他（弗兰切斯凯托）最佳的策略便是展现出自己的真诚，与人为善，保持中立却"不失尊卑"。[4]

年纪尚轻的儿子即将前往罗马，在临死之前，洛伦佐于1492年3月写下了一段备忘录，承认自己的家族对神意心存感恩，并对自己宗教生活的开端感到兴奋：

> 去年我得到了很大的安慰，意思是在没有任何人提醒的情况下，你自己多次忏悔并进行了沟通，习惯并坚持这

样的方式来保持自己在上帝的恩典中，我也不认为有比这更好的方法。在我看来，这是我第一次能给你最有用、最合适的提醒。我知道，当你去罗马这个万恶之源时，你会遇到比我上面告诉你的更困难的境地……你会明白红衣主教这个身份的重要性和榜样作用。如果红衣主教各司其职，那么整个世界都会很美好，因为他会成为一名优秀的教皇……我认为，在你第一次访问罗马时，最好多听少言……你也会保留帮助佛罗伦萨和家族的方法，因为教会这个盟友对佛罗伦萨十分适合，你必须在其中作为连接的纽带，家族与城市同在……正如他们所说的那样，一定会有两全其美的办法……保重。[5]

洛伦佐最后的告别中提到的"保重"是特别真诚的，因为他抱恙已经有一段时间了。洛伦佐一直以来都患有痛风，导致他的关节和肌肉筋膜极度疼痛。为他进行治疗的医生对接下来要采取的疗法持有不同的意见。皮耶·莱奥尼·达·斯波莱托（Pier Leoni da Spoleto）是当时亚平宁半岛上最好的医生，与美第奇家族相识多年，之前就帮助过洛伦佐的妻子，她于1488年突然离世。医生曾告诉洛伦佐，不必回到佛罗伦萨来陪妻子克拉丽斯·奥尔西尼（Clarice Orsini）度过生命的最后时刻，因为洛伦佐与妻子的关系已多年（或许一直）疏远。如此，洛伦佐"作为听话和十分实际的人，在这样悲伤的时刻"平静下来,继续在卢卡进行"温泉治疗"。[6]

莱奥尼坚信水是生命循环的基本元素,因此他告诉洛伦佐在沃尔泰拉有一眼神奇的温泉。他与波利齐亚诺保持着密切的联系,二人对哲学和隐逸学派有着共同的兴趣。他在威尼斯附近活动,当得知洛伦佐病情急转直下时,于1492年2月返回佛罗伦萨。他在帕多瓦时曾因经常接触巫术而引发丑闻。一个狂热的占星学家被一则预言说服了,预言说他将"因水而死",因此他自愿离开了潟湖区域。

然而,他的水疗法并未达到预期的效果。另一位由米兰公爵派去的名医拉扎罗·达·帕维亚(Lazzaro da Pavia)对莱奥尼的治疗方法提出了批评,他认为治疗洛伦佐的方法"完全反了""不该使用热疗而应使用冷疗"。[7]于是他让洛伦佐服下了当时权势人士奉为神药的汤剂,其主要成分是被碾碎的宝石和珍珠(每种矿物对应着导致这种疾病的行星)。此时洛伦佐的体内早已充满了各种晶体,再喝这种汤剂也无济于事,这位佛罗伦萨的第一公民于4月8日夜晚病逝。

洛伦佐弥留之际身边唯一的家人是他的长子皮耶罗,年约20岁,也是洛伦佐的父亲("痛风者"皮耶罗)因为同样的遗传病去世时洛伦佐的年纪。根据波利齐亚诺的讲述,洛伦佐屏退左右,仅让儿子靠近病榻。洛伦佐和儿子秘密谈话的内容,没有任何的书面记录,仅有皮耶罗之后转述的内容。尽管佛罗伦萨共和国并不是朝代制,但洛伦佐似乎并不担心权力的继承会受到多人统治(众口纷纭,且往往言辞如刀）国家市民的质疑。按照父亲的建议，皮耶罗应该明智地运用自己的判断力，遵循公正的方法，即"兼听则明"。对于一个年轻人来说，这是一个困难且模糊的方程式，尽管他已经获得了建造上层建筑的"坚实基础"，但并不意味着他拥有与洛伦佐一样狡猾的手段，这些手段陪伴了洛伦佐短暂且顺利的权力上升时期。几年前，洛伦佐的一首著名诗歌中就以阴郁的喜悦庆祝了狂欢节，未来的不确定性就像一块石头压在皮耶罗的心头。

4月9日早上，当洛伦佐离世的消息传来，引发众人深切悼念或故作悲痛之时，阿诺河畔又传来了另一人去世的消息，不过相比之下没有那么重要：在一幢名为马尔坎托内的别墅内的一处井底发现了皮耶·莱奥尼的尸体。这幢别墅隶属于马尔泰利（Martelli）家族，从别墅所有者的父亲罗伯托（在科西莫时代，曾是罗马银行的负责人）开始，他们就是美第奇家族坚定的支持者。据说，莱奥尼因受其失败疗法的折磨，深陷忧郁不能自拔，所以跳井自尽。讽刺的是，这正好应了那个与水相关的死亡预言：莱奥尼曾认为离开潟湖区域就能避免自己的死亡。圣老楞佐圣殿的神父虽然没有公开越界表达看法，但关于莱奥尼，他在日记中写道："坊间传言他是自己跳井了，其实是被别人扔进井里的。"这留下了让人无限遐想的空间。另一方面，没过不久民间便传出更加明确的声音：皮耶罗十分气愤，下令绞死医生并谨慎处理掉他，因为医生既没能救得了母亲，也没有治好父亲的病。这已经不是皮耶罗第一次卷入谋杀的流言中了：仅一年前，他就被怀疑杀害了一个名叫卡尔代里尼（Calderini）的人，此人是半夜在路上被一群少年犯攻击致死。皮耶罗提供了完美的不在场证明，在两名米兰年轻人被处以绞刑之后，谣言便终结了。[8] 皮耶罗的犯罪嫌疑与他之前累积的暴力名声有很大的关系。不过，虽然怀疑的声音此起彼伏，但在佛罗伦萨还没人敢公开指控皮耶罗谋害莱奥尼。美第奇家族的保密信件中罗列了部分嫌疑人，但是很难想象如果没有上面的批准，谁又能去谋杀一位如此著名的意大利医生？[9] 人文主义者德美特里·卡尔孔狄利斯（Demetrio Calcondila）和诗人雅各布·桑纳扎罗（Jacopo Sannazaro）分别在米兰和那不勒斯毫无畏惧地在一封拉丁语的信件中和一首三行押韵诗中公开表明不要相信自杀的故事，他们将责任归咎于"贪婪饥饿的狼"，它将医生扔下了"峭壁深渊"，并且预言始作俑者"即将没落"，从"古老的宝座上重重摔下"。[10]

对于年轻的皮耶罗来说，这是他第一次直面公众舆论的考验，他的对面是由其他领主雇佣来的知识分子和文人，目的是维护领主的形象或破坏对手的形象。波利齐亚诺间接回应了卡尔孔狄利斯的指控：[11] 为了提升"豪华者"洛伦佐的形象，在辩解信中，波利齐亚诺引用了一系列洛伦佐死亡前的预兆，指出莱奥尼与其他英才一样，他的自杀让整座城市都为之痛惜。其他的预兆还包括旧宫宫殿内的两只狮子斗殴，导致其中一只死亡（坊间传言国家的命运取决于这次角斗的结果）；另一个幻象来自一位在新圣母大殿聆听布道的虔诚教徒，也相当令人毛骨悚然——她预见到一头牛角冒火的公牛将这座教堂夷为平地。而波利齐亚诺认为，最令人震惊的当属4月5日雷电的预兆，当日闪电击中了圣母百花大教堂的穹顶，大理石的碎片掉落在地，方向直指美第奇家族的宫殿。"这是一个神迹，也非常可怕。这是诅咒。"圣老楞佐圣殿的本堂司铎在日记中如是写道。教堂在此次闪电事件中未受损失。本堂司铎补充道，"豪华者"洛伦佐曾询问此次事件中穹顶受损的价值，而当他知道整修费用至少需要1000杜卡特金币的时候，他作为一个银行家，将这次事件当作神训，呢喃道："我完蛋了。"

公牛的幻象、狮子的怒吼和破坏性的闪电预示了佛罗伦萨美第奇家族的艰难时代即将到来。

第一章

疯子：皮耶罗

（1492—1503）

> 看来伟大者已经离世——愿他安息！——蜡的价格会上涨吗？
> ——乔治·艾略特，《罗慕拉》

长着冒火牛角的公牛

4月9日夜，洛伦佐的遗体被转移到圣老楞佐圣殿内，安放在教堂的圣器室内，等待安葬。4月10日，葬礼日，根据美第奇家族的传统，葬礼十分朴素，多明我会的修士吉罗拉莫·萨伏那洛拉布道，身边围绕着一大批支持者。前几年，萨伏那洛拉坚持教会的革新，引导无神论者皈依基督教，倡导回归简单、道德的生活方式，威胁那些不守教规的人会引来神怒。葬礼当日，他痛批权势者、君主和他们的奉承者。他没有点名，但不难猜测他指的就是皮耶罗及其拥趸。萨伏那洛拉曾在洛伦佐去世前一天拜访了洛伦佐，他没有否认此事，这与之后他所说的相反，原因很简单，就是没有人要求他坦白此事。然而，在布道结束后，圣老楞佐圣殿的本堂司铎把他请到自己的小屋内，秘密地向他展示了那封自己小心翼翼藏好的信件。萨伏那洛拉"说信中所说均为真实的，并想要一份副本"。那个预言对整个美第奇家族均有效。

在洛伦佐去世的几天前，美第奇家族的支持者曾宣称为了维护城市的政府，仍要"流血牺牲"[1]；4月13日、14日和16日，领主国的议事机关、百人议事会、人民议事会分别公布决定，将权力移交给长子皮耶罗；当时的舆情紧张，（政府）甚至还规定了一项经济处罚，即对决策官员构成骚扰的人，将被罚款3000弗罗林，三天内未支付罚金的，经济处罚将升级为斩首。这些特殊措施引发了民众巨大的恐慌。为皮耶罗提供安保工作的护卫队"在全城巡逻，特别是针对那些想好好生活的人"。[2] 在帕齐阴谋后，护卫队在紧急情况下出动保护洛伦佐，但是在普通市民眼中，为他的儿子出动护卫队就有些解释不通了，皮耶罗对民众表现出极不信任和令人厌恶的傲慢态度。

然而皮耶罗与其他国家，无论距离远近，都保持着平等的关系。海量的吊唁信证明了洛伦佐是多么受其他同时期的君主的爱戴[3]：法国国王深情地称呼他为"可亲的兄弟"；来自米兰的"摩尔人"卢多维科（Ludovico il Moro）对失去"一位亲切可敬的兄弟"表达"深切的遗憾和哀悼"；红衣主教罗德里戈·博尔贾（Rodrigo Borgia）——未来的教皇亚历山大六世（Alessandro VI）——说自已把洛伦佐视为同胞兄弟，他仍记得洛伦佐热情接待了"我们的潘普洛纳主教"，即他17岁的儿子切萨雷·博尔贾（Cesare Borgia）。切萨雷·博尔贾曾给皮耶罗写信道：

> 我们为他哭泣，非常遗憾这个世界失去了他，但我仍记得他生命的奇特之处，伴随着信仰、善心、审慎、正义以及任何人身上其他的美德，尤其是他以天主教徒的身份离开这个世界，留下了荣耀和不朽的名声。他的灵魂将获得永恒的生命力，并且在神圣的威严下，他将获得应有的圣徒荣耀。在我看来，我们必须将悲伤和痛苦转化为快乐和安慰，恭喜他，将这短暂而坎坷的生命，蜕变成持久而光荣的永生……[4]

据推测，切萨雷·博尔贾的门客中某位人文主义者替他起草了这份饱含虔诚的悼念信，最后他自己手抄了一份。尽管如此，事后看来，听他谈论生命的短暂和忧虑还是令人惊讶的。切萨雷与洛伦佐的儿子们同龄，在比萨学习法律，前一年他在那里受到乔瓦尼·德·美第奇及其宫廷"尽可能多的关照和尊重"。[5]虽然两人注定要成为红衣主教，但是他们仍崇尚世俗利益。

切萨雷认为乔瓦尼因其父亲的去世而深受折磨，但乔瓦尼的秘书斯特凡诺·达·卡斯特罗卡罗（Stefano da Castrocaro）爵士在给皮耶罗的一封信中指出，"主教（状态）非常好"。在乔瓦尼写给他大哥的字斟句酌的话语中，这一评价似乎得到了证实：乔瓦尼建议大哥成为善良的、和蔼可亲的、有礼貌的、自由的人，这些都是"能够获得和保留的"的品质。[6]这是马基雅维利《君主论》的语言风格，却早在它出版前20年就已经出现了。乔瓦尼似乎从他父亲那里继承了相当的智慧，但亦可见其一贯的虚伪态度。皮耶罗却没有继承洛伦佐的美德，这些美德只能在弟弟身上窥见一斑。但此时他们都还太年轻。

斯特凡诺爵士写信给皮耶罗，或许带着一些夸张的成分，他说随着洛伦佐的离世，"整个意大利的善良、信仰和仁爱"都烟消云散了[7]；如果没有他的等待时机和讨价还价的能力，没有人能够遏制半岛上君主割据的局面。另外，斯特凡诺爵士比较担心这位美第奇家族最年轻后辈——乔瓦尼的行为，他在信后的附言中补充道："你们要安抚乔瓦尼阁下，尽量保重身体，尽可能多地观察，这不会是坏事，这可以让他自己适应和其他红衣主教一样的生活方式。我这样说是因为他需要一大早就起床办公，整夜不睡觉会对他造成很大的影响。"[8]被宠坏的青年早上不想起床已经不是什么新鲜事了，只是在这种情况下，这位年轻人不是去普通的学校就读，而是在红衣主教团工作！

几周后，也就是5月20日，红衣主教乔瓦尼带着财务特使（即图西亚教会资产负责人）的尊贵头衔荣归故里。他回到佛罗伦萨是为了支持他的哥哥，这一举动迅速增加了民众对美第奇家族的支持。[9] 7月底，当教皇英诺森八世去世的消息传到佛罗伦萨时，这位年仅17岁的红衣主教被召回罗马参加秘密会议。兄长尽力提出了他认为非常明智的建议[10]，但这些建议是精心策划和实力平衡的结果，为的是避免冒犯其他的红衣主教。实际上，皮耶罗的建议是无效的。只有像罗德里戈·博尔贾这样狡黠的"老狐狸"，才能在权力争夺的游戏中发挥决定性的作用。

罗德里戈于1456年被他的叔叔、教皇卡利克斯图斯三世（Callisto III）任命为红衣主教，次年被任命为副手，也就是说，他在过去的35年里一直担任副教皇的职位，为自己登上教皇的宝座铺垫了道路。他的主要竞争对手是西克斯图斯四世的侄子朱利亚诺·德拉·罗韦雷（Giuliano Della Rovere）和"摩尔人"卢多维科的弟弟阿斯卡尼奥·斯福尔扎（Ascanio Sforza）——第一个对手性格暴戾且倔强，而且他也不打算妥协。与此同时，阿斯卡尼奥精明而灵活，他骗取了皮耶罗和乔瓦尼的支持，还与罗德里戈·博尔贾交换了大量选票，以获得令人垂涎的教会利益，从教皇副手的头衔开始。罗德里戈无所不用其极的手段人尽皆知：他与一位情妇"十分淫荡"地生活在一起，情妇给他生了四个孩子，其中两个——胡安（Juan）和切萨雷——都已经进入教会工作；他还四处贿赂，收买人心。事实上，在红衣主教举行秘密会议之际，他就果断收买了所有摇摆不定的红衣主教，并使他们成为"蔑视福音教诲的人"。[11]1492年8月，罗德里戈·博尔贾以亚历山大六世（Alessandro VI）之名登上了教皇宝座。

正如乔瓦尼所说，"被诅咒的选举"结束后十天，他觉得自己是"地球上最不满的人"。他曾试图保持公正的判断，并遵从父亲的告诫和兄长的建议，但他的谨小慎微已被证明毫无用处。他愤怒地写信给皮耶罗："你想让我在这里（罗马）成为你的部长和盾牌，这样你就能指挥和威胁我"，但"我不想受到威胁"。[12]

一位经验丰富的美第奇家族的代理人诺弗里·托尔纳博尼（Nofri Tornabuoni）在教廷中担任财务官。教皇亚历山大六世上位后便立即将诺弗里罢免，因为他更倾向于支持锡耶纳的银行家。多年来，诺弗里一直了解红衣主教博尔贾贪婪、欺骗的本性。他警告美第奇家族，在他们面前的是"一个强硬的教廷……金钱将流向那里"，教皇和他的圈子"不会正视任何人"。[13]如今，博尔贾的家族纹章随处可见，纹章是一头不屈不挠的公牛，与长着冒火牛角的公牛如此相似，以至于在新圣母大殿的那位佛罗伦萨女人的幻象中，它发疯了，变得十分危险。这些非比寻常的预兆将会一一"成真"。

有口才的嘴

1492年9月12日，皮耶罗和妻子阿方西娜·奥尔西尼（Alfonsina Orsini）的长子洛伦佐的洗礼仪式正式举行，神父洛伦佐·圭杜奇以及政府的代表如数出席[14]，这是正式以宗教和世俗的方式宣布未来继承人的诞生。与此同时，红衣主教乔瓦尼也悄悄地回到自己的家乡。与四个月以前的荣归故里不同，乔瓦尼此次将在托斯卡纳停留很长时间：他没能在秘密会议中争取到重要职位，这样的侮辱是难以承受的，更何况皮耶罗在任命前往罗马祝贺新教皇的使团时，将乔瓦尼排除在外，选择了年迈的阿雷佐主教真蒂莱·贝基（Gentile Becchi）作为代表团的团长。

贝基一直是"豪华者"洛伦佐和弟弟朱利亚诺不可分割的守护者：三人曾同时出现在1459年贝诺佐·戈佐利（Benozzo Gozzoli）在美第奇礼拜堂的绘画作品中。兄弟二人成年后，贝基被派往教会工作，但与此同时，正如某一次洛伦佐提起贝基时所说，他还担任着"第二父亲"的角色，即外交顾问和家庭事务协调者。在1478年帕齐阴谋之后，他严厉指责西克斯图斯四世为"魔鬼的牧师"和"教会的奉承者"，[15]是圣母百花大教堂双重谋杀案的始作俑者。

对美第奇家族的忠诚让贝基付出了巨大的代价，因为在接下来的几年里，他晋升红衣主教的希望不断落空，这一失望在洛伦佐要求他支持提名乔瓦尼成为红衣主教时达到了顶峰。贝基回到阿雷佐，主持了1491年复活节的宗教仪式，他提到想要离开不知感恩的乔瓦尼的顾问办公室。这是其他人抢破头也要进来的地方，但是他不在乎，他不想像那些渴望取代他的人那样，以欺骗主人为代价"参与谋划"。[16]贝基的信标志着他与乔瓦尼关系的破裂，之后二人的关系也没有恢复。

现在，老练的贝基有着丰富的外交经验，将取代年轻的红衣主教前往罗马，二人之间的关系更加紧张了。为了不过于忧虑，乔瓦尼决定退居比萨。此时，皮耶罗无视父亲的建议，默默享受着弟弟的愤怒，弟弟没有能力在阴险诡谲之地（红衣主教团）夺得一席之位。佛罗伦萨的第一公民将利用此次梵蒂冈之行，炫耀他的华服和珠宝。就像日记作家帕伦蒂（Parenti）语气略带嘲讽提到的那样，在出行期间，皮耶罗"身着华服，但在自己的领地（托斯卡纳）上他身穿黑衣示人"。[17]

事实上，从佛罗伦萨出发时，皮耶罗就脱下了黑衣：使团的高贵和奢侈给市民留下了深刻的印象，所以相比之下，米兰代表在途经阿诺河之后，前往罗马，则给市民留下了贫穷落后的印象。美第奇家族圈子里的人，甚至是普通民众都在嘲笑来自北方的外地人，因为他们连"一件丝绸长袍"都没有，与佛罗伦萨人相比，米兰人就像是"拾荒的人"。[18]

与此同时，皮耶罗在抵达罗马前不久，在布拉恰诺进行了一次战略性停留，拜访维尔吉尼奥·奥尔西尼（Virginio Orsini）。他是那不勒斯国王的雇佣兵队长，也是皮耶罗母亲克拉丽斯和妻子阿方西娜的近亲。皮耶罗意欲通过将切尔韦泰里和安努伊拉拉两地出售给维尔吉尼奥，加强美第奇家族与罗马贵族之间的传统联系，这两地归属于弗兰切斯凯托·齐博（英诺森八世的儿子，四年前，他正是在布拉恰诺的城堡里迎娶了皮耶罗的妹妹马德莱娜）。然而，这一转让教会土地的行为并不是无害的：奥尔西尼家族有阿拉贡的船队支持，在拉齐奥的海岸线上家族势力范围的扩张就像是——用弗朗切斯科·圭契阿迪尼的话说——"教皇喉咙中的一块骨头"，[19]教皇不喜欢在贪婪吞咽的过程中被打扰，哪怕是最小的一口食物。

佛罗伦萨的历史学家（圭契阿迪尼）的说法也许有些夸张，他认为老狐狸维尔吉尼奥和小孔雀皮耶罗之间的秘密协议是"一切罪恶的种子和起源"，他们完全没有与共和国协商便处理了一件看似家族事务，却有着国际影响的事情。然而，毫无疑问，这种协议让半岛上的其他国家也警觉了起来，特别是米兰的摄政大臣"摩尔人"卢多维科（"谨慎的王公，十分机智敏锐"，即疑神疑鬼，近乎偏执），他并不喜欢佛罗伦萨和那不勒斯之间签署的一项将米兰排除在外的协议，主要是因为，根据这几个强国之间最新签署的联盟协议，各国必须在保证相互利益的前提下，在所有政治和外交行动上保持一致。

在亚历山大六世当选时，联盟似乎正在解体。各大国代表团抵达罗马后的行为便是证明：他们有一系列的借口和计算好的耽搁，本应在教皇面前形成统一的战线，却各自为政，单独出席。皮耶罗应对外交困境所体现出来的轻浮态度，与他父亲从容应对的行事风格完全不同，这一点在一部分私人信件往来中有所体现，这些与尼科洛·米凯洛奇（Niccolò Michelozzi）的信件尚未被学界研究。多年来，米凯洛奇一直是洛伦佐实际的秘书，在过去几个月里，他在那不勒斯担任使节，目的是尽量缓和盟友之间不断加剧的紧张局势。

皮耶罗除了要应对政治困境之外，还要面对家庭的难题。他刚刚抵达罗马，就满腔恼火地口述了一封信，字里行间控诉优柔寡断的齐博，其中最激烈的言辞可能来自皮耶罗的秘书皮耶罗·多维齐·达·比别纳（Piero Dovizi da Bibbiena）：妹夫"没有脑子""骂自己，骂我"直到"背叛我"。[20] 从本质上讲，齐博为了不惹怒教皇，希望放弃向奥尔西尼出售土地。几天后，皮耶罗获得了与亚历山大六世秘密会谈的机会，教皇表面上热情地接待了他：教皇紧握在自己面前跪下的皮耶罗的手，但在这样虔诚的服从姿势下，教皇毫不犹豫地挑衅皮耶罗，说自己从齐博的信中了解到齐博被"暴力地"要求服从大舅子的意志，于是便引发了"激烈的辩论"。这注定不是和平解决问题的方式。[21]

11月28日教皇在公众面前的"脸吻"[22]是一个犹大之吻：很多人认为贝基在教皇面前的发言是简洁而有效的，相比之下，趾高气扬的米兰代表的发言则显得空洞且冗长。另一方面，圭契阿迪尼始终妒恨那些过度炫耀自己为强者服务的官员，批评了洛伦佐的前老师有着"野心勃勃的舒适"，[23] 总想炫耀自己在人文和圣经方面的文化修养。实际上，贝基就是卢多维科对洛伦佐积怨的避雷针，卢多维科对洛伦佐所担任的政治裁判员的角色觊觎已久。在这所有的事件中，狠毒的亚历山大六世点燃了二者相互仇恨的火焰，制造了联盟内部的分歧，联盟其实已经"衰落和损耗至极点，所有的衣服都已用尽"。[24] 时尚的隐喻，以此为基础，祝贺使节处的成立，它本应

24

象征着意大利辉煌和团结的顶点,但很快却成了它的墓志铭。

罗马特派团的预算是由皮耶罗的秘书乐观地起草的,他舒了一口气,写信给米凯洛齐:"以我们城市和家族(美第奇)的荣誉和名声,只要我们不在罗马就是安全的,我可以向你们保证。转告我们的女主人阿方西娜,因为我没有时间再给她写信了,皮耶罗现在富态、精神、帅气、开朗、受人爱戴和尊重,还有比这更重要的吗!"[25] 皮耶罗的兴奋受到其追随者的鼓舞,但完全用错了地方。返回佛罗伦萨后,他热情洋溢地参与奢靡的活动,如骑马比武和模拟战役,但并未赢得名誉,反而将权力委托给与自己同名的秘书皮耶罗·多维齐,对城市事务不管不问,尽情满足个人的喜好。此外,皮耶罗的身边总是有几个奥尔西尼家族的雇佣骑士"秘密地"[26] 保护他,以防某个激动的人使用真正的武器突然袭击他。

在皮耶罗·德·美第奇的统治下,佛罗伦萨逐渐褪去了文明社会和国际化的光环,曾经人文主义文化的支柱以可悲的地方主义将自己禁锢了起来。皮耶罗听从了贝尔纳迪诺·达·费尔特雷(Bernardino da Feltre)的反犹太人的建议,不愿意接收由西班牙国王"天主教徒"费尔南多(Ferdinando il Cattolico)驱赶出来的犹太难民,这些犹太难民反而在那不勒斯王国,甚至教皇那里找到了"人性的"庇护所。[27] 与他的父亲向来保护犹太人的态度不同,皮耶罗从未表达过类似的想法。而在极遥远的地方,人类发现了"遍布黄金的新岛屿(美洲大陆)",上面居住着"黑皮肤、半裸、供奉自然之神的人"。[28]

与此同时,贝基并没有随外交使团返回佛罗伦萨,而是作为"个人"留在了罗马,理由是亲自跟踪他献给教皇的演讲稿的印发工作,但更重要的是近距离窥察发生的大事件。在1493年的第一次枢机会议上,教皇亚历山大六世突然宣布他想将拉齐奥海岸上的土地抵押给米兰公爵,这片土地正是之前维尔吉尼奥·奥尔西尼设法从齐博那里购买的。然而,这一决定遭到了奥尔西尼家族的朋友、反对出售教会遗产的红衣主教朱利亚诺·德拉·罗韦雷的强烈反对。德拉·罗韦雷的反对引起了教皇的愤怒:要是他没有迅速搬到奥斯蒂亚堡垒中避难,要是他没有留在他位于宗座广场的宫殿中,他早就会遭到教皇卫队的伏击,并将他移送至圣天使城堡。贝基乐于评论此事,嘲弄德拉·罗韦雷的头衔,即圣伯多禄锁链堂的红衣主教,面临被锁链困住的危险。[29]

到了换个氛围并回家的时候了。阿雷佐的主教在他的老朋友马泰奥·博索的陪同下回到了他的住所。两人都十分清楚地知道,他们保护者的去世已经对亚平宁半岛的政治平衡产生了令人担忧的影响,当下的政治局势正变得越来越不稳定。

卢多维科的马

每个国际象棋的棋手都知道,对付国王需要另一个国王。法国瓦卢瓦王朝的年轻国王查理八世非常渴望率军出征意大利,夺回那不勒斯王国。由于王朝的渊源（查理八世的祖母是安茹的玛丽），他理所当然地认为那不勒斯王国是他的。50年前，阿拉贡人从安茹人那里偷走了它，极大的屈辱之火仍在燃烧。卢多维科知道查理八世的目的，也理解他对那不勒斯国王——年老体弱的阿拉贡的费兰特（Ferrante d'Aragona）的仇恨，于是他便引导法国国王推进这个计划，幻想着消灭他的劲敌最终会让他承担"天平指针"的角色。

米兰公爵吉安·加莱亚佐·斯福尔扎是这一大胆而鲁莽的计划的障碍之一。卢多维科自1480年以来一直是米兰公爵的摄政大臣，他的侄子米兰公爵失去了所有政治地位，身体孱弱，在1488年娶了费兰特的一个孙女——阿拉贡的伊莎贝拉（Isabella d'Aragona），她在能力和精神方面都胜过丈夫。卢多维科在性方面（据说他甚至使用巫术让这个可怜鬼在洞房之夜失败）和政治方面都鄙视这个软弱无能的年轻人，只等合适的时机取代他。贝基经过细致的观察和数十年的宫廷阴谋诡计的锻炼，警告说一旦卢多维科的妻子贝亚特丽斯·德斯特（Beatrice d'Este）诞下儿子，"可怜的公爵"[30]最好逃命。

对法国人可能会进入意大利的抱怨持续不断，于是佛罗伦萨人便派贝基担任驻法国使节。八年前，在路易十一世离世和当时13岁的查理八世登基之际，阿雷佐主教贝基已经去过那里。他讲起话来滔滔不绝，获得了这位少年君主的青睐，在美第奇家族圈子看来，在传统联盟貌合神离之时，加强这种古老的纽带或许是一个绝妙的主意。

1493年9月，就在阿雷佐主教抵达法国宫廷的那几天，亚历山大六世宣布将12位主教晋升为红衣主教，其中包括他的儿子切萨雷·博尔贾。这一事实——帕伦蒂一针见血地指出——代表了对"关于红衣主教职位所有法律和命令"[31]的解除，因为这显然是将当时的主要大国归拢于自己麾下的一种方式。事实上，除了佛罗伦萨之外，所有国家都至少获得了一顶红帽子。贝基明显是佛罗伦萨的候选人，教皇解释了贝基未被考虑的原因，是因为他曾将钢笔浸入魔鬼的墨水瓶中，[32]写下了对西克斯图斯四世的谩骂。因为这一解释来自这位博尔贾家族的教皇，所以显得有些令人怀疑。

贝基得知自己未能晋升红衣主教，欣然接受。法国国王想聘请他作为宫廷的一员，因为国王"之前从未听过（比）他（更好）的'喙'"（法国人这样形容能说会道的人）。[33]在保持幽默感的同时，阿雷佐主教清楚地明白其使命的艰难："保全自身的难处在于两位国王都想要夺取对方的王冠。"那几个月中他多次写信给皮耶罗，"这与您夹在米兰和那不勒斯之间的感觉相同"。[34]然而，佛罗伦萨方面并没有意识到事态的严重性，仿佛要解决他们的问题，只需要依靠老奸巨猾的外交技巧就足够了。从红衣主教乔瓦尼的一封简短信件中可以清楚地看出，对于通过贝基的巧言善辩来获得"奇迹般的影响"的幻觉有多强烈，乔瓦尼在这些动荡事件中躲在一边，他建议"就法国的事情……让主教与那位国王沟通，这样我们就可以用热爱、奉献和爱的方式回馈他的恩典"。[35]贝基非常能言善辩，但他无力改变事件的进程。

事情将发生意想不到的转变。阿拉贡的费兰特于1494年1月24日去世。那不勒斯国王一直认为卢多维科是"纸老虎",只会用言语威胁但不会付诸行动。[36] 如果费兰特那一年还活着,那他将不得不改变想法,因为1494年在意大利历史中将成为不可挽回的民族悲剧的代名词。米兰公国的摄政大臣卢多维科继续将正统的公爵置于隐处,他越来越渴望成为意大利最有权势的人。为此,他很清楚必须借力法国。

在与国王及其财务官、圣马洛主教进行了数月无用且令人筋疲力尽的谈判和捉迷藏之后,贝基写信给皮耶罗:"卢多维科正骑着一匹过于巨大的马,想要按自己的意愿让它停下或前进。"也许,贝基借着调皮的讽刺和双关语,表示卢多维科意欲利用法国国王的政策为自己服务,这一行径是无用的;他也想到卢多维科委托达·芬奇为父亲(著名的指挥官弗朗切斯科·斯福尔扎,Francesco Sforza)打造的一尊骑士雕塑。[37] 根据马基雅维利的说法,他的父亲是"德行君主"的完美典范。从政治角度来看,卢多维科缺乏"德行"、觊觎公国是显而易见的。"如果他骑着(马)来吓唬您,"贝基在写给皮耶罗的信中继续说道,"然后他自己就会害怕。他不应该拿自己开玩笑。他需要知道法国人嘴里除了整个(那不勒斯)王国还有其他的稻草,但他笑了,想用这点不痛不痒的行为把您从那不勒斯王国中剥离出去。"[38]

"过于巨大"的马指的是法国国王,这样的警告根本不是修辞手法。查理八世已经进军至里昂,正准备立刻攻打意大利,这可不是"不痛不痒",而在那匹会说话的马的"嘴"中,虽然它不善言辞,不仅仅是那不勒斯,还有整个意大利,像稻草一样,都将被战火笼罩。

棋局现在进入了最焦灼的阶段:成千上万的马匹即将入侵意大利,法军不仅派出"象"和"兵"*,而且还使用了许多阿尔卑斯山另一侧见所未见的大炮。

费兰迪诺的"性病事件"

贝基如此形容他的警告,就像在他的"洋蓟"的众多"叶子"中,满怀的担忧让他无法入睡。这位年老的美第奇家族顾问提醒皮耶罗:"我老了,我曾经把小时候的您扛在肩上,我可以用两句话证实:我认为您现在掌握的权力比您的父亲、祖父和曾祖父大多了。"[39]不难想象,这种与杰出的先人洛伦佐、"痛风者"皮耶罗和科西莫的过去反复比较,应该深深地激怒了皮耶罗。贝基和他的同事皮耶尔·索代里尼(Pier Soderini)从法国被召回,后者是一位佛罗伦萨名人,将在未来几年发挥重要作用。这位受惊的领导人决定依靠一位几乎同龄的人,这个人的口才并不比吹牛的人逊色,皮耶罗认为这是必要的品质。这个人就是贝尔纳多·多维齐·达·比别纳,他

---

* 此处的"象"和"兵"均为国际象棋棋子。——译者注

是秘书皮耶罗爵士的弟弟。皮耶罗·德·美第奇与贝尔纳多因友情团结在一起，与贝基则无法用这种方式相处。贝尔纳多非常机智和幽默，但行事方式更为明显和无耻。他被派往那不勒斯向费兰特的儿子——新国王阿方索（Alfonso）——致敬，途中他停下来与维尔吉尼奥·奥尔西尼商量，试图修补与教皇的紧张关系。1494年夏天，当法军挥师南下从威胁变成现实的时候，贝尔纳多跟着去了阿拉贡营地。阿拉贡的军队由28岁的费兰迪诺指挥，他是卡拉布里亚公爵，是那不勒斯国王阿方索的儿子，他得到了一个吃力不讨好的任务——在罗马涅城门口阻击敌人。贝基曾警告皮耶罗，夹在两军中间的佛罗伦萨有风险成为"角斗场"[40]；但这次是战争，不是演习。

那不勒斯方面的防御行动由战术行动和战略部署组成，为典型的意大利军事风格，这场战事因法国的火力更强而注定失败。但是，阅读比别纳的外交信件，其中宫廷丑闻和八卦似乎胜过了对危险将至的分析。自8月以来，贝尔纳多发现自己是"妓院的大臣"，就"借着酒劲儿"给哥哥写了一封满是"怨言"的信，列出了皮耶罗正准备去的家族别墅里缺少的日常用品，他不得不派四匹骡子将叉子、水果和葡萄酒运送到那里。[41]这是酒后的发泄，渲染了战争进行时狂欢的和不理智的气氛。贝尔纳多以其出色的叙事才能描述了部分情节：暴躁的费兰迪诺想表明他的"强大"，决定袭击法国前哨；法国士兵"匆忙"舍弃了一个小营地，只留下妓女看守，意大利士兵称妓女们为"可亲的兄弟"，他们迅速取代法国人成为妓女们的常客。[42]

1494年10月4日，大军压境，比别纳给皮耶罗写了一封关于费兰迪诺的"性病事件"[43]的著名信件。他用这样的开场展现了他书信的幽默："等等，如果可以，请不要笑。"奉承者马蒂奥以谨慎的外交态度介绍了此事：大约在四年前名妓卡特琳娜·达·贡扎加（Caterina da Gonzaga）看到了卡拉布里亚公爵的肖像，"被他的英勇点燃了"，现在，通过"最忠实的仆人"，她想亲身体验，威胁说如果她得不到，就"饮毒自尽"。因此，这个可怜的女孩"秘密地"离开了自己的家。另一方面，卡拉布里亚公爵"非常秘密地"在切塞纳监视卡特琳娜，"并且了解了这个女人究竟是谁以及从哪里来"，他发现自己"陷入了怀疑和青春欲望的激烈斗争中"。

卡特琳娜"对这位非常尊贵的……男人的下体非常投入"，放弃了轻微的抵抗，她认为"双方在神圣的婚姻中都会'性福'"。对费兰迪诺的这个无稽之谈，比别纳持怀疑态度。费兰迪诺了解到皮耶罗·德·美第奇也对卡特琳娜垂涎三尺，建议他道："女人的这些东西，像其他所有东西一样，对我们来说是共用的。"比别纳坚称费兰迪诺不喜欢软肉，他想在离开前再"饱餐一顿"："下面什么都没有，只有欲火*！"寄信人比别纳以嘲笑的语气、学究式的拉丁语写道。

在信的最后一段，比别纳透露了"这一做法"的另一个"大秘密"：法国国王查理八世在阿斯蒂——当时是米兰公国的一部分——

---

* 此处原文为拉丁语"foctitio"。——译者注

"乐见美女簇拥在旁",热情的东道主卢多维科"非常渴望服务、满足和取悦国王,无论是在不重要的小事上,还是在重要的大事上"。在"见识或了解"了卡特琳娜的美丽之后,他提议让她来侍候,给了她2000杜卡特金币的高额报酬。卢多维科成了意大利的皮条客,对国王百般奉承,全然不知他用重金收买了一位名妓,而她正是卢多维科近亲费兰迪诺(通过妹妹阿拉贡的伊莎贝拉、即吉安·加莱亚佐的妻子结亲)的情人,也是迎战法军的军事领袖的情人。"大笑之后",费兰迪诺和比别纳决定通过卡特琳娜向卢多维科要钱,想从他那里偷钱,让他既遭受损失又让人耻笑。"读者会鼓掌的",比别纳对自己感到满意。"好消息"还有更进一步的外交和情色背景:事实上,这一切都是皮耶罗·德·美第奇的一个精巧的阴谋,以牺牲费兰迪诺为代价,他"发自内心地笑,我不能再多说一句"。最后,他感激"认识了……那个尊贵的女人"。[44]

粗暴的描述仍包含更隐私的细节:公爵表示他不再喜欢这个女人,"因为关于这件事,他说她的毛发比农牧神潘还多,因为这个和其他事情,年老的妓女,对他来说简直无聊得要命"。但卡特琳娜并没有放弃,并说她会"去营地里找他,不然要是什么事都不做的话,那就自行解决发情的狂热"。[45]

这封信代表着宫廷八卦和庸俗色情占据了主流,而政治现实正在吞噬整个国家,国家即将无可挽回地失去在军事和文化上相对的自主权。费兰迪诺的军队由100个小队组成,本可在米兰会合,[46]

实施突袭行动，但他却在性和情中缠绵。皮耶罗·比别纳爵士为费兰迪诺和皮耶罗向上帝祈祷是正确的："我同情这两个年轻人。"[47]

皮耶罗的军事假设

1494年10月下旬，根据迷信的占星学，土星和木星在火星宫近乎重叠被认为是最致命的，其恶劣的影响已经显现出来了。由于各地被残酷地掠夺，特别是罗马涅的莫尔达诺和卢尼贾纳的菲维扎诺，他们勇猛地抵抗法国的进攻，恐怖突然开始蔓延。对平民的屠杀是阿尔卑斯山另一侧常见的事件，但在意大利是闻所未闻的。民众对残忍行为的反应很大，引起了极大的恐慌[48]，眨眼间喜剧就变成了悲剧。

10月21日，几个月来一直生着病的吉安·加莱亚佐·斯福尔扎在米兰去世。然而，在意大利所有人都认为这位25岁的公爵之死与他的叔叔给他下的毒药有关[49]，叔叔的野心人尽皆知。寡妇阿拉贡的伊莎贝拉——一位"聪明的女人"，[50]恳求法国国王不要攻击她的父亲阿方索，但伟大的法军如今势不可挡。第二天，"摩尔人"卢多维科就宣布自己为米兰公爵了。贝基关于已故"可怜的公爵"的预言很快就应验了，但年迈的主教没有时间吹嘘此事，因为他受到佛罗伦萨的召见，在一片恐慌中，他被安排了一项不可能完成的任务："劝说查理八世并安抚他的急躁情绪。"[51]

贝基在出发执行任务之前，对皮耶罗说了很重的话：

（他说他本可以）侥幸做成这件事，这样一个明智的城市拥有如此疯狂的公民，以至于身处那不勒斯的武器和军队中，他们认为他们站在法国的那一边。当你们可以灵活解决这个问题的时候，我曾建议你们按照他们说的去做，也写了很多理由。现在要么继续这样下去，要么成为阿拉贡的猎物……如果在民众眼中君主不是共和国的朋友，那么在共和国中经营这一角色是很困难的。[52]

日记作者帕伦蒂对贝基所扮演的角色感到困惑："很难知道他被赋予了多大的使命，可以说他是皮耶罗·德·美第奇家族的一员了……他按计划于22日离开了佛罗伦萨，并且走得很匆忙。"[53] 实际上，贝基表现得十分轻松，他在博洛尼亚的山区停留，等待皮耶罗的指示，借口就是他年纪大了，旅行让他感到疲倦。[54] 在他写给皮耶罗·多维齐的最后一封密信中，贝基指出，如今"保持中立"的愿望是一种"偷懒"的行为，目前不再需要后悔和怀疑的话语（"如果这样做的话，如果这样说的话"），而是需要"勇气"，特别是需要"人手，因为如果你们不在这次攻击中展露出男子汉气概，就会失去协调和援助"。[55]

法军中"到处都是步兵和骑兵"：陆军有3万多人，海军还有1万多人。贝尔纳多·比别纳的嘲讽比平时少了些，他通过数字指出，阿拉贡统帅"非常有能力"，随时准备撤退或"起兵"，敌军人数持续增加,"恐惧"[56]如期而至。几周前的所有男子气概都令人难堪地消失了。

特殊情况,特殊手段。皮耶罗试图效仿他的父亲,[57]他的父亲为了拯救自己和佛罗伦萨,于1479年12月离开佛罗伦萨前往那不勒斯。皮耶罗给领主国写了一封庄严的信,但他的语气十分悲怆。由此引起了法国国王的愤怒甚至仇恨,他说准备以自己为代价来接受"适当的惩罚",而不是牺牲共和国的利益,他意识到自己"比先人更有义务让自己努力,因为我获得的荣耀要比其他人多得多",因此他说他决心战斗"至死",并请伟大的佛罗伦萨市民为"洛伦佐——我的父亲——的敬爱和忠诚祈祷,也请你们不吝惜对我的爱,这份爱不亚于对自己孩子的爱",嘱咐照顾他的兄弟和孩子,以防他一去不复返;"如果上帝喜悦,我会再写信给他们说明我了解的状况,听取他们的建议,如果他们委托给我任何事情,我会尽我所能忠实地执行。"[58]最后一条对皮耶罗来说是致命的,因为实际上他是打算区别对待自己的命运和佛罗伦萨的命运。

经过几天的等待,11月初,皮耶罗终于受到查理八世的召见,他毫不犹豫地将萨尔扎纳和其他几座要塞悉数奉上,这几座城池位于托斯卡纳要道,几乎坚不可摧。皮耶罗的计划是就算无法阻止法军南下,也至少要减缓他们的行军速度。帕伦蒂愤怒地写道,我们可以认为这是一个真正的政治墓志铭:"如此多的权力归于皮耶罗·德·美第奇。"[59]另外,为了避免自己被驱逐,皮耶罗秘密地给了国王惊人的 20 万杜卡特金币。但让他的立场复杂化的是，皮耶尔弗朗切斯科·德·美第奇（Pierfrancesco de' Medici）这支不安分的旁系后裔的干预，他们在 1494 年 4 月 26 日，即帕齐阴谋的周年纪念日，就已经尝试煽动市民反对堂兄皮耶罗。闹事者首先被监禁，随后被佛罗伦萨流放，但得到了查理八世的远程保护，他们跟着法国王室，随军行动。

与此同时，比别纳回到了佛罗伦萨，发现"这座城市发生了这么多变化，它与我离开时如此不同，以至于我不知道自己在哪里"[60]：可以看出，重回佛罗伦萨对比别纳的冲击是很强烈的，因为他对皮耶罗及其拥趸的敌意也公开表现了出来。11 月 5 日，佛罗伦萨派出以修士吉罗拉莫·萨伏那洛拉为首的使团会见法国国王：这是史无前例的举动，因为这是第一次选择一位传教士代表共和国出访，萨伏那洛拉"不愿讨论掌握在私人手里的国家"。[61] 萨伏那洛拉认为自己是一位不太谦逊的上帝代表，而且会以自己的方式为普通民众发声。

乔瓦尼和"军旅"的逃亡

圭杜奇之前的日记，在几个月的动荡中沉寂了许久，随着皮耶罗的回归重新活跃了起来，它为我们提供了从公正的角度观察到的细节。皮耶罗于 1494 年 11 月 8 日返回佛罗伦萨，那是一个星期六，他派人向市民分发糖果、面包和葡萄酒，制造一种虚假的节日欢乐。在美第奇宫，他找到了乔瓦尼和朱利亚诺，他们"用泪水和笑声"

欢迎他，他感到既宽慰又担忧。然后，他前往领主宫否认对他的指控，即在未经政府批准的情况下，向查理八世承诺转让要塞和支付20万杜卡特金币。是新上任的米兰公爵"摩尔人"卢多维科泄露了皮耶罗无条件投降的秘密。[62] 这不可挽回地损害了他的信誉，并永久性破坏了斯福尔扎家族和美第奇家族之间的联盟。在过去的50年里，尽管有过摩擦与不和，但这个联盟保证了意大利政治的暂时稳定。

皮耶罗的自我辩护只会激怒政府成员，此前政府已撤销了他此次外访查理八世的全部权力。政治气氛如此紧张，预示着危险，以至于皮耶罗命令保罗·奥尔西尼（Paolo Orsini）指挥一大群雇佣兵站在佛罗伦萨圣加洛城门外，以便在需要时出手相救。

11月9日星期日早上，皮耶罗回到领主宫，但发现门锁着。政府代表不让他和护卫一起通过，并告知他如果想进入宫殿，必须只身一人进入。然后"不满的"皮耶罗试图让他的护卫强行进入，这表明其权力已站不住脚。不出所料，领主宫的钟声开始敲响，号召市民拯救国家。在那些赞扬自由的人的欢呼声中，人们怀疑皮耶罗"那天想要夺取宫殿，把那些违背他意愿的人从窗户扔出去，那些他安排好的雇佣兵火速赶来，用武力占领了领主广场"。在美第奇家族的支持者和愤怒的群众的冲突中，有些人被杀了。在受害者中，美第奇家族红衣主教（指乔瓦尼）的管家安德烈亚·坎比尼（Andrea Cambini）受了重伤。

在这一团"乱麻"中，乔瓦尼的角色是什么？自从7月写信给比别纳以来,他宣称自己"基本绝望,也许完全绝望"[63],已经接受了在命运的汹涌巨浪中随波逐流,不做任何抵抗。在11月暴乱的那天,他曾试图步行到领主广场,但在阿迪马里大道上,他被对手的剑吓退了。之后他回到家,"对自己说,如果他在广场上,事情会很糟糕"。

美第奇家族明白是时候离开了。皮耶罗骑马从圣加洛门离开,将他的妻子阿方西娜、岳母和女儿们留在街上的修道院里,和保罗·奥尔西尼的500名步兵会合,他们无法对阵整个城市的狂怒。红衣主教乔瓦尼"几乎同时"从同一扇门逃离,他穿着朴素的方济各会长袍,而不是红色的主教长袍。

  同样,他的弟弟朱利亚诺穿过那扇门,连夜骑马至博洛尼亚,他们安全地抵达了那里。皮耶罗的大臣皮耶罗·达·比别纳爵士和他的弟弟贝尔纳多伪装成德国人骑着马穿过那扇门,走到了菲耶索莱的街上。在这个愤怒的时刻,人们洗劫了皮耶罗·德·美第奇的家、圣马可的花园以及比别纳爵士的家。

在几乎绝对的家族霸权60年之后,变相离开是失败最彻底的标志。私下羞辱之后是公开谴责:据说美第奇家族的代理人安东尼奥·迪·贝尔纳多·迪尼(Antonio di Bernardo Dini)在被吊死在巴杰罗宫的窗户之前,承认洛伦佐和其子皮耶罗在过去 15 年中取走了超过 100 万弗罗林金币的政府资金。除了严重的挪用公款罪名外,他们从未偿还过从皮耶尔弗朗切斯科·德·美第奇后裔那里借来的钱,后者有充分的个人和经济上的理由反对家族的嫡系分支,他们的绰号是"平民",立即被奉为新共和政体的可信之人,也得到了法国国王的支持。

圭杜奇神父仅仅描述了自己亲身经历、"亲眼"所见的事实:查理八世浩浩荡荡的军队于 11 月 17 日进入佛罗伦萨,约有 2 万名弓弩兵、骑兵、弓箭手、戟士从老桥到领主广场一路列队前行,法国国王及其宫廷受到了热烈欢迎。查理八世下榻美第奇宫,宫内特别为此进行了准备。如果说男主人明显不在家,那女主人阿方西娜却一直都在,她和她的母亲("一个有权威、能做大事的女人"[64])及两个女儿克拉丽斯(Clarice)、路易莎(Luisa)一起留在了佛罗伦萨。与丈夫不同,奥尔西尼是一块硬骨头。面对掠夺和威胁,她毫无畏惧地向法国国王抱怨与小洛伦佐被迫分离的事实——她的儿子被安东尼奥·达·比别纳(Antonio da Bibbiena)装在"篮子"中带到了乌尔比诺[65](蒙泰费尔特罗公爵没有孩子,所以热情欢迎小洛伦佐,但让他没有想到的是,日后这个两岁的男孩会夺取自己的爵位!)。

阿方西娜竭力斡旋,因此,当政府试图讨到一个对佛罗伦萨来说代价不高的投降时,她几乎得以让皮耶罗从博洛尼亚返回。然而,法国的使节未能找到皮耶罗。由于太过谨慎,皮耶罗已逃至威尼斯避难，美第奇兄弟和比别纳兄弟从威尼斯发出"严重威胁"。[66]帕伦蒂用略带有讽刺意味的警句，嘲笑愤怒的、无能的美第奇圈子。在接下来的几年里，"军旅"一次又一次尝试重新进入城市，但均未获得任何成果。

美第奇家族的记忆

经过激烈的谈判，佛罗伦萨共和国和法国国王签订了条约。1494年11月26日，皮耶罗离开佛罗伦萨几周后，在土星刚刚与木星合相的那一天，查理八世被授予"国父"的无上称号，并接受12万弗罗林金币的上贡（因此，与皮耶罗所承诺的引起公愤的金额相比，国王给佛罗伦萨打了个折）。领主国没收了美第奇家族的财产，撤销了悬赏缉拿皮耶罗和乔瓦尼（无论生死）的通告，赏金分别为5000和2000杜卡特金币。

为了帮助虎落平阳的皮耶罗，贝基试图阻止查理八世，并为他的领主辩护；但他们从佛罗伦萨一直监视着他，在他见到皮耶罗之前，共和国的一名仪仗队指挥将他拘留并移送至领主宫。[67]法国国王现在对佛罗伦萨的事务失去了兴趣，急于抵达罗马。他南下进军的速度之快甚至让卢多维科感到震惊，他没有想到利古里亚竟然没有抵抗，皮耶罗的懦弱已经提前打通了行军线路。[68]让法国国王加快步伐的还有另一位名人——红衣主教朱利亚诺·德拉·罗韦雷，他离开奥斯蒂亚要塞，在查理八世离开法国之前受到了召见，现在他想要剥夺教皇博尔贾的权力。

法军进入罗马大获全胜，但国王认为因罢免教皇而陷入神学争论并不值得，他对丰厚的捐赠以及特别任命其财务主管——圣马洛主教——为红衣主教很满意。[69] 他还把切萨雷·博尔贾当作人质。被绑架的年轻的红衣主教切萨雷强颜欢笑、逆来顺受，但当他到达韦莱特里时，他迅速摆脱了控制，伪装成一个马倌，连夜逃到斯波莱托。国王对切萨雷逃跑感到气愤，但教皇否认知晓这件事，查理八世在多次抗议无果后，也没有采取进一步措施。[70] 此外，查理八世的主要目标已经触手可及。1495年2月22日，他几乎不费一兵一卒就征服了那不勒斯。骄傲的费兰迪诺从自我流放到西西里岛的父亲阿方索那里继承了王位，乘坐一艘向南航行的战船自新堡逃走，而民众则为新的君主查理八世欢呼。

但阿拉贡的投降突然唤醒了意大利半岛的自尊心，引发了各国的反对。3月底，一个新的联盟在威尼斯成立了。该联盟将威尼斯共和国、米兰公爵、教皇、西班牙和英格兰国王与神圣罗马帝国皇帝联合起来。在几个月的轻松征战后，法国国王开始担心回程不如来时顺利。联盟的主力军队（其中四分之三是威尼斯军队）在塔罗河附近的帕尔马设下防线，这是法军的必经之路。与联盟军队谈判通关条件失败后，1495年7月6日，查理八世决定开战。在史称"福尔诺沃战役"（Battaglia di Fornovo）的事件中，发生了一场在意大利几乎前所未有的大屠杀。最后，双方都宣布自己是胜利者：意大利人这样说是因为他们终于找到了统一的目标，而法国国王这样说是因为他设法安全地撤离了河边的卡夫丁山口，尽管他被迫放弃了15个月以来积累的大部分战利品，甚至自己的佩剑。[71]

"大马"很轻松地回家了，但法军过境意大利所遗留下的最具破坏性和最持久性的问题是一种新的疾病——梅毒。这种疾病被称为"法国病"，或被法国人称为"那不勒斯病"（或者，拉丁语变体 pudendagra、mentulagra、lue venerea、scorra pestilentialis）。西班牙军队为了支援阿拉贡的军队，也参与其中，他们是梅毒的真正源头，因为正是西班牙人将这种病毒从新大陆带回了欧洲。在那不勒斯，当地的妓女感染了病毒，她们是"新黑死病"传播的媒介：查理八世的士兵们抵达那不勒斯后，尽情纵欲狂欢，感染了梅毒。正是在福尔诺沃战役期间，医生们第一次观察到并描述了这种疾病，其性病特征显而易见。威尼斯医生库马诺（Cumano）如此写道：

> 几个战士和步兵，因为情绪激动，脸上和全身都是脓包。脓包形似小米粒，常出现在包皮下、外侧或龟头上方，并伴有轻微瘙痒。几天后，病人因手臂、腿部和脚部的疼痛而出现无力的症状，如果不及时治疗，大脓包将会破裂，持续一年或更长的时间。[72]

在那场混乱的战斗中，死亡反倒成了一种仁慈。

维尔吉尼奥·奥尔西尼是为数不多的试图反对法国人南下并被俘虏的意大利统帅之一。他被俘虏到法国，设法逃脱并转移到了联军营地。正是他，渴望为最近的失败复仇，说服流亡的美第奇家族资助他，以帮助后者重返佛罗伦萨。将现金收入囊中后，维尔吉尼奥被翁布里亚的其他事务分散了注意力，将皮耶罗留在了半路。这只是诸多失望和无助事件中的第一件。美第奇家族继续施行诡计和阴谋，但他们已失去民心，这让任何重返佛罗伦萨的计划，无论明面上的还是私下的，都无法实现。

1495年10月，在朱利亚诺的突袭之后，佛罗伦萨共和国恢复了针对他（最好是死的，不是活的）和他的哥哥皮耶罗的2000弗罗林金币的悬赏。不仅如此，佛罗伦萨政府实施了"记忆的诅咒"，即象征性地抹除了城市中美第奇政权的诸多痕迹。在日记总结部分的一页中，圭杜奇神父指出，在圣洛伦佐大教堂（美第奇家族的坟墓已在此数十年）中，"佛罗伦萨领主国下令……在夜间抹除老科西莫的墓志铭，即'法令之父，祖国之父'"。[73]祖国（指佛罗伦萨共和国）现在没有父亲了。几个月后，圭杜奇去世了，没能见证吉罗拉莫·萨伏那洛拉从传教士到佛罗伦萨政治领袖的崛起之路。

这位"手无寸铁的先知"如何让自己摇身一变成为暴政的审查员，甚至在1497年处决了五名亲近美第奇家族的公民，最后成为自己蛮横神权的受害者，不在我们的讨论范围之内。萨伏那洛拉于1498年5月31日被处以火刑。6月19日，29岁的马基雅维利被佛罗伦萨文书院聘用并开始为共和国的正义旗手*皮耶尔·索代里尼工作。领主广场火刑的遗迹依然清晰可见，索代里尼1494年曾与贝基一同出使法国。

美第奇家族曾多次尝试返回托斯卡纳地区，其中一次由朱利亚诺率领，那次他轻松取得了比别纳**，多维齐兄弟在当地还是有一定的影响力的，但佛罗伦萨人在1498年8月至1499年3月包围了这里，朱利亚诺不得不夹着尾巴逃跑。此外，在那个时期，逃亡是意大利领导人的普遍行为。1500年4月10日，那不勒斯国王费兰迪诺去世，米兰公爵卢多维科伪装成瑞士士兵逃亡被捕，标志着阿拉贡和斯福尔扎两个王朝的衰落。尽管两大家族之间互不信任、互相背叛，但他们保持了意大利南部和北部的统一。

从政治角度来看，美第奇家族流亡的这些年并没有详细的记载。[74]保罗·焦维奥的证词犹在，他作为一名真正的记者"采访"了美第奇家族的成员。当然，他的观点具有亲美第奇家族的倾向，但仍然具有启发性。

在新世纪之初，

> 红衣主教朱利亚诺·德拉·罗韦雷住在萨沃纳，以躲避其宿敌教皇亚历山大六世的视线。（乔瓦尼和朱利

---

* 正义旗手（gonfaloniere）为中世纪意大利城市国家的最高行政和军事长官。——译者注
** 此处为地名。——译者注

奥·德·美第奇）到达萨沃纳时，舟车劳顿，还受到晕船的困扰，但红衣主教朱利亚诺以友好且慷慨的态度欢迎他们，因此，坐在同一张桌子上的三个流亡者互相抱怨着对各自不利的政治事件和个人命运的多舛。同样是他们三个人，几年后也会有相同的命运——走到教会的顶峰，尽管他们当时的抱负并不相同。[75]

事实上，这三个人——当时的两位红衣主教和一位非教会人士——都将成为教皇，分别是朱利奥二世（Giulio II）、利奥十世（Leone X）和克莱门特七世（Clemente VII）。但在那一刻，决定意大利命运的是亚历山大六世的儿子切萨雷·博尔贾。他还俗后，从法国国王那里获得瓦伦蒂诺公爵的头衔，他将意大利中部地区置于水深火热之中。他以教会的名义发动了一场无情的军事行动，罢免或杀害了许多地方领主的代表，因为他们可能会阻碍他的政治仕途。

他的好运一直持续到1503年8月，他的父亲亚历山大六世被毒死（或死于黑死病）。在红衣主教皮科洛米尼（Piccolomini）以庇护三世（Pio III）之名短暂担任教皇之后，10月，红衣主教朱利亚诺·德拉·罗韦雷以朱利奥二世之名登上了教皇之位。

朱利奥二世自始至终反对博尔贾的统治，但承诺不会迁怒其宿敌之子。而且，与博尔贾家族不同的是，德拉·罗韦雷一直信守诺言。然而，切萨雷是第一个也是最后一个例外：一开始朱利奥二世将切萨雷关押在圣天使堡，然后在他出狱后迫使他流亡，几年后，即1507年，32岁的瓦伦蒂诺公爵切萨雷在西班牙的一场小规模冲突中去世。作为马基雅维利《君主论》的典范，切萨雷·博尔贾的结局并不光彩。

皮耶罗因水而死

查理八世的南下进军证明入侵意大利易如反掌。从那时起，亚平宁半岛成了渴望扩张的外国列强、尤其是法国和西班牙的战场。讽刺的是，皮耶罗最终在法国方面服役，法军曾经也是导致他流亡的原因。1503年12月底，他参加了加里利亚诺战役，这场战役的结果决定了西班牙在接下来几个世纪内对意大利南部的统治。伟大的统帅贡萨洛·费尔南德斯·德·科尔多瓦（Gonzalo Fernández de Córdoba）奇袭敌人，迫使他们仓促撤退到河口。在皮耶罗·德·美第奇的指挥下，法国大炮与士兵们一起被愚蠢地送上了驳船。这是"豪华者"洛伦佐之子缺乏智慧的最后证据。

皮耶罗在加里利亚诺失踪了。亲美第奇家族的人文主义者瓦莱里亚诺（Valeriano）在回忆他的文学功绩中提到了翻译的普鲁塔克式小册子《论夫妇的爱情》（*De amore coniugali*），其中提到皮耶罗"在他妻子阿方西娜的眼皮子底下"死去。[76] 为法国人而战的著名领袖巴尔托洛梅奥·德阿尔维亚诺（Bartolomeo d'Alviano）评论道："皮耶罗·德·美第奇带着大炮溺亡了；当然，对于在加埃塔的女人

（阿方西娜）和她的孩子，我会照顾他们并将他们带到安全的地方，我不会错过任何东西。你们要安慰红衣主教（乔瓦尼），可能是'塞翁失马，焉知非福'；我们都是凡人。"[77]

当皮耶罗沉入河中时，也许他有时间最后一次想起皮耶·莱奥尼医生，医生在11年零9个月前，即1492年4月9日，在井中溺亡。[78]

几个月后，米开朗琪罗接受委托，为旧宫内的大会议厅绘制大型壁画，主题是卡辛纳之战，这是佛罗伦萨共和国的辉煌胜利之一。艺术家用讽刺的手法自娱自乐，加入了沉入水下的失败者的两只手的细节——皮耶罗的双手在激荡的河面上徒劳地伸展开来，而岸边的胜利者则冷眼旁观。

第二章

善人：朱利亚诺

（1503—1513）

> 妙龄青春，终会消逝。
> ——洛伦佐·德·美第奇，《狂欢节诗歌》

家族的纨绔子弟

朱利亚诺·德·美第奇是洛伦佐·德·美第奇的第三个儿子，他的父亲非常喜欢他。朱利亚诺6岁那年，"鲜活如玫瑰，温润如镜，干净利落，双眸通透无瑕"，[1]他与两个哥哥及堂兄朱利奥一起下了马，跑到母亲的怀抱里，哭着抱怨父亲时常不在身边。1489年，在他10岁的时候，博洛尼亚领主乔瓦尼·本蒂沃利奥（Giovanni Bentivoglio）想将自己的一个女儿嫁给朱利亚诺，但当时失去妻子的洛伦佐拒绝了这一提议，称他的儿子是他剩下的唯一亲近的人，想让儿子留在自己的身边。三年后，父亲去世时，朱利亚诺和他的哥哥乔瓦尼正在罗马，乔瓦尼刚刚开始红衣主教生涯。1492年4月16

日，皮耶罗正式举办了继承父亲权力的仪式，朱利亚诺立即返回佛罗伦萨，拜访领主国。[2] 在接下来美第奇统治的短暂过渡期中，年轻的朱利亚诺发现没有比晚上一个人出去散步"玩耍"更好的活动了，[3] 他冒充警察，命令路人告诉他他们是谁。某个人被这个年轻小伙子轻率的问题激怒，认为最好给他一个教训，便切掉了他左手食指的最后一根指骨。在几年后拉斐尔绘制的官方肖像中，可以看到这一处细节。

这一事件揭示了朱利亚诺的性格以及他渴望自己成为一个实干家，尽管他并没有这方面的能力。他的过激行为一定引起了哥哥皮耶罗的一些担忧，皮耶罗或许是为了让弟弟的态度更温和，便尝试着给他相亲。他试探性地询问卢克雷齐娅·博尔贾（Lucrezia Borgia）、他的表妹劳拉·奥尔西尼（Laura Orsini）和皮翁比诺领主雅各布·阿皮亚尼（Iacopo Appiani）的女儿，却都没有下文。[4]

1494 年 11 月美第奇家族被逐出佛罗伦萨后，当时朱利亚诺和他的亲戚们一样，处于流放的边缘，联姻就更不可能了。他对佛罗伦萨领土发起的不切实际的军事进攻，反而让当地加强了对美第奇家族的预防性和追溯性措施。

朱利亚诺放弃了夺回佛罗伦萨的野心，投身于他真正的兴趣爱好，即追求绅士的生活上，他大部分的时间都留在乌尔比诺和威尼斯。正是在一个潮湿的夜晚，他在威尼斯的一个宫殿中，翻开了著名的《俗语论》(*Prose della volgar lingua*)——彼得罗·本博撰写的对话体文章，奠定了选用托斯卡纳方言作为意大利语的基础。这位威尼斯人文主义者所描述的想要围着火取暖的角色中就有朱利亚诺，他嘴上抱怨着吹过的"北风"（rovaio）*。在场的人都不认识这个词，继而引发了学术上的讨论。

1504年初，当朱利亚诺收到哥哥在加里利亚诺战役中去世的消息时，一股寒风侵入他的灵魂。现在皮耶罗已离开人世，而乔瓦尼则早已开始了教会生涯，轮到他靠自己瘦弱的肩膀来继承家族的世俗大业了。皮耶罗的儿子洛伦佐只有11岁，尽管阿方西娜教子有方，但仍需耐心地将他抚养成人。大女儿克拉丽斯在14岁时就已经呈现出成熟的气质和奥尔西尼家族女性典型的阳刚性格，很快她就到了婚嫁的年龄，只需要找到合适的婚姻对象而已，而阿方西娜正在为女儿物色一位丈夫，希望他能给美第奇家族带来更多的好处，给所谓的"佛罗伦萨共和国"带来更多的麻烦。当时的共和国由终身正义旗手皮耶尔·索代里尼管理，他是美第奇家族的叛徒，他希望阿方西娜迟早因傲慢和自负受到惩罚。

但朱利亚诺对这些阴谋不感兴趣。朱利亚诺喜欢美丽的女人，他穿着优雅，讲话得体，用写诗来满足自己的情感需要。他天生是个花花公子，继承了父亲出口成诗的能力，他的诗歌具有彼特拉克的风格：

---

* 文学词汇，日常用语中罕见。——译者注

我活在痛苦中,但我即将死去,
先心念圣母,后审视吾魂。
我向她要求太多不配的恩典:
但我的命运有起有伏,
难道圣母不能使我幸福,
用她悲悯和博爱的胸怀?

乌尔比诺宫廷为他敏感的灵魂提供了完美的避难所。像巴尔达萨雷·卡斯蒂廖内这样的人居住在那里,他是一位有伦巴第血统的绅士,曾在加里利亚诺战役中为曼托瓦侯爵弗朗切斯科·贡扎加(Francesco Gonzaga)服务,并被西班牙人引起的溃败压倒。在那次耻辱的战败之后,他在乌尔比诺公爵圭多巴尔多·达·蒙泰费尔特罗(Guidobaldo da Montefeltro)那里找到了一份工作。1506年底,卡斯蒂廖内代表乌尔比诺公爵前往英国接受嘉德勋章*,而公爵的父亲费代里科此前也曾被授予该勋章。

卡斯蒂廖内在著名的《廷臣论》(*Libro del Cortegiano*)一书中想象,在他出访英国期间,在公爵夫人伊丽莎白·贡扎加(Elisabetta Gonzaga)的大厅里连续举办了四次晚宴,招待的贵宾有朱利亚诺·德·美第奇、贝尔纳多·比别纳、彼得罗·本博以及卡斯蒂廖内的堂兄卢多维科·卡诺萨。他是外交官和神职人员,他的形象生

---
* 彼时英国的最高勋位。——译者注

动地诠释了完美廷臣定义中的另一个自我。[5]第一晚，这位高尚的官员表现出的主要品质是漫不经心，或者说"看似不是手段的真正手段"，因此一切似乎都是"不费吹灰之力，几乎不假思索"完成的。[6]

第二晚结束时，比别纳的任务是解释幽默的笑话。12年前比别纳用粗俗和淫秽的喜剧感讲述了费兰迪诺的爱情历险，娱乐了皮耶罗·德·美第奇，如今他的态度更为谨慎，因为"让人发笑并不适合廷臣的身份"。[7]他讲述的以美第奇家族为主题的笑话和逸事则相当友好，但对他们敌人的嘲讽却很犀利，例如，流亡的帕拉·斯特罗齐（Palla Strozzi）挑衅老科西莫说"母鸡正在孵蛋"，老科西莫回答说"母鸡不能在鸡窝外孵蛋"。[8]比别纳也会自嘲，说在狂欢节上，他的面具遭到了鸡蛋的袭击，这是顽皮的红衣主教加莱奥托·德拉·罗韦雷（Galeotto Della Rovere）准备的一个玩笑。[9]

第三晚，朱利亚诺也加入讨论，所有人都出于对他的父亲洛伦佐的尊重而向他求助。他赞扬"宫女"，即宫廷贵妇，不能与侍女混淆，侍女是典型的文艺复兴时期的妓女，她们拥有才智和文学抱负。巧妙的殷勤言行让男性"更令人愉悦，让所有（廷臣）的品质相结合"。[10]彼得罗·本博在第四晚、也就是最后一晚对此进行了回答，作为对柏拉图式爱情的总结。引发沉思是十分必要的，特别是在婚姻被普遍认为是家族生意的时代，两位新人之间的吸引力是无关紧要的因素。

适合廷臣的婚姻对象

到了这时候,朱利亚诺非常欣赏他的朋友巴尔达萨雷,他甚至提议将自己19岁的侄女克拉丽斯嫁给巴尔达萨雷。这是一个无法拒绝的提议。然而,巴尔达萨雷在1508年5月写信给他的母亲阿洛伊西亚(Aloisia)时说,"与美第奇家族的联姻"在一开始讨论很热烈,但现在已经凉了下来,原因是阿方西娜"有点看不上其他人,因为对女儿的爱,她仍在退缩。在她看来,曼托瓦离罗马太远了"。以地理位置为借口是一种"廷臣式"的反对方式。但是,巴尔达萨雷继续说道,红衣主教乔瓦尼和朱利亚诺"一直希望"促成此事。因此就这件事,昨天贝尔纳多(比别纳)写信给朱利亚诺,让他明白事情已经按照他们两位、他的母亲和其他人的心意完成。贝尔纳多没有详细说明嫁妆,但表示这不是障碍。听了这些话,巴尔达萨雷向朱利亚诺表示"非常迫切地"希望敲定这桩婚事,并表示他想"告诉母亲一声,要不是她喜欢的话,他不想多说一句话"。现在需要"明确嫁妆的数额","对此事暂时保密,并告知我你认为我必须做的事情,我之后也会去做的"。[11]

然而,流亡在外的两兄弟并没有考虑到美第奇和卡斯蒂廖内两位寡妇母亲的自尊,没有她们的授意,婚礼是不可能举行的。两周后,巴尔达萨雷坚称"他们敦促我尽快做出决定"。他"熟练地"骗取了嫁妆——多达"4000杜卡特金币的现金"。除了这笔数目可观的款项外,还有大量的社会层面上的好处:"这里的条件确实非常好,就像是家里四处都有着贵族气息,还有一位红衣主教以及对返回家乡(佛罗伦萨)的期盼。"[12]

几个月过去了,这桩婚事仍没有进展,然而在12月时,巴尔达萨雷仍然说他曾与朱利亚诺谈过"我们的那件事:我们等一下罗马方面的答复,然后就可以了结此事"。他甚至要求他的母亲去准备结婚戒指。[13]然后,在1509年初,令人不悦的惊喜来了。

> 最后我想说一件事,我认为殿下(儿子对他的母亲的称呼)会觉得遗憾,因为对于我来说至今仍然非常遗憾:根据伟大者(朱利亚诺)从罗马收到的信件,我觉得我们与美第奇家族的联姻完全落空了。原因是最尊敬的红衣主教阁下(乔瓦尼)需要在佛罗伦萨获得斯特罗齐家族的支持,他们希望借此重新振兴家族。这是为了他们认为非常重要的家族利益,所以尽管我们之间几乎达成了一致意见,但红衣主教阁下还是利用婚约确定了此事,这是从朱利亚诺和贝尔纳多身上看出来的。我对他们也心存怨恨,或通过信件,或通过口头传达给了他们,因为事实上我一直在积极敦促此事,保持大家对它的关注度,并做出了笃定的承诺。我祈求殿下不要为此感到难过,因为事实上这些都是上帝所为:或许我们希望为我们带来快乐的事情,结果却恰恰相反。我相信这一切都是最好的安排。[14]

作为一名优秀的廷臣，卡斯蒂廖内试图掩饰自己的失望，但他悲观的现实主义态度并非没有根据：一位妻子，尤其是具有这种才能和性格的岳母，肯定不会给婚姻或家庭带来幸福。红衣主教乔瓦尼做事不可靠，将他的弟弟朱利亚诺和贝尔纳多·比别纳都蒙在鼓里（尽管有人怀疑后者出于对主人的忠诚而戏弄了他的朋友巴尔达萨雷）。在未来几年，卡斯蒂廖内将以十分悲惨的方式体会到美第奇家族没有能力信守诺言。

意料之外的联盟

那么究竟发生了什么？阿方西娜精于算计。1494年，她的丈夫去世后，美第奇家族被驱逐，佛罗伦萨共和国曾没收了她1.2万杜卡特金币的巨额嫁妆，之后她在罗马待了几年，她以索要赔偿为由，返回了佛罗伦萨。阿方西娜趁机偷偷接近菲利波·斯特罗齐的母亲塞尔瓦吉亚·吉安菲利亚齐（Selvaggia Gianfigliazzi），并向她推荐了一位相当有名望的婚姻对象，还向她提供6000弗罗林金币的嫁妆，因为塞尔瓦吉亚需要用这笔钱继续建造家族宫殿。

斯特罗齐家族是一个古老的佛罗伦萨家族，在政治上与美第奇家族敌对，在"豪华者"洛伦佐时代，他们从流放中归来。塞尔瓦吉亚于1491年丧偶，育有四个幼子。为了纪念她死去的丈夫，她把丈夫的名字给了她第二个儿子——当时只有2岁的焦万·巴蒂斯塔（Giovan Battista），她给他改名为菲利波。除了孩子，老菲利波还给她留下了正在佛罗伦萨建造的一座大宫殿，他有着雄心勃勃的梦想，一生都想在财富和权力上超越美第奇家族。这就是两个敌对家族的故事出现交集的地方。

1508年，年仅19岁的小菲利波在那不勒斯（他的祖先在流亡期间于此地发展壮大）已经有过一些作为银行家和商人的经历。他优雅而自信，是一个勇猛的剑客，当他的言语不足以刺痛对手时，他知道如何用武力保护自己。他是一个好色之徒，与朱利亚诺相比，他对情色的渴望更加多样和贪婪。贝内代托·瓦尔基（Benedetto Varchi）为斯特罗齐家族服务，见多识广的他说，小菲利波"极其放荡，既不看性别，也不看年龄，也没有其他方面的考量"。[15]

菲利波和克拉丽斯年龄相仿，虽然他们都出生在佛罗伦萨，但彼此并不认识，因为她还是小孩子的时候，就和母亲一起离开了这座城市，几个月后，她父亲皮耶罗被驱逐出佛罗伦萨。联结他们二人的自然不是爱情。早在1508年7月，关于二人联姻的秘密谈判就开始了，涉及整个强大的斯特罗齐家族。自签署之日起8个月为婚约的最后期限，无论是哪一方退缩，都将被处以与半数嫁妆等值的罚款。[16]阿方西娜与一个非亲美第奇的、势力强大的佛罗伦萨家族联姻，这一想法颇具挑衅意味。如今美第奇家族被驱逐出这座城市，他们就扮演了过去斯特罗齐家族所扮演的流亡者的角色，几十年来他们一直都是死敌。由于担心联盟可能变得过于强大，皮耶尔·索代里尼试图反对这桩婚姻，并传令从那不勒斯召回菲利波。这个年轻人虽然不情愿——因为他知道自己冒着被判重刑的风险，与美第奇叛乱分子联姻——但还是偷偷地回到了佛罗伦萨，[17] 一旦他得到了人身安全的保证，便出现在了领主国代表面前。菲利波在他充满曲折的人生中第一次，但并不是最后一次，展示了他的机智和口才。[18] 据说，针对他的指控是马基雅维利代表索代里尼提出的，但斯特罗齐呈上了可靠且正当的理由。相较于索代里尼的期望，领主国对菲利波的判决较轻：温和的训斥、放逐三年（后来被撤销）和500弗罗林的小额罚款。在所有人看来，这判决与免罪无异。这种无能的态度严重削弱了共和国政府。[19] 佛罗伦萨当时的舆论一分为二。2月初，菲利波和克拉丽斯在红衣主教乔瓦尼的批准下于罗马举行了婚礼。菲利波对美第奇家族的忠诚将在适当的时候得到回报。

英勇和运气的轻微转向

皮耶罗死后，乔瓦尼和朱利亚诺兄弟对佛罗伦萨人采取了和解政策，并从中受益。就这样，对洛伦佐的孩子和继承人的恶意慢慢地且不可避免地变成了中立，甚至是仁慈。另一方面，皮耶尔·索代里尼的傲慢行为受到了市民越来越多的指责。皮耶罗·德·美第奇的"小脑筋"和"兽性"[20]已经为两兄弟高瞻远瞩的战术所取代，逐渐为他们的回归做好政治和心理的铺垫。但一切都必须从罗马开始。

在博尔贾家族的暴政下，红衣主教乔瓦尼艰难地了解到与教皇意见敌对意味着什么，于是他迅速与朱利奥二世建立了良好的关系。特别是，他与教皇深爱的侄子成了朋友，即年轻的红衣主教加莱奥托·德拉·罗韦雷。加莱奥托有着强健的体魄，因此邀请他的访客到花园"脱下礼服，和他一起玩耍、跳跃"。[21] 焦维奥隐藏了加莱奥托这一幼稚的特征，反而赞扬他性格的甜美。因突发恶疾或毒杀（可能），他在36岁时便英年早逝，令人惋惜。[22] 乔瓦尼或许在那个无忧无虑的年轻人身上看到了自己，他即使没有很伟大的个人功绩，但仍然获得了如此多的荣誉。无论如何，在朱利奥二世的心中，乔瓦尼取代了加莱奥托的位置：在罗马教廷中，乔瓦尼已经证明了自己的外交才能，但这位尚武的教皇对红衣主教的要求则是在战场上体现出价值。

从1511年10月1日起，乔瓦尼被任命为驻博洛尼亚的教皇使节。托斯卡纳以北需要强大且值得信赖的存在，同时分裂的比萨主教会议被重新召集，目的是在法国人和佛罗伦萨人的支持下推翻朱利奥二世。复仇心爆发的教皇对此怀恨在心，发誓让共和国，特别是正义旗手皮耶尔·索代里尼付出代价。

与此同时，朱利亚诺被其他事情分散了注意力。1511年9月，他突然从罗马前往乌尔比诺，甚至没有等乔瓦尼，就启程前往罗马涅地区。朱利亚诺打算在乌尔比诺与朋友们欢度快乐时光。几个月前，复活节的星期六，在圣基亚拉·德·科尔蒂利教堂出现了一个仍在襁褓中的新生儿，后来证明，他是乌尔比诺的贵妇帕奇菲卡·布兰达诺（Pacifica Brandano）所生。孩子的母亲在分娩时去世了。朱利亚诺打消了最初的疑虑后，确信这个孩子就是他爱情的结晶。因此，根据历史学家罗伯特·扎佩里（Roberto Zapperi）的有趣假设，朱利亚诺委托达·芬奇绘制了帕奇菲卡的死后肖像，她也因著名的《蒙娜丽莎的微笑》而永垂不朽。

然而，当朱利亚诺的身体出现肺结核病的初期症状时，旅程就中断了，他最终因此病而死。他被迫返回罗马，满怀担心地把孩子（他将孩子的名字由帕斯夸里诺改为伊波利托）交给了"老公爵夫人"，也就是乌尔比诺公爵圭多巴尔多的遗孀伊丽莎白·贡扎加，她和丈夫没有孩子。新的乌尔比诺公爵——弗朗切斯科·玛里亚·德拉·罗韦雷（Francesco Maria della Rovere）——是圭多巴尔多的外甥和教皇朱利奥二世的侄子，一个生性暴戾的毛头小子。几个月前，他一怒之下，在街中央杀死了可恨的红衣主教阿利多西（Alidosi）。[23] 他的家族血统没有说谎：比别纳用向来戏谑的语气写道，他将讽刺的看法隐藏在暗语中（引号中为引用），据教皇所说，"乌尔比诺公爵是叛徒"[24]，虽然近年来没有"比这位更愤怒、更疯狂的教皇"了。[25]

叔侄二人行事冲动，关系也十分紧张，比别纳每天受到教皇接见时都在见证此事。1512年3月，当乌尔比诺公爵秘密派遣巴尔达萨雷·卡斯蒂廖内去面见法国国王时，这种紧张情绪爆发了。[26] 弗朗切斯科·玛里亚·德拉·罗韦雷为路易十二服务，并拒绝帮助教皇反对法国国王的战争，借口是他必须"召集尽可能多的士兵服务于他,以防佛罗伦萨人恶意中伤他"。[27]乌尔比诺公爵接近教皇的敌人,且拒绝支持教会,很快他就会后悔。

经过数月的小规模冲突,法国和西班牙在意大利半岛的外交冲突达到了临界点。4月11日,也就是1512年的复活节,双方终于在拉文纳附近开战。一方是罗马教皇的军队,他们与西班牙人结盟,名义上由红衣主教乔瓦尼领导,但他没有亲自参战;另一方是法国军队,他们赢得了一场典型的皮洛士式胜利*。事实上,在双方这一场大约2万人参与的血腥屠杀中,法军的统领加斯顿·德拉·富瓦(Gaston de la Foix)战死沙场,法军失去了指挥。乔瓦尼·德·美第奇在试图逃跑时被敌军俘虏。他目光短浅,笨手笨脚,作为一名非战斗统领,他投降保全自己。他"被绑着"进入博洛尼亚,十分丢人;[28]但这并没有打消他逃脱敌营的想法,几周后,大意的(也许是被收买的)法国卫兵让他逃走了。虽然乔瓦尼凭借狡猾行为而非英雄主义才得以逃脱,但这一结局为乔瓦尼赢得了教皇朱利奥二世永远的感激之情。教皇冲动而坚定,决定永久支持美第奇家族回归佛罗伦萨。

索代里尼被将了一军

在逐步对佛罗伦萨形成的包围中,乔瓦尼和朱利亚诺并没有拘泥于细节:他们率领那不勒斯总督雷蒙多·德·卡多纳(Raimondo

---

* 皮洛士式胜利是一句西方谚语,意为代价高昂的胜利。——译者注

de Cardona）指挥的西班牙雇佣军"带着惊恐和恐怖"[29]攻入穆杰罗，卡多纳是拉文纳之战实际的赢家。这场军事行动在1512年8月底的残忍的普拉托大屠杀中达到高潮。乔瓦尼参与了大屠杀（大约5000个男人、女人和儿童被扔进井里，被处以绞刑、桩刑、火刑），有人说他无能为力，也有人说他乐在其中，另外还有以教会的名义进行的无差别的强奸。十天后，被强奸的妇女和修女才得以进入红衣主教的宫殿避难，以维护她们的贞洁，但不难想象，现在她们的声名已经荡然无存。

当年的报道还提到了令人不寒而栗的细节，例如在圣母百花大教堂进行的拍卖会，拍卖的物品乃是一车车普拉托遇难者们血淋淋的衣服和战利品。此外，为了筹集悬赏囚犯的赏金，许多普拉托人被迫向佛罗伦萨放高利贷的人借钱，"这算是另一场经济屠杀"。总之，既受损失又遭人耻笑。

美第奇家族不愿将他们的城市也夷为平地，也无意与市民永世为敌。在普拉托上演了杀鸡儆猴的一幕后，他们更倾向于和平回归，可行方式之一是联姻。因此在普拉托大屠杀之后，美第奇和索代里尼两大家族立即开始了谈判，商量着将正义旗手的侄女嫁给朱利亚诺。而谈判因一则消息的传来而终止。消息称此前索代里尼已被政府废黜并被要求迁出城外。在城内，索代里尼短暂关押了菲利波·斯特罗齐和其他涉嫌同情美第奇家族的贵族。据斯特罗齐讲述，索代里尼被保罗·韦托里（Paolo Vettori）和安东·弗朗切斯科·阿尔比奇（Anton Francesco Albizzi）"将了一军"[30]，这两个雄心勃勃的年轻人曾多次与美第奇家族秘密地交换消息。他们在卡森蒂诺会见了乔瓦尼和朱利亚诺的堂弟朱利奥。阿尔比奇家族曾经是强烈反对美第奇家族的，但他们也参与了推翻索代里尼统治的阴谋，不能排除美第奇家族许诺给他们一笔巨款。[31] 无论如何，正是他们二人于1512年8月31日说服了索代里尼，抵抗对索代里尼和佛罗伦萨来说都是徒劳且危险的，在此之后他们亲自将索代里尼带离了领主宫。

第二天，也就是9月1日，在受到民众欢迎之后，花花公子朱利亚诺回到了佛罗伦萨的家族宫殿。他比以往任何时候都更加痴迷于自己的外表，他让人给他剃掉了胡子，象征着流亡的结束。为了满足以战利品为主要财富来源的西班牙雇佣军，美第奇家族同意补贴12万弗罗林金币以阻止他们继续在托斯卡纳抢掠。讽刺的是，这与1494年新生的佛罗伦萨共和国捐赠给当时的"国父"查理八世的金额一致。同样地，索代里尼为保证自己的安全，提出支付20万杜卡特金币，与当时皮耶罗向法国国王提议但未被采纳的金额也有着微妙的相似性。出于银行家对财务问题的关注，菲利波指出，美第奇家族已经流落成"平民，需要把政府能找到的一切都归还给他们，即他们的家，虽然我觉得那里什么都没有了"，"家族与政府的所有债务"一笔勾销，"并竭尽全力从平民手中收回一切家族财产"。他在评论中无意识地补充了一段预言：

> 我的妻弟洛伦佐今晚显灵了。作为通知,昨天一道闪电落在了我们的宫殿上,也就是小胡同的拐角处。闪电杀死了屋顶上的马里奥托·达·巴拉特罗(Mariotto da Balatro)。建筑物没有再受到破坏。如果这是美好的祝福,那我可能理解错了。[32]

与菲利波的妻子克拉丽斯不同,洛伦佐性格不成熟且从小被家人宠溺。他配不上祖父的名字,与比他大三岁的姐夫保持着几乎病态的关系。从一开始,叛逆的性格和愤世嫉俗的态度就把二人联系在一起,而这对佛罗伦萨和意大利的命运具有不可估量的重要性。或许菲利波还是更迷信一些为好,因为有一天那道闪电会击中他。

与此同时,兴高采烈的贝尔纳多·比别纳赶到罗马,向教廷报告美第奇家族重新征服了佛罗伦萨,朱利亚诺受到了"热烈的欢迎和爱戴",以及乔瓦尼的踌躇——他不知自己是否应该"作为教皇的使节,即作为普通的红衣主教"[33]进城。贝尔纳多写信给他的兄长皮耶罗,详细描述了佛罗伦萨事件的全部经过,后者已在威尼斯居住了很久。[34]一收到贝尔纳多的信,皮耶罗·比别纳爵士就将一封长长的密文寄给了红衣主教乔瓦尼,发泄压抑了18年的怒火。据他说,美第奇家族的复仇计划不只是拿回被扣押的家族资产,还要重新建立对城市的绝对控制,避免重蹈覆辙,因此,他鼓励乔瓦尼无悔地追求"优越感",成为城市的"首领",这里比以往任何时候都更需要秩序。[35] 但贝尔纳多注意到美第奇家族的犹豫，几天后他更加明确地写道：

> 普拉托的事情意味着，在这里没有人会说您比乔瓦尼·德·美第奇更伟大，他已经失去了在民众心中天真、善良的声誉，人们说这是伪装出来的……敌人和朋友会四处宣扬您比以往更差劲，第一个这么做的将是教皇。但如果您坚守伟大的信念，所有人都会爱戴您，赞美您，并认为您聪慧且善良。对战败者来说一切都是邪恶的，对于胜利者来说一切都是神圣的。[36]

比别纳使用了暴力和欺骗的残忍语气，丝毫不担心多年流亡所培养出的"善良"突然被破坏，因为胜者为王，败者为寇。

佛罗伦萨的政变与普拉托的大屠杀不同，没有流血牺牲：两周后，红衣主教乔瓦尼借口武器象征着辉煌，带着400支长矛进入了佛罗伦萨。意想不到的是，当他在自己家中与威尼斯使节共进午餐时，"他听到楼下传来一声巨响"。一些雇佣兵已经冲进领主宫，以美第奇家族的名义占领了这里，大声欢呼着。城市的每个角落都重新挂起美第奇家族的纹章。阿尔玛乔托·德·拉玛佐第（Armaciotto de' Ramazzotti）和他的500名步兵负责守卫领主广场。[37] 菲利波·斯特罗齐讽刺道："（民众）没有任何争议，连一只母鸡都没有受到伤害，最后，佛罗伦萨又回到了美第奇家族的手中。"[38]

此处有狮子

意大利的版图很快发生了变化。如今美第奇家族控制了佛罗伦萨，比别纳不再克制自己，脱口而出："有了全世界的支持，您应该成为一头猛狮！"[39] 身在罗马的阿方西娜忧虑地关注着事件的走向，"非常渴望得到回复，了解事情是如何发展的"[40]。

令人惊讶的是，是一位忠心为共和国服务的人满足了她对最新消息的好奇心，他就是副总理大臣马基雅维利。在为了敲定菲利波与克拉丽斯的婚事而留在佛罗伦萨的时候，皮耶罗精明的遗孀还拜访了鲁切拉伊家族，特别是家族的首领贝尔纳多，贝尔纳多也是菲利波哥哥的岳父。鲁切拉伊家族的花园，又名"奥利切拉里学园"（Orti Oricellari），是作家和绅士的交友场所，马基雅维利也经常光顾。很难想象马基雅维利抵挡住了亲自会见阿方西娜的诱惑，他欣赏这位雄心勃勃的女人，但对她有所保留。

因此，马基雅维利多次写信给阿方西娜，特别是美第奇家族重返佛罗伦萨后，他写了一封长信，讲述了过去几周发生的事件，包括普拉托大屠杀这场"悲惨的灾难"，但没有提到"细节，以免给她精神负担"。他以同样卑微的态度宣称，他心甘情愿地写信给她"既是为了满足她的好奇心，也是由于最近获得的成功，向尊贵的领主国的朋友们和我的主人致敬"，但他避免"提到那些悲惨且不必要的

事情,那些事情可能会冒犯到那位知名的女士"。然后他描述了

> 在拉玛佐第和士兵们攻下领主官时,叫喊声不时响起,整个城市立刻都武装起来了,城市的每一个角落都响起了这个名字。因此贵胄们被迫召集民众大会,我们称之为"议会",他们颁布了一项法律,向这些伟大的美第奇后人归还了祖先的所有荣誉和爵位。这座城市安静下来了,希望在他们的帮助下,我们能像过去那样光荣地生活,就像他们的父亲"豪华者"洛伦佐统治时那样。[41]

"豪华者"洛伦佐(信中提到他两次)所代表的权力失衡时代的神话,是政权不稳定的前提。在给红衣主教乔瓦尼的建议中,马基雅维利请新的领袖展示自己的宽宏大量:事实上,"被夺去政权的痛苦不亚于失去兄弟或父亲,因为死亡有时会被遗忘,但这件事永远不会"[42]。乔瓦尼考虑了这个犬儒主义者的建议,但按照其中蕴含的逻辑,他不需要与一个为共和政权服务的官员保持良好的关系。保罗·韦托里也敦促红衣主教乔瓦尼"多使用力量而非巧计",[43] 即做一头狮子而不是一只狐狸。1512年11月7日,在离开佛罗伦萨后的第二天,[44] 乔瓦尼不顾韦托里隐晦的举荐,将马基雅维利从文书院解雇;10日后,马基雅维利被限制在托斯卡纳境内一年,以便美第奇家族监视他的行踪。

乔瓦尼从博洛尼亚写信给他的堂弟朱利奥，此前他本应以教皇使节的身份返回这里，信中提到关于与佛罗伦萨大家族维持关系的建议，并"时刻注意风声"[45]。他建议多与"我们的韦托里和阿尔比奇来往，你知道我们欠他们的"，还要经常与尼科洛·米凯洛奇（洛伦佐的前任秘书，如今取代了马基雅维利在文书院中的职位）以及其他忠诚的人讨论。[46]

红衣主教乔瓦尼只给朱利奥写了信，把他的弟弟朱利亚诺排除在外。他敦促朱利奥认真思考，进一步"咀嚼"他"未着色的蓝图"，也就是，他草拟的规划，并且，从他们本来可以秘密得出的"结论"中，"将会开启未来一系列处理事情的方式……我们利用时间的优势，让事情成熟起来"[47]。在接下来的十年里，等待时机的艺术会将这封高度机密的信件的寄信人和收信人送上教皇的宝座；等待时机的艺术也同样适用于经济问题：如果有人借钱，"没有许诺"还钱，红衣主教好像没有任何道德义务，反而他会"找其他金钱来源，会非常高兴的"[48]。

在博洛尼亚，由于乔瓦尼随意处理公共资金的行为导致他与教皇派遣的财务主管发生了冲突。乔瓦尼抱怨他的名字被用作"招牌"，即纯粹的门面，终于在1513年1月中旬找到了返回佛罗伦萨的借口，他更在乎佛罗伦萨的未来。

秘密、贪婪和谨慎已经成为重新建立的政权的特征。谨慎是必要的，因为美第奇家族对佛罗伦萨的统治还不够稳固，例如彼得罗·保罗·博斯科利（Pietro Paolo Boscoli）发动的政变阴谋，所幸被朱利亚诺粉碎。[49] 一份"邪恶公民"名单从一个同谋者的口袋里掉出来，上面列有十几个嫌疑人的名字，当局随即逮捕了这些人，其中包括马基雅维利。可能的情况是，马基雅维利或许说过一些对美第奇家族的抱怨和牢骚，但没有证据表明他参与了这个漏洞百出的阴谋，阴谋本身就很"困难且非常危险"。[50] 一击杀死美第奇家族的所有成员是根本不可能的。

朱利亚诺一收到涉嫌阴谋的消息，就下令"所有持有武器的市民须将武器上交给领主；因此无论敌友，均要上缴，之后领主会将武器再分配给他们放心的人"[51]。解除了市民的武装后，这座城市确实"十分平静"。一切都在"没有威胁国家安全"[52] 的情况下进行，朱利亚诺坚定地说，在两个主谋被处决后，他就像为这座城市"治病"的医生，"伤口已经揭开，清理得很好"[53]。马基雅维利受到严刑拷打，他顶住剧痛，什么也没承认。不过，他被判处"终身"监禁，[54] 被关押在佛罗伦萨恶臭的斯廷凯（Stinche）监狱。绝望中，他以诗人的身份而不是政治家的身份，给朱利亚诺写了几句十四行诗：

> 留下您的意见，
> 感受和触摸，
> 用双手而非眼睛判断。

红衣主教乔瓦尼已经使用过手和眼睛的谚语隐喻，之后马基雅维利在《君主论》中赞美狐狸和狮子的章节中也采用了相同的隐喻，这是引自路易吉·浦尔契的诗《摩尔干提》(*Il Morgante*)，讲的是两只画眉鸟在冬天被捕的故事：乐观的画眉鸟看到猎人眼中的泪水，认为是由于他对两只画眉鸟心生怜悯，而不是因为清晨的寒风；悲观的画眉鸟则请前者观察猎人的手，他即将用手指压碎它们的头，杀死它们。马基雅维利希望能通过这则痛苦的寓言，打动朱利亚诺，但他对自己的命运并未抱太多的幻想。

美第奇家族喜欢的诗歌作品则是另一种类型。就在那几天，卡斯蒂廖内从乌尔比诺给卢多维科·卡诺萨写了一封著名的信，让人想起贝尔纳多·比别纳非常大胆的喜剧《裙底春》(*Calandria*)中对欢乐的描写[55]：然而，作者缺席了，他正在准备另一出更为壮观的好戏。

第三章

智者：乔瓦尼（1513—1515）

欢乐趁今朝。

——洛伦佐·德·美第奇,《狂欢节诗歌》

教皇的臀部

1513年2月21日，70岁的朱利奥二世去世，这一天佛罗伦萨的阴谋传到了罗马。在许多罗马人看来，这是件很值得高兴的事。在为此所作的诸多讽刺诗中，有一首以独白的形式将刚去世的教皇与他厌恶的前任亚历山大六世进行了比较，指责教皇重用亲属和无耻浪费：

他毁了意大利、我、海洋和陆地；
他让他的儿子瓦伦蒂诺变得伟大，
他掠夺教会；我把教会困于战争。

> 我让我的乌尔比诺公爵变得伟大：
> 但我们身上只隐藏了这样的差异，
> 他留下了宝物，我却留下血和酒。[1]

得知教皇去世的消息后，红衣主教乔瓦尼便收拾行装前往罗马。[2] 他带来了两位银行家心腹——菲利波·斯特罗齐和莱昂纳多·巴托里尼（Leonardo Bartolini），他们提着装满弗罗林金币的袋子。而贝尔纳多·比别纳正焦急地等着随乔瓦尼参加选举教皇的秘密会议。

由于长时间急速骑行，乔瓦尼的臀部产生了不适。从很小的时候开始，乔瓦尼就患有一种难以启齿的疾病——肛瘘，如果他在马鞍上坐的时间过长，肛瘘就会再次裂开。斯特罗齐的一封信证实了这个传言："阁下抵达罗马后，身体不适，因为某种慢性疾病让他在旅途中感觉不舒服。目前他的情况有所好转，最迟两天后症状就会消失。"[3]

由于奥尔西尼和科隆纳（Colonna）两大家族之间的联盟，罗马异常安宁，这两个势力最强的家族通常在教皇席位空缺时清理各自悬而未决的旧账。但让对手博尔贾家族当选教皇的代价实在太高了，于是他们决定联手，为教皇选举创造最佳条件，以便服务于各自家族的利益。在候选人中，西班牙人青睐的拉法埃莱·里亚里奥（Raffaele Riario，教皇西克斯图斯四世的甥孙）和威尼斯人支持的格里马尼（Grimani）脱颖而出。红衣主教乔瓦尼离开佛罗伦萨时，没有得到任何人的支持，但经过几天无果的秘密会议后，他的票数突然增加了。在教皇选举的赌注上，他的胜率是25%。菲利波·斯特罗齐掌管着教皇选举的赌局，所以消息特别灵通。[4]

事实上，尽管乔瓦尼已坐上轿子并住到了最舒适的房间，但当他臀部的脓肿开始裂开时，西斯廷礼拜堂还是充斥着脓液的恶臭，没有人，包括医生在内，认为生着病的他能活很久。[5]不难想象，比别纳即兴创作了一些淫秽的幽默格言，向红衣主教们保证，选举这样一个年轻的教皇不会损害他们未来的机会。

比别纳与可信赖的外科医生雅各布·达·布雷西亚（Jacopo da Brescia）一起参加选举教皇的秘密会议，陪同饱受折磨和发臭的乔瓦尼。比别纳设法巧妙地消灭了乔瓦尼的大敌——红衣主教弗朗切斯科·索代里尼（Francesco Soderini），向他许诺了巨大的教会利益，最重要的是他的兄长、共和国的前任正义旗手皮耶尔能够从流放地拉古萨安全且光荣地回归。索代里尼家族和美第奇家族之间的联姻也让双方停战。

红衣主教乔瓦尼"独特的善良本性"的名声在普拉托大屠杀后似乎彻底崩塌了，但这反而帮助他获得了几位年轻的红衣主教的支持：锡耶纳主教阿方索·彼得鲁奇（Alfonso Petrucci）和热那亚主教本迪奈罗·萨罗（Bendinello Sauli），他们嘲笑中年的里亚里奥的痴心妄想。幸运的是，在经过一周的秘密会议后，乔瓦尼·德·美第奇于1513年3月11日被25位红衣主教推选为教皇，登上了圣彼得大教堂的宝座。

乔瓦尼为自己的成功而扬扬得意，选择了利奥十世[*]这个名字。据焦维奥说，当乔瓦尼的母亲克拉丽斯怀上他的时候，曾梦到自己在佛罗伦萨的圣母百花大教堂里生下一头非常温顺的雄狮，没有任何痛苦。这件逸事记录在内容翔实的美第奇圣徒传记中。有些佛罗伦萨人还提到了另一个不那么壮观的预兆：洛伦佐死后，最丑的狮子杀死了最美的狮子。事实上，新教皇虽然只有38岁，却身体肥胖、体质虚弱，他那变形的椭圆形的脸对应着自己肿胀而圆润的臀部。

在阿诺河畔，整座城市都在仪式和赎罪之火中燃烧（与萨伏那洛拉的火刑非常不同！）。其中一辆被烧的车代表着"怀疑和恐惧，用的是加工过的火"[6]。在"普天同庆"[7]的喜悦中，第一批享受大赦的人中就有马基雅维利，他从监狱出来后，尽管身体仍因严刑拷打而感到疼痛，但健康并无大碍。他对保罗·韦托里及其兄长弗朗切斯科心怀感恩，后者是佛罗伦萨共和国驻罗马使节，是他说服朱利亚诺，让朋友免受"终身"谴责。

对于佛罗伦萨人来说，他们的第一个"教皇"就是"利润"的代名词。[8]在操盘手和代理人莱昂纳多·巴托里尼的见证中，整座城市沸腾了，在美第奇家族长期流放期间，他的家族一直充当已消失的美第奇银行"黑色资金"的掩护，在秘密会议的关键时刻，他也保证了资金源源不断地流入红衣主教乔瓦尼手中。[9]巴托里尼在给新

---

[*] Leone 亦有"狮子"的含义。——译者注

任总理大臣尼科洛·米凯洛奇的信中为他迟来的回复而道歉:"白天我需要处理事务和迎来送往,晚上睡意袭来……我们拥有400年以来最优秀的教皇,而这是上帝之前从未赐予我们的最宝贵的恩典。"他带着亵渎的讽刺赞美道:"利奥十世万岁,您可以为所欲为。"[10]

"喜悦"让美第奇"25年"的旧部重新活跃起来,让他们"幸福到无以言表",但一周后就被财政的现实扑灭:在罗马,已经出现了"一大群人",一群佛罗伦萨人,期待教皇给予恩惠,尽管成功率只有十分之一,"我们指定会失败"。教皇对许多乞求者承诺过多,在他舒适地登上宝座之前,教皇国就有受到连累的风险:"你不能凭着良心去允诺,然后不想交易圣物。"[11] 巴托里尼看得很长远,他预计教皇的统治很快就会出现十分严重的问题。另一位来到罗马的银行家——菲利波·斯特罗齐——一点也高兴不起来,他的兄长从在佛罗伦萨开始就劝他放下礼节、开拓财路,否则,就像他的岳母阿方西娜所言,他一口汤也喝不到。[12] 是时候从他与克拉丽斯的婚姻这个长期投资收取利息了,但他仍然需要耐心。

与此同时,教皇将这些琐碎的物质问题置之脑后。1513年4月11日——在拉文纳战役一周年之际——他为他的加冕典礼组织了一场盛大的庆典。他骑着马参加了宗教游行,这匹马正是他在拉文纳战役中被俘时所骑的马。衣着华丽的主教们和贵族们游行穿过罗马的街道和装饰有挂毯的区域,每个十字路口都放置了一座带有绘画和雕像的凯旋门,就像罗马皇帝时代一样。在所有地区,财务官分发了大量的金币和银币，而且出手十分阔绰。有消息说，那次奢侈的庆祝活动花费了整整 10 万杜卡特金币。[13]

乌尔比诺公爵兼罗马省督弗朗切斯科·玛里亚·德拉·罗韦雷也参加了这次游行，他的裙带关系特权在没有教皇保护的情况下很快就会失效。另一方面，教皇的堂弟朱利奥·德·美第奇（Giulio de' Medici）开始崛起，十年后教皇会将他捧上使徒之椅。"一切都已在冥冥的神意中注定了。"焦维奥得意地评论道。巧合的是，在教皇加冕当天，朱利奥被选为佛罗伦萨大主教，这是一个幸福的好兆头。事实上，博斯科利阴谋的一名参与者后来承认，由于邪恶的家族传统，前大主教科西莫·德·帕齐（Cosimo de' Pazzi）也参与其中，但因为他很谨慎，并未留下任何痕迹。4 月 8 日，他死了，这一天正是"豪华者"洛伦佐逝世 21 周年的纪念日，这引发了人们对于毒杀的怀疑，但从未得到证实。[14]

朱利奥在私下为自己的新角色而欣喜若狂，并且对此感到满意，他写信给一位年迈的世俗廷臣："我被任命为神职人员，我将自己献给了牧师的宫廷。"[15] 得意的语气掩盖了美第奇家族的诸多缺陷。例如，巴托里尼要求佛罗伦萨共和国报销数百杜卡特金币，用于保障佛罗伦萨和罗马之间的邮件通畅。他需要这笔钱来偿还他巨额债务中的一部分，"这样大部分人不会去抱怨教皇国，也避免过于依赖他人的钱了"。[16]

事实上，教皇的心思不在罗马，而更多地放在了佛罗伦萨。利奥十世与巴托里尼私下交谈时，也阐明了他建造宏伟建筑的意图：第一项措施是"无论如何都要重建圣马可教堂"；他不希望它成为告密者或萨伏那洛拉幸存旧部的据点，以后不准他们进入该教堂，因为有必要"改造已经被毁的布料和绸缎店铺"。他还计划建造圣老楞佐圣殿的正立面，即他的父亲未能建成的家族教堂，并做"许多优秀和有价值的事情；只要上天赐予他长寿，他就会一直干下去"。[17]目前幸运女神似乎支持着教皇的计划，但事实证明他过于乐观了。

"让我们享受这个教皇国，因为上帝把它赐予了我们"

为了完成所有的工作和行动，教皇需要大量进款。那么是谁提供了资助呢？每个人似乎都有一种难以抗拒的幻想——拥有一位富裕的教皇，即国家元首，那么他的公民也会变得富有。事实上，利奥十世用降低盐税的方式来讨好罗马人，这是教会垄断的行业（因此在一些施行严格税收政策的地区，时至21世纪的今天人们仍食用无盐的面包）。国库的收入将会减少，但挥霍奢靡的风气仍在盛行。1513年9月13日，授予朱利亚诺罗马荣誉公民身份的盛大仪式在卡比托利欧广场举行，"美餐"[18]持续了整整六个小时，就像特里马尔乔内（Trimalcione）的宴会，紧接着是普劳图斯的喜剧表演。这场演出非常成功，第二周将在梵蒂冈再次上演。但如此大手笔的资金一定是出自别人之手；教皇往往不会偿还借款，但其中暗含着对未来利益的承诺。

为了加强对红衣主教团的控制,教皇在9月底提拔了朱利奥·德·美第奇和贝尔纳多·比别纳以及另外两个美第奇家族的成员——洛伦佐·普奇(Lorenzo Pucci)和因诺琴佐·奇博(Innocenzo Cibo,弗兰切斯凯托和马德莱娜的儿子,马德莱娜是教皇的姐姐)。

如今偏爱也延伸到了家族的世俗层面。1513年11月8日,两封充满爱意的信从罗马寄给21岁的佛罗伦萨新领袖小洛伦佐,此时朱利亚诺已移居教廷。第一封信来自菲利波·斯特罗齐,他为自己未能及时启程进行解释,因为他事务缠身,无法摆脱:"我像蜡一样融化,我向您发誓,即使是睡觉的时候,我也一直和您在一起,我没有想过别的,也没有做过别的梦。"[19]这种爱的表现太过夸张,似乎具有讽刺意味,或者说,如果这份爱十分真诚的话,让人怀疑两人之间的关系真的很亲密(文艺复兴时期的佛罗伦萨,男子气概和同性恋之间的界限非常模糊,菲利波经常睡在年轻的朱利奥的"小床"上)。[20]

阿方西娜更加具体地、"亲切地"请求红衣主教朱利奥,"告诉教皇他想用国库来取悦你,他想把国库交给你(洛伦佐)和菲利波,也就是说,菲利波会为你和他运转国库"[21]。因此,斯特罗齐最大的野心就是成为国库负责人,国库是教廷中最有利可图的机构,所有最重要的货币交易都通过它进行。换句话说,手腕与钱包,政治权力和财政权力,要双管齐下。

利奥十世的名言"让我们享受这个教皇国,因为是上帝把它赐予了我们", [22] 无疑展现了第一任美第奇教皇统治下盛行的享乐主义和对快钱的渴望。但是这笔钱很难进入国库，因为所有人都想花掉它，没有人担心会被没收充公。"关于教皇答应你的钱，你要知道我不能给你，因为我手上也没有。"[23] 阿方西娜从罗马写信警告儿子，指出利奥十世的"富有的教皇国"已经负债累累。另一方面，洛伦佐无法放弃狂欢节盛大的庆祝活动，不耐烦地回答母亲："我现在想让自己快乐，因为我还年轻，还因为我有一位教皇叔叔。"[24]

在那几天里，也许身体和精神已经受到四月斋节的影响，马基雅维利拼命地吸引轻浮的洛伦佐的注意，他给朋友韦托里写了一封"拿得出手"的信，在信中称赞了美第奇后人的"进步"，"让他看到了美第奇祖先的快乐回忆"。用前总理大臣的话来说，年轻的洛伦佐为了避免高傲和"年轻人的蛮横无理"（以他众所周知的态度很难让人相信），在不超出"公民生活"[25] 的体面界限的前提下，让别人"尊敬，而不是害怕自己"。就在五年前，人们对洛伦佐的看法似乎完全不同，即他的嘴巴与一名难看的维罗纳妓女的很像，只是更歪一些。[26]

马基雅维利当时正沉浸在《君主论》的编纂中，具体来说正在撰写对瓦伦蒂诺的赞词。贪得无厌的阿方西娜用嫉妒的眼光观察朱利亚诺提出的奢求，指责他甚至超越了切萨雷·博尔贾所树立的反面典型，这并不是简单的巧合："瓦伦蒂诺公爵所做的还不及他的一半，'在所有的公国中，因为我记得瓦伦蒂诺公爵的还没有他的大呢'。"她心怀嫉妒地描述了马背上教皇的弟弟以及他身后的游行队伍——绅士在前、戟兵、他本人、贵族在中间,一队廷臣和门客紧随其后:

> 他家的花销不计其数。有人告诉我,他家的饮食和服饰,每个月就要花2000杜卡特金币;在我看来,更糟糕的是,这些钱并不出自教皇之手,除了那500杜卡特(或多一点)的俸禄。公开的传言,从这人那里拿2000,从那人那里拿4000,再从另外一个人那里取1000:谁想要过得舒坦,就得入伙。[27]

而朱利亚诺并不是阿方西娜唯一的攻击对象,她以略带怀疑的讽刺结束了这封信:"我可以告诉你,除了红衣主教朱利奥·德·美第奇,其他人已经尽力了。如果你看到我们在过去两个月中发生的变化,你会感到吃惊。就算在场的我也不敢相信竟然发生了如此的巨变。"

如果说一方面挥霍浪费的风气盛行,另一方面对知识分子的关爱并未同步增长。必须重新评价美第奇家族对艺术赞助的神话。在利奥十世加冕整整一年后,即1514年4月11日,建筑师多纳托·布拉曼特(Donato Bramante)去世,他原是乌尔比诺人,被朱利奥二世召至罗马开始建造圣彼得大教堂。布拉曼特的尸骨未寒,这个报酬丰厚的教皇敕令铅封员的职位就被分配给了马里亚诺·费蒂（Mariano Fetti）修士，他是教廷中最受宠爱的弄臣，"好处多多，他整个人都很幸福"。[28] 伟大的建筑师被弄臣取代，无论是用嘴说话还是吃饭，他极力地奉承教皇，这鲜明地揭示了利奥十世在文化领域的优先事项。

与此同时，另一位来自乌尔比诺的著名艺术家拉斐尔继续为教皇寓所绘制壁画，这些寓所也是在前任教皇的领导下开始修建的。正是在这些世界闻名的精美壁画中，可以不受限制地充分欣赏教皇们的自我赞美。《利奥一世会面阿提拉》（*L'incontro di Leone Magno con Attila*）以朱利奥二世为原型，他坐在御轿上做出十字架的手势，对抗野蛮的侵略者，这幅壁画在利奥十世在位时完成。从墙的左手边数起，马背上的第一位红衣主教，拉斐尔用了乔瓦尼·德·美第奇的脸。而当要画教皇的面部时，朱利奥二世已经去世，因此乔瓦尼的面部在壁画中出现了两次。在博尔戈火灾厅里，自我赞美的把戏仍在翻倍上演，厅内每面墙上均有同名教皇利奥一世和利奥三世的肖像［在名为《宣誓》（*Giuramento*）的作品中，可以看到利奥十世的侄子洛伦佐的肖像，即祭坛画右边那个有着黑胡子的人］。

拉斐尔还给教皇写了一封关于古罗马的信，他的朋友巴尔达萨雷·卡斯蒂廖内帮忙润色了这封信，让文风更加高雅。但对于恢复建筑物原貌的项目，利奥十世做得很少或什么也没做。[29] 教皇聘请了一位优秀的威尼斯学者彼得罗·本博担任教皇国的秘书，他之后通过支持托斯卡纳语言的首要地位来偿还对教皇的债务。然而,他读书不多。与傲慢的朱利亚诺一起组成"廷臣"队伍的那些人均在罗马得到了不同的职位,为教皇服务。教皇有着热爱人文主义者的名声,但实际上他更喜欢在马格利亚纳和维泰博地区围猎。[30]贝尔纳多·米凯洛奇(Bernardo Michelozzi)是佛罗伦萨总理大臣的弟弟,红衣主教乔瓦尼的导师,曾受命推荐一位年轻诗人。米凯洛奇读了他的诗句,但认为这些诗句"太过愚蠢,我羞于将它们呈交教皇。在这里,我们每天都在向教皇展示精美而博学的书籍,但教皇既不看也不读"[31]。

教皇的近亲非常重视。正如前文所述,菲利波·斯特罗齐有意管理国库,但国库仍然掌握在热那亚银行家萨罗的手中,萨罗家族的红衣主教本迪奈罗是利奥十世的重要选举人之一。菲利波顺从家人,与让人感到压抑且无处不在的岳母共度复活节。出于真正的或装模作样的虔诚(也许是为了取悦教皇),阿方西娜强迫女婿在诵经中度过圣周:"我怀疑您母亲不会放过我的,她无时无刻都用布道、忏悔和宽恕折磨我。"[32]为了保证自己的心理健康,菲利波许诺永远不会再次陷入这座监狱,但菲利波意识到阿方西娜在要求服从和谋求优待方面乐此不疲。事实上,她每天敲响梵蒂冈的大门,奥尔西尼终于从教皇手中兑现了国库负责人的承诺,然而,"除非先给萨罗家族的红衣主教适当的补偿",否则暂时无法把这一职位交给菲利波。[33]

菲利波暂时搁置了他的目标,回到佛罗伦萨,与他的玩伴洛伦佐花天酒地。不依不饶的阿方西娜继续向利奥十世施加压力,直到让他把一处教皇盐场和罗马海关办公室交给菲利波管理。经过两个月的闭门谈判,菲利波回到了罗马——他的妻子克拉丽斯刚刚生下了他们的第一个女儿玛丽亚,并由教皇施洗礼——但他的野心现在已经人尽皆知,也因此引起了强烈的争议。保罗·韦托里因在驱逐索代里尼的行动中发挥了积极作用而获得奖励,负责管理佛罗伦萨共和国的国库。他大肆宣扬,菲利波虽想要教会的国库,但没有能力管理它。菲利波曾向红衣主教朱利奥抱怨此事,告诉朱利奥,看在朱利奥的面子上,他总是给韦托里很多帮助,现在这个忘恩负义的人"就用一枚可悲的硬币来回报我,但要是想给他点颜色看看,他那国库负责人的职位肯定要被撤掉了,这样教教他如何谈论管理国库"[34]。一年前,教皇的特派秘书皮耶罗·阿尔丁盖利是一个行事肆无忌惮的阴谋家,曾安抚韦托里激动的情绪,并暗示他,"这个教皇的统治就像一片十分广阔且肥沃的草原,今天是一个境地,明天是另一种情况"[35]。驱逐索代里尼的始作俑者本可以光荣地接受他的"奖赏份额",尽管可用资源是有限的,而"人类的胃口是无法满足的"[36]。

这些是美第奇派系之间内部斗争的初步迹象,真正的斗争将在不久后爆发。洛伦佐是菲利波的忠实的支持者,"为了给大家树立一个两袖清风的榜样"[37],他对外散布保罗·韦托里对公共资金管理不善的消息,后者则希望获得利益,换取其他类型的恩惠。事实上,洛伦佐告知菲利波,他的叔叔朱利亚诺已经"被关"在韦托里家里好几天了,"秘密地和四个女人在一起",他担心,按照薄伽丘的传统,叔叔正在那里"寻乐"。[38] 组织私人聚会的费用,可能是由佛罗伦萨市政府支付的,必须保证佛罗伦萨国库负责人在他的交易中操作自由(但并不干净)。

洛伦佐利用朱利亚诺的纵情声色,决定于9月初离开佛罗伦萨,并在美第奇和比别纳红衣主教们的支持下,"加速前往"[39] 罗马,他在罗马的逗留时间将延长至八个月。在奥尔西尼买下的一个修道院地窖里,偶然发现了一组由五个精美人物组成的古典雕塑群,这是一个死亡预兆。它们由大理石制成,与真人大小相似,"他们都死了,他们或身上有伤,或被肢解了"[40],让人回忆起贺拉斯和库里亚兹的故事。现在,洛伦佐与他的母亲和姐夫一道,为实现其野心而残杀手足。只要他尽可能亲近真正的快乐源泉——教皇,就会大获成功。

一头大象、两头狮子和一千个陷阱

在洛伦佐离开佛罗伦萨前不久,菲利波建议他"考虑为你自己和你的事业留住人,并给予他们利益,因为这个国家需要拥护者。普通的利益可以交个朋友,而只有通过额外的利益才能把握住他们,但如果你想让他们把生命和其他东西奉献出来,需要的东西远不止这些"[41]。斯特罗齐不仅需要考虑陪同前往罗马的人员和马的数量,既不丢面子也不过分炫耀,他还担心留下来守卫宫殿和领主广场的人员的质量:必须采取适当的措施保障他们的忠诚。因此,洛伦佐选择了24岁的加莱奥托·德·美第奇（Galeotto de' Medici）。加莱奥托是洛伦佐的远房堂兄，洛伦佐授予他全部的行政权力，包括国库负责人的权力。因管理不善而被免职的保罗·韦托里，则安于成为朱利亚诺的大管家。

在罗马，精彩纷呈的演出等待着洛伦佐。"早点来，"菲利波敦促他，"您将看到修道院院长的加冕，浮夸而美丽。"[42]事实上，这场怪诞的凯旋仪式是为狂妄自大的诗人巴拉巴洛（Baraballo）准备的。他是加埃塔的修道院院长，身着"绿色天鹅绒长袍，装饰有深红色的貂皮缎子"[43]，将骑着大象穿过城市，这头大象是几个月前葡萄牙国王赠给教皇的[44]。

1514年9月27日，也就是圣葛斯默（San Cosma，即正式的保佑家族的圣人，以纪念祖先科西莫）日，洛伦佐正好赶到罗马参加仪式。但是院长的加冕礼未能如期举行，因为大象被周围的喇叭声、笛声、尖叫声、掌声和笑声激怒了，把这位杰出的诗人重重地摔在圣天使桥上，不能继续走到卡比托利欧广场。那里原本是院长接受月桂花冠的地方，月桂代表着人类（男人）批判的思想。[45]尽管如此，无数渴望得到教皇恩惠的诗人仍用乏味的诗句庆祝这一时刻。

在接下来的几个月里，洛伦佐见了一个又一个可能结婚的对象，但没有中意的，因为在母亲眼中，这些女孩身上的优势似乎永远都不够。[46]也许正是在那时，他紧随当时的潮流，找人设计了一个徽章：月桂树下的两只狮子，旁边写着一句平淡无奇的拉丁语格言："是的，美德。"焦维奥一般非常尊重美第奇家族，但在其作品《纹章题铭对话》(*Dialogo delle imprese*)中，他借菲利波·斯特罗齐之口给出了一个讽刺的解释。红衣主教朱利奥的牧师，一个相当聪明的人，问他"那两只狮子在这棵树下做什么"，斯特罗齐作为姐夫兼顾问，看着对方天真无邪的脸，

> 他是多么敏锐、虚伪，准备很充分。"您有没有注意到，"他说，"它们正在守卫月桂树，保护它免受这些诗人的愤怒，因为诗人们听说了加埃塔院长在罗马的加冕礼，这样他们就不会来折断所有的树枝，让自己变成桂冠诗人？"牧师回答说："这是嫉妒的恶意，"并补充说，"好心的利奥教皇为巴拉巴洛院长加冕并让他骑大象庆祝，这和洛伦佐公爵有什么关系？"[47]

事实上，洛伦佐并不关心那种昂贵而怪诞的演出，就像他不关心几个月前斯特罗齐在佛罗伦萨组织的那场由政府买单的演出一样，最终也是以两只狮子结尾，"惊人而宏大"[48]。但机灵的斯特罗齐并不像其他空虚的贵族那样肤浅：他不得不"与这些绅士在一起，他们时不时地去散步，消磨时间"[49]。懂得享受生活的他，没有时间可以浪费，于是加快了脚步。[50]他对所有那些"面具"和"音乐，以及无忧无虑消磨时光的事情"都不感兴趣。许多人不同意菲利波像先人

一样经商,而菲利波用尖酸的自嘲让他们闭嘴:"成为教皇的国库负责人的我似乎会(光荣地)操持这一职业,并让这一卑贱的职业受到尊重。"[51]虽然渴望已久的教皇任命仍未到来,但教皇给了他希望,因为现在红衣主教萨罗终于拿到了教皇允诺的好处。

就洛伦佐而言,他向他的堂兄加莱奥托保证,不管普通民众怎么说,他已经有能力管理这座城市的政府,佛罗伦萨是"我的根基和国家,或者说是我的乳房,因此对任何持反对意见的人都要直言不讳"[52]。选择母性的隐喻,或许会引发精神分析方面的猜测。无论如何,还有其他乳房吸引了洛伦佐的兴趣,洛伦佐在那几个月里,经常与菲利波一起拜访罗马最著名的妓女。

由于利奥十世当选教皇,佛罗伦萨使节弗朗切斯科·韦托里的角色就变得不那么重要了,于是他也经常去年轻的娼妓那里。马基雅维利曾经开玩笑地称妓院为"生殖器的归宿"[53]。务实的韦托里在或多或少并非出自本心的无所事事的时光里,与他失业的朋友讨论了一些国际政治"问题"[54],然后将自己的回答汇报给了红衣主教朱利奥。当被问及教会是否应该与法国结盟时,马基雅维利表示赞成,并排除了中立的立场。中立立场是美第奇教条中最神圣的一条,他还预测"最虔信基督教的国王"(法国国王的称号)的实力会在意大利领土上得到展现。可怜的马基雅维利并不是"狐狸",他不知道自己已经落入了陷阱:事实上,教皇已经与西班牙签署了一项绝密的条约,表达了这种观点的马基雅维利将不可避免地被视为教廷的眼中钉。[55]

马基雅维利幻想着自己很快就会获得一个新的职位：他写信给弗朗切斯科·韦托里，告诉他保罗和朱利亚诺之前一直在佛罗伦萨，朱利亚诺曾许诺保罗如果成为帕尔马、皮亚琴察、摩德纳和雷焦的领主，就让马基雅维利担任其中一个地区的行政长官。[56]相反，两周后，教皇秘书皮耶罗·阿尔丁盖利[57]（马基雅维利不信任他，担心他会夺取撰写《君主论》的功劳）干脆以朱利奥的名义命令朱利亚诺"不要插手马基雅维利的事"，他的职位只不过是保罗·韦托里捏造出的"谎言"。无独有偶，阿尔丁盖利的信中没有点名谴责马基雅维利，但提到了洛伦佐的计划，洛伦佐"想成为佛罗伦萨真正的领主"；事实上，当洛伦佐还在罗马时，教皇、红衣主教朱利奥和朱利亚诺"一直在秘密对此进行论证"。[58]

马基雅维利被排除在美第奇新政权之外，他犹豫了很长时间是将《君主论》题献给朱利亚诺还是洛伦佐，如今看来这是一个可悲的讽刺：他言行不一，但其他人更是口是心非。第一位为了政治利益而实质性违背道德规范的理论家，揭开了真相的面纱，他讨论的是人本来的面目，而不是他们伪装出来的样子；但是在罗马的利奥十世和在佛罗伦萨的洛伦佐，他们完全没有察觉到这一行为将彻底改变近代的政治思想。

朱利亚诺沉浸在教皇无所不能的极度兴奋中，要求必须得到一个王公的头衔。1515年2月，他与都灵的菲利贝塔·迪·萨伏依（Filiberta di Savoia）结婚，与刚刚登基的法国国王弗朗索瓦一世（Francesco I d'Angoulême）有了亲戚关系，因为弗朗索瓦一世是路易莎·迪·萨伏依（Luisa di Savoia）之子、菲利贝塔的外甥。出于对美第奇家族的热忱，不知疲倦的比别纳立刻行动了起来，甚至想象法国国王放弃了对那不勒斯王国的要求，但弗朗索瓦一世在绝密的谈判中，直截了当地指出朱利亚诺不是一个有能力治国和执政之才的人，这场谈判只有教皇、美第奇红衣主教们、比别纳和皮耶罗·阿尔丁盖利知道。[59] 法国国王的傲慢深深地冒犯了罗马教廷，他们不得不打碎牙往肚子里咽，然后将内穆尔公爵的头衔授予朱利亚诺，这个头衔虽冠冕堂皇但毫无用处。与此同时，阿方西娜批评教皇犹豫不决，面对佛罗伦萨可能落入法国手中的境况，他"只是耸耸肩"[60]。

无瑕无惧的统帅

在漫长的八个月之后，1515年5月15日，洛伦佐返回了佛罗伦萨，他的权力得到了极大的加强：他可以相信菲利波·斯特罗齐。菲利波现在向洛伦佐保证了充足的资金渠道，因为教皇将国库总负责人的职位交给了他，而他也成了佛罗伦萨的国库负责人（该职位是由洛伦佐本人下令从愤怒的加莱奥托那里抢走的）。一位机智的见证人指出，菲利波"掌控一切，因为洛伦佐尊重他胜过佛罗伦萨的其他人"。[61] 此外，弗朗切斯科·韦托里的熟练经验为他提供了外交层面的支持，尽管韦托里本人"手里总是拿着帽子，唯唯诺诺"。洛伦佐采取的第一个大胆行为是将自己任命为佛罗伦萨军队的统帅。这种行为在制度上不合规定（从来没有公民僭取这一职务），它表现出对规则和法律的践踏，规则和法度被认为是追求无边野心的形式上的障碍。

人文主义者法沃里诺（Favorino）也持同样的观点（"预兆的名字"，可以看出他谄媚的本性），他曾是洛伦佐的老师，同时成了诺塞拉的主教。他祝贺这个学生，鼓励他不要顾忌政治较量，继续前进："现在你看到我们将按照自己的风格穿衣服，而法律无法做到这一点。现在你看到法规将不会凌驾于我们之上。"[62] 但是，教皇不同意这个决定：他认为该职位不应该交给洛伦佐，而应交给一位美第奇家族信任的人，遵循规则，特别是能够在佛罗伦萨间接行使权力，避免在违反法律的情况下，让美第奇家族亲自承担责任。[63] 但佛罗伦萨人"因惧怕而保持沉默"[64]。

在难得的真诚时刻，教皇在房间里向一位秘书承认，他选择了"两位没有经验的统帅担任（需要经验的）行动人员的职位，日后有需要时，我不知道将如何处理"。[65] 弄臣马里亚诺修士为任命洛伦佐加上了自己特有的奇异而夸张的幽默印记，这让他想起了23年前洛伦佐出生时的场景：

> 伟大而亲爱的我的领主和主人。我对您晋升佛罗伦萨共和国统帅感到高兴。您就像是一位新的恺撒大帝，每

个人都觉得光荣和满意，尽管正在等待提名一个新的头衔——"国父"……因为我是您出生时第一个见到您的基督徒，当时我就开始为您欢喜，让佛罗伦萨人欢喜，我把消息传遍了整个城市，这奠定了您现在的形象……当我抚摸刚出生的您时，您是那么柔软温顺。我给了您疯狂的恩典，没有我，您永远不会拥有这样的恩典，没有这些恩典，您既不会担任统帅，也不会领导军队。[66]

洛伦佐是"祖国之子"（filius patriae），他生来疯狂，这种疯狂需要加以控制，或许也是为此，他的母亲和姐姐才回到了佛罗伦萨。[67]

然而，在罗马，另一位美第奇家族成员则在私底下纵情玩乐：红衣主教朱利奥总是庄严肃穆地出现在公众面前，却没有宗教礼拜仪式的基本概念，他积极地筹备圣彼得日的庆祝弥撒，因为轮到他"侍奉我们的主，而让我学习仪式是多么不切实际"[68]。然而，对最世俗的红衣主教真正的考验在于，推动佛罗伦萨和罗马之间牢不可破的世俗统一。不这么想的人"要么是个傻瓜，要么是个恶人……因为这二者是一体的"：所有想将二者分裂的人都会在政治上而非神学上犯下"圣灵的罪"[69]。

6月29日，鉴于与法国发生冲突的可能性增加，教皇将教会总统帅的权杖交给了朱利亚诺，这引起了洛伦佐的嫉妒。但朱利亚诺更像是"宫廷之人"而不是"作战之人"[70]：他刚抵达佛罗伦萨就病倒了，无法指挥军队，不得不将军队指挥权交给了洛伦佐。教皇命令朱利奥以教皇使节的身份接替朱利亚诺，红衣主教朱利奥希望阿方西娜"无微不至的照顾"可以"让朱利亚诺康复"。[71] 我们不必假设这是博尔贾式的毒杀，因为朱利亚诺的肺结核病已经到了晚期，他的生命只剩下几个月。

洛伦佐在招募军队方面不再有竞争对手，并借机扩大了他的军队规模。弗朗索瓦一世是"（外貌）俊美的人，像恺撒大帝一样豁达"，但他出兵南下的威胁笼罩着意大利。[72] 他与查理八世相比简直有着天壤之别，后者更像是一个畸形而卑鄙的侏儒。卡诺萨被任命为特里卡里科主教和教皇驻法国的使节，他向红衣主教朱利奥提供了珍贵建议——伪装：不能表现出对法国军队的惧怕，您一定要相信，如果没有您的帮助，他们就无法进入意大利，因为在法国，任何有关法军的话都值得信赖。[73]

阿方西娜对此表现出警觉和愤怒，更加明确地警告儿子，提醒他：

> 好好考虑，法国国王带了8万人在意大利，这座城市对法国国王忠心耿耿；我也提醒你，由于皮耶罗的固执和他的主张，我们曾流亡在外18年，希望比别纳的消息不会再一次毁了我们。[74]

想到比别纳的事后，阿方西娜"脸羞得通红"。[75] 比别纳当时是佛罗伦萨的使节，如今是红衣主教。他被指控造成了1494年美第奇家族被佛罗伦萨驱逐，这让我们得以一窥"愚者"皮耶罗遗孀的复仇之火。

洛伦佐本人举办了盛大的仪式迎接朱利亚诺的妻子、弗朗索瓦一世的姨妈菲利贝塔·迪·萨伏依来到佛罗伦萨。她不了解情况，在最后一刻才得知丈夫的病情。虽然庆典气氛浓厚，但她却难掩悲伤的心情。[76] 8月15日，洛伦佐率领他的军队出征，直面由菲利贝塔的外甥率领的法国军队。美第奇家族两面三刀的行事风格暴露无遗。

在这波外交和军事活动的热潮中，马基雅维利非常沮丧，以至于"忘记"[77] 了自己，因为他们把他留在家里，他目瞪口呆。据说，当马基雅维利将《君主论》献给洛伦佐的那一天，他正好收到了礼物——两只灵缇，他甚至没有打开这本书就去打猎了。此书在后世的影响力将比他本人更为深远。军队统帅对马基雅维利关于法国胜利的清醒预言不感兴趣。马基雅维利曾经十分鄙视的态度——中立态度——如今已经压倒了强势和勇敢的决定。

英勇和运气的交替是难以预测的，需要智慧，但洛伦佐并不是这块料：在可以规避的情况下，他会避免做出危险的决定。菲利波·斯特罗齐（1532年《君主论》印刷版献给他不是巧合）建议他密切关注法军的行动路线，敦促他走亚里士多德式的"中间之道"，避免妥协，他必须努力做到汇报自己的情况，获得谨慎的名声，因为统帅应是强壮的士兵。而根据亚里士多德的说法，强大的人在落入危险的境况前内心是恐惧的；已在危险之中时，"不知道要害怕"（nescit timere），所以首先你要检视一切，确认是否正常，就像过于胆小的人被称为怯懦，敢于突进的人不是大胆，而是鲁莽，"中间之道"是最好的方式，尤其是对发号施令的人来说。[78]

这些哲学和道德的建议与洛伦佐的不负责任形成了对比，他紧急派人将爱情主题的信件送给菲利波。姐夫装作生气地问道："基督能一边让您麻烦缠身，一边又让您心念女性？您的大脑和判断力在哪里？尊敬的统帅，现在是谈恋爱的时候吗？"读完信后，菲利波"立刻（把信）撕成碎片"，以保住洛伦佐的名誉：他怎么这么轻率，竟然还想要"她的消息"（这位小姐身处朗伽诺众多妓院中的一家，她的名字我们不得而知）。菲利波没想到会收到这封信，因为朱利奥"会留意我所说的话，且他比较仰慕我"。出于这个原因，弗朗切斯科·韦托里之前在信中"快速地"补充了许多奢华的庆祝活动，好像这些活动很重要似的。这封信让菲利波觉得十分尴尬："信是在午夜送到我手上的，伴随着破门而入和床上巨大的噪音。"阿方西娜的一名眼线立即将内容汇报给了她，她正期待着法国军队的溃败：

半睡半醒的我睁开眼睛……我转向克拉丽斯，我说"这里什么事都没有"，我相信我会找到那张白纸，一时不知该写些什么，但很快我又有了头绪。阿方西娜的眼线催促来拿这封信，夫人十分想拿到它，我也没有补救办法，只能防止阿诺河沿岸（妓院的秘密）的所有花销曝光。[79]

佛罗伦萨继续上演着错误的喜剧，弗朗索瓦一世率领军队前往米兰，意在重新夺回伦巴第首府。当时米兰在瑞士人手中，由卢多维科的小儿子——傀儡公爵马西米利亚诺·斯福尔扎（Massimiliano Sforza）——代为管理。马里尼亚诺（今天的梅莱尼亚诺）战役发生在1515年9月13日至14日之间。瑞士人（伦巴第人的贡献并不重要，因为他们的军队其实早已不复存在）冲出米兰的罗马门，犹如战无不胜的铁军：他们袭击了法国营地，缴获了武器并俘虏了士兵。然而第二天，在威尼斯军队的支持下，法国的大炮和反击突破了瑞士军队的防御战线。

最初的消息说瑞士军队获胜，这误导了罗马教廷：教皇的卫队在圣彼得广场举行了为期两天的盛大的庆祝活动。随后辟谣的消息传来："与之前得到的消息完全相反，3万瑞士军队的营地被摧毁。"其中至少有一半人在这场血战中死去。[80]

在大屠杀期间，洛伦佐一直在帕尔马附近扎营，怀疑有人背叛了他。菲利波带着假意的谦虚再次提出，军事战场千变万化，不可预知，要求洛伦佐统计出更准确的死亡人数，因为在佛罗伦萨曾有人对"这场战争颇有微词，假如战役在印度进行，他们或许能获得更真实的信息"：

> 讲述在伦巴第和整个意大利发生的事情不是我的强项，而且由于没有优秀的人才，因此可以大胆假设，负责此事的将是一个软弱的人。处理这里的事情是本人的职责，但这些事情更加困难，因为阐释虚伪的和装模作样的思想是非常虚假和危险的事情，但夫人（阿方西娜，佛罗伦萨摄政者）是如此勤奋以至于我不会遗漏任何重要的事情。我只剩下一个地方了，那里有爱情、游戏和各种娱乐消遣，这些东西不涉及季节，也不涉及阁下的工作。[81]

魔鬼般的菲利波挑逗并引诱出了洛伦佐更为享乐主义的一面：事实上，这位佛罗伦萨统帅也许不是一尘不染或无所畏惧，但在酒会和宴会上，他是那个时代最无畏、最不羁的绅士之一。

怀疑与捉弄

在马里尼亚诺战役的第二天，利奥十世竟表现出无耻的自在——他正准备为胜利者提供增援。尽管教皇和他的侄子反对法国人，但他们并没有真正地在战场上与胜利者搏斗。忽略最初反对法国的立场是一种互利行为：政治原因胜过了战争原因。在法国国王和教皇之间进行斡旋的棘手任务交给了卢多维科·卡诺萨，斯特罗齐丝毫不掩饰他的焦虑：

> 我们在这里非常犹豫，教皇要么批准卡诺萨带回的协约，要么会保持强硬的态度……正如这份协议是为了带来极大的安慰一样，不达成协议就会让所有人悲伤和气馁。我会批准接下来的事情，尽一切所能获利并维护现存的利益；这部分我也不再展开来说了，因为我知道我和您说的话不需要证明……（行事）需要效果，那些不会在适当的时候失效的效果。[82]

菲利波为了实现他对"效果"的承诺，散尽了自己的所有财富。自6月以来，为了防止与法国强权发生冲突，佛罗伦萨人任命他和弗朗切斯科·韦托里为使节。[83] 除了朗伽诺的猫和狐狸这一对兄弟，在10月，洛伦佐出任教皇发言人，也加入了他们的队伍；10月17日，他还被任命为佛罗伦萨在法国国王那里的使节。因此，弗朗索瓦一世和洛伦佐月底在维杰瓦诺和帕维亚的斯福尔扎城堡相遇了，并迅速达成一致：他们都是追求享受的年轻人，利用法国—教皇国的关系的优势，在"消遣"方面他们马上就能相互理解。弗朗切斯科·韦托里也开始与斯特罗齐"共同生活"，负责"为所有人支出"。[84]

国库负责人履行了他的职责，促进了外交活动的开展。

尽管法国国王给予了洛伦佐"极大的荣誉和关怀"，[85]但那次集体的庆祝活动并不像看起来那样无忧无虑。阿方西娜回应了多疑的儿子的担忧，后者担心法国国王的葫芦里卖的不是好药：

> 你说他可能想要这个国家（指佛罗伦萨），因为它是一座美丽的城市，等等。我告诉你，在意大利还有很多像这座城市一样美丽的东西，如果他喜欢所有美的东西，他可能想要整个意大利，制订完备的计划，把教皇逐出罗马，因为完整的意大利要比单独的佛罗伦萨更美丽。他从不想把黑暗的东西放在幻想中，让怀疑和恐惧在脑海中浮现。记得教皇亚历山大（六世）说过一句话，他说他不疑、不敬、不怨，当他想做些什么时，虽然我完全不喜欢他的幻想，因为敬重是必须要有的，但怀疑和怨恨不会来自胸怀大志的人。[86]

这种马基雅维利式的对宽宏大量或美德的赞美（以教皇博尔贾的例子为证，他受到敬仰，是因为"他除了骗人之外从没想过其他事情"）[87]让我们反思这样一个事实，即其实《君主论》理应献给阿方西娜。洛伦佐也谈到过意大利，他说意大利充满了"令人厌恶的野蛮统治"[88]：他劝告其公民"看看这个被野蛮人如此蹂躏的意大利是否有可能恢复往昔的自由"[89]。但这些简单的花言巧语，是被某个文笔极佳的秘书塞进他的嘴里的。

在儿子不在的情况下，真正的"王公"是阿方西娜：

> （阿方西娜）总是忙于给罗马写信，或给伦巴第写信，或接待民众，因此她的官殿总是挤满了人；她从竞争中让国家获得声誉，让朋友认为她很勇敢，让对手感到愤怒；总而言之，她完成了其他女人不可能、少数男人才能完成的任务![90]

1515 年 11 月，一个新的挑战摆在她的面前：处理迎接教皇一行到访家乡的一团"乱麻"。[91]

利奥十世想在佛罗伦萨为自己"打造一次华丽的入场""就像是纪念耶稣的宗教游行"。[92]他将红衣主教索代里尼[93]和彼得鲁奇留在罗马作为他的特使，他们是最有权势的两位托斯卡纳红衣主教，教皇委托比别纳负责监视他们二人。就这样，美第奇家族的第一位教皇于 11 月 30 日荣归故里，[94]从七个拱门下经过，它们分别代表四枢德、三超德*。最后一个也是最壮观的一个拱门献给了"爱"，修建在大教堂尚未完工的正立面前方：这是雅各布·桑索维诺（Jacopo

---

* 四枢德和三超德是基督教基本美德。四枢德包括明智、正义、勇敢和节制，三超德包括信、望和爱。——译者注

Sansovino）和安德烈亚·德尔·萨托（Andrea del Sarto）合作的作品。教皇看到这个拱门时，惊叹道："既然拱门是用大理石制成的，就肯定比其他建筑更漂亮。"[95]宏伟的建筑物的幻象完美地象征了短时的胜利感。但是7万弗罗林金币的花销"用在这些不耐用的东西上，如同过眼云烟，"[96]即使是罗马奢华的任职仪式与其相比也显得颇为苍白。教皇被18位红衣主教和名人包围，在他的前面是"洛伦佐，他骑着一匹骏马，展现马术技艺"。洛伦佐身着"银装，"[97]这位最受教皇宠爱的侄子展示了其出色的马术，以及即将来临的长久功业。

12月2日在圣老楞佐圣殿举行庄严的弥撒后，人数众多的教皇游行队伍继续前往博洛尼亚，并于12月8日抵达。三天后，伴随着精心准备的华丽仪式，他会见了弗朗索瓦一世。[98]两位君主被信奉基督教的各国外交官包围，参加活动的人数众多，以至于卡诺萨担心是否需要把他的床放在"院子里"。[99]

在辉煌的表象下，各方的会谈大多是秘密进行的。[100]一位精明的佛罗伦萨人评论道，尽管这位法国国王很年轻，但"他总是很擅长伪装"[101]。教皇的祭司——来自博洛尼亚的帕里德·德·格拉西（Paride de' Grassi）——负责指导国王的行为，但他担心弗朗索瓦一世步前任国王的后尘，因为查理八世只是将杰出的红衣主教视为纯粹的神职人员。弗朗索瓦一世尖锐地回答道，在很多方面，他与他的前任没有丝毫相似之处。[102]

教会与"最虔信基督教的国王"之间有一个悬而未决的问题——《布尔日国事诏书》（Prammatica sanzione di Bourges）由查理七世于1438年颁布，随后查理八世和路易十二使之重新生效，国王对所有法国本土神职人员的任命拥有发言权。协议正式废止了教皇任命这种无法容忍的干涉行为，但保留了其实质内容，即法国君主有权管理进入法国领土的神职人员。在接下来的几个月里，巴黎高等法院对该协议提出异议，但没有成功。作为对教皇的回报，法国决定谨慎支持享乐者洛伦佐的秘密计划。利奥十世以此稳固了其教皇的地位，贯彻了"欢乐趁今朝"的原则。

第二部分

第四章

狐　狸

（1516—1517）

> 如果我是正义者,但看起来却不像,那我就得不到任何好处,而是明显的劳苦和惩罚,而神圣的存在则归于伪装成正义的不义者。所以,既然"表象也会扭曲真理",表象是幸福的主宰者,正如博学者们所展示的那样,我必须向它靠拢,在我周围描绘出一个被美德包裹的假象,作为一个外在的门面,把自己藏在狡猾和善变的狐狸背后。
>
> ——柏拉图,《理想国》第二章

瞄准锡耶纳与乌尔比诺

教皇返回佛罗伦萨的时间正好能让他在家中安度圣诞节,并在大教堂举行弥撒。但他的亲戚们期待收到什么样的圣诞礼物呢?当阿方西娜还在忙着筹备利奥十世凯旋进入佛罗伦萨的时候,她并没有放弃自己的政治野心:"这样我们就会有几个国家,而我的目标是乌尔比诺。"[1]几天后,还是在1515年11月,朱利奥在一封高度加密的信件中通知洛伦佐,"教皇对锡耶纳和乌尔比诺的事感到满意……他不是嘴上说说,而是想完成此事,不想听到别的"[2]。

利奥十世并不是"不情愿"[3]地行事,相反,他遵循了西克斯图斯四世的保密禁规,即不对自己批准的政治和军事攻击给予官方认可,比如西克斯图斯四世在1478年授意针对"豪华者"洛伦佐的行动。[4]现在利奥十世想要实施类似的报复行动,以征服乌尔比诺公国,乌尔比诺公国在那次阴谋行动中发挥了重要作用。那么,将所有不良意图都归咎于阿方西娜是否过于简单化了?

在这场权力斗争中,果断的女性的作用不应被低估。如果说阿方西娜是一只随时准备捕食的母狮,以喂养小狮子洛伦佐,那么曼托瓦侯爵夫人伊莎贝拉·德斯特(Isabella d'Este)就是一只落入狮口的狐狸。她的嫂子是已故乌尔比诺公爵圭多巴尔多·达·蒙泰费尔特罗的遗孀伊丽莎白·贡扎加,公爵将爵位传给了弗朗切斯科·玛里亚·德拉·罗韦雷。作为意大利北部最高贵的几个公国,费拉拉、曼托瓦和乌尔比诺之间的血缘联姻有助于保证在大国侵略的情况下,实力较弱的城市国家相互给予支持。

正是出于这个原因,现在曼托瓦使节在佛罗伦萨为德拉·罗韦雷的"绝望"案子辩护。1516年1月,比别纳起草了一份备忘录以支持乌尔比诺公爵,这是捍卫自己老恩人利益的一次无效尝试。垂死的朱利亚诺刚刚有力气接待来访者,感谢其侯爵朋友们的问候:虽然朱利亚诺对那些在流亡中保护美第奇家族的人表示感谢,但他一只脚已经迈入了坟墓,此时阿方西娜一派已经处于上风了。

由于发动攻击的借口是德拉·罗韦雷不可靠和暴力的态度，贡扎加家族特使主动向教皇提议让乌尔比诺公爵放弃他的头衔，支持他未成年的儿子圭多巴尔多，而当时圭多巴尔多正处于外祖父（曼托瓦侯爵弗朗切斯科·贡扎加）的保护下。利奥十世本能地对挑唆做出反应，大声说道："我们要惩罚，要惩罚这个狡诈的人，剥夺他的国家，为了让他知道我们不想报复，也不想他受到惩罚，而是要以此为戒，把他的公国交给自己的儿子！"[5]

出于他的"温顺的本性"，教皇一说出轻率的话，就闭上了嘴。洛伦佐出席了听证会，急忙在叔叔耳边低声劝阻，随后会议戛然而止。无论如何，使节临时提出的解决方案很难落实，因为性格骄傲、脾气火暴的德拉·罗韦雷永远不会夹着尾巴逃跑。伊莎贝拉·德斯特试图让她的一位老朋友——红衣主教拉法埃莱·里亚里奥——参与进来，为的是支持她的血亲德拉·罗韦雷，在罗马开始了对他的审判，对他的控告真假难辨，目的就是剥夺他的公爵头衔。[6]起初，教皇似乎听取了红衣主教的意见，但随后——也许又是在洛伦佐和阿方西娜的压力下，也许是他自己的意见——他认为应立即加快对乌尔比诺"叛徒"的判决进程。里亚里奥讲述了他与曼托瓦特使的秘密交流，承认"由于教皇的政府管理不善，他非常怀疑教会会分崩离析"[7]。

利奥十世不想再有任何麻烦：他明白由于旅行费用的问题，他短时间内不会回到佛罗伦萨，因此他决定在佛罗伦萨多待两个月。

佛罗伦萨人对此并不高兴："他从不骑马，因为他没有带 10 位或 12 位红衣主教，人数很少，但有 50 位或 60 位主教，没有其他高级教士。"[8] 大张旗鼓的逗留也让他可以陪伴朱利亚诺，后者正在病榻上苟延残喘。在离开将近四个月之后，教皇重返罗马变得越来越紧迫。教皇于 2 月底出发，用皮耶罗·阿尔丁盖利奉承的话来说，他穿着教袍，"庄严地进入罗马，人们可以发现这座城市（罗马）似乎在两天内恢复了生机"[9]。

在教皇返回罗马一周之后，此前在佛罗伦萨筹备好的第一个秘密任务开始了。美第奇家族实现领土野心的工具是圣天使堡的总督拉法埃莱·彼得鲁奇（Raffaelle Petrucci）主教，他从属于统治了锡耶纳几代的王朝的旁系分支。彼得鲁奇于 3 月 6 日全副武装离开了罗马，几天后成为锡耶纳新的领主。[10] 锡耶纳的政变取得了圆满成功，总督博尔盖塞·彼得鲁奇（Borghese Petrucci）大为吃惊，被教皇的军队吓坏了，逃往那不勒斯。[11] 城主进入这座城市，群众称其为祖国的解放者。[12] 拉法埃莱的堂弟红衣主教阿方索·彼得鲁奇，曾在教皇选举中支持利奥十世，现在必定后悔不已，他发誓一定会报仇雪恨。

在两年前的一封密函中，阿方西娜很高兴洛伦佐不愿"做任何人的刽子手"，没有屈服于彼得鲁奇家族——阿方索和博尔盖塞——的压力，他们要求他监禁一些逃往佛罗伦萨的锡耶纳人：

不要用绳索或其他东西威胁他们，因为他们不会招认对他们的密友有害的事情，这些朋友也为他们做过一些事情。您知道我们还流落在外，我们要多结交朋友，为了回家，我们什么都做了。回自己的家，是一个顺其自然的愿望，对每个人来说都是正当的，任何人都不应该责备或惩罚那些以自己的方式回家的人。因此，我再次请求您尽快（因为时机和人们的想法是不断变化的）放他们离开，不要受任何行为或言语的阻碍，并在私下关照他们，为他们说些好话。[13]

这种对流亡者自然和必要的毫无顾忌的同情表明阿方西娜长期以来一直在考虑冲击锡耶纳政权，并敦促儿子与彼得鲁奇家族嫡系的敌人做朋友。漫长且耐心的准备，加之近乎恶魔般的强大能力，阿方西娜实现了"时代"和人类"思想"的同步，实际上获得了极好的效果。

假如德拉·罗韦雷同意参加在罗马对他的审判，乌尔比诺的政变也不会那么痛苦。伊莎贝拉·德斯特用密文写信给她的嫂子伊丽莎白·贡扎加，她坚持至少要从教皇那里得到一个"书面承诺"，以支持公爵，"因为他的口头承诺不太可信"。[14]在这个问题上，利奥十世给卡斯蒂廖内的答复完全没有任何保障：他拒绝给出"书面"的保证，并补充道，"如果想欺骗他，他早就下达敕书和训令了，所以可以相信他的话，这能够保证阁下安全无恙"。根据使节不带来痛苦的行为准则，卡斯蒂廖内得出结论："此事的重要性不言而喻，不能向下属寻求建议。"因此，公爵必须"根据自己的判断和审慎的看法"决定是否前往罗马。[15]

这位所谓的"廷臣"极度轻描淡写地在此举了一个例子：教皇的表述体现了一种可怕的愤世嫉俗的态度，因为他含蓄地承认他有能力利用欺骗的手段，玩弄教皇国最严肃的公文（"敕书和训令"）。尽管部分历史学家对此持反对意见，但利奥十世与其前任教皇博尔贾无异，二人都善于密谋。他请弗朗切斯科·德拉·罗韦雷到罗马，目的就是击垮他，这一幕好似教皇西克斯图斯四世曾在帕齐阴谋之前不安好心地请"豪华者"洛伦佐（利奥十世的父亲）来罗马一样。[16]

与此同时，1516年3月17日，朱利亚诺去世了，他至死反对侵略乌尔比诺。他的离世让佛罗伦萨笼罩在沉痛哀悼的氛围中——"他远不只是一位死去的绅士"，[17]但这巩固了洛伦佐及其母亲的至上地位，他们现在能以王朝的名义自由行事。伊丽莎白·贡扎加的恳求也无济于事，她代替叛逆的儿子来到罗马，并跟随教皇前往马格利亚纳围猎，教皇最终在猎场接见了她。曼托瓦的使节难以置信地看着这一幕：首先，利奥十世上前迎接并拥抱了她；之后，当她开始询问为什么要把她驱逐出家园时，教皇沉默了，透过眼镜看着她，耸了耸肩。

伊丽莎白恳求道："啊，教皇，您夺取我们的国家，也会心生怜悯吧。那么您想让我们去大街上乞讨吗？您难道不知道被逐出家门、向世人乞讨是什么滋味吗？"但是教皇仍保持缄默，并下令不准任何人和她说话。难道教皇不记得几年前美第奇家族也曾是"乞丐"了吗？这种极度的沉默是对前公爵夫人的一种变态的冷漠："他怎能不怜悯这样一位夫人呢？她能够安抚任何暴怒的猛兽。"教皇最后的傲慢算是送给她的使徒祝福，之后便把她打发走了。[18]

除了伤害，还有侮辱。这也是发生在锡耶纳的事情，这里是菲利波·斯特罗齐所征服之地！菲利波探访美第奇家族的新"属地"，或许是为了确保政变后家族利益得到很好的维护，他拿出了坏小子的伎俩，即夜袭圣多明我修道院的花园，这里是卡特琳娜修女们的居所。弗朗切斯科·德尔·内罗（Francesco del Nero）是马基雅维利的姐夫，他与斯特罗齐在勒索钱财和妓院风流中沉瀣一气。听到他的故事，仿佛置身于薄伽丘的短篇小说中。[19]"切帕雷洛"*（"也许是史上最差劲的人"）在做了坏事后回到锡耶纳不是为了指认现场，而是为了避免一则丑闻的蔓延，因为如果这件事传到教皇的耳朵里，可能会危及他国库负责人的职位。政变后约一个月，他来到锡耶纳，偷偷地派人请来当地的神父。但是第二天早上，黎明时分，主教拉法埃莱·彼得鲁奇亲自来找他：不能让这座城市的新主人长时间等候，于是菲利波就让主教坐在他的身旁，而他还在一旁更衣。

---

* 薄伽丘《十日谈》中的人物，这里指菲利波。——译者注

屏退左右后，我拉着主教的手请他坐下，我开始感受到他的慈爱。他此前不让我去找他，但这一直是我的愿望。然后我做了一个简短的介绍，与主教大人侃侃而谈……最终，他可以肯定我是（政变的）罪犯之一，当然我没有向他坦白这一点，但我想他会告诉大家我没有否认，而是承认了，因为我对他说："我比其他任何人都明白此事。"在我看来，这就是承认了。我觉得我已经把他安排妥当了，因为我许诺了他不少利益，正式告知他："没有任何人（就算是他）能够以任何形式收买我、指使我。"[20]

因此，不知悔改的"罪犯"菲利波既不承认也不否认自己的罪过，放任主教的同情，主教告诫他避开"感官的圈套，他知道诱骗和诱惑有多么大的力量"。悔悟的诱惑者之后说他已经准备好"与我的朋友和亲戚在佛罗伦萨或罗马尽自己所能为他做任何事情，只要他明白自己的某些愿望"，特别是向"伟大的绅士"洛伦佐说情。克拉丽斯还写信给丈夫，信中提到为了保护自己的名誉，他必须去见他们女儿的教父——红衣主教菲耶斯基（Fieschi），并"向他要一封推荐信，让他写给锡耶纳的大主教"，以"和平统一"的方式平息丑闻。[21] 真正的美第奇式的战争，就是在一封封推荐信的作用下打起来的。

大象归西，无再生一

1516年6月，弗朗切斯科·玛里亚·德拉·罗韦雷被逐出教会，[22] 就在那几天，葡萄牙国王赠予教皇的大象安诺（Annone）也死了。大象被葬在梵蒂冈入口处的塔中，[23] 这充分说明了教皇比其他人都更惋惜和遗憾。5月初，在罗马，费拉拉的修士博纳文图拉（Bonaventura）的预言流传开来，当他见到大象的饲养员时，修士曾对他说："可怜的人儿啊！比起照料这只动物，你更应该关照自己的灵魂，因为你死的那天，动物也会死。"罗马法官为了"找点乐子"，召见了修士，问他是否证实了预言。博纳文图拉重申了这一点，并补充说，在1516年9月12日之前，教皇和五名红衣主教也将离开人世。法官们在如此厚颜无耻之人面前哑口无言，判处其鞭刑。作为回应，修士转向法官说："你以为你在伤害我，你最好还是照顾自己的灵魂，因为当那天来临时，你也会死去。"[24]

当博纳文图拉于1516年5月12日被捕时，他可以指望有2万人拥护他，好像他是上帝的"真正的牧师"。[25] 自1514年四月斋节以来，除了一直在罗马传教，这位新时代的萨伏那洛拉还撰写了一篇文章，题为《被上帝驱逐和诅咒的罗马教会的背道书》（*Apostasia della Chiesa romana meretrice scacciata e maledetta da Dio*），不承认教皇的合法地位。这与几个月后修士马丁·路德（Martin Lutero）提出的批判论调不谋而合，后者幸运的地方是他本人不在罗马。

博纳文图拉的预言让迷信的宗教审判官战战兢兢，更让普通民众害怕至极。那是一个酷热难耐的夏天，罗马不健康的空气让许多人深受其害。事实上，8月初，已经有三名红衣主教去世，另外两位——里亚里奥和索代里尼——则病入膏肓，"如此，人们说，他们无法逃脱预言。教皇实际上患有间日热，而且身材肥胖：他的身体开始疼痛，这让人们怀疑预言是否真的会成为现实"。教皇的祭司，恰巧名为德·格拉西*，他在自己记录翔实的日志中指出，教皇患有"严重且几乎无法治愈的疾病"，且由于博纳文图拉的预言，大家都认为教皇要完蛋了。[26]

最好记住这一恐怖的时刻以及生病的红衣主教的名字，因为不到一年后，它将会永远改变利奥十世教皇国的面貌。但在酷热的圣母升天节之后，教皇的病开始好转了。1516年8月18日上午，他出门"透口气"，来到了观景阁。他在公共场合散步、进餐，打消了人们对他将死的猜测。实际上，强制禁食让教皇"比以往更加英俊"。博纳文图拉不会从圣天使堡里活着出来，贡扎加家族的一名奸细讽刺地证实，"是他先死了"。[27]

同一天，有消息传出，在长老会中，洛伦佐被一致推选为乌尔比诺的新公爵，并且兼任罗马总督。一位使节既愤慨又无奈，指出"这就是世界的发展方式"，但"（就算是）洛伦佐，肯定也要忍受许多流氓行为"[28]。德拉·罗韦雷家族心怀怨恨，举家流亡曼托瓦，而洛伦佐则有些吃力地遵循了那个由切萨雷·博尔贾起草并获得马基雅维利

---

* 祭司的姓氏de' Grassi与形容词grasso（肥胖的）谐音。——译者注

称赞的剧本，征服了乌尔比诺——意大利中部的象征。洛伦佐未来的传记作者弗朗切斯科·韦托里曾直言，洛伦佐这样做只是为了让母亲阿方西娜满意，因为她不断"骚扰"教皇，让教皇"分配给自己儿子一个国家"[29]。不管怎样，11月便有传言称利奥十世想要册封洛伦佐为罗马涅公爵，并将博洛尼亚和那不勒斯王国的一部分领土也交给他。

这都是毫无根据的谣言，根据威尼斯使节马里诺·佐尔齐（Marino Zorzi）的说法，洛伦佐"诡计多端，做事不像瓦伦蒂诺公爵，稍逊色于他"[30]。法国国王弗朗索瓦一世非常喜欢他，[31]洛伦佐希望尽快从他那里获得显赫的姻亲关系，只要不是当时授予切萨雷·博尔贾的头衔就可以。[32]然而，洛伦佐的健康状况削弱了他的执行力：虽然韦托里怀疑可能是梅毒，[33]但从某种意义上说，生病的证据是确凿的。

1516年至1517年的寒冬，[34]洛伦佐在罗马和佛罗伦萨名妓的温暖怀抱中找到了慰藉。他的嫖客和流氓同伴菲利波·斯特罗齐，和往常一样是一个人见人爱的花花公子，他甚至成功地让来自比萨的名妓卡米拉疯狂地爱上了自己。热情洋溢的名妓让十分不忠诚和"放纵"的斯特罗齐——克拉丽斯的丈夫——有些把持不住。

红衣主教的美德和首都的敌人

与此同时，法学家戈罗·盖里·达·皮斯托亚已经牢牢掌握了佛罗伦萨政府。他是一位对美第奇家族绝对忠诚的官员，办事效率非常高。[35] 盖里写信给阿方西娜,"公爵的大脚趾底下长了水泡,实在是让人遗憾",这明显是梅毒的症状,他自己也身患梅毒。[36] 两天后,关于如何对付德拉·罗韦雷和科隆纳家族,后者是一个经常与教皇为敌、势力强大的罗马家族,盖里阐述了他公正的指导方针:"我很想也乐意成为善良的人,也追求行事向善,但原则是和好人打交道,而不是结交虚伪的朋友。"[37] 教皇通过这位官员从佛罗伦萨请来一只"母狮"并非巧合,[38] 盖里在谈到一位强烈反对美第奇家族的佛罗伦萨人时,补充道:

> 就我个人来说,王公和大师的宽厚仁慈是值得称道的,也是必要的;但是当看到人们心中的仇恨根深蒂固,且恶语相向时,就需要王公展现仁厚的一面,谦卑地宽容和容忍他们。我自己不知道该如何赞美他,因为他利用宽厚仁爱对抗自己……在国家中必须要有朋友,并依靠他们的力量巩固国家的统治,但也必须适时以正义的色彩打击敌人,削弱他们的力量。[39]

盖里将马基雅维利的想法付诸实践,贯彻到底。[40] "以正义的色彩"定罪来打击政敌是意大利的古老传统,美第奇家族并不是最后一个使用该手段的人。此外,某些怀疑的言论也并非没有道理:红衣主教团的不满情绪在不断蔓延,尤其是红衣主教弗朗切斯科·索代里尼所表现出来的对美第奇家族一贯的不信任丝毫没有减弱。盖里指责他和他该死的家族忘恩负义，背叛了"豪华者"洛伦佐对他的信任。[41] 红衣主教索代里尼是"一个伪君子，当谈到他的宏图时，他是一头狮子"。[42]

教皇能清楚地记得自己将佛罗伦萨大主教的职务授予帕齐家族的一名重要成员时所讲过的话，如今大主教的职务则牢牢掌握在朱利奥·德·美第奇手中。事实上，在1508年7月，长老会讨论关于科西莫·德·帕齐主教的任命，索代里尼投票时说道："他是一个善人，而且他们的家族向来反对暴君。"这一说法引发了索代里尼和美第奇两位红衣主教之间的激烈争吵，[43] 但当时皮耶尔·索代里尼是佛罗伦萨的正义旗手，因此没有立即遭到报复的危险。在美第奇家族重返佛罗伦萨和利奥十世当选教皇之后，两个敌对家族的联姻应该确认了他们的联盟关系，但红衣主教的侄女安娜·迪·焦万维托利奥·索代里尼（Anna di Giovanvettorio Soderini），最终嫁给了路易吉·里多尔菲（Luigi Ridolfi），而不是洛伦佐·德·美第奇。十分重要的是，在婚宴上，有许多亲美第奇的红衣主教参加，阿方西娜也"受到了邀请，但在那样的场合中她并不舒服"[44]。

盖里想要监视并控制的另一名红衣主教是锡耶纳人阿方索·彼得鲁奇。阿方索·彼得鲁奇已经离开罗马，居住在科隆纳家族的城市杰纳扎诺，在那里密谋着如何从其堂弟手中夺回城市的统治权，或许还能帮德拉·罗韦雷一把。[45] 事实上，在1517年那个决定性的年份，弗朗切斯科·玛里亚·德拉·罗韦雷在曼托瓦的亲戚和马尔凯人民的支持下，发动突袭，重新夺回了乌尔比诺的控制权，这表明他们都不欢迎从罗马空降的新公爵。在一封写给红衣主教团的信中，弗朗切斯科·玛里亚·德拉·罗韦雷在字里行间透露着自豪和蔑视，故意将教皇排除在外，因为教皇的行径不配担任神圣的职务，并提出留在自己家中是其神圣不可侵犯的权利。[46]

突然间，轻松获胜和太快完成任务演变成了军事噩梦，让教皇在所有基督教徒面前颜面尽失。德拉·罗韦雷带着典型的骑士风范，向洛伦佐发起了决斗挑战。洛伦佐不情愿地离开了妓院，返回战场。作为回应，洛伦佐没有接受"近距离"的决斗，[47]而是监禁了乌尔比诺使节奥拉齐奥·弗洛里迪（Orazio Floridi），尽管是他亲自签发了使节的安全通行证。[48]这一行为公然违反了所有的外交规则，史无前例，教皇则假装不知情，却提出了法律上的权宜之计：弗洛里迪会受到拷打，因为他是反抗教会的臣民。[49]

利奥十世的行为得到了阿方西娜的支持，她鼓励对不幸的弗洛里迪施加"一切折磨"，他是"弗朗切斯科·玛里亚的灵魂和心脏"，能让他"和盘托出"。[50]三年前曾有试图合法返回锡耶纳的流亡者，阿方西娜当时向他们宣扬的慈悲，现在转变成了无情的暴力，采取双重标准。也就是说，她对可以成为朋友的罪犯宽大处理，而对无辜的敌人施以残忍的暴行。

弗朗切斯科·玛里亚·德拉·罗韦雷坚信自己占据战场优势，

他心理上的装腔作势在玩弄规则面前显得苍白无力。在德拉·罗韦雷的使节被没收的文件中，还有一份写给"尊敬的洛伦佐阁下"的"记录"（正统的乌尔比诺公爵拒绝用自己的头衔称呼对手）。如果对方拒绝"近距离"挑战，然后提出在公开场合进行挑战，外交官必须佯装害怕并反驳："我们不是为此而来，即使这是您的意愿，依据惯例，您给我们一个确切的信号，比如战斗手套，我们会把该物品转交给他。"[51] 所有这些军事阴谋都惨遭失败，要求释放弗洛里迪和随行的苏亚雷斯统帅的要求都落空了，尽管给他们的佣金"对从事军事行业的人来说是一种荣誉"[52]。洛伦佐则彻底丢尽了颜面，无论是作为军人还是作为男人；[53] 此外，洛伦佐还试图贿赂一名西班牙军队的统帅——某个名叫马尔多纳多（Maldonado）的人，让他配合洛伦佐的人一起杀死弗朗切斯科·玛里亚·德拉·罗韦雷，但最终阴谋被识破，叛徒被杀。[54]

迷信的罗马日记作家塞巴斯蒂亚诺·泰达里尼（Sebastiano Tedallini）记述了一则逸事：在复活节期间，两名西班牙士兵前往佩萨罗，教皇利奥十世在那里扎营，他们对神父忏悔并接受圣餐，随后一人死在神父面前，仿佛被上帝劈死，另一人离开教堂就发疯了。这些"伟大的奇迹"[55] 表明，这并不是一场真正的圣战。

盖里坐在领主广场上的文书院观战，但他摩拳擦掌，对审讯弗洛里迪的缓慢和低效感到不满，因此他列出了34个具体的战略和政治问题，让审问官从弗洛里迪嘴里撬出答案。[56] 此前弗洛里迪已经被转移到了圣天使堡。红衣主教朱利奥是教皇在司法事务方面的秘密顾问，他在给公爵的机密敕书中承认"对弗洛里迪的审问并没有像信中所说的那样"。尽管审问进行得"非常谨慎"，但盖里给洛伦佐和阿方西娜也抄送了审问的问题。[57]

在如此关键的时刻，公爵失联了三天，秘书"十分惊讶"[58]。不仅缺乏信息流，而且最重要的资金流也有断裂的危险，这让盖里警惕起来。他以一向残酷的坦诚态度对阿方西娜说："如果缺乏资金或资金不及时到位，整座城市就会有失序的风险。"[59]第二天，盖里确认："她（在教皇身边）所做的工作是必要的，上帝会宽恕您的，因为这不是出于贪婪或积累（金钱），而是为了捍卫教皇国和自己国家的利益。"[60]

这笔资金是给盖里和他的朋友圭契阿迪尼的，圭契阿迪尼是一个"善人"[61]，最近成了"战略重地"摩德纳的总督。马基雅维利在他的《论李维》中对这一论点提出异议，认为要赢得战争，需要的是"优秀的士兵"而不是"资金"。[62]马基雅维利选择乌尔比诺的例子并非偶然，该例子用洛伦佐（马基雅维利将《君主论》题献给他，但他态度冷淡）领导下的战争败局，来证明马基雅维利具有挑衅性的论点。

家族事务

乌尔比诺战争无疑是灾难性的，据估计，该战争耗资约80万杜卡特金币，每月约5万杜卡特，比1494年查理八世挥师南下的花费还要多！[63]因此盖里一直叫苦不迭、忧心忡忡。在罗马，利奥十世的花费是为了惠及亲戚和忠诚的拥趸，为他们提供救济金，其中包括音乐家、诗人、画家和谄媚者，还有弄臣、书商、裁缝、香水商、珠宝商和眼镜制造商，以及建筑师、雇佣兵、厨师、侍从、猎人和朝臣，[64]换句话说，罗马教廷所需的奢华生活在持续的战争中变得难以维系，教皇对此十分不满。

正如弗朗切斯科·玛里亚·德拉·罗韦雷曾强调的那样，尽管洛伦佐这位年纪轻轻、资历尚浅的统帅进行了巨额的军事投资，但他却没有能力掌控大局。1517年3月29日，在洛伦佐准备攻占蒙多尔福堡时，被火绳枪擦伤头部或者"后脖颈"，被迫在安科纳疗养了很长一段时间。[65]他于4月3日抵达了疗养地；同日，精于投机取巧的红衣主教比别纳以教皇使节的身份从海路抵达安科纳指挥雇佣军，很快他们就发生了内讧。[66]

克拉丽斯对战事的进展并不感兴趣，但仍然处于"焦虑"之中。她嘱咐菲利波照顾好洛伦佐，因为洛伦佐"由于性病，要比其他人更容易疲乏"，尽管去年他在"规矩地生活"[67]。但对弟弟的关心，并不能压抑妻子的愤怒。同谋弗朗切斯科·德尔·内罗瞥了一眼坐在菲利波办公桌前的克拉丽斯，就回过头来和她打招呼。她对他说了"60句狠话，可以看出是肺腑之言，如果一个愤慨的女人想要对付某人，那么即使是昆体良（Quintiliano）和萨卢斯特（Sallustio）[*]也无话可说"。[68]克拉丽斯对弗朗切斯科·德尔·内罗的愤怒态度是对菲利波极度失望的发泄，因为当时菲利波并不在家。

银行家（指菲利波）从容地从罗马和佛罗伦萨的金库里取钱，且在明知道不会归还的情况下借给教皇和公爵的时候，[69]来自家族的压力变得几乎难以承受。弗朗切斯科·德尔·内罗威胁要从银行辞职，[70]虽然在复活节的早上，在大教堂的弥撒之后，他还是在盖里的紧急要求下，设法从美第奇"朋友"的口袋里拿走了4000杜卡特金币。盖里向美第奇家族的秘书暗示："我想说，如果和斯特罗齐家族没有亲戚关系的话，他们在资金方面给我们制造的困难要比他们自己的困难大得多。"[71]

随着资源的急剧减少，紧张的人际关系突然失控。4月，克拉丽斯截取了比萨的卡米拉的情书。克拉丽斯感觉遭到了丈夫的背叛，弗朗切斯科·德尔·内罗从中调解，但他笨拙的解释加剧了克拉丽斯的愤怒，恼怒将她变成了九头蛇，"她的喉咙肿胀，流着口水，脸上流下泪水"。她怒斥弗朗切斯科，仿佛他杀了她的全家，好似他是"世界上最恶毒和最卑鄙的人"，以至于弗朗切斯科对"安抚她感到绝望"。[72]

卡米拉很清楚自己不能再给菲利波写信了，因为她知道"这些信会去哪儿"，也就是落入克拉丽斯的手中。[73]这位妓女将信寄给了

---

[*] 二人均为擅长演说术的大家。——译者注

另一位常客——弗朗切斯科,尽管他不像菲利波那么迷人,但对(如今的)我们而言,幸运的是,她的许多诙谐和感性的信件都得以保存了下来。在其中一封信中,卡米拉精准地描绘了菲利波的形象——"不忠诚的混蛋",像是贪得无厌的堂吉诃德,菲利波感兴趣的人"不分外形、年龄"和性别,但终究无法与之产生真正的感情:

> 我不像他一样是一只老虎……混蛋!他身边有各种各样的女人、少年、男孩和小朋友,我相信他们能满足他千百次的情欲,乐不思蜀,但他就像美人鱼,由于心中无爱,他用不同的方式对待不同的人,每个人都有其重要性。天呐,我相信找遍全世界,也找不到感情如此寡淡的人![74]

菲利波的行为似乎证实了他有着美人鱼般的微笑[75]和诱人的冷漠。除了卡米拉怀疑的视角外,发自肺腑的宣泄胜过千百名有文化的名妓。卡米拉住在圣加洛门外的一家妓院,名字叫作"皮奥",这个名字不无讽刺意味,弗朗切斯科·韦托里也经常光顾这里,马基雅维利或许也曾来过。"有道德的"妓女比她的好色顾客或追求者更有尊严,道德界限更清晰,不免让人想起《曼陀罗》(*Mandragola*)*中的卢克雷齐娅(Lucrezia)。

在这一幕(场)家庭闹剧中,克拉丽斯更接近尼洽老爷

---

* 《曼陀罗》是马基雅维利的戏剧作品。——译者注

(Messer Nicia)这个性格沉闷、嫉妒心很重的角色。她甚至想拿到菲利波衣橱的备用钥匙,痛骂他的"秘书"弗朗切斯科,后者提到:

> 我不相信基督,我没有脸相信,我没有脸面,我荒淫无耻,被那种恶习(情欲)缠身。如果不是你们为我辩护的话,我应被恶火焚烧一千遍……惩罚一千遍,除了你们,其他人都不会和我说话。我渴望同类并捍卫同类,还有其他事情,如"我羞于写作"。我是一个生性不耐烦的人,如今被她激怒了,我回答说我是佛罗伦萨最好的男人,在我看来我就是。如果还有其他好人,他必须与我类似:因为当我告诉她钥匙就在信中,我已经把信和钥匙一起烧掉了,她威胁要刺伤我,或者用别的方式伤害我;我回她说三十多年来,我从未因为被威胁或恐吓而去做任何事情,我也不想开始做这样的事。我既不是仆人,也不是奴隶,除了对爱人之外,我一直都是发号施令的那一方,从不屈从于谁。[76]

起初菲利波无言以对,并试图弥补,[77]但当妻子详细地(甚至是有兴致地)向他描述弗朗切斯科的"粗鲁"时,他也不再纠结,不再用冷漠的表达方式来宣泄自己的遗憾之情。假如他在别的地方,跟其他人在一起,他说他会立即离开那里,回到佛罗伦萨,但他已经未经公爵许可,离开公爵身边好几日了。然而,他很高兴这位"恶习缠身"的邪恶朋友面对自己妻子无数次的挑衅,能够表达不满,"并且愤愤不平,我不知道她以为自己是谁,她是否还将你当作她的丈夫。我勃然大怒,再也受不了了,但我得控制自己的情绪,我会用温柔的语气给她留言,我现在受到的威胁就像一个在监狱里的人"。他坚持不给她任何东西,告诉她:"您想尽早从她那里遭受痛苦,我可以理所当然地为您悲伤。"回来后,菲利波想找出"她的心腹或是背后的始作俑者是谁,我向上帝发誓,此人会后悔的。因为她仍然和我在一起,确实在这些方面,和她一起我无法实现自己的价值"。最后,菲利波给她写了一封安慰信,但并不知道是否有用,因为他不是以"完全顺从"的语气写给她的。[78]

　　菲利波的忍耐已经到达了极限。他从罗马和佛罗伦萨接收到太多负面的消息,他一般都是"假装听不到、看不到",并且一直打算"逃避一下",即乘坐帆船前往黎凡特,但帆船几天前就离开了。[79]对于他这样不忠心的丈夫来说,与"不忠者"一起生活,或许是一个解决方案!或许现在他后悔结婚太早了,克拉丽斯是美第奇家族的傲慢与奥尔西尼家族的冲动的结合体,这让她成了一个恶毒贪婪、无理取闹的女人。当然,他必须追随并服务那个无能的小舅子(指洛伦佐),两人几乎是共生关系;但他很乐意摆脱小舅子"经常性的、令人厌烦的奴役",因为洛伦佐"不怎么会听取明智且中肯的建议,这一特点很可能毁了他以及其他自认为是他的拥护者和朋友的那些人"。[80]菲利波"既不是仆人也不是奴隶"[81],对他这样一个自由且傲慢的人来说,佯装服从美第奇家族当然是无法持久的。

克拉丽斯知道生丈夫的气是没有用的,在她的信中,她对他表达了明显的尊重和深切的关心,给他寄了衬衫、手帕、外套和厚上衣。[82]她意识到自己由于心情不好而犯了一个错误:她闪烁其词地回复菲利波,[83]却更明确地写信给巴尔达萨雷·图里尼·达·佩夏(Baldassarre Turini da Pescia)。巴尔达萨雷·图里尼·达·佩夏是另一位名声存疑的美第奇家族的秘书,多年后有人如此评价他,"作为混迹于妓女堆中的人,在利奥十世发动的乌尔比诺战争中,他卖掉了许多职位,还做出了承诺,但其实那时没有任何空缺的职位"[84]:

> 我的巴尔达萨雷先生,您写信告诉我,菲利波在安科纳,他很不高兴。我相信您对我所说的话,而且更让我相信的是,他远离了让他抛头露面且多次将他的生命置于危险之中的那些人,以及其他无尽的辛劳,在此不再赘述。我只告诉您这一点,没有人比现在的我更不高兴……身处这些妓女中间,把她们的糗事公之于众,也会让我感到非常痛苦。请把我引见给公爵大人,告诉他,见到他是我在这个世界上最大的心愿。要是我能安全前往的话,我现在就已经过去了……我会去拜访他,然后去洛雷托,我向他

发誓。[85]

克拉丽斯意识到菲利波冒着荣誉和生命的危险娶了她后,态度回到十年前,回想起那段生活可能更加困难,但那却是自己更加快乐的时期。那个曾经挑战整个佛罗伦萨想要娶她的年轻人,现在也已经事业有成。他能获得如此成就也应该感谢她的付出和努力,但他却因为留恋风尘女子而开始忽视她。而克拉丽斯,作为皮耶罗和阿方西娜的长女,将自己的名誉置于危险之中,成为民众八卦的对象和饭后的谈资。当时和现在一样,名气催生了名人和八卦的病态文化。

在这样的时刻,就需要远离宫廷这个是非之地,将诽谤和恶意抛诸脑后。几个月后,克拉丽斯前往洛雷托圣殿,当她向圣母祈求让洛伦佐早日康复时,或许想到了这一点。

费拉拉的妓女贝亚特丽斯(Beatrice)也希望洛伦佐早日康复,她从罗马寄了一封不那么"虔诚"的信给这位黄金单身汉(和客户),坦承贞洁的誓言让她付出了很大的代价:"我一直在圣洁中没有犯罪,我甚至也不焦虑。唉,八天没有做那件事了,但我觉得已经过了八百年,我怀疑我已经做不了那件事了。"[86]

克拉丽斯对弟弟的小罪小过睁一只眼闭一只眼,但无法原谅丈夫的所作所为,她甚至"翻遍了整个房间,在某个床垫下发现了钥匙的痕迹"。[87] 克拉丽斯使用"修女和修道士"作为间谍,[88] "她的疯狂"不合时宜地超出了佛罗伦萨的圈子。她甚至还写信威胁红衣主教朱利奥和阿方西娜夫人,而且也不是"顺便说说"。[89]西斯托·加拉·德拉·罗韦雷(Sisto Gara Della Rovere,对手财团的最后幸存者之一)去世,与此同时,朱利奥成为副总理大臣,还有许多其他猫或狐狸等待着他剥皮。*

---

* 意为他还有许多其他的事情要操心。——译者注

第五章
一场可怕的混乱
（1517）

无处不在的机会，无所不在的黑暗事务。
——卡洛·埃米利奥·加达，《梅鲁拉纳街上一场可怕的混乱》

彼得鲁奇的阴谋，即佩鲁斯奇的阴谋

所有人都叫他佩鲁斯科（Perusco），但他的真名是马里奥·德·佩鲁斯奇。他是彼得罗·德·佩鲁斯奇·达·加莱拉（Pietro de' Peruschi da Galera）的后裔，完美的家族传承让他成为受人尊敬的法官。他在工作中表现出了坚强的意志和公正，这两点对于文艺复兴时期在罗马教皇身边工作的法官来说，即使不是必需的也是实用的技能。他写的诉状和他经手的残酷的审讯一样，总是给人留下强硬和不妥协的印象。他相信被告一定有罪，有时即使被告是无辜的，他也可以证明他们有罪。佩鲁斯奇有着优良的品质，但同时也是黑暗的象征。在当时的司法程序中，使用酷刑是非常正常的，但佩鲁斯奇对刑罚有着非常特殊的品位。他会当场反复折磨被告，以此威胁、恐吓他们，只留很少的时间让被告认罪，之后用绳子把他们吊起来，让他们的手臂脱臼。

在利奥十世当选教皇两周之后，佩鲁斯奇被任命为宗座财务院的检察官。"善良的"美第奇教皇需要一个不择手段的检察官，并在最具争议的情况下立即起用他。例如，1514年7月，英国红衣主教克里斯托弗·班布里奇（Christopher Bainbridge）在罗马去世，死亡原因存疑。8月28日上午，某个里纳尔多·达·摩德纳（Rinaldo da Modena）被绞死在圣天使桥上，然后被分尸，"教士是那位英国红衣主教的仆人，人们议论说，他承认毒死了他的主人"。此人在圣天使堡待了几日，被佩鲁斯奇"多次仔细提问"（动词"提问"让人想起严厉的老师，但实际上是"折磨"的委婉说法）。当需要确认供词时，被告"偷偷从左胸前抽出一把刀，没有人看到，想要割绳子时，他却昏倒了，他们发现他血流不止，才意识到是他刺伤了自己，已经一命呜呼了。今天早上他们为了杀鸡儆猴，就在圣天使桥'处决'了他"。[1]

这位教士，无论是否犯有谋杀罪，宁愿自杀也不愿遭受折磨的痛苦，充分说明了佩鲁斯奇和他的同僚们是如何对待罪犯的。红衣主教可能只是自然死亡（那几个月他一直生病），但在罗马人民看来，被告的自杀只是坐实了自己的罪行。[2]

佩鲁斯奇称自己为"优秀且务实的警察"，[3] 但他其实是一个名副其实的"暴徒",[4]他的外貌很可能和他的酷刑一样令人生畏。可怜的博纳文图拉——这位在1516年大胆预言教皇即将死亡的修道士——也曾被监禁在圣天使堡,接受"审问"。[5]

这个简短的介绍对于理解佩鲁斯奇的为人处世、了解历史上被称为"佩鲁斯奇阴谋"或"红衣主教阴谋"(文艺复兴时期罗马最轰动的丑闻之一)的性质至关重要。那么接下来让我们深入了解参与这起事件的红衣主教们。

1517年,躁动不安的红衣主教阿方索·彼得鲁奇26岁了。他是那些娇生惯养、行事鲁莽、纸醉金迷的年轻人中的一员,他们通过家族关系成为红衣主教,就像乔瓦尼·德·美第奇一样。此类人充斥着"永恒之城"*,导致罗马成为"伟大领主的庆祝胜利之地、妓女的天堂和流氓的庇护所"。[6]几年后,一位威尼斯人惋惜过去阿方索·彼得鲁奇时期的美好时光,他曾在制服上花费了4000杜卡特金币。[7]

自从前一年3月统治锡耶纳的家族分支被他的堂兄拉法埃莱·彼得鲁奇主教赶下台后,红衣主教阿方索·彼得鲁奇就一直试图借助西班牙人夺回这座城市。为此,阿方索还让弗朗切斯科·玛里亚·德拉·罗韦雷参与进来,后者也没有拒绝,但弗朗切斯科·玛里亚作为一名优秀的雇佣兵,提出的条件是阿方索要向他的士兵提前支付雇佣金。教皇对这些行动深感忧虑,多次召回倔强的红衣主教彼得

---

* 指罗马。——译者注

鲁奇，但他拒绝前往罗马，并留在杰纳扎诺，由科隆纳家族为他提供保护。

教皇一意识到无法将他召回罗马，就转而采取了强硬的措施。4月15日，教皇下令开始逮捕彼得鲁奇最亲的亲戚，其中包括他的堂兄（或堂弟）西皮奥内（Scipione）。他的秘书迪诺·达·卡索莱（Dino da Casole）收到了朋友——教皇卫队的弩手队队长吉罗拉莫·德利·阿尔比奇（Girolamo degli Albizzi）——的及时警告，才得以成功逃到杰纳扎诺。[8]然而，红衣主教彼得鲁奇的四个家人最终落入教皇亲卫队的魔爪，被关押在圣天使堡的地牢。对于随后的审判而言，这几个人中最重要的是马尔坎托尼奥·尼尼（Marcantonio Nini），他是锡耶纳的教士，也是佩鲁斯奇本人的家庭教师。

教皇立即任命了两位法官：洛梅利纳的吉安贾科莫·迪·甘巴拉纳（Giangiacomo di Gambarana），他是罗马总督的"刑事办案员"，以及与被告同为锡耶纳教士的多梅尼科·科莱塔（Domenico Colletta），他是圣天使堡城主的副手。吉安贾科莫接替了拉法埃莱·彼得鲁奇的职位，后者是那位将红衣主教阿方索·彼得鲁奇的兄长博尔盖塞逐出锡耶纳的主教。严格按照法律的要求来说，第二位法官并不需要出席，但出于个人和政治原因，科莱塔憎恨阿方索·彼得鲁奇，所以两位法官并不完全是公平公正的。

作为检察官，马里奥·佩鲁斯奇呈上了起诉书。在乌尔比诺使节奥拉齐奥·弗洛里迪被捕之际，他从教皇那里获得了宗教审判官的特别权力，打击教皇国的敌人。[9]这种操纵权力的无限自由很快就会派上用场。

当然，除了肉体和精神上的反抗，被告没有任何辩护的权利。1517年4月17日，星期五，针对马尔坎托尼奥·尼尼的审讯开始了。这次带有不祥预兆的审讯将持续几个星期，对他来说一眼望不到头。

在这个故事的官方版本中，开展逮捕行动的原因是一些内容有损教皇利益的信件被拦截了。而事实是，尼尼在被捕时检方没有任何关于他的犯罪证据，因为一位受教皇虐待的红衣主教想要收回属于他的家族分支的东西，实际上并不算什么大事。在意大利，没有人会认为这是一种犯罪行为，更不用说在欧洲了，这充其量只是一种不服从的行为。

经过十天的严刑拷问加上严刑逼供，出乎意料的事情发生了：4月27日，佩鲁斯奇向法庭提交了18封信，其中7封落款为尼尼，收件人是红衣主教彼得鲁奇，其中多数可追溯到1516年8月。佩鲁斯奇仅要求尼尼指认这些信件是否出自他手。教士不得不在恶臭的牢房中度过一个最难受的夜晚。

检察官是如何拿到九个月前的信件成了一个谜团，因为信件都是按时投递，从未被拦截。当然，不可能是佩鲁斯奇从身在杰纳扎诺的红衣主教彼得鲁奇那里没收的。唯一的可能性是尼尼的下属背叛了他。这个假设得到了锡耶纳历史学家西基斯蒙多·提齐奥

（Sigismondo Tizio）的证实，他认为红衣主教的两个秘书憎恨尼尼，想要毁了尼尼，于是秘密地将那些有损教皇利益的信件交了出去，或许也是因为收了钱。[10]

第二天，也就是4月28日，尼尼被问及信件的内容。在诉讼开始时，检察官已经拿到了破解密码的线索，但尚未使用。[11]审讯的转折点是对1516年8月11日部分加密的信件的阐释：指控集中在"我与韦尔切利谈话"这一段落上，尼尼需对此做出澄清。他宣称巴蒂斯塔·达·韦尔切利（Battista da Vercelli）医生曾被召到杰纳扎诺为彼得鲁奇服务，但他倾向于先留在罗马，等待教皇聘用他，或者相反，准许他前往杰纳扎诺。这个完全合理的解释被曲解了，即韦尔切利会以医治肛瘘为借口毒害教皇。

韦尔切利是如何进入这个故事的呢？我们知道，多年来利奥十世的私人医生一直是雅各布·达·布雷西亚，他曾在秘密会议期间一直为教皇治疗肛瘘。1516年8月教皇病重时，他并不在这位重要的病人身边。然而，距离教皇生病已经八个多月了，韦尔切利可能对教皇构成的威胁几乎为零。我们不知道雅各布被疏远的原因，也许是暂时的失宠，也许是个人原因，[12]但可以肯定的是，雅各布从1517年8月起再次为美第奇家族服务，当时他与红衣主教朱利奥最忠实的拥趸一起被授予了罗马公民身份。[13]

利奥十世的臀部再次构筑了他的命运，而且在很多方面都是如此。对"有常识的人"来说，佩鲁斯奇提出的谋杀未遂是最明显的假设，这给审判带来了戏剧性的转折。尼尼将韦尔切利定义为"啰唆、大胆和健谈"[14]，但如果那个该死的段落确实包含了这样暴露的信息，那为什么还要清楚地留下所谓"投毒者"的姓名呢？

尼尼反复（"坚持不懈"）地强调他不知道医生的意图究竟是什么。而就在这时，佩鲁斯奇就像一只猎犬嗅到了血的味道，开始了他残忍的表演：他下令将尼尼尽可能高地悬挂起来，双臂反绑在背后，再把一根绳子套在踝骨上，用力向下牵引。关节脱位，韧带撕裂，肌肉断裂，[15]然而尼尼还是坚持了大约一个小时。佩鲁斯奇继续用刑，但尼尼并没有被吓到。猎物身体的每一次吱嘎声都给了佩鲁斯奇一种暗暗的快感，他知道，这就像乐器一样，被告发出刺耳的声音和喊叫，被迫与他"合奏"，而这正是他想听到的。

最终，血肉模糊的尼尼作为知晓事实的人，承认道：是的，韦尔切利准备毒害教皇，他收回了酷刑前所有否认的供词。游戏结束，现在是将这次构陷事件的其他部分串起来的时候了。

尼尼的密码本

尼尼的信的原件已经丢失。除了佩鲁斯奇审判文件中列出的7封信，还有一封信被神秘地保留了下来。虽然它是唯一一个留给我们的含有签名的文件，但许多研究该阴谋的历史学家从未对其进行过分析。唯一提到它的是皮科蒂（Picotti），他是一位治学严谨且精力充沛的学者，尽管他引证了这封信"有充分的理由不附在审判文件内"，[16]但他并未讨论其内容和密码本。

相反，这封日期为1516年8月12日的信件值得我们更加详细地研究，因为这一天也就是提到韦尔切利名字的信的一天后。[17]教皇的病似乎依然很严重，期待自然（或上帝）将红衣主教从可恨的教皇手中解救出来的愿望相当强烈。因此，在信件的第一行，我们读到教皇"发高烧了"的句子就并不奇怪了。出自宗教审判员之手的解密，在字里行间补充道："但他们所有人都不抱希望。"还有人谈论"红衣主教会议"（注意，不是秘密会议）的可能性。一些红衣主教的名字以代号的形式多次出现，而讽刺和诅咒的代号"已故的"（fuit）指代着教皇，[18]因此可以肯定的是，教皇命不久矣。即使尼尼补充说教皇"昨天没有发烧"，审判官也带着恶意激动标注："他们总是期望（教皇的）死亡。"然后尼尼在信中讲述了自己与比别纳关于红衣主教彼得鲁奇的谈话，不管怎样，彼得鲁奇仍然是教皇和美第奇家族的"忠实仆人"，因为"过去也是如此"，与"我们的主（指教皇）及美第奇（朱利奥·德·美第奇）没有冲突"（后者被称为"能力者"，强调他在教廷中的巨大作用）。这场亲切的交谈持续了很长时间，"总而言之，他说他什么都不想要，只想要正义"。

这封信件由佩鲁斯奇注释，但随后被排除在诉讼程序之外。在我们看来，很明显，它所探讨的是普通的事情，没有什么特别的，即宫廷和教区的阴谋，是很复杂，但构不成犯罪。

那么，宗教审判员在寻找什么呢？他们在盲目推进吗？第一个破译的名字是"苏伦蒂诺"（Surrentino），佩鲁斯奇认为这个名字指的是索伦托大主教弗朗切斯科·雷莫利诺（Francesco Remolino），命运好像和他们开了个玩笑，后者在对彼得鲁奇等人的学院内部调查中被选为主教的代表，代表的是红衣主教团的三个修会之一。雷莫利诺在博尔贾家族统治时期就已是红衣主教，曾任罗马总督，不是一个好对付的政治目标。

很明显，佩鲁斯奇娴熟地使用了尼尼的密码本，并且认出了光怪陆离的假名和代号，这些名字相当随意：Carcioffo、Paritas、Palea、Exiguus、Rubeo、Comes[19]，都是可以互换的代号，没有明显的指向性。在这场多方斗争或权力博弈中，任何人都可能受到佩鲁斯奇长时间的讯问。从粗糙的密码学的司法分析中可以看出审判的武断性：所有的红衣主教都是潜在的受到迫害或勒索的对象。

所有的红衣主教都希望教皇死——是由来已久的——这一条本身并不能成为起诉的要件。难道要对动机和迷信进行审判吗？如果每次在罗马可能会举行选举教皇的秘密会议时，红衣主教都会受到惩罚，那么没有人能逃脱制裁！

与此同时，红衣主教彼得鲁奇仍留在杰纳扎诺。他知道尼尼被捕了，但他无法想象尼尼葫芦里卖的是什么药，否则他永远不会同意进行调解谈判。5月13日，谈判的内容在杰纳扎诺的普罗斯佩罗·科隆纳（Prospero Colonna）的家中正式确定：阿方索·彼得鲁奇任命红衣主教本迪奈罗·萨罗和马可·科纳（Marco Corner）担任他的律师，诉求便是归还家族在锡耶纳的资产。5月15日，在罗马，教皇和红衣主教的律师达成了协议，协议由秘书皮耶罗·阿尔丁盖利起草，并于次日由彼得鲁奇本人批准，教皇保证他的人身安全。[20]

但教皇并不值得信任：事实上，奥拉齐奥·弗洛里迪被捕就已经证明，对教皇来说，安全通行证没有法律价值。卡斯蒂廖内对弗朗切斯科·玛里亚·德拉·罗韦雷所说的话又在耳边回荡："如果（教皇）想欺骗他，他早就下达敕书和训令了。"利奥十世的犬儒主义暴露无遗：西班牙使节本人得到了保护红衣主教彼得鲁奇的口头保证，并反对逮捕。他反对对教条的强词夺理，这种一般意义的承诺不包括尚未犯下的罪行和"这样的罪过"。[21]

事实上，红衣主教彼得鲁奇于5月19日被捕，也就是他抵达罗马后的第二天。据美第奇方面的目击者描述，彼得鲁奇在梵蒂冈被逮捕，但不了解具体的审判过程。这位目击者是佛罗伦萨的神职人员和人文主义者邦西尼奥雷·邦西尼奥里（Bonsignore Bonsignori），他通知了他亲如兄弟的朋友贝尔纳多·米凯洛奇，后者是利奥十世曾经的导师，同时也是弗利的主教：

> 锡耶纳红衣主教彼得鲁奇来到宫殿，我不知道是谁让他来的。前一天晚上，他抵达了罗马。到达宫殿后，他进入楼上教皇的房间，教皇、红衣主教萨罗在房间内等候。

教皇立刻说"带我去小便",然后走进旧房间,告诉锡耶纳红衣主教前往圣天使堡(监狱)。[22]

面对教皇的背叛,彼得鲁奇的反应是什么?不相信?愤怒?他的生命比教皇的小便还不值钱,教皇将所有的承诺都扔进了小便池。但更不安的人是红衣主教萨罗。据邦西尼奥里所说,萨罗想留在房间内,却被告知"阁下,您也必须来"。

邦西尼奥里住在使徒宫,宫殿位于通往密道*的路上。这条经过加固的密道是亚历山大六世建造的,是连接梵蒂冈和圣天使堡的通道,所以他从房间里看到了两位红衣主教被关进监狱的场景。彼得鲁奇从他面前经过,说了几句话,邦西尼奥里只听到了"信仰……"。这句话,或者更可能是一句支离破碎的咒骂,比接下来的所有审判更意味深长:红衣主教无法相信教皇——这个欲置他于死地的人——竟会如此无视宗教和道德意义上的"信仰"。焦维奥写道,教皇身边的人都在嘲笑这个大意的年轻人太天真,仿佛他的错误就是相信了教皇的誓言。

一连串的抓捕还在继续,第二天轮到了某个名叫波金泰斯塔(Pochintesta)的人,他是彼得鲁奇的同乡、锡耶纳军队的前任统帅,他在1516年3月政变期间被免职,现居罗马:

---

* 又名 Passetto。——译者注

此后不久，教皇军队统帅……带着大约 20 名守卫路过。他们带着波金泰斯塔和另一个我不认识的人经过，他说："我没有做任何反对教皇的事。"他们就这样走了。所有人都以为萨罗是陪锡耶纳红衣主教（彼得鲁奇）去圣天使堡的。但后来了解到，萨罗也进了监狱。原因有很多，但我不想说……据说，这都是一位锡耶纳的家庭教师马尔坎托尼奥·尼尼招供的，他在圣天使堡中已经关了几天，受尽折磨，坦白了一切，等等。另外，还有手写的信件作为证据，等等。[23]

有尼尼亲笔签名的信件是他有罪的另一份证明，无法上诉。我们甚至难以想象，可能是有人巧妙地曲解了破译的结果。与此同时，巴蒂斯塔·达·韦尔切利在佛罗伦萨被捕。尼尼第一次招供可以追溯到 4 月 28 日，所以三个多星期以来，韦尔切利医生一直处于教皇心腹的监视之下。戈罗·盖里是佛罗伦萨文书院的官员，效忠美第奇家族，还有谁能比他更适合监视韦尔切利的凶残的灵魂呢？盖里实际上是一个典型的病人，像他的主人洛伦佐一样受到梅毒的困扰，[24]因此乔瓦尼·马尔蒂杰尼（Giovanni Martigegni）在 1520 年把《论"法国病"》（*De morbo gallico*）献给他。韦尔切利是公认的性病治疗专家，整个意大利的公爵和红衣主教们都会请他来医治。[25] 然而，韦尔切利并不是圣人，也犯过错误：几年前，他在一场争吵中亲手杀死了一名来自维罗纳的医生。威尼斯领主国免其死罪,但将他驱逐出境。1513年,朱利亚诺·德·美第奇代为求情,对他的驱逐令得以撤销。所以,他与美第奇家族的关系坚不可摧。

5月20日,盖里写道,他奉红衣主教和副总理大臣朱利奥的命令逮捕了韦尔切利,并将他转移到里窝那;同时保罗·韦托里作为新任的教皇舰队队长,将押解韦尔切利到罗马。盖里了解事情的进展,他强调,抓捕红衣主教们"非常重要"[26]。与此同时,为了预防其他人的阴谋或坐实自己的阴谋,教皇也躲进了圣天使堡。邦西尼奥里曾请求教皇接见,但只是徒劳。圣天使堡外部的安全措施得以加强,内部的沟通更受到了监视:

> 宫殿防卫严密,教皇又增加了100名步兵守卫,命令晚上所有的大门全部上锁。在红衣主教们被带走的那天,教皇立即派人召见所有的演说家,与他们讨论了很长时间。在此期间,他召集所有红衣主教开会,在那里待到差不多22时。从那时起,红衣主教萨罗的兄弟就在里亚里奥和菲耶斯基身后,圭德托(Guidetto)说他听到他们说:"我们给他做担保,放了他吧。"里亚里奥回答说:"这不是做不做担保的问题!"[27]

红衣主教里亚里奥此时对常规做法的不信任意味深长,因为他非常了解教皇的"作案手法",一些低声和无意中听到的只言片语充分解释了笼罩着罗马的沮丧和恐惧:"没人明白正在发生的事情……据说乌尔比诺的这些人(弗朗切斯科·玛里亚·德拉·罗韦雷和他的手下)已经进入了佩鲁贾周边地区,我也不知道真假。我们的主(指利奥十世)看起来很高兴,他还在城堡里,也不清楚他何时出来。"[28]

很多地方都有传言,说弗朗切斯科·玛里亚·德拉·罗韦雷会杀到罗马让教皇血债血还。但是,在城墙的保护下,里面关着两位红衣主教,利奥十世正在准备制造新的意外事件。在5月21日的行动中,教皇还是任命了那几位法官和不可缺少的佩鲁斯奇来审判这些有名望的被告。他用饱含负面情绪的拉丁文的副词补充道,可能还有其他同伙仍然逍遥法外:"还有其他人一起,或许也得到了红衣主教的授意和支持,他们有意地或严肃地、恶魔般地、非法地和秘密地,极其认真地对待此事。"[29] 在阴谋论和偏执言辞的背后,实际上,利奥十世的计划——辅以佩鲁斯奇高效的执行力——开始成形。或许教皇的恐惧是装出来的,但红衣主教们的恐惧是真实的。

里亚里奥的椅子

随着萨罗和彼得鲁奇入狱,水面似乎平静了下来:虽然他们犯下了严重的罪行,但教皇还是善待他们,将他们关押在"体面的房间和地方"。无论如何,在下达正式判决之前,红衣主教团的每个人都表示，他们准备"亲手"处决两名罪人。[30]

然而，事件并没有结束：1517年5月29日星期五，新的意外出现了——红衣主教里亚里奥被捕。对于这位有权有势的红衣主教，红衣主教会议含糊地示意了"线索",[31] 没有具体指明其性质：彼得鲁奇和萨罗提到了他的名字，而其他从犯在佩鲁斯奇无情的盘问下，也坦白并确认了。[32]

利奥十世从不错过向世界展示自己是两面派的机会：就在同一天，在名为"你去"的教皇训令中，他没有从实质上解决方济各会常规派和守规派修士之间的争端，却向双方收取了共8万杜卡特金币，并且"承诺每一方帮助他们战胜对方"。[33]

洛伦佐公爵的贡献则没有那么高效，也不令人满意。洛伦佐5月24日从安科纳返回佛罗伦萨，这位乌尔比诺小公爵已经彻底从头部受伤中恢复过来，这可能要归功于姐姐的祈祷和妓女们虔诚的祷告。他向教皇和红衣主教朱利奥表达了自己的忏悔：他发誓无论是大事还是小事，永远不会违背他们的意愿；二人给他写了一封信，没有包庇地责备他，在读完教皇的信后，他明确表示他将永远是"最听话的孩子、侄子和仆人"，并说起了对利奥十世的崇敬和谦逊——盖里转述道——"（洛伦佐的话）让我泪流满面"。盖里性格冷酷、心思不纯，他所流下的眼泪，只能是鳄鱼的眼泪！

事实上，面对敌人的阴谋，盖里继续严格践行马基雅维利主义：

现在最好假装什么也看不到。我们向上帝祈祷，祈望事情得到很好的解决，大火会熄灭，然后为其他事情做准备。但是我们认为，里亚里奥事件至关重要，并且由于里亚里奥被卷入这次的事件，它具有更广泛的影响，或者至少有其他人同谋，因为像里亚里奥这样的人不太可能依靠彼得鲁奇和萨罗，因此事情越严重，事件的影响就越大，就越值得与这些敌人交战。[34]

偏执催生怪诞：现实主义者盖里认为两位年轻的红衣主教无法策划如此狠毒的阴谋，但他并未考虑他们是无辜的这种可能性，而是根据"有色"正义的奇特逻辑，他发现了一个诱人的前景，即还有更有势力的对手参与了这场阴谋。

凭借自己的声望和资历，狱中的里亚里奥一开始得到了优待：他被囚禁在使徒宫的"塞拉皮卡房间"，这里是教皇的私人金库；里亚里奥的家人仍然可以和他说话，"每个人都表示惊讶，称赞教皇；如果他感到怨恨，上帝愿他的善良的灵魂得以绽放"。[35]

与此同时，与尼尼一起被捕的红衣主教的堂兄（或堂弟）西皮奥内·彼得鲁奇也证实了尼尼的供词，换取了免罪的许诺。[36]然而，6月2日对他审讯的结果并不那么令人信服，因为"审讯发生在非常怪异的情况下"。[37]自4月15日以来，西皮奥内一直被关在监狱中，直到那时他都没有与法官进行实质性的合作。然后，突然间，他说他回忆起了与韦尔切利和尼尼的多次会面。正是大量不真实和不一致的细节让关键证词——唯一直接证实关于尼尼的"真相"的证词——显得有些可疑。例如，在1516年6月，医生充满信心地打算"反向"治疗教皇的肛瘘，毒害教皇的建议可能是西皮奥内本人提出的，也没有与红衣主教彼得鲁奇商量；所有这一切，都发生在利奥十世生病、雅各布·达·布雷西亚被短暂赶出教廷之前。

所有的供词都说不通，但没有人在意。重要的是，被囚禁的红衣主教们失去了他们先前享有的特权，这一事实吊起了像邦西尼奥里这样贪婪而精明的人的胃口："有相当多的利益可以交换。"[38]他指的是热那亚和佛罗伦萨领土上的地租，此前分别由萨罗和里亚里奥掌管。软禁里亚里奥并未获得预期的结果，所以教皇放下了礼貌的面具，将年长的红衣主教（指里亚里奥）和他年轻的同僚们一起关在圣天使堡。邦西尼奥里的目击证词在这里具有戏剧性的价值：

> 当他经过我们的房间时，有两个人扶着他，他连站立都很困难，更走不远。他被放在教皇的一把椅子上，瑞士守卫痛苦地将他抬上去，我觉得他活不过两天。[39]

一直想登上教皇宝座的里亚里奥终于实现了自己的目标，但没想到是在如此残酷而致命的情境下，显得他滑稽又可笑。他无法站立，教皇按照神的旨意，下令将他转移到监狱：

> 事实上，上帝帮助了教皇和我们所有人。根据人们所说，但我当然不能确认真伪，他们已经下令，不行的话，不择手段地刺杀教皇和我们所有人，或在围场，或在更合适的地方，传言说可能是在基督圣体节*游行的早上。如果刺杀成功了，这会是一场灭绝大屠杀，但上帝不希望优秀且神圣的牧师遭此劫难，从未伤害过其他人的那些人，总是让所有人受益，为此我们将永远感谢主。[40]

有关红衣主教的恐怖计划（"灭绝大屠杀"）的谣言迅速发酵，普通民众认为是真实的，但邦西尼奥里则持怀疑的态度。绝密的投毒计划与罗马街头大屠杀的计划之间存在着明显的矛盾，似乎没有让任何人感到不安：恐惧心理蒙蔽了逻辑思考。至于彼得鲁奇所谓的威胁以及在狩猎（红衣主教并未参加）或红衣主教会议期间杀死教皇的"无脑"计划，或许是这位 26 岁的急性子青年随口讲的，但这是发泄无能的愤怒，并非谨慎规划的残忍。

邦西尼奥里提到了与利奥十世的一次偶遇，再次成为首位见证者：

> 昨天利奥十世去了城堡。当路过我的房间时，教皇问："谁在这儿？"看到我，他说："你也在这里！"我回

---

* 又称基督圣体圣血节，时间在复活节主日之后 60 天。——译者注

答说:"圣父,是的,我负责监视弗利主教米凯洛奇的房间,他请求见您。"教皇点了点头,但红衣主教齐博立即上前,阻止我们继续交谈,教皇没有回答就离开了。[41]

如果热心的红衣主教齐博没有出面阻止他,教皇会对自己年轻时的导师的朋友说些什么呢?他会为自己的所作所为感到后悔吗?或者他会引用西塞罗或塔西佗的话,吹嘘自己理解了人文主义的教导,炫耀自己掌握了规训和惩罚的自豪感?所有人似乎都相信他是在正当防卫的情况下做出了回击,但邦西尼奥里的脑海中不禁产生了疑问:

> 昨天和今天早上,整个罗马都公开宣布:将实现光荣的正义,即审判尼尼和波金泰斯塔,他们妄言杀害教皇,还有韦尔切利和其他不知名的人。然后什么也没有发生,原因不详;届时一切将明了,你们会收到通知。只要所有人——包括被捕者的朋友——都高度赞扬教皇,认为他所做的一切都非常谨慎,除了伸张正义之外别无所求,他希望正义不会缺席。[42]

如果所有人都期望罪犯受到严厉的惩罚,那么假如证据充分且法官同意,为什么要推迟惩罚他们呢?"伸张正义"的"优秀警察"

还没有达到他的真正目的：

> 大家一直在谈论新任的红衣主教……我指的是昨天或前天，教皇夺回了里亚里奥手中的奥斯提亚城堡，我们对此很感兴趣，且已经确认获得了2万或更多（杜卡特金币），剩下的将根据估值充公。[43]

立即没收被指控的红衣主教的资产让人不免心生讽刺和怀疑。曼托瓦侯爵在给妻子伊莎贝拉的信中写道："这么多大人物都密谋毒害教皇，这也太奇怪了。不说别人，里亚里奥既大度又有智慧，我们对他有此意图感到更为惊讶。"[44]

如果在意大利有人对罗马的司法程序表示疑惑，那么在法国，怀疑之声则更加刺耳。罗马的神父们绝对什么都做得出来！原本就摇摇欲坠的神职人员的名声，一下子就崩塌了。卢多维科·卡诺萨是法国国王的使节，他写信给红衣主教朱利奥·德·美第奇，称从现在开始，所有罗马的居民都"臭名远扬"了，因为对每个人来说，人类的灵魂中似乎不可能浮现"如此残忍的想法，除非他是个神父并且住在那个地方（指罗马）"[45]。

为了利用指控，盖里附和道，他转达了洛伦佐的满意之情，洛伦佐热切希望看到红衣主教们和同党一起受到惩罚；在愤怒的佛罗伦萨，所有人都异口同声地喊道：

对了解此事的人施以制裁和报复，事实上，这种罪行与其说是叛国罪，不如说是推翻信仰。当异教徒和基督徒都觉得教皇的兄弟们，密谋反对他自己所代表的人物（即基督的代理人）时，我们想让他们说什么呢？不仅要惩罚这些红衣主教，还要连坐所有血缘相近的亲属，作为前车之鉴和永久的记忆。如果有人刻意抹黑您，请公爵阁下提醒我们的教皇，木已成舟，确保没有留下证据，这样所有民众都会记得他。[46]

叛国罪和"推翻信仰"在刑罚上有着一种微妙的区别，而"抹黑"的比喻则表明了阴谋的肮脏和污秽，已经无法洗白。盖里这个硬汉，不乏细腻和挑剔的一面！他在法律方面的修养教会了他"给正义上色"，但他选择的颜色是黑上加黑，正如在刑罚审讯方面的专家莱昂纳多·夏侠（Leonardo Sciascia）说的那样。司法事务始终从属于政治事务的观念很快便会激发改革的需要：孤立的声音将演变成普遍的抗议。

但到目前为止，形势仍然如此。红衣主教里亚里奥正在试着这样做：不久前，他被转移到圣天使堡，因为他不但坚决不认罪，甚至还收回了与红衣主教朱利奥谈话时提供的部分证供。[47]看到牢房和刑讯室，年长的红衣主教可能想起了1478年4月的帕齐阴谋，他在事件发生后曾被关押在领主宫长达一个月。[48]或许是记忆，也许是建议,抑或是"数次的严刑逼供"[49],里亚里奥最终让佩鲁斯奇和他的上司、梵蒂冈的副总理大臣得逞了。第二天,也就是6月5日,威尼斯使节通知威尼斯共和国,里亚里奥已经完全"认罪,向教皇请求宽恕";还有"那个祖安·巴蒂斯塔·迪·维尔兹(Zuan Batista di Verzei)也坦白了一切,他受了鞭刑,并被判处终身监禁"。维尔兹进一步提供了有关弗朗切斯科·玛里亚·德拉·罗韦雷颇具威胁性的军事进展的信息,补充了关于红衣主教里亚里奥和彼得鲁奇之间沟通互动的细节。根据里亚里奥的证词,他曾劝阻绝望的彼得鲁奇"杀死这位教皇"。然而,在教皇看来,根据其他证人的招供,只要他们拥护里亚里奥成为教皇,他就同意参与谋反。

审判的支持者是"总督的审计员和检察官"——甘巴拉纳和佩鲁斯奇。审计员让"教皇非常满意,教皇想委任他为总督"。[50]后来利奥十世改变了主意,因为关于教皇无耻的偏袒的传言正在罗马蔓延,但他对舆论的忌惮并没有持续多久,甘巴拉纳很快就被任命为罗马总督。盖里显然很高兴,致信佛罗伦萨驻佛兰德斯宫廷使节:"扣押中的几位红衣主教已经被提审了好几次,总之,这件事已经变质了,他们坦白了许多谎言,死100次都不够。"[51]已经有人在谈论,在圣彼得日之时,教皇会宣布任命新的红衣主教,由于那些被指控"密谋反对教皇"的人,人们不再像灾难性的乌尔比诺战争之前那样说话了。[52]

卡斯特莱西的孔雀和索代里尼的心情

红衣主教阿德里亚诺·卡斯特莱西（Adriano Castellesi，几年前他曾是罗马教廷派到英格兰的征收员，自1503年以来他一直在那里管理巴斯教区）与英国宫廷关系密切。在第一次抓捕行动期间，他写信给红衣主教沃尔西（Wolsey），对此次"残酷的案件"表示遗憾，认同严惩有罪之人的愿望。[53]那几天，他是绝对冷静的，因为他不知道等待他的是何种命运。

红衣主教卡斯特莱西喜欢开玩笑。据说他甚至给布尔基耶罗（Burchiello）*写过一篇评论,这篇评论需要象征性和"黑话"的密码才能读懂。也是带着同样的玩笑精神，在6月7日圣神降临节**那天，他送给教皇两只孔雀，这相当于"以微妙而尖锐的优雅的方式"向教皇传递一个信息："你做的这一切，就像虚伪、虚荣又愚笨的孔雀，至少别给我们讲道了。"[54]对捕猎游戏十分了解的利奥十世默默将这个玩笑记在心里，他心里想的可能是另外两个常见的谚语："一石二鸟"；"谁笑到最后，才笑得最好。"

6月8日，红衣主教会议再次召开了。教皇宣布还有两名红衣主教是囚犯的同谋，但没有直接点名。现在，红衣主教们"都因害怕而脸色苍白"。教皇的指控可能落在任何人身上。即使是最忠实的祭司德·格拉西也曾讲到，他开始担心自己的红衣主教兄弟的性命，

---

* 佛罗伦萨滑稽诗人。——译者注
** 天主教节日，时间为复活节后第七个星期日。——译者注

不是因为红衣主教无罪反被冤,而是因为红衣主教知道在不允许上诉的诉讼机制下,很难自保。在他们面前有两条路:"自发地"坦白则从宽,抗拒则从严。[55]

公开自首的邀请并没有起效:红衣主教们不敢言语、动弹不得。随后,教皇要求每位红衣主教都分别到他的耳边忏悔。轮到弗朗切斯科·索代里尼了,由于以往两大家族之间的过节,这位红衣主教与教皇结下了仇。当红衣主教索代里尼贴近教皇时,他并没有承认自己有任何过错,而是说了句兄弟般的、不尽如人意的"愿您平安"。然后,利奥十世不耐烦地瞪了他一眼,怒吼道,要是他不马上承认自己就是两个同伙之一,教皇就把他抓起来。索代里尼试图反抗和回击,但无济于事,于是他便俯身亲吻教皇的脚并请求赦免。如果不是会开玩笑的卡斯特莱西,另一只与索代里尼处在相同境地的"鸟"又会是谁呢?

对这两名已认罪的犯人的赦免政策——不需要佩鲁斯奇强有力的"游说"手段——早已事先定好了:每人罚款1.25万杜卡特金币。取得宽恕的代价很高,但有实效。教皇金库亏空,可以从一个细节看出教皇对现金的需求是多么迫切:1517年6月9日教皇颁布了一项法令,以符合宗座财产管理处礼仪的方式,将1513年9月授予朱利亚诺·德·美第奇[56]罗马公民身份之时列出的所有职务迅速出售,价高者得。

消息灵通的威尼斯使节将形势总结如下:审判是针对已经入狱

的红衣主教们,索代里尼和卡斯特莱西上交了总共 2.5 万杜卡特金币的小额罚款,被无罪释放。教皇受到卫兵的重重保护,不想参加 6 月 11 日的基督圣体节游行。第二天,他宣布打算任命新的红衣主教:有人说是 16 位,有人说是 21 位,"有人说他会等几个月再任命;还有人说马上就会提拔他们"。[57] 当每个人都在猜测他何时任命红衣主教时,关于释放里亚里奥的秘密谈判开始了,保释金起价为 5 万杜卡特,但最终的金额将达到这个数字的 3 倍。[58]

教皇在一次红衣主教会议中赦免了索代里尼和卡斯特莱西,二人再次在教皇脚下受到羞辱。然而,如果邦西尼奥里还在用讽刺的语气评论"狐狸仍在被抓",那么猎巫行动还没有结束。[59] 6 月 16 日,在托尔迪诺那*,锡耶纳统帅波金泰斯塔被执行绞刑。根据指控,他想要亲手杀死教皇:他身上挂着一张写着"残暴的叛徒"的纸带。[60] 6 月 19 日,教皇召集了所有法务方面的负责人,其中包括法官科莱塔和检察官佩鲁斯奇。他们为红衣主教们宣读了几个小时"对所有罪犯的审判",仿佛极度无聊的判决书朗诵赋予了他们至高无上的合法性。[61]

盖里的实际经验丰富,他自然担心两位无罪释放的红衣主教会逃跑。他诽谤红衣主教比别纳,与此同时,比别纳正全力遏制弗朗切斯科·玛里亚·德拉·罗韦雷的军事行动。盖里指控比别纳会满足索代里尼"呼吸一下新鲜空气的要求;但要抚平他的暴躁情绪,应

---

* 罗马郊外的一个小镇。——译者注

该给他一个空气稀薄的房间"[62],就像其他红衣主教现在住的又黑又臭的牢房一样。[63]

教皇卫队在蒂沃利大街追上了一辆带有索代里尼家族纹章的空马车,索代里尼则骑马逃跑,误导了教皇卫队的追踪。[64] 卡斯特莱西则伪装成收割庄稼的人(但胳膊下没有带着孔雀),途中销声匿迹,直到他逃到威尼斯。[65] 邦西尼奥里的尖酸评论如约而至:

> 另外两名被赦免的红衣主教,阿德里亚诺于周六晚上逃跑。他已经习惯了逃跑,逃跑可能会碰壁,也许是时候了。索代里尼也跑了。有人说他有许可,有人说没有,有人说他许诺圣彼得节前夜他还会在(罗马),结果他去了普雷内斯蒂诺。多理解他们一下吧,如果他们坚持愚蠢的行为,我认为他们会受到和帕齐家族一样的处置。[66]

朱利奥的侦探小说

所谓的"红衣主教们的阴谋"是由一些未被合理考证的原始资料揭露的,这些资料来自佛罗伦萨铁匠巴尔托洛梅奥·马西(Bartolomeo Masi)的回忆,他详细地讲述了这个故事,揭示了这个消息在佛罗伦萨的传播途径。

在他的版本中,阴谋的操盘手是红衣主教里亚里奥和一名"仆人",大概是某个名叫朱利奥·德·比安奇(Giulio de' Bianchi)的人。比安奇是一个博洛尼亚年轻人，前途无量，后面将参与谋杀教皇："这几乎是所有红衣主教的心愿，假如他做成此事，那么将为整个基督教的健康发展做出重要贡献。"之后里亚里奥把比安奇毒死了：

> 当比安奇回到教皇的宫殿时，他很快便感觉到非常不舒服。他上了床，知道自己快要死了，因为这种不舒服是来自身体内部的。他知道自己中毒了，所以他派了另一个仆人去告诉红衣主教朱利奥他是怎么中毒的……他要在去世之前，与红衣主教讨论一个对红衣主教来说非常重要的案件。[67]

在马西所讲述的版本中，红衣主教朱利奥·德·美第奇和教皇在1517年1月（比上面的版本早了三个月）就已经得知自己被背叛。或者比安奇为了报复里亚里奥，编造了一个故事。因此，一系列的审判、酷刑和供词都只是演的一场戏，为的是证实他们已经知道的事情。

对于马西来说，事件主要当事人出现的顺序也不同于焦维奥的版本以及之后的整个史学传统。事实上，佛罗伦萨的铁匠首先提到了对红衣主教施加的酷刑，后来才提到——作为严刑逼供的结果——"名叫韦尔切利的骗子"。[68] 他没有提到其他红衣主教的名字（"威尼斯人"可能是指科纳或格里马尼，也没有提到索代里尼）。根据一位习惯恶意揣测但消息灵通的新教辩论家的说法，虽然这个版本不太有根据，但向我们展示了佛罗伦萨人是如何讨论这一阴谋的，特别是赋予了参与所有审讯的朱利奥第二主角的恶魔角色。[69]

关于比安奇在阴谋中所扮演角色的谣言在罗马消息灵通的人士中流传，这可以从邦西尼奥里的一封未曾发表的文章中得到证明：逮捕的原因，"谁毒害了比安奇，谁逮捕韦尔切利，给他提供了（物资）；谁提供资金给弗朗切斯科·玛里亚·德拉·罗韦雷，谁做了这件事，谁又做了那件事"。此外，当红衣主教们被囚禁在圣天使堡中时，教皇"将埃米利奥·德·比安奇（Emilio de' Bianchi）派往他们（指佛罗伦萨）的政府"。[70] 教皇指派他的另一位私人侍从——朱利奥·德·比安奇的兄弟——并不是偶然，事实上，教皇可能希望通过这位忠实的仆人，骗取其他犯罪证据。[71]

从其中一次审讯（1517年6月10日）可以看出，尼尼与朱利奥·德·比安奇有同性恋关系，与美第奇家族关系最亲密的历史学家皮科蒂指出，"(招供的同性恋关系)与审判几乎没有联系"[72]。无论如何，记录证实，当朱利奥·德·比安奇在罗马使徒宫生病时，应他的意愿，被告尼尼多次以朋友的身份去看望他。[73] 尼尼还指出比安奇尸体上有明显中毒的痕迹。关键的问题是比安奇是何时死的？显然在6月10日他就已经死了。但是，如果马西的证词是有依据的话，他应该在三个月之前就死了，也就是1517年3月左右，而不是在6月的审判之前。

比安奇来自博洛尼亚的一个贵族家族，"他可能长相英俊，也是一个优秀的廷臣，但品行下流"。[74] 自 1511 年以来，他在博洛尼亚担任红衣主教乔瓦尼·德·美第奇的贴身侍从，乔瓦尼当时是朱利奥二世的教皇特使。朱利奥二世对比安奇"很是怀疑"[75]。历史学家焦维奥提供了利奥十世和比安奇之间关系的片段，证明比安奇是教皇利奥十世最喜爱的仆人之一。这位历史学家回忆说，教皇曾经拿这件事开玩笑：侍从一直不合时宜地乞求教皇签署一份不公正的请愿书，教皇不确定是否同意该请求，问他能从中获利多少，当侍从漫不经心地回答说，他可以拿到 200 杜卡特金币时，教皇从钱包里数了钱给了他，并撕掉了请愿书。[76] 利奥十世的宫廷风气变得愈发污浊，充满了对同性恋者的优待和歇斯底里的报复。这个不起眼的小人物或许是阴谋中缺失的一环。

"撒旦与上帝同在！"

这部法律悲剧的最后几幕以庄严且傲慢的方式上演。6 月 22 日，检方的法律代表进入红衣主教的秘密会议，[77] 宣读了红衣主教彼得鲁奇、萨罗和里亚里奥的供词，时间长达几个小时。对此，邦西尼奥里评论道："现在将如何处理他们，我认为至今我们的教皇十分慎重，问题一定会得到很好的解决，白天我将给出通知。昨晚教皇在餐厅特别高兴。"[78] 欣喜若狂的教皇在使徒宫纵酒作乐，表演着假意慈悲的悲剧和真意狂欢的喜剧。

在剥夺三位红衣主教头衔的过程中发生过几次争吵：威尼斯人格里马尼反对判决，因为审判的程序不合法，并回复教皇"圣父！我并不以此为傲，我用我的良心和理性讲话"[79]；还要注意到缺席的莱昂纳多·格罗索·德拉·罗韦雷（Leonardo Grosso Della Rovere）[80]，他借口自己生病了，因为不想左右他的一个亲戚的命运。威尼斯日记作者萨努托（Sanuto）记录下了德拉·罗韦雷内心痛苦的爆发："撒旦与上帝同在！天啊，你们认为这些供词是真实的吗？"[81]教皇召集了12位红衣主教来驱逐他们的同僚，这一数字和圣使徒的数量一样。那么就要问了：到底有多少个犹大在场？如果可怜的基督真的存在的话，那么他们现在都在监狱里。这让人想起了一个关于教皇的著名笑话（虽然可能是在教皇死后杜撰的）："这个基督的传说给了我们多少好处啊！"

6月25日，罗马教廷公开宣读了对几位红衣主教的判决，这相当于一场新闻发布会，所有意大利境内和境外强国的使节均列席会议。在罗马的炎热天气和教廷令人窒息的气氛中，我们可以想象教皇的脸上汗如雨下。根据祭司德·格拉西的说法，利奥十世体形"肥壮，时常汗流浃背"。教皇的前额永远是湿答答的，从他使用亚麻手帕的惊人数量即可证明。[82]

法国使节问教皇是否真的打算任命新的红衣主教，自己希望他们至少"德配其位"，教皇又出了一身冷汗。教皇回答说，许多人曾为"本教廷"服务，而其他人则是他的"血亲"。

威尼斯使节注意到法律程序上的违规行为，指出那些指导审判的人本应提出异议，因为他们让被告阅读了其他红衣主教和被告的供词；因此，"好像都是有人指使的"，他们不得不确认现成的版本。当他们将彼得鲁奇和萨罗的供词读给红衣主教里亚里奥听时，尽管之前里亚里奥曾否认过，但他重复了一遍，就像在礼拜仪式上的连祷*："既然他们这么说了，那就应该是真的。"此外，当彼得鲁奇将所谓的"谋杀计划"告诉红衣主教索代里尼和卡斯特莱西时，他们显然"笑了"。但现在笑到最后的是受人憎恨的美第奇教皇。最后，缺席的索代里尼也说"你们尽快下手"，承诺将里亚里奥推上教皇的宝座。

现在想"尽快下手"的人是利奥十世。他决意立即选举27位新任红衣主教，但至少这次红衣主教团展现出足够的尊严来抵抗这场突袭。在内定的几位红衣主教中，有几个已经把头发剪成了头顶发圈的造型，准备好了红衣主教的徽章，但他们"带着不满"[83]离开了。教皇丝毫不掩饰自己的愤怒："盛怒的"他希望红衣主教团至少让他提名12个人（也就是剩下那些合法且活跃的）。

美第奇的机器已经停不下来了。6月27日上午，处决教皇的替罪羊尼尼和韦尔切利的时间到了，可谓期待已久，而且早已准备就绪。

莱昂纳多·巴托里尼是美第奇家族逆境和繁荣时期的阴谋家，

---

* 连祷是神父与信徒之间交替做出的简短祈祷。——译者注

两个月前，他与洛伦佐公爵一起待在安科纳，但他因为不知道如何支付雇兵的费用而感到绝望，所以他不得不请使节比别纳典当了自己的银器。[84] 现在，因为没收了几位红衣主教的资产，他可以亲手收集流入教皇金库的钱财。巴托里尼也有一个吃力不讨好（或者可能是施虐成性的感激）的任务："以安慰者的名义"，坐在罪犯的"凯旋车"[85] 上，坐在家庭教师和外科医生的身旁，防止他们说话，"每次他们想要张嘴时，就用小板子抽他们的嘴"。尽管如此，这两个可怜的家伙还是"说他们冤枉"。[86] 他们受到钳刑的折磨，然后被施以绞刑，最后被分尸。

作为对他极度忠诚的奖励，巴托里尼获得了加入一个罗马海关的机会。但他并不是唯一一个从他人的死亡中获益的人。与此同时，教皇采取补救措施，让持不同意见的红衣主教格里马尼主持 6 月 29 日的圣彼得节弥撒。[87] 红衣主教团依然处于最近发生的事件的影响下，而下一次红衣主教会议即将举行，这是一种重新聚拢人心的方式。

"我们有了 30 人，让我们再加一个"

利奥十世有两个迫切的需求：一是筹措大量的资金，二是重获红衣主教团的完全控制权。早在 6 月初，带着犬儒主义的远见，盖里强调了主教晋升应遵循的选拔标准：应该选择那些"德配其位之人"，他们应当是"美第奇家族实际的，而非名义上的朋友"，因为保存家族力量的首要基础之一是"在红衣主教团拥有一切都依赖于家族的红衣主教";这种选择也可以"延长",只要它"让大部分人满意,受到君主的赞扬"。[88]

1517年7月1日,红衣主教团最终选出了31位红衣主教。这就是谚语"大江大河都闯过来了,小河小沟更不在话下"*为人所遗忘的出处。获选的人当中有7位罗马人(包括1位奥尔西尼家族成员,他是克拉丽斯的侄子)、4位佛罗伦萨人(都是"德配其位"的美第奇家族成员)、2位锡耶纳人(其中一个肯定是拉法埃莱·彼得鲁奇,他是阿方索的堂兄,从阿方索那里继承了特权)、一位科尔托纳人〔西尔维奥·帕塞里尼(Silvio Passerini),曾是教皇的薪俸管理者〕和许多意大利其他地方的人,但只有一位威尼斯人、两位法国人和一位佛兰芒人〔阿德里亚诺·弗洛里斯(Adriano Florisz),应西班牙国王查理五世及其使节的要求〕。[89]

这还没有算数量众多的被选为主教的人。一位匿名的法国日记作者指出,此前没有一位教皇晋升过如此多的主教。[90]新任的红衣主教们受到了罗马暴雨的欢迎,他们穿着湿透的衣服,在豪华的宴会上举杯庆祝。[91]佛罗伦萨人马西描述了在罗马的"盛宴和极乐"。[92]

然而,有一人被排除在庆祝活动之外:卢多维科·卡诺萨,他在法国宫廷工作,为维系法国国王与教会之间的关系付出了巨大的努力,于情于理他都应当穿上红衣主教的衣服。一年前,朱利

---

* 原文直译为"我们有了30人,让我们再加1个"。——译者注

奥·德·美第奇曾敦促他保持耐心，向他保证教皇一定会"以其他方式奖赏他"。[93] 当大批红衣主教当选的消息传到他耳朵时，他无法抑制自己极度沮丧的情绪。[94] 这是他与美第奇家族关系破裂的开始，这将使这位高贵且有能力的外交官——意大利最优秀的外交官之一——投奔弗朗索瓦一世。正如我们所看到的，人才流失并不是现代社会才出现的问题。

弗朗切斯科·阿尔梅里尼（Francesco Armellini）是一位谷物和肉类的全能商人和公认的匪徒，他是新任的红衣主教之一，也是大量讽刺诗痛批的对象。那几个月中，讽刺诗层出不穷，措辞激烈，因为他向教皇支付了 1.5 万杜卡特金币，拿到了里亚里奥最渴望得到的职位——教廷财政官，成为教皇财政的管理者。题为《让阿尔梅里尼颁令和指挥》(*L'Armellin fa bandire e comandare*) 的十四行诗言辞特别激烈，因为它将每个罗马公民比作一块砧板上待称待宰的肉：

> 每个人都必须准确地称重
> 连同斗篷、袜子还有手链；
> 他们在罗马每度过一天，
> 必须支付每磅一个钱币。

这不仅仅是税收的问题：

> 走私来的东西，无论空或满，
> 首先要通过财政官审查，
> 否则将会被这里禁止。[95]

在利奥十世死后，控诉佩鲁斯奇的三行诗越来越多，说明每个人都曾在脑海里想过，但在罗马没有人敢直言的内容：

> 你是否相信，财政官，失去利奥，
> 你一直以来的骄傲还在吗？
> 不对，你自以为是罗马的主人。

> 这个不能够在人类之间使用
> 斩掉红衣主教和大师的头颅
> 为了让自己的家族高高在上
> ……
> 告诉我，佩鲁斯奇，你赞扬利奥，
> 成了圣乔治和锡耶纳的刽子手，
> 那你连个主教职位都没拿到手吗？[96]

帕斯奎诺（Pasquino）的讽刺文《大象的遗嘱》(*Testamento dell'elefante*) 也是直指"红衣主教会议的律师"佩鲁斯奇。[97] 教皇对大象之死痛惜不已，比任何亲戚或高级教士的离世都难过。大象的遗体碎片被象征性地分发给红衣主教们，而红衣主教们又被佩鲁斯奇折磨成了碎片（筋疲力尽）。一开始的嘲弄变成了一场悲剧，伴随着牺牲和受害者的祭祀仪式，满足了刽子手的贪婪胃口。

佩鲁斯奇的一个兄弟实际上被分配了马萨主教的职位，而他十几岁的儿子则领到了500杜卡特的抚慰金。[98] 甘巴拉纳法官获得了垂涎已久的罗马总督和阿尔本加主教的头衔，该头衔以前属于萨罗。[99]

阿方索·彼得鲁奇并没有在监狱里待很久：7月4日，也就是在罗马庆祝新当选的红衣主教们正式上任的那一天，他在圣天使堡被一个名叫奥兰多的体形巨大的黑奴勒死，并被偷偷埋葬在特拉斯波蒂纳的圣玛丽亚教堂，该教堂位于阿德里亚娜尖塔和圣彼得大教堂之间。[100]

与此同时，舆论开始转向，倾向于支持这两位仍被监禁的红衣主教。敦促教皇赦免他们的舆论压力也一天比一天大，特别是萨罗在国外也获得了法国国王（通过卢多维科·卡诺萨）[101] 和热那亚共和国的支持。顽劣的盖里继续宣扬极端的严厉，遵循马基雅维利的箴言——死了的人是不能复仇的。对萨罗的赦免肯定是"睿智"的统治者们反思出来的结果，但盖里却对此"深表遗憾"，担心红衣主教们会"四处"抱怨。弗朗切斯科·韦托里此前提到过自己对供词的怀疑。现在有必要将红衣主教们的卷宗送至外国宫廷，特别是法国宫廷。不这样做的话极有可能会进一步损害教皇岌岌可危的统治，因为美第奇家族身边都是不信任他们的人："您看，我们同时遇到了太多麻烦，一场这种性质的战争、许多敌对的红衣主教、不那么友善的乡绅和其他贵族，以及这些大王公。我不知道他们谁会是我们的友军。"[102]

教皇拒绝出示有罪和无罪判决的司法卷宗。盖里尽管意识到教皇的立场站不住脚，但还是高高在上地与其他人隔空辩论：

> 如果对被捕的红衣主教们的审判卷宗没有按照你们的建议送出，那是因为我们的教皇已在红衣主教会议上做了一切，结果均令人满意，并让王公的使节们了解了（红衣主教们）所犯错误的严重性。我相信如果教皇做了以上我所说的事情，还要为他的行为辩解，似乎丧失了他应有的尊严，因为他是如此严肃地处理好了这件事情。我是从我的角度出发的，并不是罗马方面让我这么说的。[103]

7月17日，在圣天使堡的大厅里，在佩鲁斯奇面前，红衣主教里亚里奥承诺遵守施加给他的所有严厉的惩罚条款。[104]然后一场声援竞赛开始了，目的是分三期支付15万杜卡特的巨额罚款。这场声援令人印象深刻：数十名罗马公民，不仅仅是贵族，向他提供250到4000杜卡特不等的金币，以保证他能付清债务。[105]势力强大的锡耶纳银行家阿戈斯蒂诺·基吉（Agostino Chigi）的名字在审判期间多次被提及，1517年7月23日，他签署了一项承诺，为红衣主教支付5万杜卡特的保释金。[106] 第二天，教皇将里亚里奥官复原职[107]，但里亚里奥并没有在秘密会议上投票选举教皇的权力，也没有丰厚的教会福利（包括财政官的头衔），更无法回到距离鲜花广场和纳沃纳广场仅几步之遥的豪华的文书院宫居住。盖里在给圭契阿迪尼的信中讲述了假意宽恕的桥段，大谈这一羞辱仪式所带来的满足感：

> 里亚里奥重新做回了红衣主教。美第奇主教（朱利奥）将他从圣天使堡带出来，带到了红衣主教会议的宫殿。他说"我犯了罪"，还讲了其他的话，声音非常柔和，只有教皇才能听见。同时教皇祝福了他，然后拥抱并亲吻了他。他留在宫殿中，因此所有王公都批准了不接受他或给他任何恩惠的条款。萨罗也将在下次会议上官复原职，但去会议的路上他不能穿着教袍，以示惩戒，只有到了会议地点后才能换上教袍。实际上他不会像里亚里奥那样重获名誉。对他来说，信奉基督教的王公们将不得不批准某些针对他的条款，并做出承诺等。[108]

洛伦佐·德·美第奇及时赶到了罗马，目睹了死刑犯的处决和新红衣主教的选举。[109] 与此同时，在法国，关于乌尔比诺公爵访问目的不纯的言论开始流传，盖里还试图对此进行虚伪的否认：

关于（目前）所看到的，不要认为公爵（洛伦佐）去罗马只是为了拜访教皇，这也不假；他因为之前受伤而处于危险之中，他应该去拜访教皇和他的母亲（阿方西娜）了，并与他们二位一起庆祝所获得的恩典；公爵也没有别的意思，有人说他是为了被捕的红衣主教们而去的，这些人是不知内情。的确，他曾向教皇求情，并没有像传言所说的那样妄图伤害教皇。我告诉你们这些，是为了让你们看清真相。[110]

威尼斯日记作家萨努托以商人的实用主义头脑，记录了当选的红衣主教们为了获得职位而支付的金额（数额从2万至4万杜卡特不等），总共有50万杜卡特现金（教皇的亲戚不需交钱，外国红衣主教则有着外交上的价值，所以也不需要交钱）。[111] 另外，被无罪释放或赦免的红衣主教们所支付的罚款，加上从他们身上没收的资产和俸禄，差不多相当于30万杜卡特。

我们现在明白为什么乌尔比诺战争的费用（实际上主要由佛罗伦萨市政府承担）并没有让教皇过分担心，因为焦维奥指出，教皇对此漠不关心。但随着时间的推移，这种不负责任和贪婪行为所造成的长期影响将会显现出来。

鲜血和金钱被浪费在一个扶不起的阿斗（洛伦佐）的身上，这也是为了在外交混乱中挽回教会和家族的颜面。弗朗切斯科·玛里亚与教会于 1517 年 9 月 17 日签署不交战协议，[112] 协议中有一项条款是释放奥拉齐奥·弗洛里迪。在被囚禁六个月后，弗洛里迪终于重见天日。9 月 29 日，作为协约的最后一条，除了 6 万杜卡特的补偿金，教会还支付了 4.5 万杜卡特，用以贴补弗朗切斯科·玛里亚麾下雇佣兵的欠款。作为安抚，弗朗切斯科·玛里亚还获准将著名的费代里科·达·蒙泰费尔特罗图书馆转移到了曼托瓦。[113] 金钱，作为"战争的神经"，成为代价极高的和平可耻的润滑剂。

几周后，也就是 1517 年 10 月 31 日，马丁·路德在维滕贝格诸圣堂门前张贴了著名的《九十五条论纲》(*Le novantacinque tesi*)。《九十五条论纲》的大部分内容与神的宽恕和赎罪券的作用有关，或者可以理解为信仰与金钱之间的关系。假如这位德国改革家了解并传播了彼得鲁奇阴谋的真相以及佩鲁斯奇对梵蒂冈刑罚制度的滥用，他便会轻松地让许多信徒（不仅是阿尔卑斯山之外的）转而相信他的教义，也就是肃清罗马（教会）的糟粕。但这位愤怒的神学家对纯粹的信徒的灵魂更感兴趣，而不是腐坏的红衣主教们的肉体。

第六章
皮条客与毒药
（1517—1521）

> 他是最爱开玩笑、最富有想象力的一个人；千万次他曾经把我背起；可我现在一想到这些，胸口就感到恶心至极！
>
> ——莎士比亚，《哈姆雷特》

蘸有法国酱汁的肉

现在洛伦佐以极高的代价确认了自己乌尔比诺公爵的头衔，他不得不在法国寻找一位配得上自己地位的妻子。为此，弗朗切斯科·韦托里已在弗朗索瓦一世宫廷居住了两年，并将阿方西娜的野心和盖里的诡计编织起来。从名义上来说，他是佛罗伦萨的使节，但实际上他是洛伦佐的私人代理人，比起所谓的共和国事务，他更愿意处理洛伦佐的个人事务。

然而，有一个困难摆在他面前：来接替能干的卡诺萨（卡诺萨在没有被选为红衣主教之前就已经辞职，此前二人合作颇为默契）的新任宗座使节是乔瓦尼·斯达菲列奥（Giovanni Staffileo），他是希贝尼克*主教和教会法学家,做事刻板且性格自负,在每次宫廷召见中都从头到脚指摘他的佛罗伦萨同僚,他认为乌尔比诺公爵的利益应服从于教皇的利益。这是他严重的误判,韦托里一有机会就嘲笑他的荒谬主张和因轻信他人而带来的损失。[1] 两位外交官之间缺乏沟通,闹出了让人哭笑不得的误会:向洛伦佐求婚的一方是纳瓦拉已故国王的女儿,她的王国已被法国占领;当红衣主教朱利奥告诉斯达菲列奥这个女孩是驼背的时候,[2] 对此不知情的韦托里正在忙着收集关于24岁的"丑女"和"美丽又高贵"的二女儿的消息。[3]

关于法国"肉"的准确指示从罗马传来,要用"某个国家或金钱购买"的"酱汁"调味。[4] 除了这样尖锐的要求,谈判进展得过于缓慢,从而引发了罗马方面的抗议:在宗座使节上任三个月后,"夫人的姓名"仍然是个谜。[5] 这段话说到了点子上,两位使节对这一连串问题的回应,便是盲选出一位新娘。他们签署了婚姻契约,指定洛伦佐与18岁的马德莱娜·德·拉图尔·多韦涅(Maddalena de La Tour d'Auvergne)成婚,这是(法国)国王挑选的婚姻对象中令人最不满意的一个。[6] 同日,即1518年1月16日,洛伦佐从罗马写信给韦托里,在密文隐藏了自己关于"购买出身"的顾虑,避免给人留下"乞求地位"的印象。[7] 那段"联姻",用当时流行的法语词来说,实际上让美第奇家族沦为高攀贵族的乞丐。洛伦佐想要"管理"百名长矛骑士的要求落了空,而伴随着贵族头衔陪嫁的小国则被调

---

* 今克罗地亚的一座城市。——译者注

换。虽然新娘的年收入有几千盾币*，但她名下的拉沃尔公国是一个面积很小、收入微薄的领地。此时需要韦托里出马，只有他的纵横之术才能让这种奇耻大辱转为所谓的成功。[8]

佛罗伦萨使节开始对由罗马寄往卢瓦尔河城堡的公文的延误感到紧张，即使在冬天，时间也不应超过一个星期。[9]在1月底，[10]他终于收到了洛伦佐的信，并附有教皇从家族珠宝中亲自甄选的古董钻戒。[11]韦托里表现得像一个热心的皮条客，回复说他会将钻戒尽快交给洛伦佐素未谋面的准新娘。2月初，韦托里与准新娘在多韦涅会面，发现自己处于一种微妙的境地：他必须向洛伦佐描述新娘的外貌和性格，同时又不能让主人太过失望。由于主人是专业名妓的常客，他知道需要降低主人对情欲的期待：

> 我的主人，我想您把我当作诚实的人，我也不知该如何说谎，但对于公爵夫人的品质，我不夸不贬，有一说一。她身材中等，皮肤白皙，有点胖，不能说很瘦。我不敢说她的脸很精致，但确实很漂亮，我想您会喜欢的。[12]

另外，她是一个"需要满足的妻子和生漂亮孩子的女人"；她看起来是通人情的，说话也很友善。和韦托里在一起时，她态度持重（"非常害羞"）。为了打破僵局，使节说洛伦佐会派一位乡绅送给她

---

* 法国的货币。——译者注

珠宝首饰和金色的帷幔，并请她告知自己的喜好，因为她未来的丈夫只想满足她的要求。她回答说，她想把这些话题留着与未婚夫讨论，并且"非常期待"见到他。

为了让消息更加个性化，韦托里手写了一段很长的附言。戒指并没有像他说的那样在早上弥撒时交给新娘（或许他认为时机不合适），而是改到了晚上的一个大厅里，在"正式宴会"开始之前。韦托里在转交戒指时告诉夫人，公爵是"将戒指作为婚姻的标志送来的"。她"欣喜地接过了戒指，很满意戒指的造型，她的姐姐、洛伦佐以及国王也都这么认为，在我走之前，她一定要看一下洛伦佐，对他十分仰慕"。"晚饭后马德莱娜夫人选择了意大利风格的礼服，身着漂亮的金色锦缎连衣裙，头戴伦巴第风格的天鹅绒帽子，实话实说，我发现她比我想象中要美丽许多。"在一场"午夜假面舞会"的派对之后，使节向新娘的亲戚告别，让邮差等待马德莱娜给洛伦佐的回信，但"她写得不好，所以我不知道她会不会羞于将信寄出，她要是不寄出的话，还请您原谅她"。

在艺术层面上，新郎和半文盲的新娘之间的差距可谓天壤之别。在罗马，拉斐尔被迫以疯狂的速度绘制洛伦佐的肖像，[13] 这打乱了他对其他重要委托的安排。在法国，韦托里则设法安排制作了一幅与新娘名位相称的肖像画。近期也有法国画家为新娘创作肖像画，但入不了托斯卡纳人的法眼。韦托里曾考虑带上"列奥纳多·达·芬奇的一位弟子，但他们要价数百杜卡特金币"，他很清楚公爵需为婚礼花费甚多,因此不想给公爵增加额外的经济负担,"要是我找到了价格实惠且愿意过去的人,我会将他派过去"。洛伦佐会在宫廷里看见她的样貌,在宫廷里"很容易将她最好的一面勾描出来,并最后送到尊贵的夫人(即阿方西娜)那里去"。阿方西娜是这位婚姻代理人唯一担心的不同意这桩婚事的人。[14]

韦托里在法国待了30个月,[15]他觉得有必要就结婚礼仪提出建议:节约却不失优雅是首选,要避免"铺张浪费,这会引起嫉妒,而在这个宫廷中,瓦伦蒂诺的豪奢风气不会带来任何好处"[16]。患有性病的教皇的亲属在法国寻找妻子,与瓦伦蒂诺公爵的对比是不可避免的。从各方面来看,都没必要效仿臭名昭著的马基雅维利式"财富王公"瓦伦蒂诺。为了强化这个概念,韦托里透露了公爵头衔授予背后的丑恶交易。这个头衔一直与切萨雷·博尔贾的名字绑定在一起,丑恶的交易指的是,法国国王抵押了10万盾币,在瓦伦蒂诺公爵死后,国王拿回了全部的钱。[17]绝对的"极度自由的王"!弗朗索瓦一世的吝啬是绝对的:"他口头上非常慷慨大方,但行动上并非如此,他的话是说给密友、母亲和自己听的,对他人则是十分小气。"

使节思虑周全,提醒自负的公爵带上自己的武器,因为"我认为拿着别人的武器闲逛不太安全"。[18]这可以间接地防止公爵在路上遭到伏击,重要的是公爵身边有人"陪同,特别是经过伦巴第地区的时候,这些人能在遇敌时确保他的人身安全"。[19]

此外,尽管在当年的狂欢节之际作诗庆祝,洛伦佐的军事和政治声誉并不高：

> 身着闪耀铠甲的可敬公爵，
> 在武装的生者和死者之间，
> 明示了折磨致死的行径
> 会让高傲之人固执己见。[20]

红衣主教阴谋的丑闻产生了后果。红衣主教萨罗的早逝[21]，也许是由于他被监禁在圣天使堡期间遭受的虐待，在法国引发了困惑。派发审判卷宗的耽搁并不能改变人们普遍的感受，即这就是一场残酷的玩弄。[22]

在那几天里，韦托里的一位朋友朱利亚诺·布兰卡齐（Giuliano Brancacci）向韦托里道歉，因为他出于谨慎而长期未与之通信，因为他不想评论"乌尔比诺战争，避免谈及任何国家事务，这是很危险的"。他讲述了一则有关一头驴的简短逸事，这头驴是从他们的共同朋友马基雅维利那里偷走的，他还小心翼翼地提到新的乌尔比诺公爵夫人，"拥有高贵的血统、美貌和财富"，他认为这段婚姻对所有人均有裨益，并可以让战争停止。[23]但是这封信的幽默精神掩盖了一条自我屏蔽的信息，即佛罗伦萨的财政不能再承受任何的战争冲突，教皇会立即将战争费用算到佛罗伦萨市政府和宗座财产管理处的账上，这二者的财政管理人仍是菲利波·斯特罗齐。

4月,洛伦佐的姐夫不情愿地陪同乌尔比诺公爵前往法国完婚。整个队伍由30名骑兵组成,并不算太豪华,只是出于安全考虑,怕遭到袭击:每个人都穿着同样的红、绿、白三色战袍,以免公爵轻易地成为敌人的目标,被弗朗切斯科·玛里亚优秀的射手击中。[24]

1518年4月26日,洛伦佐按时抵达昂布瓦兹,参加瓦卢瓦王储弗朗索瓦的洗礼仪式。公爵带来了利奥十世的委任书,利奥十世担任王储的教父。正是在那几天,洛伦佐第一次见到了马德莱娜。他于5月2日在法国宫廷和弗朗索瓦一世的见证下与马德莱娜成婚,弗朗索瓦一世陪同马德莱娜前往祭坛。

但是菲利波在那种被迫庆祝的气氛中不堪无聊,骑马比武从5月初开始一直持续了两个月。[25] 在皇家洗礼那天,菲利波写信给弗朗切斯科·德尔·内罗,表示自己会更乐意和他在一起,和"我的好兄弟"(Mon frère,他的门客常用的绰号)还有意大利妓女,"而不是在法国观看这些庆祝活动"。[26]

红衣主教比别纳也作为教皇使节参加了皇室庆典。菲利波希望他的到来可以让他们提早返回,"因为公爵可以将他与国王的事务都交给比别纳处理",就不需要再去布列塔尼了,因为这会进一步耽误返程的时间[27]。但外交需要的时间长,与一般的快速商业决策有很大的不同。几个星期后,恼怒的斯特罗齐写信给克拉丽斯,遗憾自己虽然离巴黎只有两天的骑马的路程,但不能去那个真正有趣的城市,因为公爵命令他一刻也不要离开公爵夫人。与此同时,公爵却去参加骑马比武，展示自己的"敏捷和勇敢"[28]。菲利波陷入婚姻牧师的倒霉角色，只能尽可能多地睡觉，恳求他的诗人兄弟，在那个充满"空闲和孤独"的地方，模仿彼特拉克和"豪华者"洛伦佐创作十四行诗。[29]

由于礼节和程序，婚礼队伍还需要几个星期才能离开法国返回意大利。只有比别纳留在了法国宫廷，他很快就感受到了移民的孤独。由于比别纳在罗马和韦托里交往甚密，对韦托里很了解，于是他在信中写道："我不希望您离开这里，我们之间的交谈非常愉悦，我非常感激。"[30]凭借与生俱来的和蔼可亲，这位成熟的俏皮话杂耍者与弗朗索瓦一世和王太后路易莎·迪·萨伏依成了朋友。与外国权贵的关系过于亲密，会让这位美第奇教皇的最年长和最忠实的支持者付出沉重的代价，他曾在多年前被称为"教皇的另一面"。

"上帝给了我们，上帝带走了我们"

1518年9月7日，新婚夫妇终于以盛大的排场回到了佛罗伦萨。作为母亲，阿方西娜终于实现了给儿子加封贵族头衔和娶到名门望族出身的妻子的梦想。她在佛罗伦萨组织了一场隆重的招待会，在美第奇宫组织了喜剧表演和私人宴会，借此机会在宫殿里铺上了"前所未见的精美的花毯"。[31]阿方西娜骄傲地告诉其身处罗马的秘书："上帝在美好的时光里为我们服务"，仿佛上帝是"美第奇家族优秀的管家"。[32]但最怪诞的细节是拉斐尔所绘的利奥十世和红衣主教朱利奥的双人肖像：洛伦佐命人"将画放在桌子中间，也就是公爵夫人和其他人吃饭的地方，真的让每个人都为之振奋"。

"石头的客人"（指利奥十世）虽缺席却无处不在，他是彼得的代理人，他以牺牲别人为代价，让这一切成为可能。教皇亲人的胃口实际上是个无底洞。洛伦佐回城一个月后，在韦托里的陪同下，在蒙特菲亚斯科内与利奥十世会合，试图获得更多好处。在这里，在推杯换盏之间，他跟随教皇在维泰博地区进行了"常规旅行"，[33] 行"狩猎、喜剧表演和其他玩乐之事"。[34] 他从托斯卡内拉命令盖里"从市政府提取7500杜卡特用以支付在法国产生的费用"。[35] 三天后，他在塔尔奎尼亚得知母亲的健康状况有所改善，且已经怀孕四个月的妻子"穿着意大利风格"的服饰，他感到心情愉悦。她的婆婆命人为她制作了佛罗伦萨风格的连衣裙，让她不再关注"法式服饰"。[36] 公爵夫人很快也适应了当地的其他习俗，并积极地为自己家族争取利益。消息灵通的威尼斯使节报告称，除了为他母亲的亲戚（一位奥尔西尼家族的人），洛伦佐不得不请求教皇为妻子的一位亲戚求得红衣主教的职位。[37]

尽管已经在教皇身边待了几个星期，但洛伦佐还没有找到一种令人信服的方式，来表达自己放弃乌尔比诺公国和佛罗伦萨军队统帅的意向。作为一个正在等待孩子降生的已婚男子，这些职位现在成了负担，他希望专心在佛罗伦萨建立一个"文明国家"，并将其传承给他的孩子。[38]

10月27日，公爵写信给盖里，说他想随利奥十世前往马格利亚纳，然后前往罗马。[39] 然而，虽然菲利波·斯特罗齐殷切地安排了欢迎仪式[40]，但洛伦佐没能去成罗马：在马格利亚纳，使者拦住了他，他被迫返回佛罗伦萨，因为他的母亲告诉教皇她快要死了，恳求教皇让自己心爱的儿子回家。[41]

在主人不在的情况下，韦托里还是与教皇和红衣主教朱利奥谈了话[42]，但他的任务以失败告终，因为几天后，在教皇的餐桌上，一位朋友被迫为他辩护，反驳批判他的言论。[43] 我们无法准确得知韦托里请求教皇做什么，但是同时期的佛罗伦萨历史学家巴尔托洛梅奥·塞雷塔尼（Bartolomeo Cerretani）给我们讲述了一个带有偏见的版本，让我们对此次对话有了大致的了解。显然，利奥十世"反复思考1494年的第一次驱逐"以及随之而来的厄运，他认为是由其兄长皮耶罗（洛伦佐的父亲）的傲慢态度造成的。现在他的侄子表达了"成为城市首领"的意愿，这是"极为可恨的事情"，再加上洛伦佐想放弃之前付出心血和代价购买的乌尔比诺公国，有"毁了他们整个国家"的风险。因此，"桩桩件件激怒了教皇"，教皇不想见到洛伦佐，于是解雇了他，为的是让他回到佛罗伦萨，回到那个"他勉强可以容身的地方"。[44]

总之，洛伦佐是否真的被唤回他母亲的病榻边，我们不得而知，或许这只是教皇疏远他、不想让他留在自己身边的借口。但我们知道的是，乌尔比诺公爵的健康状况日渐恶化，可能是由于梅毒复发或某种疟疾，又或者是两者结合。[45] 公爵病情急剧恶化和有望康复的消息在病情公报上交替出现。12月初，公爵和阿方西娜的身体还很健康[46]，但在1519年1月底，公爵就处在了"生死绝境"，所以红衣主教朱利奥匆忙赶往佛罗伦萨，以防止"人民起义"。[47]与此同时，大帝马克西米利安一世（Massimiliano I）*去世，此事将对欧洲和意大利的历史进程产生更广泛和更重大的影响，但美第奇家族几乎没有留意到它，而是专注于家族王朝的命运。

尽管洛伦佐病入膏肓，但他的侵略之心蠢蠢欲动：卢卡人写信给威尼斯人，讲述了公爵是如何"试图占领这座城市（指卢卡）"，以及如何命令他的士兵在比萨安营的，红衣主教朱利奥返回佛罗伦萨绝不是令人安心的行为，而被视为进一步的威胁。[48] 2月初，"最令人尊敬的神父"红衣主教朱利奥表示有意回到罗马[49]，但一周后他不得不取消行程，因为公爵刚一离开家门，旧病就复发了。[50]洛伦佐寄希望于换个环境以缓解痛苦，于是他搬到离佛罗伦萨不远的一个农场，[51]而他的母亲阿方西娜的病情则正在好转。另一方面，教皇却完全没有健康问题：他对家人的健康并不在意，当时他的状态被描述为"心情舒畅、大腹便便、开朗活泼、面色红润、不知疲倦"。利奥十世那种无忧无虑、不负责任的态度直到最后一刻都不会改变：狮子在城堡里咆哮着，"在享乐和派对中观赏面具"[52]。美第奇式的狂欢节耗资巨大，似乎永无止息。

3月13日，公爵和阿方西娜再次宣布自己痊愈。[53] 4月中旬，

---

* 神圣罗马帝国大帝（在位时间：1493—1519年）。——译者注

乌尔比诺公爵夫人生下了一个小女孩——凯瑟琳（Caterina）。尽管是个女孩，但威尼斯使节还是代表威尼斯共和国向公爵表达了祝贺，红衣主教朱利奥向他解释道："我们美第奇家族的习惯是先生女孩，后生男孩，虽然公爵夫人在分娩时险些难产，但公爵看到女儿降生时还是很高兴。"[54]父亲抱着新生儿，想象不到有一天会她成为法国王后。然而，女儿出生的喜悦没有持续多久：几天后，即1519年4月28日，公爵夫人去世。据流言称，她"因佛罗伦萨的不幸而死"[55]，但实际上她感染了产褥热，也就是因卫生条件差而导致的感染，这种病在那个时代很常见。她被匆忙地葬在了圣老楞佐圣殿，公爵由于身体每况愈下，甚至无法参加妻子的葬礼。

五天后，即5月4日，洛伦佐去世。根据圣徒传记作家韦托里的说法，是妻子离世的痛苦加速了洛伦佐的死亡。[56]他还未满27岁：这证明了人类的脆弱，即无德之人的命运。许多真诚的哀悼涌来。[57]驻法国的教皇使节、红衣主教比别纳称自己无法回复盖里的信，信中说他"希望更快地返回主人的身边，而不是留下来"："公爵的早逝"不仅让国王和王太后"十分遗憾，而且也让整个宫廷异常悲伤，他深受重视，受人爱戴"。[58]事实上，洛伦佐在结婚后就成了法国驻教皇国的一位使节。

贾科莫·詹菲利亚齐（Giacomo Gianfigliazzi）是韦托里在法国的继任者，他表现得则更加悲痛："命运之神嫉妒（他）拥有这么多美好的事物，所以她想剥夺我们最宝贵的东西，让我、我伟大的主人再也不想对这个世界上的任何事情寄予希望了。"[59] 卢多维科·卡诺萨此时没有正式的职务,但其利益导向却早已与弗朗索瓦一世保持一致,他用更有诚意和毫不掩饰的讽刺语气写下,以那些无情的话作为参考,"上帝给了我们,上帝带走了我们。"[60] 这是教皇对心腹阿尔丁盖利所说的话:

> 教皇每天都在重复最杰出的公爵阁下的事情,说的话都差不多;这表明教皇完全愿意顺应上帝的旨意和自己的天性。这让我们能够期望他的福音依旧如初。[61]

但是,在六年的错误之后,想要重拾1513年的希冀和期待,洗白犯下的罪恶,是不可能的。

红衣主教和副总理大臣朱利奥心中如同明镜一般,他清楚地认识到需要寻求庇护并弥合与弗朗切斯科·玛里亚之间的裂痕。事实上,德拉·罗韦雷一收到篡位者去世的消息,就再次商讨重新夺回乌尔比诺公国的事情:现在朱利奥的侄子已经不在了,红衣主教保证自己只想要"保全教皇和教皇国的尊严和声誉",以及恢复"两大家族之间的亲密和友谊"。当美第奇和德拉·罗韦雷家族"恢复了我一直想保留的关系"时,一切都将会转好。[62] 除了外交上的曲折之外,尽管在乌尔比诺战争中朱利奥是他人(即教皇、阿方西娜和洛伦佐)意志的载体[63],但他不能假装自己没有参与进攻行动,弗朗切斯科·玛里亚积攒的怨恨将会产生灾难性的后果。佛罗伦萨和乌尔比诺之间的形势仍旧严峻，八年后，收复蒙泰费尔特罗家族的所有领地之时，恰逢美第奇家族失权失势。

也许受洛伦佐之死影响最大的是他忠实的仆人弗朗切斯科·韦托里，不单单因为利他主义和同情。在充满不确定性的几个月里，他和菲利波·斯特罗齐一同被认为是佛罗伦萨最有影响力的人。[64] 在给弟弟保罗的一封信中，他讲述了乌尔比诺公爵生前的最后几天（保罗作为教皇舰队的总司令，最近刚被劫持他的海盗释放[65]，教皇为此支付了一大笔赎金），他告诉保罗，为了预防反美第奇家族的暴动，由盖里和斯特罗齐领导的特别委员会决定派 200 名步兵在城内驻扎，负责巡逻领主宫和美第奇宫。韦托里料到这肯定会引发争议，于是否认了洛伦佐的狼子野心："他没有成为领主，但以自己的方式拥有这座城市。"[66] 更残酷的是，巴尔托洛梅奥·马西指出，公爵"幻想着随随便便就能成为佛罗伦萨的领主"[67]。

有其母必有其子

阿方西娜的哀悼以愤怒的形式爆发出来，十分危险。夫人甚至怀疑韦托里毒害了她的儿子，并威胁要将韦托里"斩草除根"。"如果她这样做了，我会原谅她在言语和行为上对我的所有侮辱"，这句话充分展示了阿方西娜灌输思想的惊人能力。韦托里毫不后悔地承认自己是个胆小鬼："你也知道我是多么懦弱，所有的东西都让我害怕，所以在我看来，这个世界正在毁灭我；一言以蔽之，如果你看到我，你会觉得我很糊涂。"然而，马基雅维利最具马基雅维利主义的朋友并没有丧失对现实的敏锐感知："菲利波，他还是我的朋友，我的身边除了他没有别的朋友了，他也担心我会受到夫人的冷遇。"[68]

红衣主教朱利奥是美第奇家族中唯一可以接管佛罗伦萨政府的男性继承人（两个私生子——朱利亚诺的伊波利托和朱利奥的亚历山德罗——尚且年幼，"小女儿"凯瑟琳还在襁褓之中）。因此，为了维持对城市的控制，他继续往返罗马，并疏远了盖里。盖里与不受欢迎的洛伦佐关系过为亲密，因为"阻止（他们）许多不太正当的计划"而被斯特罗齐和韦托里憎恨。[69]1519年10月，他任命了"那个愚蠢的盖里"[70]担任皮亚琴察的总督[71]，相比之下，他青睐可塑性更强的红衣主教帕塞里尼来管理佛罗伦萨。

1520年2月，随着阿方西娜的去世，家族和王朝的紧张局势进一步加剧。菲利波·斯特罗齐将岳母不久于世的消息提前告知了他的兄长，其愤世嫉俗的态度表明了他对近亲们的蔑视。每次他想启程去威尼斯——他猛烈地抨击道——就会有人去世，让他脱不开身：前一年"是我小舅子，今年是我岳母"。阿方西娜的健康状况急转直下，所有医生都认为她只能再活几天，所以她在仆人的敦促下，在诺塞拉主教和一位忏悔修士的见证下口述了她的遗嘱[72]。该文件立即由公证人密封。菲利波无法得知任何细节，因为教皇的代理人没有透露任何消息，他们受到忏悔规则的保护。菲利波希望能分得至少六分之一的遗产，尽管对此他表示怀疑，以防结果让他失望："那些指望遗产过活的人是疯了，又不能用遗产来周转资金。"[73]

阿方西娜于 1520 年 2 月 7 日去世，教皇是她的全财产继承人，她把她的孙女凯瑟琳托付给教皇照顾；为了不让克拉丽斯受委屈，原本她希望克拉丽斯继承自己一半的嫁妆，即 6000 杜卡特。她"根据仆人们的功劳，或者更确切地说，根据她个人的喜好"给他们分别留下了"300 和 200 杜卡特"。在母亲去世后次日，克拉丽斯将母亲房间的钥匙寄给了利奥十世，房间里存放着贵重物品（克拉丽斯可能提前拿走了一些），[74] 于是佛罗伦萨银行家伯纳尔多·比尼（Bernardo Bini）和诺塞拉主教受教皇委托，立即来到了阿方西娜的居所，打开了保险箱，发现里面约有 1.3 万杜卡特，远低于他们的预期。

带着一贯的讽刺语气，菲利波重复了教皇对洛伦佐说过的一句话："总而言之，上帝给了我们，上帝带走了我们，当然她（阿方西娜）在几年内遭受了如此多的掠夺和非议，所有一切放在一起，我很欣赏她处理问题时的坚决态度。"他被"骗"了，因为他指望合法地获得遗产，换句话说，除非教皇行使权力，否则他无法从克拉丽斯那里夺走属于她的那部分遗产。斯特罗齐夫妇打算在教皇的脚下跪拜，祈求获得他们所能得到的，并坚信克拉丽斯的利益最终会得到保护。[75] 菲利波在提到阿方西娜时，说她在罗马"死得不是很体面，（要是在佛罗伦萨）我不知道（人们）该有多痛苦。她什么都没有留给上帝，这看起来是一件坏事，但她把一切都留给了我们的主

（指教皇），我不知道这群人还指望什么"。至于菲利波和克拉丽斯的长女玛丽亚，他没有提及。[76]

菲利波甚至撰写了一个复仇的墓志铭："这是阿方西娜·奥尔西尼的坟墓，承载着整个人类社会的福祉和健康，每个人为生命而哭泣，没有人为死亡而哭泣。"[77] 另外，他给韦托里写了一封语气欢快的哀悼信，毫不迟疑地庆祝恐怖统治的结束，欣喜于自己和亲信终于从漫长的暴政中解放了出来：

我就不安慰您也不哀悼我们的夫人了，我知道您如此谨慎，相信说服您不难，您也能立即理解我的意思。我知道贝内代托·邦德尔蒙蒂（Benedetto Buondelmonti）也弥补了我目前缺失的东西，他没有离开过夫人的这座房子，寻欢作乐，我怀疑他已经乐不思蜀了。说实话，我无法享受这份欢乐，因为她的权力所带来的后果让我深感不安。[78]

除非她"把钱藏在了某个奇怪的角落"，不然她真的已经花光了所有的钱。阿方西娜的贪婪不会令人感到惋惜："在这里她死时没有流泪，最后的狂欢是疯狂地死去，那里（佛罗伦萨）定已万人空巷，这对您好处多着呢。"必须举办一场盛大的派对！

但是四旬斋马上就到了：关于继承权的争议破坏了朱利奥与菲利波的关系，并预示了即将出现的暗地里的冲突。教皇拿走了所有的钱,留给其亲眷的只有曾经许下的诺言。利奥十世的态度等同于羞辱了克拉丽斯这条旁系分支,这让她大发雷霆,这也正是之前菲利波所害怕的。事实上,虽然她的埋怨可以解释得通,但是激怒了教皇和红衣主教朱利奥,以至于斯特罗齐在写给兄长"坦率且充满激情"的信中提到,他已经为承受"部分经济损失"做好了准备,为了能"从教皇和红衣主教朱利奥那里获得恩典和仁慈,现在我怀疑我会在这里或那里蒙受损失"。[79]

经过大约一个月的谈判和紧张局势,双方同意签订一份协议。根据该协议,教皇授予克拉丽斯期待已久的合法遗产,金额达到了1.2万杜卡特,[80]但除了两件金袍外,教皇没有支付任何现金。"我们还有来自乌尔比诺的1.06万。"[81]菲利波向他的兄长解释道。这是一个具有讽刺意味的报应:斯特罗齐花费了数十万杜卡特来征服一个收益微薄的小公国,哪怕是一小部分的投资成本也难以收回,自己的全部身家都提前抵押在妻子的遗产上。

费拉拉的谎言与比别纳的鸡蛋

如果翻一翻利奥十世的三本私人账簿,里面记录了他奢靡的开支,我们就能更好地理解教皇对金钱的贪婪;记录账目的是他的侍从塞拉皮卡[Serapica,即乔瓦尼·拉扎罗·德·马吉斯特里斯(Giovanni Lazzaro de Magistris)的绰号],[82]塞拉皮卡也是教皇1.8万杜卡特的债权人,他每天从教会偷窃金银珠宝来补偿自己。圣彼得的金库则塞满了由佛罗伦萨直接或间接征收来的税款（即菲利波·斯特罗齐和弗朗切斯科·德尔·内罗二人通过挪用佛罗伦萨国库的公款所得）。

佛罗伦萨人自掏腰包资助乌尔比诺战争，却未能从中获利，为了平息他们的不满情绪，红衣主教朱利奥选择战略性地撤退到圣利奥和蒙泰费尔特罗共和国。由于克拉丽斯分得的遗产与乌尔比诺的税收挂钩，斯特罗齐担心上面会指派合适的人去蒙泰费尔特罗。[83]被指派的人正是弗朗切斯科·韦托里。作为二人共同的朋友，韦托里告诉马基雅维利，他会"为了领主国占据这些省份的土地"。[84]

在流传的美第奇家族史中，通常将乌尔比诺战争的彻底失败归咎于利奥十世亲属们的贪婪。但这是对史实的一种适当的简化：教皇的野心不仅仅是阿方西娜或洛伦佐的坚持所造成的结果。实际上，刚好有一件事证明了这一点，即刺杀费拉拉公爵阿方索·德斯特（Alfonso d'Este）未遂事件。

1520年底，费拉拉已成为教皇想要得到的公国。与乌尔比诺公国被没收时的弗朗切斯科·玛里亚一样，公爵阿方索明显是此事的绊脚石。费拉拉的领主是枪炮和形象艺术的专家（想想提香为他绘制的气势宏伟的肖像，他的一只手放在他著名的大炮上），他并不是一个容易对付的目标。尽管如此，还是有必要除掉他。圭契阿迪尼是一位能力出众的官员，深受盖里喜爱，担任摩德纳的总督。[85]摩德纳是一个历史上隶属于埃斯特家族的城市，圭契阿迪尼受命与宗座总书记官翁贝托·甘巴拉（Uberto Gambara）合作促成暗杀行动。

才华横溢的卢多维科·安东尼奥·穆拉托里（Ludovico Antonio Muratori）因对原始文件[86]的热爱而受到司汤达的钦佩，他在自己生活的年代找到了证明甘巴拉有罪的档案。然而，穆拉托里并不了解圭契阿迪尼写给吉安·马泰奥·吉贝蒂（Gian Matteo Giberti）的危险信件，后者是红衣主教朱利奥的秘书（也是利奥十世所有肮脏行动的秘密顾问），信中提到关于政治谋杀的机会："这件事如果取得成功，将会是伟大的功绩，所以值得尝试，即使不太安全……但有必要冒这个险。"[87]

实际上，谁也不敢冒险，因为甘巴拉收买的德国佣兵队长——一个名叫里多尔菲尔（Ridolfel）的人——竟然是个双面间谍，在拿到甘巴拉给的2000金币的预付款后，就把刺杀行动全盘托出告诉了阿方索，阿方索告知教廷他拿到了行动暴露的文件，要是有进一步的谋杀行动，他就公开这些文件。阿方索的威胁是否还能使利奥十世困扰，特别是现在他的名誉已经尽毁？

成为圭契阿迪尼好朋友的马基雅维利，在那几个月给他写了一封著名的信，关于这位教皇"以自己的方式"带领佛罗伦萨人走向"魔鬼之家"的道路，也就是下地狱之路。如果以教皇的角度重新解读这句话，无疑是间接地讽刺他那不怎么符合宗教原则的态度："我从不说我的真实想法，也从不相信我所说的，即使有时有人告诉我真相，我会把它藏在众多的谎言中，就很难再找到它了。"[88]

另一位意外遭受无情的美第奇机会主义迫害的人,或许是这个家族最值得信赖的朋友之一。比别纳在法国宫廷待了很久,但回国后再也没能重新受到教皇的器重,因为教皇怀疑他和法国宫廷交往过密,并且对教皇宝座的野心昭昭。在焦维奥两面派的颂词中,我们读到比别纳在教廷吃了两个有毒的煎蛋,但没有医生去救他。[89]

祭司帕里德·德·格拉西证实了毒杀的猜想,据他说,比别纳的内脏受到了非自然腐蚀,[90]因为他穿越阿尔卑斯山,在卡诺萨写给罗马教廷的辩解信中找到了充分的理由。卡诺萨其实正脚踩两条船,一方面他支持毒杀的观点,另一方面则为自己诽谤美第奇家族辩解。随后他写信给教皇和红衣主教朱利奥,[91]并让吉安·弗朗切斯科·瓦利尔(Gian Francesco Valier)前来做证。瓦利尔是比别纳生前的秘书,多年后他作为法国间谍在威尼斯被处以绞刑[92]:"法国人的一般看法是每一位死在意大利的绅士,都是死于毒药。"这种可怕的偏见很难根除,但也没有人比卡诺萨更努力地扭转这种舆论:

> 我是意大利人,我是一名神父,我必须要用言语甚至是生命来捍卫他们(指提出反对声音的人)的尊严和荣誉:……好的,有一天国王告诉我,说我的主人在罗马被人用某种毒药杀害了,我告诉他这是不可能的,并附上了很多理由。他告诉我不是罗马人做的,而是其他人,他指的是西班牙人。对此我回答说,这也不合理。[93]

西班牙敌人是个用起来顺手的替罪羊，但毫无疑问，在法国，教皇是一个极度忘恩负义的人，杀害了在1513年秘密会议中对他帮助最多的人，也不感激自1515年与他结盟的法国国王。

法国人对教皇持不信任和怀疑态度是有道理的：事实上，教皇立即转而支持当时最有权势的人，即21岁的查理五世，他自1516年以来一直是西班牙国王，现在是加冕的皇帝。弗朗索瓦一世的统治处于危机之中，几乎四面八方都被查理五世的属地包围。1521年，为了保卫自己的领土，法国国王发动了一系列战争，战争持续了20多年。第一个受到攻击的国家是米兰公国，弗朗切斯科吹嘘着自己的胜利。而在1521年11月，他的军队也正是在米兰遭遇突袭被击溃的。

坏脸色

当这个好消息传来时，教皇正忙着在马格利亚纳打猎。然而，他无福消受好消息带来的喜悦了：他回到罗马后，于1521年12月1日突然病逝，享年47岁，在位共计八年零八个月。焦维奥以医生（而非圣徒传记作者）的身份提供了关于教皇中毒的证据。倒酒的侍从巴尔纳巴·马拉斯皮纳（Barnaba Malaspina）在准备逃离罗马时被逮捕，他涉嫌在教皇的酒杯中加了一些有毒物质。红衣主教朱利奥从沉浸在胜利氛围的米兰营地匆忙赶回罗马，却"以出乎意料的谨慎"[94]放弃了调查，也许是害怕发现幕后黑手的身份。咆哮的佩鲁斯奇一直处于待命状态，没有吠叫。形势不妙，但最终嫌疑人没有受到严刑拷打，而是立即被释放了。

美第奇家族曾多次喊过"狼来了"，或者更确切地说是"狐狸来了"：这是一个可怕的讽刺，现在对毒药的担心成为现实，他们再也无法抗议了。如果在1517年对红衣主教们的迫害是教皇编造的邪恶谎言，那么教皇去世的"实际真相"（用马基雅维利的话说）——身后留下了一连串优秀官员的尸体——就再也没有机会澄清了。在经历了漫长的恐惧之后，讽刺诗百花齐放，集体释放出愤怒的情绪：

> 罗马现在胜利了：利奥死了！
> 残忍的三头犬，可怕的怪物
> 终于离开了他的地狱修道院
> 无论是非对错，尽饮人血。[95]

也许教皇没有吸血鬼的面庞，但今天位于天坛圣母堂的教皇雕像，于1521年4月21日在卡比托利欧山落成，[96]向我们展示了一张肥胖且无精打采的脸庞：他面无表情，体形硕大，沉迷享乐。[97]当然，拉斐尔所绘制的肖像在传递"豪华者"洛伦佐的儿子的面部特征时笔触要温和得多，他在去世时并没有享有伟大的声誉。

萨努托引述的一封信总结了对利奥十世这一生最强烈的批判（与1513年的乐观预期形成鲜明对比）：

他是去世的教皇中名声最差的一个,自他之后就是上帝的教会,整个罗马都在说:"你像狐狸一样登上宝座,你像狮子一样生活,你像野狗一样死去。"因为他真的孤苦伶仃地死了,没有任何死前的忏悔和圣餐。[98]

在几天后的一封信中,威尼斯使节补充道:

据传,修士和弄臣马里亚诺已处于弥留之际。此外,罗马城内印发了一些文件,文件上印有教皇身边红人的画像,还附带着一些座右铭,这些人对他的期望很高……一张上面绘制的是塞拉皮卡和阿古修,纪念教皇朱利奥二世在马背上的美好回忆,座右铭是"成为世界的荣耀"。[99]

悲伤的结语变成了一系列纪念章上的讽刺和报复。[100]

奇迹王朝的成员数不胜数:建筑工人、投机者、皮条客、行乞者……其中只有一个人值得一提——参加过利奥十世选举的莱昂纳多·巴托里尼。作为优秀的银行家,他预见到教皇国未来的财务问题,曾给教皇几十万杜卡特金币,教皇则尽量补偿他,将教会和法国修道院的收益转让给他,任命他担任密涅瓦报喜协会(罗马最繁荣的慈善机构之一)的会长,最后,还任命他的儿子奥诺弗里奥(Onofrio)担任比萨大主教。[101]多年来,这位阴谋家为美第奇家族提供服务与酷刑，包括对马坎托尼奥·尼尼和巴蒂斯塔·达·韦尔切利的折磨。他已经得到了自己想要的东西。他认为自己是美第奇家族的"成员和奴仆"[102]，既是他们的债权人也是债务人。因此，他的纪念牌配得上如下的座右铭："趁你活着的时候去偷窃，因为你死后不能再偷东西。"这也代表了如今许多国家的犬儒政治家和金融家的信条。

所谓"黄金时代"的悲惨结局以教皇的葬礼落下帷幕。据估计，利奥十世在位期间花了500万杜卡特，其中50万是债务，这还不包括他佛罗伦萨家人的开支。[103] 利奥十世去世后，国库严重空虚，甚至无法支付葬礼蜡烛的费用，必须使用里亚里奥葬礼剩下的蜡烛。里亚里奥也曾是教皇的人选，但他的盼头被利奥十世打消了。二人活着时观点对立、相互仇视，却在死后真正"融为一体"。据说，贪心的红衣主教阿尔梅里尼的商业伙伴卢多维科·卡波尼（Ludovico Capponi）发了一笔国难财，因为他卖出了价值数千杜卡特的蜡烛。[104]

考虑到利奥十世的开销巨大，尽管他的收入或多或少是合法的，难怪在他去世后不得不成立一个佛罗伦萨银行家的协会，其中包括斯特罗齐和卡波尼家族，为他支付葬礼的费用，以及死者胸前的十字架，估价1.8万盾币。只有一首讽刺诗替里亚里奥在死后"要回了"不义之财：

利奥十世,你冒犯我还不够吗?
人生如此漫长,命运如此多舛,
现在你死后又来得罪我,
你将会受到上帝的责备……

为了得到我的东西、我的宫殿、
荣誉、名誉,你将我堕入罪恶
我对一个疯子太仁慈了:[105]
现在你竟夺去我的蜡烛和职务。[106]

第三部分

第七章

外国人

（1522—1523）

> 在教皇选举的历史上，不乏德才兼备的人坐到教皇的宝座上，但没有比哈德良六世更加没有野心、没有诸多朋友支持的教皇了。
> ——焦维奥，《哈德良六世的生平》

"我们可怜的佛罗伦萨人"

像以往一样，菲利波·斯特罗齐没有浪费时间，开始押注未来的教皇。菲利波写道，红衣主教朱利奥·德·美第奇有 20% 的胜率，他是最受欢迎的，"如果不是因为上一任教皇的嫉妒，我保证（他会当选教皇）"[1]。但有一个问题，自红衣主教阴谋之时起，红衣主教索代里尼就一直在自愿流亡中，人并不在罗马，当他返回罗马参加秘密会议时，获得了法国人的支持，决意阻止竞争对手的当选。几天过去了，朱利奥的支持率不断下降，直到他意识到自己当选不是一个"可行的计划"，于是他便放弃自己参选，想要至少"交到一个朋友"。[2] 因此，他转而支持亚历山德罗·法尔内塞（Alessandro

Farnese），后者实际已经在当选的边缘，但登上宝座的时机尚未成熟（他将在 1534 年以保禄三世之名登上教皇之位）；总之，候选人之间一系列的交叉否决之后，选举没有什么结果，时间也一天天过去了。

秘密会议的决定不仅受内部联盟逻辑的制约，红衣主教团还受到外部事件巨大压力的影响。1 月 9 日，有传言称，弗朗切斯科·玛里亚·德拉·罗韦雷在重新征服乌尔比诺后，要对锡耶纳开战，驱逐专制的红衣主教拉法埃莱·彼得鲁奇。针对利奥十世入侵的复仇在很大程度上影响了对继任者的选择。朱利奥现在处在"进退两难"的境地：如果他急着返回佛罗伦萨，保卫这座城市免受复仇之火的威胁，他将站在新任教皇的对立面，失去他的"职务、福利和剩下的一切"[3]。

朱利奥在自己的过去和未来之间踌躇，在秘密会议上发表讲话并宣布，来到西斯廷礼拜堂参加秘密会议的人，都不能成为教皇。所有的提名都被红衣主教团否决了，但没有可行的替代方案，除非找到一个不在现场、恪尽职守且为人善良的红衣主教。当朱利奥被要求提名一位符合这些要求的候选人时，他带着既讽刺又严肃的语气回答："托尔托萨红衣主教，63 岁，值得尊敬，所有人都将他视为圣人。"[4]

哈德良·弗洛里斯（Adriano Florisz）是一位荷兰木匠的儿子，在完成神学学习后，他被任命为查理的导师，而查理是马克西米利安一世的孙子。查理成为西班牙国王后，作为对哈德良的奖励，在

1517年的"红衣主教阴谋"后任命他为红衣主教。因此，哈德良对帝国派系非常感激。红衣主教索代里尼是法国派系中的一员，法国派系认为哈德良是最不利的选择。亲美第奇的派系中增加了以红衣主教蓬佩奥·科隆纳（Pompeo Colonna）为首的罗马人，在紧凑的投票中，让这位"外国人"当选成为不得不选择的出路。

在数周的不确定后，一切都在几分钟内决定了。但是，新任教皇哈德良六世居住在西班牙，需要几个月的时间才能抵达罗马。长期空置的教皇职位对城市的财政来说是一场灾难，菲利波·斯特罗齐掩饰不住恼怒和怀疑，他提到："没有比这更出乎所有人预料的事情了！"[5]他还讲述了一个搞笑的误会：在市民面前宣布教皇人选时，托尔托萨（Tortosa，拉丁语为Dertona）的名字与科尔托纳（Cortona）混淆了，科尔托纳是红衣主教帕塞里尼所管辖的城市，帕塞里尼对朱利奥非常忠诚，于是有些人便开始称赞美第奇派。梦想的幻灭让人更加痛苦。此外，尽管菲利波是最了解情况的庄家（bookmaker），但还是在投注上赔了钱。本来要成为教皇的红衣主教却成了"教皇制造者"（popemaker）。

作为城市的领袖，红衣主教朱利奥急匆匆地赶回佛罗伦萨，再次试着与弗朗切斯科·玛里亚·德拉·罗韦雷和解。他派遣自己的秘书吉贝蒂去到弗朗切斯科那里，欲将不到3岁的小女孩凯瑟琳·德·美第奇许配给弗朗切斯科的儿子圭多巴尔多（Guidobaldo）。[6]这是一种转移注意力的策略，以避免或延迟袭击托斯卡纳的行动。

朱利奥从海路返回佛罗伦萨（在比萨下船），并将他的银器送到卢卡。这一事实表明他在担任"副教皇"八年，享受了极大的权力之后，发觉了自己在政治上的不确定性。

韦托里在写给当时在弗朗索瓦一世宫廷里的卡诺萨的一封信中，以自怜的现实主义描述了佛罗伦萨的情况：自从教皇利奥十世对法国开战以来，韦托里一直很焦虑，因为他认为战争冲突可能导致"意大利的毁灭"[7]。就他而言，他已尽其所能"避免关系中断"，但并没有起到任何作用："教皇利奥十世结束了自己的苦难，也拉上了我们；但他给我们留下了更多的麻烦，我实在不知道该如何描述给你听。"因此，韦托里非常不高兴，"因为灵魂的痛苦经常伴随身体的疼痛"；对卡诺萨来说，他从1516年到1518年一直在法国宫廷与韦托里共事，知道他经常腹部绞痛，还患有痛风，他说他可以想象韦托里"头戴兜帽，手持拐杖摸索前行"，就像"在100幅挂毯上勾画"的一位可怜的朝圣者，"虽然您怜悯我，但我还是忍不住大笑了起来"。

韦托里刚满47岁，但身体状况相当糟糕，"一直需要医生"（但不再需要美第奇家族[*]！），他的微薄收入已经不够他进行治疗了。此前，他还有一些朋友，或许是斯特罗齐家族，一直在帮助他，但在那时候，他们自己也陷入了困境，因为他们是教皇利奥十世的债权人，还有"大笔的款项"没有收回，就像这座城市中的许多人一样。

---

[*] 作者此处一语双关，意大利文中医生"il medico"和美第奇家族"i Medici"为同一个词。——译者注

1522年上半年，作为佛罗伦萨最有权势的佛罗伦萨八人委员会*的成员，韦托里向卡诺萨推荐了刚刚被派往弗朗索瓦一世那里的共和国使节。法国君主

> 公正而谨慎，他不仅统治了我们这个时代，而且将会统治之后的许多年。当他明白为什么我们这些佛罗伦萨人如此可怜时，他会接受这些原因，并退还从我们身上夺走的东西。另外，他将把我们当作真正的朋友和仆人，一直以来我们都是：因为抛开教皇利奥十世在佛罗伦萨的权威不说，他多年来一直让自己的祖先在这座城市中名位高悬，并且他本人也拥有极大的权力。他作为教皇，权力比我们大是合适的，他会根据自己的意志使用权力；但假如法国国王是一位教皇，与我们没有任何利益关系，与大帝和平共处，像利奥十世从（1521年）6月所做的那样；当时教皇在意大利有6000名瑞士人，大帝在意大利有5000名西班牙人、800名长矛兵，而法国人却发现自己在意大利没有步兵，我们**不那么做又有什么别的办法呢？

总而言之，"可怜的佛罗伦萨人"当时被多支武装力量包围，他

---

* 佛罗伦萨司法机构，由八人组成，负责佛罗伦萨共和国以及之后佛罗伦萨公国的犯罪事件和治安管理。——译者注
** 这里指佛罗伦萨人。——译者注

们派遣军队将法国人从米兰驱逐出境，难道能因此而责怪他们吗？长期的为自己开脱的借口、容忍根深蒂固的军事弱点以及由于教皇（韦托里也曾效忠教皇）过度奢靡和决策错误而导致的临时性财务疲软，都以朱利奥对卡诺萨的友善和令人心安的语气结束了："美第奇的主教就在这里，都是您的，要是有人不这么说，请您不要相信他。"

卡诺萨很晚才从巴黎给韦托里回复了这封"期待已久"的信，虽然信中包含了许多令卡诺萨厌恶的东西，但他对韦托里还是"非常感激"。在极度捍卫法国利益的同时，他目光长远，他认为，如果没有弗朗索瓦一世的影响力和军事力量，意大利的共和国和公国将"任由查理五世大帝摆布"：

> 关于新教皇的诞生，选举新教皇是由于一时的激情，而不是出于其他一些原因，我不知道该说什么，除了时间以外，其他东西都不足以减少此事的新鲜感，每一天我耳边的消息都在变化。我非常感谢最可敬的德·美第奇的恩惠，对我本人和对我过去的工作做出肯定，我现在非常安心，向最尊敬的阁下致敬并亲吻您的手。[8]

卡诺萨和佛罗伦萨人几乎没有感受过这种尊重。红衣主教朱利奥很清楚自己在佛罗伦萨并不受欢迎。为了讨好市民，他决定给政府包上一个民主的外壳，就国家改革征求知识分子和市民的政见，提及重返共和国的可能性。关于民主的辩论变得异常热烈，让红衣主教陷入了困境，但"幸运"再次降临在他这一边。

在1522年春天，针对红衣主教的阴谋在奥利切拉里学园中酝酿成熟。正如1513年失败的袭击中，扎诺比·邦德尔蒙蒂（Zanobi Buondelmonti）没有表现出应有的谨慎，当年的领导人对同伙的名单感到惊讶。扎诺比关于佛罗伦萨政体的有理有据的发言此前被认为遗失了，现在又找到了。[9]他是马基雅维利《论李维》的两位被题献人之一，马基雅维利暂时搁置了政治野心，在文学上取得了一些成功。[10]早在谋杀彼得罗·保罗·博斯科利时他就已经被怀疑参与其中并因此被免职，问题是，他是否参与了谋害朱利奥的阴谋。[11]据马基雅维利"非常亲密的朋友"、历史学家菲利波·德·内尔利（Filippo de' Nerli）说，阴谋者们"并不看好"《论李维》中关于阴谋的章节，这一章节篇幅较长且颇有洞见，"假如他们看好这一章的话，要么他们没有（按照里面的内容）做，要么即使他们做了，至少也会更谨慎行事"。[12]

扎诺比和他的同伙并没有谨慎行事：他的朋友巴蒂斯塔·德拉·帕拉（Battista della Palla），对红衣主教索代里尼忠心不二，他与红衣主教商议此事以保证给予主教支持，然后前往法国寻求居住在那里的佛罗伦萨人和法国宫廷的帮助。但是美第奇的间谍们十分警觉，当巴蒂斯塔向佛罗伦萨寄信时，信使被抓获并受到折磨，直到他坦白同谋者的名字。第一个被捕的是来自奥利切拉里学园的文人雅各布·达·迪亚切托（Jacopo da Diacceto），他与另一名同谋托马索·迪·路易吉·阿拉曼尼（Tommaso di Luigi Alamanni）于1522年6月7日被斩首，[13]扎诺比等人设法逃脱。至此，带领红衣主教索代里尼、弗朗索瓦一世、热那亚人甚至费拉拉公爵的军队杀进佛罗伦萨，让佛罗伦萨回归皮耶尔·索代里尼共和国政府的计划彻底失败了。

红衣主教朱利奥处理所有事务都极为谨慎（这是阴谋者所缺乏的品德），以免给索代里尼的支持者以可乘之机。仅仅几周后，佛罗伦萨罪行的消息就传到了威尼斯和罗马，一位罗马的观察员指出，这个阴谋是"真实的"，[14]好像是为了将之与1517年虚假的阴谋区分开来。随后而来的镇压为朱利奥搁置自由主义改革和保留现有的政体提供了完美的借口，[15]甚至进一步加强了他对"可怜的佛罗伦萨人"的统治地位。

一位天主教教皇、一位法国化的红衣主教和一位犯罪的侍从

哈德良六世带着50艘皇家战舰离开西班牙，在逆风的推动下，于1522年8月23日登陆里窝那港，在那里他受到了红衣主教朱利奥和其他四位托斯卡纳红衣主教的欢迎。教皇非常不客气，严厉批评红衣主教们的穿着过于奢华，还随身携带武器。他还命令为悼念利奥十世而蓄须的朱利奥，立即剃掉胡子。[16]而至于菲利波·斯特罗齐，教皇保留了他国库财务主管的职务，免得有什么后顾之忧。菲利波也毫不客气，利用职务之便，抵偿了利奥十世欠自己的债务。[17]

在罗马欢迎哈德良的仪式也是低调的：在奥斯蒂亚下船后，市民们开始在波特塞门修建凯旋门，但教皇拒绝了这样的非基督教建筑。"平庸的盛况"与"饱受利奥十世折磨、失望的廷臣"产生了共鸣。就这样，一开始发现自己被"民众的呼喊声和四面的大炮"包围时，虽然教皇有些迷失了方向，但他仍然表现出坚守基督教贫穷理想的信念。他告诉穷人，他会为他们做很多事情，不仅会分发救济品，还会坚持个人廉洁。当他得知他的前任有100位马夫时，他说他有4位已经足够了。由于红衣主教的数量是一定的，他接受有12位（与耶稣门徒的数量一致）即可。虽然经常受邀参加罗马的奢华宴会，但他更喜欢独自用膳。每个人大概都会同意他是"教会的节制节流的好手，这对于收拾利奥十世挥霍无度所留下的残局是必要的"。[18]

罗马人发现这位教皇是一位真正的"天主教徒"，每天都会进行弥撒祈祷，这让他们感到惊讶。瘟疫被一些人视为神灵的惩罚，让哈德良证明自己的慷慨和勇敢。他拒绝离开罗马，但他批准胆小和不满的红衣主教们离开教廷。[19]洛伦佐·斯特罗齐（Lorenzo Strozzi）也因家族银行的需要被迫留在城里，所以当他的弟弟菲利波收到来信时，由于担心被感染，在打开信件之前都会采取预防措施。[20]

随着新教皇的到来，罗马的事务成了一团乱麻，菲利波长时间留在佛罗伦萨，在红衣主教朱利奥的身边，还参与了文学辩论。辩论的参与者还有威尼斯人文主义者彼得罗·阿尔西奥尼奥（Pietro Alcionio），他是《论流放》（De exilio）的作者，该作品意在表明流放并不是一件坏事。由于他的天真单纯，这位文人成为佛罗伦萨人讥笑的对象，尤其是"菲利波·斯特罗齐精心构思"的嘲讽。即使在台伯河畔也不乏邪恶的传言："因为罗马已不再是罗马。我们摆脱了一场瘟疫，进入了另一场规模更大的瘟疫。"这里指的是无法忍受的哈德良六世的道德主义时代。宣布对"受教皇利奥青睐的红衣主教们进行重审"是教皇严格态度的一种体现。[21]

事实上，自1522年9月以来，红衣主教索代里尼作为哈德良六世的教廷事务顾问混入了教廷，与教皇和宗座总书记官斯特凡诺·萨罗（Stefano Sauli，已故红衣主教的兄弟）一起坚持要求重审并撤销1517年的判决，其中红衣主教彼得鲁奇、萨罗和里亚里奥被剥夺了权利。起初，红衣主教团将此事委托给了红衣主教切西（Cesi），但索代里尼认为他的立场不公正，因此教皇让两位"值得信赖的"红衣主教共同处理此事，将修改意见交给切西。宗座总书记官萨罗很高兴，写信给乌尔比诺使节："他们证明审判是无效的和虚假的，但维护利奥荣誉的人很少关注对他们不利的事情，他们认为审判建立在纯粹的真相之上。"[22]

1523年年初，索代里尼的压倒性权力让他在罗马变得傲慢且自大：2月10日，当时审判的法官吉安贾科莫·迪·甘巴拉纳被传唤，他曾任罗马总督，后来成为阿尔本加主教[23]，他在利奥十世去世之时，谨慎地与罗马城保持距离。[24] 另一位法官多梅尼科·科莱塔早已经去世。然后，红衣主教索代里尼的家成为红衣主教们会面的地方，教皇委托他们修订宗座财产管理处和官员的法律。这项研究的目的是撤销已故教皇分配的所有职位，"那些出售和捐赠的职位，这是一件非常严重的事情，整个罗马都害怕这一点，很少有人没有从中获得职位"。除了阴险的"净手"行动之外，还增加了对犯罪行为的进一步怀疑：据说一名主教是教皇下令逮捕的，罪名是毒害红衣主教莱昂纳多·格罗索·德拉·罗韦雷（Leonardo Grosso Della Rovere）以从利奥十世那里换取主教职位，红衣主教德拉·罗韦雷是西克斯图斯四世开创的反美第奇王朝的最后一位幸存者。[25]

气氛一天比一天紧张，朱利奥决定采取必要的反制措施，他意识到对利奥十世滥用职权的详细调查也会暴露出自己的责任。1523年4月中旬，朱利奥的手下抓获一名西西里的信使，他身上带着一封红衣主教索代里尼写给法国宫廷的信。这位经验丰富的红衣主教一定很清楚"言语飞逝、文字留存"的道理，但或许他已被虚荣心冲昏了头脑。韦托里写了一封诙谐的书信，与以往不同，这封信是用拉丁文写的，他在信中告诉马基雅维利，德尔·尼罗为了挽救圣加洛妓院妓女的荣誉而做出了英勇的举动。尽管这封信被拦截，教皇暂未发布任何处理结果，但索代里尼非常担心。[26]

1523年4月26日（帕齐阴谋和朱利奥的父亲朱利亚诺·德·美第奇逝世45周年），索代里尼被传唤到梵蒂冈。由于无法否认自己写了这封通敌信件，他被关押在圣天使堡，看似狡猾的词句背后[27]，包含着对法国武装攻打意大利的无耻告诫。对于朱利奥来说，这是一场值得庆祝的胜利，他被敌人索代里尼称为"总是坐在两把椅子上"[28]，即脚踩两条船。

菲利波·斯特罗齐回到罗马时，紧张的局势已经缓和许多。他告诉兄长，索代里尼的银行家和秘书也已经被捕，[29]他们两人最终都落入了佩鲁斯奇的手中，佩鲁斯奇仍担任原来的职务。[30]没收红衣主教的资产——相当于约5万杜卡特[31]——只是初步的计划：教皇只没收了两个装满文件的保险箱。前任教皇不怎么关心程序，但在哈德良六世的统治下，索代里尼得到了红衣主教应有的尊重和尊严，尽管审讯被委托给了他的敌人切西。

卡诺萨间接证明了这个阴谋不是骗局，他在得知索代里尼被捕后，劝告法国国王"尽可能隐瞒这个计划"，也就是承认法国曾计划出兵南下意大利。[32]为了缓解自己与教廷之间日益增长的矛盾，弗朗索瓦一世写信给教皇，提醒他法国王室给教会带来的所有恩惠，特别是在近期给洛伦佐·德·美第奇的10万里拉，用以收复乌尔比诺公国。[33]法国国王的话让哈德良六世提高了警惕，特别是对"那些利用歪曲的事实和卑鄙的游说手段的邪恶狡猾之人，他们曾经将教皇利奥捧上了受人拥戴的宝座"，比如红衣主教朱利奥在索代里尼案件上所做的手脚，法国国王让教皇相信朱利奥是反对他的。

弗朗切斯科·韦托里感受到风向的变化，立即请他在罗马的弟弟将自己推荐给菲利波·斯特罗齐和红衣主教朱利奥,[34]但是现在回到通往罗马的道路还为时过早。与此同时,塞拉皮卡的丑闻爆发:尽管已经追回红衣主教朱利奥的贷款,但利奥十世的家兵所犯下的滔天罪行也尽数浮出水面。这位忠实的秘密侍从,在离开梵蒂冈之前,掠走了大量珍贵的物品。[35]

在选举进行时,讽刺诗盛行,充满怀疑的语气,讥讽"老师"和"上帝的仆人"哈德良六世,"偶然当选的奇迹",能否改造这个乌烟瘴气的教廷。[36]然后彼得罗·阿雷蒂诺(Pietro Aretino)为马里亚诺修士创作了大不敬的《帕斯奎诺对马里亚诺修士的忏悔》(Confessione di maestro Pasquino a fra mariano)。利奥十世的弄臣,在不可能的殉道者和忏悔者的外表下,对所有红衣主教都心怀善意:从"背叛"大师索代里尼,他曾试图煽动德拉·罗韦雷和弗朗索瓦一世推翻朱利奥(唯一在尖锐的起诉书中幸免于难的红衣主教),到那些有着野蛮的、异教的、淫荡的、好色的和强盗行径的人(阿尔梅里尼),再到"为殉道者彼得鲁奇(指红衣主教阿方索,1517年阴谋的替罪羊)的灵魂进行四旬斋祈祷"的锡耶纳的疯子们。在所有"神父的不良行径"中,帕斯奎诺甚至(以文学形式、颠覆性地)告知马丁·路德,承认自己应该"被教士刺穿"(即以"基督教"和教廷的方式承受土耳其人的典型酷刑)。甚至哈德良六世也因缺乏自己的风格而遭到嘲笑。随教皇登陆里窝那的侍从由"警察、厨师和马厩仆人"组成,教皇的洗衣妇现居住在曾经属于巴尔达萨雷·卡斯蒂廖内伯爵的观景楼，帕斯奎诺认为这是"圣父的情妇"[37]。如此看来，教皇的怒不可遏也就不足为奇了，他禁止以帕斯奎诺的畸形思想为内容发表诋毁性的文章："如果有人撰写诽谤自己或其他人的文章，被抓到，他会受到严厉的惩罚。"[38]

侍从塞拉皮卡和红衣主教索代里尼的命运现在趋同了：据说前者因为偷的东西包括利奥十世的主教冠，教皇将判处他绞刑；后者被关押在圣天使堡中，有人怀疑他被毒杀了，就算他没有丢掉性命，至少"他会失去他所有的职务，失去在这个世界上所拥有的东西"。[39]索代里尼几个月前还妄言要撤销所有美第奇教皇不公平分配的职位，对他来说这是一种颇具讽刺性的惩罚。

焦维奥向曼托瓦侯爵表示，他对逮捕索代里尼这个"法国化的"变色龙深表满意，并承诺将把红衣主教"和塞拉皮卡审判卷宗发送出去，后者正在诺那塔等待处决"。对塞拉皮卡的指控已经流传了一年多[40]，当检察官发现该男子"犯下了不能说的大罪"（即鸡奸，说得好像他是唯一一个在教皇利奥十世统治下的罗马做过此事的人似的），除了这项指控，还有谋杀、不尊重礼拜仪式、滥用权力、酗酒和腐化年轻人。总而言之，他犯下了这些罪行，"以及其他更可怕的事情来让一位富足的红衣主教迷途堕落，而不是塞拉皮卡所说的，无他人指使"。[41]但意料之外的大赦等待着美第奇家族的朋友和敌人。

朱利奥的仁慈和萨伏那洛拉的预言

在 1522 年的圣诞弥撒期间，西斯廷礼拜堂的一个门楣倒塌，砸死了两名戟兵，差点儿就砸到了教皇。帕斯奎诺向马里亚诺神父表示，他很遗憾没砸死这个外国教皇，这个试图用道德教化永恒之城的教皇发现一切终究都是徒劳。但是——人民的声音，上帝的声音——那是哈德良六世作为教皇庆祝的唯一一个圣诞节，他在 1523 年 9 月 14 日，即抵达罗马一年后，将自己的灵魂交还给了上帝。西班牙人提出的毒杀假设很快被搁置。[42] 教皇"去世时臭名昭著，因为他不是一位政治家"，除此之外，他为自己的葬礼只预留了 25 杜卡特，他抵达罗马后收到的 25 万杜卡特没有了踪迹，但没有出现任何花销的记录。我们永远不知道这笔钱的去向。然而，塞拉皮卡立即被释放似乎非常值得怀疑，他从教皇的财产中攫取了大量的财富。如果不能确定红衣主教朱利奥是否为索代里尼求过情，那么他很可能——至少这是当时的传言——赞成释放红衣主教索代里尼。[43] 鉴于秘密会议即将举行，这是一项战略举措，以获得充足的资金，为此，他特别感谢韦托里在佛罗伦萨开放什一税的资金。[44]

在为新教皇下注时，红衣主教朱利奥的胜率是 30%（他最大的竞争对手是法尔内塞，后者的胜率为 14%）。朱利奥为自己打造了能干的政治家的名声——他知道如何处理国家事务，在当时的那个关键时刻，这对教会来说是必不可少的品质。与选举哈德良六世的秘密会议相比，投票的各个派别基本相同，但整体局势有所区别。在

"外国人"统治的紧缩时期之后,对教皇利奥十世的教皇国的追忆现在成了朱利奥的优势。朱利奥的临时木制房间被涂成红色(吉祥色),被置于佩鲁吉诺(Perugino)的壁画《圣彼得圣体立于教堂之顶》(*L'elevazione di san Pietro a capo della Chiesa*)的下面,[45]事后看来人们认为这是预兆。副总理大臣朱利奥得到了大帝的支持,但在卡诺萨的调解下,[46]法国人也向他敞开了怀抱。向来虚伪的朱利奥只给了卡诺萨含糊的回答。[47]

美第奇家族突然与其宿敌蓬佩奥·科隆纳结盟,经过精心策划,宽宏大量地向其承诺了对索代里尼的赦免。经过长达50天的秘密会议和匿名选举,1523年11月19日,朱利奥终于当选教皇。他在佛罗伦萨举行了一场盛大的烟花派对,盛况与当年利奥十世当选时类似。[48]假消息称红衣主教朱利奥将使用朱利奥三世(Giulio III)的名号,但他最后选用了克莱门特七世(Clemente VII)。

刚一当选,教皇就给佛罗伦萨人写了一封长信:"慈悲和善良的上帝再次垂怜佛罗伦萨,让城市的一员来掌管教会,你们的能力将带来长久的繁荣。"[49]这与其说是一个公告,倒不如说是一个警告:托斯卡纳交易所不得不重新开放,以换取与教廷的繁荣交易。与此同时,金钱又开始像新鲜血液一样,重新在宗座财产管理处贫乏的金库中流通。[50]

新教皇立即还清了为了当选而欠下的债务:将文书院宫(即前里亚里奥宫)赐给红衣主教科隆纳,并授予他副总理大臣的头衔,这是自1517年以来教皇自己担任的职务，受人尊敬且有利可图，索代里尼则被完全赦免，还保证归还他被扣押的部分财产和权益（只要他在政治立场上保持完全中立）。[51]

人们对新的教皇国寄予厚望。卡斯蒂廖内（不久他将离开曼托瓦侯爵，成为教皇的外交官）写道，每个人都希望"这位教皇有最佳的状态"[52]。甚至卡诺萨也希望"教皇可以厘清过去，我相信，这将实现当下的美好"[53]。他的语言十分微妙，人们可以听出不信任的声音。遇到一位公平公正的教皇和"万能的神父"的愿望，在卡诺萨的有生之年可能无法实现。[54]

人文主义者阿尔西奥尼奥战战兢兢地讲述了一个佛罗伦萨市民的故事：他属于亲美第奇家族的一派，但因为下注红衣主教朱利奥不会成为教皇而被斩首。当教皇选举的结果传来，在支付输掉的赌注之前，这个倒霉蛋还在索要证据，证明教皇是否"依教规选举出来，就是因为这个词他才被指控"，他在言语上犯了轻罪却被判处斩首，因为他"质疑第二个教皇国的喜庆大事"。[55] 正是菲利波·斯特罗齐（教皇的庄家）通知的特别委员会，传达了逮捕、折磨和处决这个倒霉蛋的决定，韦托里也参与其中。[56]

然而，根据纳尔迪（Nardi）的说法，虽说他的消息不总是很可靠，私底下还有另一个不祥之兆。克莱门特七世的名号敲定后，某个名叫雅各布·尼科里尼（Iacopo Niccolini）的人造访斯特罗齐宫。尼科里尼在1498年萨伏那洛拉遭受酷刑前，一直陪伴在他身边。预言家萨伏那洛拉指出"佛罗伦萨最大的苦难将降临在教皇克莱门特时期"。克拉丽斯和菲利波听取了这些论点，并在克拉丽斯手中的"夫人办公室手册"中记录了下来。菲利波并不想听这种事情，但他很快就不得不改变主意。相反，迷信的克拉丽斯不止一次对讲述逸事的纳尔迪说，"她的孩子本来是要取名克莱门特的，如果不是这个名字会带来凶兆，她是不会放弃这个名字的。现在，假如这个雅各布·尼科里尼说了真话，上帝知道这一点，也知道他的良心；正如其他接下来的事情，全世界都会知道"[57]。

1523年11月23日，圣克莱门特节，也是朱利奥参加的1521年针对米兰的战争行动（发生在利奥十世去世前一周）胜利两周年的纪念日，教皇的占星学家宣布行星合相是不祥的预兆，因此，加冕仪式被改到了26日。[58] 这只是克莱门特教廷的众多延迟和"考量"中的第一个，也是最无害的一个。喜庆而奢华的仪式让人回忆起过去的美好时光：克莱门特七世没有拒绝凯旋门，他自诩"基督的普世和平的缔造者和永久复仇者"。三年半之后，这些响亮的高级头衔听起来会很空洞。

滑稽诗人弗朗切斯科·贝尔尼（Francesco Berni）与比别纳和吉贝蒂关系较近，[59] 他的一首著名的十四行诗讽刺地颂扬了哈德良六世的犹豫不决，并以教皇的封圣为结尾：

由考量、思考和演讲

组成的教皇国,

尽管,然后,但是,如果,也许,

多是虚言,而无实效;

想法,建议,概念,

凭空想象,

盛宴款待,只要不付钱,

有接见、回答和好话;

脚踏实地,中立不倚,

耐心,典范,

信仰,希望与仁爱;

天真,好意,

说起来简单,

不用其他的解释。

忍耐吧,

我会说,你会慢慢看到的,

它会让教皇哈德良封圣。

第八章
口袋里的狐狸
（1524—1527）

> 那些意志不坚定的君主，为了逃避眼前的危险，大多数时候走中立的道路，大多数情况下他们就此毁灭了。
> ——马基雅维利，《君主论》，第二十一章

私生子家族

弗朗切斯科·韦托里在评价克莱门特七世时写道："成为伟大而著名的红衣主教，需要付出巨大的努力，成为教皇，则不需要。"[1] 韦托里是佛罗伦萨的使节、马基雅维利的朋友，他的模糊评价指的便是第二任美第奇教皇统治下"多灾多难的"教皇国。然而，韦托里不是公正的旁观者。他和菲利波的兄长洛伦佐·斯特罗齐都是从佛罗伦萨十人团中选出来的，他们将组成新教皇的朝贺使团。他们都是贵族，所谓的"伟人"，也就是在红衣主教朱利奥无法亲自在佛罗伦萨执政后，欲成为佛罗伦萨寡头的贵族派。

菲利波在克莱门特七世当选后不久抵达罗马，警告他的兄长，

没有必要"夺走美第奇家族的权威",而且他来到教廷,以便更好地洞察到"教皇的心意,他的意志是不能也不得偏离的"。[2] 他还对所穿华服的颜色提出了很多建议,暗示使团是一个傀儡,没有独立的作用。在随后的一封信中,斯特罗齐还强调了教皇在财政方面的困难,他首先必须结清自己以及利奥十世的债务,只有在这之后才能"施恩"其他人。作为一个富裕的人,他小心翼翼地在文书院宫拿到了最相称的房间来招待他的兄长和韦托里。[3]

韦托里于1524年2月3日抵达罗马,比其他使节正式进入罗马早三天。[4] 教皇无视礼节规定,在圣天使堡私下召见了他。第二天,韦托里写信给弗朗切斯科·德尔·内罗,后者榨干了斯特罗齐银行的所有资源来支持克莱门特七世的加冕,并恳求他的姐夫马基雅维利的帮助,后者非常喜欢女演员兼歌手芭芭拉·萨鲁塔蒂(Barbara Salutati)。这位迷人的年轻女子在《曼德拉草》(*Mandragola*)中扮演了卢克雷齐娅这个角色。根据韦托里的说法,与其在宫殿门前等待,不如与她共进晚餐,这扇门"经过长时间等待也没有打开,让我这个混迹于宫廷的人很乐意离它远一点,我的命运要求我必须适应这一角色,但从本质上讲,我与之并不相融"[5]。韦托里自嘲的和苦涩的忏悔揭示了他对新教皇的某种不适应,教皇虽然对他礼遇有加,但好像并不信任洛伦佐公爵的旧部。

唯一可以不受限制接触教皇的人是菲利波·斯特罗齐,他被任命为佛罗伦萨驻罗马的领事。由于他与教皇的血缘关系,他在宫廷内如同"一位非常富有的红衣主教,因为他有学问、才智和判断力,此后就再也没见过,他与教皇克莱门特相处的时间比马基雅维利与芭芭拉在一起的时间还要长"[6]。

这是一篇恶毒的赞词,带有色情的意味。斯特罗齐和教皇之间的联盟可以追溯到他年轻时与朱利奥共享"小床"的时候,在个人层面上,他们整合了财政和政治大权,就像一起吃零食的两位老友用一只手洗另一个人的手。[7]

克莱门特七世是个英俊的男人,当然不像利奥十世那么肥胖:他 45 岁,很健康,生活规律且节制。他的父亲朱利亚诺并不是与西蒙内塔·维斯普奇(Simonetta Vespucci,波利齐亚诺和波提切利笔下著名的缪斯女神)生育了他,而是与一位我们知之甚少的佛罗伦萨女性,朱利亚诺因为她的外表而被吸引("豪华者"洛伦佐的妻子克拉丽斯·奥尔西尼,以及阿方西娜,都是很好的政治联姻对象,但绝不是迷人的女性)。

在帕齐阴谋中,朱利奥的父亲被杀,而朱利奥则在父亲死后出生,后被伯父"豪华者"洛伦佐收养,他的私生关系也已通过法律进行了更改。教皇所推崇的禁欲或许隐藏着一个黑暗的家族秘密:据说,在开始教士生涯之前,他已经让北非裔仆人西蒙内塔怀孕了,后者生下了后来被称为"摩尔人"(Il Moro)的亚历山德罗·德·美第奇(Alessandro de' Medici),即未来的佛罗伦萨公爵。[8] 然而,这个家族未来的接班人本不是这个 14 岁的男孩,目前最受器重是另一位私生子——朱利亚诺的儿子伊波利托（Ippolito，此处的朱利亚诺指"豪华者"洛伦佐的儿子、朱利奥的已故堂弟），他出生于1511年，母亲是一位乌尔比诺妇女，她最近被认为是达·芬奇《蒙娜丽莎》的原型。[9]

佛罗伦萨使团进入罗马并受到教皇的欢迎。众人礼貌又冷漠地听完帕拉·鲁切拉伊（Palla Rucellai）的祈祷后，一场盛大的宴会便开始了。[10]紧接着，教皇关于即将在佛罗伦萨做出的决策，按照年龄和品级，一一征询了所有使节的意见。弗朗切斯科·韦托里、洛伦佐·斯特罗齐和罗伯托·阿恰约利（Roberto Acciaiuoli）是仅有的几个支持正义旗手制度的人，这个古老的政体保证了制度的连贯性。其他人则认为，有必要将佛罗伦萨政府委托给年轻的伊波利托，但考虑到他暂未成年，应由来自科尔托纳的红衣主教帕塞里尼监护。克莱门特七世像猫一样舔着自己的胡须，让不同政见者尴尬到想要上吊，然后冷冷地驳回了他们的意见。韦托里是最先到达罗马的，也是带着不悦的心情最早离开的。他很高兴离开了他厌恶的宫廷，远离了开始蔓延的瘟疫。

菲利波向他的兄长通报了风向以及他自己的利益的"暴增"，但难掩他对脆弱局势的焦虑，即一切都取决于一个人的存亡：教皇采取了预防措施，"即使是（他的）周围有事情发生也不会引来卫兵，我们其他人希望能依靠教皇的力量"。[11]

克莱门特七世真正关心的不是瘟疫，而是政治。上帝的仆人实际上被迫拥有两位主人：强大的法国国王弗朗索瓦一世和几乎无所不能的西班牙国王兼德意志国王查理五世。教皇这种双重的紧张心态反映在两位心腹顾问的选择上：第一位也是最亲近的是忠实的吉安·马泰奥·吉贝蒂，他也是私生子[12]，在朱利奥担任副总理大臣时曾是他的秘书。现在，作为教会的薪俸管理者，他在教廷中拥有巨大的权力，可以按照自己的意愿分配职位。从政治角度来看，吉贝蒂是亲法派的：他曾于1518年随红衣主教比别纳访问法国，从那时起，他与弗朗索瓦一世宫廷的关系一直很稳固。

另一位教皇顾问是亲帝国派的卡普亚大主教尼古拉斯·冯·朔姆贝格（Nikolaus von Schömberg），韦托里和其同胞不喜欢他的"日耳曼大脑"[13]。1524年3月，朔姆贝格被派往法国、西班牙和英国的宫廷，代表教皇谈判"普世和平"。大主教以条顿人*的热情履行了他的外交职责，但没有取得成果，所以他于6月"无功而返"，回到罗马。他正好赶上会见新任帝国使节德拉·罗什（de la Roche），但后者刚到罗马就生病去世了，毒杀的怀疑甚嚣尘上。朔姆贝格随后"不情愿地"于9月继续出使欧洲。[14]

红衣主教比别纳门下有一位思维敏锐的观察员，名叫吉安·弗朗切斯科·瓦利埃（Gian Francesco Valier），他表示对两位君主休战的前景持悲观态度，教皇"却殷切希望休战，好似一个父亲关心自己孩子的健康，他认为为基督徒带来真正且必要的和平是有益的"[15]。战争在法国和西班牙两条战线上进行，但意大利是首选的战场。

---

* 即日耳曼人，贬义词。——译者注

瓦利埃描述了马赛的坚固防御，这实际上也确实抵挡住了查理五世军队的围攻，他们夹着尾巴逃跑了。另一方面，从把法国人驱逐出米兰后帝国军队便驻扎在伦巴第，帕维亚成了他们的大本营，这座城市也曾抵御了弗朗索瓦一世的围攻。卡斯蒂廖内此时是"查理五世的忠实拥趸以及高级外交官，在帝国王室担任教皇使节已有月余"[16]，在帕维亚的维斯孔蒂、斯福尔扎家族的卡尔特修道院暂住时，他用亲身经历反驳了此事（指帝国军队抵挡住法国军队围攻一事）。[17]卡斯蒂廖内继续前往法国，当他到达里昂时，在那里见到了朔姆贝格，他迫不及待地想听到罗马发生的"如此混乱的事情"。"在这里，"卡斯蒂廖内补充道，"整个城市都为新消息而感到惊喜万状，因为教皇和威尼斯宣布与法国国王结盟，朋友的朋友和敌人的敌人。"[18]

教皇、威尼斯和弗朗索瓦一世之间的秘密联盟最近才结成，这是1524年秋季积极开展外交联络的结果，于12月在吉贝蒂的调解下缔结。[19]然而，这位伟大的外交官的真实想法可以在加密信件中了解到："如果法国人公布的消息属实，那我会深感不安，但不是因为基督教和教皇的共同利益。我怀疑教皇没有选择正确的联盟——我还觉得此事无缘无故地就成了，我太愚蠢了。"[20]这位廷臣严厉地批判了教皇不合理且糊涂的政策，但他本人也是支持这一政策的主要代表。他的任务在不祥的预兆下开始了。

帝国王室对不可信任的教皇怒不可遏，但并未在公开场合表现出来：1525年2月7日，查理五世写信给克莱门特七世，尊他为"神父"。然而，就在两天前，查理五世向他的使节发泄对这位美第奇教皇的不满，他为了登上教皇之位"花费了巨额的金钱"。在西班牙，他们开始秘密研究如何对那次买卖圣职的选举进行复审，理由是选举过程不符合教法的规定。[21]

马基雅维利的回归

弗朗索瓦一世坚信可以复刻十年前马里尼亚诺的胜利，但在帕维亚战役中，法国人被西班牙人击败。法国国王虽然英勇作战，但还是在 1525 年 2 月 24 日被敌方俘虏了。[22] 克莱门特七世随后给王太后写了一封信，信中满是对生命的短暂和脆弱的泛泛安慰，[23] 但他特别担心的是，与法国互通的信件会落入查理五世手中。[24] 为了重新获得查理五世大帝的信任，吉贝蒂的秘书焦万·巴蒂斯塔·桑加（Giovan Battista Sanga）告诉卡斯蒂廖内，教皇

> 得知伦巴第大获全胜的消息时……感到很高兴，那时基督徒之间的和平是不可能的，现在上帝以这种方式赋予教皇力量，赐予和平。他向来祈望和平，一切为了民众的福祉。[25]

废话，废话，废话。教皇们经常提到要实现基督徒之间的和平，这样的借口在君士坦丁堡陷落之后显得更为无力。卡斯蒂廖内在抵

达马德里时收到了这封信,在那里他同时受到了礼貌的接待和不信任的目光,他摸不着头脑,不知所措。[26]

与此同时,弗朗切斯科·韦托里于3月初火速赶到罗马,克莱门特七世则躲在圣天使堡内,二人在城堡内进行了长时间的交谈,教皇不确定接下来应该怎么做,在权衡着自己的选择。一方面,与查理五世达成货币协议会削弱意大利的实力并推动查理五世成为整个亚平宁半岛的主人;另一方面,"多边联盟的效果甚微",但联合对抗最强大的敌人更可取,即选择"为整个意大利的存亡着想的光荣且无畏的联盟"。佛罗伦萨的回答是,在"两次死亡"之间,"光荣、合理、坦荡的联盟"是不切实际的。为了不冒"因共同安全而死亡"的风险,着眼于"我们的生命安全"的短视观点占据了上风。[27]这是"特殊的"狭隘和目光短浅的胜利。不可否认,佛罗伦萨人与教皇意见一致,也许只有一些更"有德行"的人例外。

许多人调整步伐以追随摇摆不定的克莱门特七世,其中就有马基雅维利,他刚刚完成了《佛罗伦萨史》(*Istorie fiorentine*)一书。近年来他将所有的精力都倾注在了这部作品上,巧妙地用讨喜的手法赞颂了美第奇家族的三代伟人:从老科西莫到"豪华者"洛伦佐。他希望能够将作品面呈教皇,但韦托里以一贯的悲观态度不建议他访问罗马,因为他会"深情地望着这本书,教皇会听他朗读一些片段,但他回来带的钱比他带给我们的钱更少"。[28]1512年,马基雅维利曾被逐出政治圈,在经历了13年的无所事事之后,他迫切希望重返政治舞台。通过最新的文学作品,他对美第奇家族表现出了足够的忠诚。因此,在佛罗伦萨,有些人认为,好像困难时期正在来临,连马基雅维利的能力和阅历也能对完全不"勇敢的"教皇有用。[29] 银行家雅各布·萨尔维亚蒂(Jacopo Salviati)写信给他的儿子乔瓦尼·萨尔维亚蒂(Giovanni Salviati),后者是红衣主教,被选为教皇使节,与在西班牙的宗座使节卡斯蒂廖内一起工作,作为"秘书,我可以与他交谈,我喜欢马基雅维利胜过其他人"。他曾与教皇谈过这件事,教皇"表示怀疑:我看看能不能解决"。[30] 几天后,雅各布责备儿子,因为"除了出于各种原因的痛苦、鸡奸和悲伤的事件,不要和门客公开讨论或是当着所有人的面探讨其他事情。我提醒(乔瓦尼),他去(伊比利亚)国家,这样的事情将会惹人憎恶,造成丑闻"。[31] 这位佛罗伦萨历史学家(指马基雅维利)不太可能是一个讲道德的人,但无论如何,教皇放弃了他的候选人资格。

马基雅维利于5月底抵达罗马,教皇一直都不确定是否派他去西班牙,这或许可以解释为教皇想将他留在身边。他的史学作品获得教皇的好评,教皇向他支付了120杜卡特,[32] 但最重要的是,克莱门特七世第一次决定委托他执行外交任务,派他拜访罗马涅总督弗朗切斯科·圭契阿迪尼,[33] 后者已经获得了荣誉和行政职位。[34] 马基雅维利于6月12日启程前往罗马涅,在那里他立即提出了一项大胆的建议,即武装该地区的臣民。和以往一样,教皇对此无法决断。[35]

在佛罗伦萨,私生子伊波利托和红衣主教帕塞里尼的影子政府已经就职。韦托里则一直劝斯特罗齐要谨慎,相反,斯特罗齐越来越欣赏积极主动的马基雅维利的品质:"您的谨慎的愤怒是很好的;但我就像美狄亚,即'我看到了最好的一面,也看到了最坏的一面'。"[36] 作为对马基雅维利的赞赏,菲利波增加了他的薪俸,正如弗朗切斯科·德尔·内罗告诉他的一样:"这样您的幸福感就会成倍增加。"[37]

1525年夏天,马基雅维利终于进入了"快乐的少数人"的圈子。他专心从事公共事业工作,同时不忘记私人利益。他去视察了圭契阿迪尼的两处庄园,它们分别位于菲诺奇托和哥伦巴亚。[38] 圭契阿迪尼知道如何开玩笑,以菲诺奇托圣母的名义针锋相对地反驳了他,恶意赞美芭芭拉,她"努力取悦所有人,宁愿关注外表而不是真实地活着"[39];但随后,他又恢复了严肃的语气,承认"我们都走在阴霾中,双手束缚在背后,无法躲避打击"[40]。圭契阿迪尼意识到风险但并未因此而麻痹,他结合了马基雅维利的冲动和韦托里的恐惧。

9月,马基雅维利前往威尼斯,拜访了使节卡诺萨。卡诺萨写信给弗朗切斯科·韦托里说,自己很乐意像"你所有的朋友"一样接待他,并尽其所能地向他提供帮助,但是"我再也没有见过他"。然后马基雅维利又出现了,告诉卡诺萨他想第二天一早动身去佛罗伦萨,卡诺萨后悔"不能再继续交谈,更好地了解他",但马基雅维利已经告诉他自己对于公共事务的理解,为的是他会将此事转告韦托里。[41]

我们不知道保守的卡诺萨对难以言喻的马基雅维利说了什么,

他们也许是那个时代最聪明的两个人,可惜此前他们没有机会见面和交流。然而,在卡诺萨的文件中,保存着一份1526年联盟的草稿,其语言风格似乎与《君主论》的最后一章产生了共鸣,即从野蛮人的手中把意大利解放出来:

> 首先,将在上述进攻和防御的范围内建立一个牢固而持久的联盟和联邦,让意大利获得自由,并将其还原为之前的原始状态,将其从外族手中解放出来。一段时间以来,外部势力一直想在这里立足扩张、强占土地,那里发生了许多致命的战争和无尽的罪恶。[42]

是时候采取勇敢的行动了,但教皇还继续在谨慎的等待和不停的推迟中徘徊不前。利奥十世的那套见机行事和墙头草的战略已经行不通了。教皇的"犹豫不决"激怒了法国和威尼斯盟友,即使教皇没有对他们采取任何行动,他们也感受到了背叛。[43] 此外,由于卡斯蒂廖内和萨尔维亚蒂暂未与查理五世达成明确的协议,之前承诺给他的红衣主教名额也未能实现。与此同时,红衣主教蓬佩奥·科隆纳被"激怒",高喊着"叛徒"离开了罗马,因为他事先被告知总理大臣莫罗内(Morone)将密谋占据米兰的企图,教皇也是知晓此事的。[44] 勇敢善战的副总理大臣科隆纳与查理五世保持通信,准备施以危险的反击。

1526年3月,弗朗索瓦一世在相当苛刻的条件下被释放。法国国王将他的两个儿子留给查理五世作为人质,以保证他会遵守自己的承诺,承诺中有一条沉重且"不可能"[45]的内容,即将勃艮第公国割让给查理五世。另外,他还必须放弃对意大利的所有野心。教皇一获悉谈判即将结束,便派他的老亲信保罗·韦托里前往法国,但韦托里在途中病倒,在佛罗伦萨去世[由安德烈亚·多里亚(Andrea Doria)接替他担任教皇舰队的船长]。韦托里的兄长弗朗切斯科指出,49岁的保罗"不太健康",但还是以他一贯的热情接受了任务,这表明克莱门特七世根本不在乎他的身体状况。弗朗切斯科补充说,法国国王"不遵守"被俘时所签署的协议是可以的,不是出于形式的原因,而是因为遵守协议的规定会导致他的国家崩溃。[46]

关于这一主题,即不信守诺言的君主,马基雅维利曾在他的《君主论》中写下过令人难忘的篇章。当时,几乎没有人知道这部作品,但菲利波·斯特罗齐和弗朗切斯科·圭契阿迪尼了解其内容,因为马基雅维利与他们保持着密切的书信往来。关于释放弗朗索瓦一世,马基雅维利不明白为什么查理五世明明将他的劲敌关押在自己的囚牢里,却因为一个简单的口头保证就释放了他。查理五世一定被指责为愚蠢,但这并不能阻止——这位前佛罗伦萨秘书预言——意大利肯定会有"战争,而且很快(就会爆发)"。根据他的说法,保卫意大利的领土,抵挡查理五世南征的唯一解决方案是"举起"乔瓦尼·德·美第奇的旗帜,或者更确切地说是"黑条"旗,他"大胆、冲动、有大局观，是伟大政党的缔造者"，[47]将意大利的命运托付给所有统帅中最有贤德的一位。乔瓦尼属于家族的旁系分支，但不像其他幸存的男性继承人那样是个私生子。

尽管菲利波在自己温暖和深情的幽默包装下，把信息传达给了马基雅维利，但教皇的冷漠回应如期而至。[48]为了控制马基雅维利的过度热情，教皇交给了他加固佛罗伦萨城防的任务。[49]这给了他第二次觐见罗马教皇的机会。回到佛罗伦萨后，马基雅维利"满脑子都是防御工事"，装不下其他事，并坚持说查理大帝不值得信任，"除掉那些野兽，他们除了脸和声音之外，没有哪个地方像人。"[50]在构思重要的警告时，马基雅维利难道忘记了他在《君主论》中以狐狸和狮子为例的章节吗？那这些帝国势力又是怎样的野兽呢？

与此同时，正如马基雅维利所预见的，虽然质子在查理五世手中，[51]但弗朗索瓦一世仍然准备发动战争。1526年5月22日，在干邑，他正式加入了教皇、佛罗伦萨和威尼斯的神圣联盟，共同对抗查理五世。

金钱与痛苦

菲利波·斯特罗齐恢复了过去的恶习，与阿拉贡的名妓图里亚（Tullia d'Aragona）共度良宵。她是阿拉贡家族红衣主教的私生女，时而高谈阔论，时而诗意满满。几个月前，克拉丽斯冒着生命危险生下了一对双胞胎，但孩子生下来就死了。在那个悲伤的时刻，菲利波意识到自己处境的脆弱性:"当我整个家族的存亡取决于她的生死时,我顿时觉得一切都失控了。"[52] 与其说他是对婚姻不忠——这对他来说是常态,不如说他是需要抓住享乐的时光,将烦恼抛诸脑后。

菲利波没有否认他"与图里亚共度良宵",但他在向韦托里倾诉时,说不应该让"类似情况下的错误"再次发生,正如在1517年,一个过于火辣的妓女让他陷入与克拉丽斯的婚姻危机。"我们正处于战争的开局阶段,"他继续说道,"我已经筋疲力尽,没有力气了。"然后是他对资金的担忧。理论上来说,他本应分四期收到共计10.3万杜卡特金币,但只有大约6万金币能够得到保证,其余的4.3万则取决于"教皇的一句话"。因此,他要求韦托里只能与弗朗切斯科·德尔·内罗商讨,并保持最大限度的谨慎,因为如果这件事传到教皇的耳朵里,那么教皇会责备他服务不周。最重要的是,他认为无法为对抗帝国的战争筹集到必要的流动资金。唯一的出路是"红帽子",也就是有偿选举新的红衣主教,利奥十世在这方面留下了让人印象深刻的例子。[53]

除了明显的财政困难之外,还有政治和战略方面的困境。教皇既不信任"黑条"乔瓦尼,因为他除了是雇佣兵,还是一个让人厌烦的亲戚;也不信任弗朗切斯科·玛里亚·德拉·罗韦雷,因为两大家族在乌尔比诺战争期间的过错,担任神圣联盟军队统帅的是曼托瓦侯爵费代里科·贡扎加(Federico Gonzaga)。贡扎加在利奥十世的领导下,与教会签订了无条件契约。该契约中有一项条款规定,即使对抗皇帝，侯爵也必须参战，但是，在 1522 年夏天，时任曼托瓦使节的卡斯蒂廖内私下交易了契约。事实上，在哈德良六世到达罗马之前，美第奇家族的老阴谋家们已经销毁了教廷文书，其中，皮耶罗·阿尔丁盖利在美第奇家族失权失势时表现出前所未有的贪婪，以 1000 杜卡特的价格出售了珍贵的条款。[54] 就在那时，费代里科侯爵的母亲伊莎贝拉·德斯特亲自烧毁了那张妥协的契约，对此她非常满意，这让她的儿子免受自杀任务的束缚，避免成为查理五世的直接敌人。四年后，梵蒂冈档案馆发现文件丢失，克莱门特七世怒不可遏地召见阿尔丁盖利到罗马，让他给出解释。阿尔丁盖利作为利奥十世的心腹，一直非常有权势，他知道在圣天使堡等待他的是怎样的待遇，他宁愿自杀。就这样，阿尔丁盖利结束了自己的职业生涯，马基雅维利曾怀疑过他想要抢走《君主论》的功劳。

教皇军队的中尉圭契阿迪尼被派往弗朗切斯科·玛里亚·德拉·罗韦雷的身边，后者不仅重新获得了乌尔比诺公爵的头衔，还担任威尼斯军队的将军和神圣联盟军的统帅。吉贝蒂过分乐观地赞扬了中尉的选择，这或许掩盖了他对失败的恐慌：

> 因为我实践得越多，我就越像圭契阿迪尼大人，他是一个精神强大且行事谨慎的人……因为他除了拥有对意大利自由的信念、审慎和热情之外，也能力超群，如此受人爱戴，我坚信大人应该成为教皇与统帅之间和谐相处的

纽带：虽然荣誉和职位仍然如此分配，但每个人都满足于安排的职位。他志向远大，人脉甚广，而且深受（威尼斯）领主国的喜爱，我坚信他非常了解杰出的统帅、乌尔比诺公爵的一切……是的，既是因为他的性格，也是因为我们的教皇的委托，有财共享，为了意大利的荣耀和发展，所以如是建议。[55]

不幸的是，圭契阿迪尼和德拉·罗韦雷并不打算"相互了解"。1526年6月底攻打洛迪对联盟军来说是一个充满希望的开端，但围攻米兰的计划始终停滞不前，没有进展，最终乌尔比诺公爵沮丧地下令撤军。两人之间的公开分歧成了一桩丑事：公爵在其他统领面前自以为是地扇了中尉一巴掌。这种强烈的屈辱应该是德拉·罗韦雷在《意大利史》(Storia d'Italia) 中受到全方位的负面评价的原因，书中他的形象因警句"我来，我见，我逃"（veni, vidi, fugi）[*]而永垂不朽。对死后不想承担责任的"口说无凭的人"进行批评太简单了。[56]

马基雅维利向圭契阿迪尼伸出了援手，积极地承担了"重整旗鼓"的任务，但圭契阿迪尼在写给时任佛罗伦萨驻法国使节的罗伯托·阿恰约利的信中评论道："看到情况如此糟糕，马基雅维利不相信有荣誉。他会嘲笑人们的错误，因为他无法纠正错误。"[57]圭契阿迪尼对这位朋友的疑心是明智的，这一判断让人想起班德罗

---

[*] "Veni, vidi, vinci"（我来，我见，我征服），是恺撒大帝的名句。——译者注

(Bandello)所讲述的一则逸事：马基雅维利在战场上花了几个小时"根据他所写的命令给3000步兵下达指令"。然而，"黑条"乔瓦尼的权威之声"眨眼间"结束了他的尴尬，让同席的人去吃饭。[58]

在法国宫廷收到圭契阿迪尼的信后，阿恰约利回复说：

> 我喜欢马基雅维利下令训练步兵。上帝愿意将他的想法付诸实践吗？但我怀疑它不像柏拉图的共和国。然而在我看来，如果他回到佛罗伦萨做他的城防加固工作会更好，因为离需要城防的时间越来越近了。[59]

这个回复似乎是对著名的《君主论》第十五章关于"事情的实际真相"的讽刺回应，这不是那么容易"跟进"的。

同一天，韦托里发出了对现实的残酷召唤。亲帝国派的锡耶纳被一支教皇资助的军队包围。在这场突围中，不足400人的锡耶纳步兵就让5000名步兵和300名骑兵落魄而逃。[60]之后锡耶纳的溃败是由雇佣军对《圣经》的"恐惧"引起的，这证实了马基雅维利的理论，根据该理论，"战争的神经"不仅仅是金钱。金钱的数额至今未知，在某道神秘的面纱下，韦托里谨慎地写道：

> 如果教皇和我们（佛罗伦萨人）能赚几个月的钱，我相信帝国军队的命运会改变，但锡耶纳的这件事让我们震

惊，以至于无法拿到（得到）钱，而在罗马（有）瘟疫，所以有必要认真权衡。[61]

在1526年8月初，教皇是法国使节所见过的"最困惑、最阴郁和最悲伤的人"，他的使臣们"生不如死"。[62]另一方面，马基雅维利、韦托里和菲利波·斯特罗齐频繁通信，交换机密信件，向教皇展示"联盟军和帝国军的质量"。[63]至少这些被某些人视为"神谕"的信件就像是一口氧气？韦托里将信件"寄到罗马给菲利波，想着当我们的教皇在那里阅读时，会对战事有利。菲利波写信给我说教皇不仅会阅读这些信件，而且会重复读，并认真思考"。[64]这是一种不确定的，甚至是有害的态度。事实上，克莱门特七世决定拒绝马基雅维利拟定的进攻那不勒斯王国的大胆提议，这一提议也遭到了韦托里的批评。[65]

与此同时，西班牙统帅乌戈·德·蒙卡达（Ugo de Moncada）曾在学校接受过瓦伦蒂诺公爵的训练，他跟教皇开了一个可怕的玩笑。蒙卡达是个两面派：在与教皇谈判的同时，在皇帝的明确指示下，他与科隆纳家族达成协议。科隆纳家族对克莱门特七世和美第奇家族怀有怨恨（美第奇家族与奥尔西尼家族联姻，后者是科隆纳家族一直以来的政治对手）。因此，蒙卡达在向教皇保证查理五世无意发动战争后，说服教皇签署协议，将教皇卫队的人数减少到500人。[66]

9月20日黎明时分，无人防御的罗马城突然遭到红衣主教蓬佩奥·科隆纳及其亲属阿斯卡尼奥（Ascanio）和维斯帕西亚诺（Vespasiano）发动的致命袭击。他们率领5000人进入城市，暴力洗劫了梵蒂冈，就像刚刚过去的莫哈奇战役中土耳其人屠杀匈牙利军队一样。教皇不想当着侵略者的面撤退，但"几乎在菲利波·斯特罗齐的逼迫下，他与红衣主教、其他朋友和仆人一起通过双层墙（博尔贾通道）逃到了圣天使堡中"。[67]

本次袭击造成几十人死亡，预计的经济损失为30万杜卡特，如果用这笔钱来强化军队，可以轻易地让教皇抵御外侮。马基雅维利讽刺地向圭契阿迪尼评论说："教皇更相信笔墨（即由蒙卡达签署的协议），而不是1000名守卫他的步兵。"[68] 试图召回被解雇的士兵是徒劳的，向路人撒钱也是无用的。罗马人因税收负担过重，对克莱门特七世的节俭管理心怀不满，对他的保卫行动冷眼旁观，尽情享受着这一奇观。科隆纳的雇佣兵身披教皇礼袍，挥洒着亵渎神明的祝福。[69]

吉贝蒂既愤怒又惊恐，将亵渎圣彼得的行为定义为"悲剧"，但他无法想象这只是一场悲喜剧的序幕。凯旋的红衣主教科隆纳宣布反对吝啬教皇的暴政，因为教皇是他参与选举出来的，因此他也有将其废黜的权力。[70] 副总理大臣谈到了查理五世"以前对统治的欲望目无一切、固执己见、贪得无厌"，但现在他组织的这些行动"就像很多人解读的那样，好似恶魔"。[71]

教皇别无选择，只能与肆无忌惮的蒙卡达进行谈判。两位美第奇家族的红衣主教被移交给科隆纳之后,蒙卡达才得以进入圣天使堡。结果是,菲利波·斯特罗齐自告奋勇作为人质,为教皇的承诺做担保。[72] 菲利波被押送到杰纳扎诺的科隆纳宫,随后被押解至那不勒斯总督查尔斯·德·兰诺伊(Charles de Lannoy)控制下的新堡。"我知道很多人会说我疯了,"他在给兄长的信中写道,"但我一点也不后悔,如果重来一次我还是会这么做。"[73] 菲利波对教皇的态度很快就会从慷慨勇敢转为逐渐失望,因为他牺牲资金并冒死为教皇担保,但教皇却决定任由他自生自灭。

法老的心脏

教皇现在最担心的是日耳曼雇佣兵的"可抵抗的"南下进攻,他们在佛罗伦萨被轻蔑地认为"不足为惧"。[74] 吉贝蒂知道这些日耳曼雇佣兵在特伦托,目的是"进入托斯卡纳,没有抵抗,最后自由直通罗马"。他们当中"既有雇佣兵又有冒险者,意图夺取意大利,人数不少于1.6万人",有几匹马和几门大炮。人们怀疑费拉拉公爵将根据与帝国使节的协议为帝国军队放行。为了防止类似情况发生、重新建立友好关系,教皇派遣圭契阿迪尼出使费拉拉。然而,他是最不合适的人选,因为公爵清晰地记得圭契阿迪尼参与了1520年由利奥十世委托的针对自己的谋杀未遂案。阿方索·德斯特不信任教皇,拒绝了凯瑟琳和伊波利托·德·美第奇与公爵的儿子和女儿的双重联姻的提议,因为他更喜欢查理五世响当当的金钱,而不是与落魄王朝联姻所带来的模棱两可的优势。[75]

让费拉拉保卫教皇国的尝试失败了，现在所有防御的希望都寄托在乌尔比诺公爵和意大利最后一个军事堡垒乔瓦尼·德·美第奇的手中，后者拥有约1万"黑条"步兵和大量的战马。但是乔瓦尼已经奄奄一息了，11月25日他被小炮（费拉拉公爵秘密提供给日耳曼雇佣兵的武器）射出的子弹打伤了。几天后，29岁的乔瓦尼英年早逝，引发了"众人沉痛的悼念，给我们造成了巨大的损失"。[76] 这是典型的意大利式背叛的结果，在埃尔曼诺·奥尔米（Ermanno Olmi）的电影《职业武器》（*Il mestiere delle armi*，2001）中有所呈现，让人们印象深刻。[77]

吉贝蒂沮丧地承认："资金短缺，时间紧张。"尽管不太可能，他仍然希望得到英格兰国王亨利八世和红衣主教沃尔西的帮助。他写信给海峡对面的使节说，要是他们不提供援助，"我们将坠入谷底，我们可以接受几个屈辱的条件，我早就向你们表示过这一点"[78]。所以卡诺萨对吉贝蒂的著名预言并没有感到奇怪，由于教会的盲目性，"上帝希望您成为毁灭意大利和整个基督教的工具"[79]。法国驻威尼斯使节卡诺萨有充分的理由警惕查理五世大帝，尤其是他的大臣们。

菲利波被囚禁在那不勒斯后，开始转变看待事物的视角。克拉丽斯和韦托里均到罗马为他辩护，他知道两人的坚持让教皇很恼火，所以他利用总督的教皇使节前往教廷的机会告诉教皇，在尚未与查理五世达成协议的情况下，他"自己和家庭完全被毁，而在我看来，您的情况也不怎么样"。因此，最谨慎的教皇必须两害相权取其轻：要么在皇帝面前遭受羞辱，要么被皇帝的实力压倒。菲利波向上帝祈祷，希望他能推动教皇达成某项协议，"不只是为了他的利益，也是为了我的利益"。[80] 在恳求的幌子下，这更像是一种半遮半掩的威胁。

菲利波没有收到任何回复，三周后他又回到了同一个话题上。他给韦托里写了一封密信，因为总督的忏悔神父向他传达了寻求互惠协议的真诚愿望："教皇的疑心告诉我这是徒劳的。"[81] 但是克莱门特完全没有宽厚之心，拒绝聆听建议。菲利波怒火中烧，切身体会到最亲密的背叛。被自己的家人背叛，虽然他很担心生病的妻子克拉丽斯，但他还是自愿成为人质。

菲利波习惯了妓女的舒适的怀抱（以及迷人的图里亚的陪伴），在新堡狭窄的牢房里待了几个月，陷入了绝望。他甚至考虑过自杀，在乌戈·德·蒙卡达或其他人处决他之前自己动手。他不愿被视为美第奇家族的亲戚并拒绝为此付出无法接受的代价："我怀疑是否还有人在为我争取，谁把我当作美第奇的仆人或亲戚……那就真的会冒犯我，不应该那么做。"[82] 斯特罗齐不再是"家族的人"。

蓬佩奥·科隆纳返回罗马南部的领地，教皇剥夺了他的红衣主教头衔，检察官佩鲁斯奇愤怒于他拒不出庭接受审判，威胁性地监视科隆纳及其亲属，开除他们的教籍，[83] 但又无法在圣天使堡对他们施以酷刑，所有的这些措施已经不能震慑到任何人了。菲利波对此事的发泄确实与他作为马基雅维利好友的身份相称：

> 您要向教皇明确表示，您知道如何治理当今的世界，因为100个人当中，有10人相信您或我说的这些话会更有效力；说到武器，就抛开所有这些考虑……最后，我看到您已经失去了方向，正迷茫地四处奔波。您也可以相信有上帝在上，他能知能视，并会补救一切，然后您可以用最差劲的方法统治。我还是不敢相信您仍未达成协议，但我不知道每一天您是如何度过的。当那不勒斯总督觉得已经完成分内工作时，他会摘下面甲，然后您会意识到自己的错误。这艘圣彼得的船即将沉没：是时候扔掉一些东西，以拯救剩下的部分和船上的人了，如果您坚持认为它不会沉没，您很快就会看到相反的结果。我把总督描绘成一个天主教徒，拥有最虔诚的信仰，他不假意做作，不玩弄手段，可能有人会指责他，他的背后竟隐藏着如此强烈的仇恨，他不能也不应该信赖他人。但是，如果法老的心已经变硬了，那么看在上帝的分上，让我们赶快毁灭吧，我表达的意思和塞内卡（Seneca）的类似：与其总是悬而未决，不如一刀两断。[84]

第一处引文摘自《出埃及记》，是指木棍在法老面前变成蛇的情节。尽管摩西和亚伦兄弟创造了奇迹，但在等待灾难的过程中，法老的心却变硬了。与亵渎美第奇教皇的类比隐藏在一封可能被忽视的"密信"中，言辞着实激烈。菲利波赞美仁慈的"天主教徒"狱吏，是对无情无义的教皇的一种反抗，但如果总督卸下面甲，那就连祈祷的时间都没有了：

> 我再次恳求您，说服我们的教皇快点行动，只有自己才能拯救自己，如果不相信自己，一样会毁灭自己。我不知道如何看待这些人的恶劣条件，因为就像我说过的其他事情，关于钱，您在失败的战争中花掉的钱要比同意协议、保全自己多得多，而且不同意协议要比同意协议花得多得多。当您知道所有这些（武装的）人集合攻打罗马时，您会看到民众煞白的脸色，这很快就会发生，而日耳曼人在远处，当他们接近时，您会看到他们会造成什么样的影响。我自己被终身囚禁在监狱里，对我来说，不会有更悲惨的事情了。感谢上帝，我找到了一些朋友，他们更喜欢我不配拥有的东西，这些朋友当中主要是您和弗朗切斯科·德尔·内罗。[85]

菲利波预见到了罗马之劫和罗马人在看到日耳曼雇佣兵时脸吓得煞白的场景。他熟知教皇摇摆不定、错综复杂的思想，他开始与科隆纳进行秘密谈判。弗朗切斯科·韦托里在其他佛罗伦萨贵族的支持下,试着改变佛罗伦萨的不幸命运并寻求出路,这默默地助长了对克莱门特七世的仇恨。[86]斯特罗齐不得不代表他的城市与身处那不勒斯的帝国特派员达成协议,除了从法律上,还要从事实上扳倒教皇。蓬佩奥·科隆纳的介入是决定性的:作为一名高效的调解人,他确保菲利波"立即释放,他们从敌人变成了密友"。[87]

斯特罗齐签署了支持佛罗伦萨政权更迭的承诺书,[88]它打破了政治、金融和家族的联盟,动摇了克莱门特七世的教权基础。1527年新年之交,菲利波压抑自己的愤怒,谨慎行事,接触佛罗伦萨的流亡者们,他们是五年前筹划刺杀当时身为红衣主教的朱利奥的主犯。"我被没有尊严地玩弄了,好像我是一个奴隶。"他写道。他以拥有共和国公民的古老国书而自豪,这些国书将在未来几年为他所用。[89]现在菲利波应该将佛罗伦萨从法老(指教皇)的奴隶制中解放出来。是时候背水一战了,特别是因为教皇对之前菲利波被监禁没有表现出任何同情或理解,正如1527年4月,斯特罗齐在归家途中在罗马停留时所证明的那样。事实上,克莱门特七世十分冷淡地接待了他,对他在那不勒斯遭受的痛苦和冒死为人质的经历没有一句感谢的话。

对美第奇教皇的不满在罗马持续蔓延。圣周四,在圣彼得广场,在圣保罗雕像下,锡耶纳传教士布兰达诺怒吼道:"罗马,忏悔吧!像处理所多玛和蛾摩拉一样,我们与您一起继续前进!"[90]新时代的萨伏那洛拉在语气和内容上都呼应了外国军队即将带来灾难的预言,让参与者回想起1494年的恐怖幽灵。教皇逮捕了布兰达诺，但迫于压力随即释放了他，因为罗马人尊他为圣人，对他的逮捕引起了民众的不满和反抗。利奥十世的时代——那个让不祥之兆的先知永久沉默的时代，现在已经结束了。

佛罗伦萨的恶魔

查理五世心怀叵测，在佛罗伦萨找到了可怕的帮凶。为了避免路德教教徒过境佛罗伦萨、防止抢掠行径，秘密谈判不可避免地以巨额的金钱承诺而告终。但是日耳曼士兵的暴力是不可控制的，因此就算是日耳曼雇佣兵的队长——臭名昭著的格奥尔格·冯·弗伦茨贝格（Georg von Frundsberg）——也无法制止他们。弗伦茨贝格被羞辱、被威胁，不幸中风了，不得不放弃指挥。圭契阿迪尼顿时大喜，认为这是解散雇佣兵的前提，但他大错特错。[91]在弗伦茨贝格离开后，波旁公爵查理可能代替他指挥全部的帝国军队。这一消息传出时，圭契阿迪尼正在进行休战谈判，西班牙人"像狮子一样"怒不可遏，高呼"金钱！金钱！"，他们摧毁了波旁的帐篷，波旁公爵则在之前就吓得躲进了日耳曼雇佣兵的营地！[92]

准备掠夺罗马财富的狮子们对和平完全不感兴趣。为了满足贪婪的雇佣军，谈判开出了天价，金额在20万到30万杜卡特。[93]马基雅维利写给佛罗伦萨的信中提到，这是"埋下祸根"。他肯定了谚语"时间就是生命"的真实性。[94]

由于政治形势的不确定性和对战争冲突的恐惧，佛罗伦萨的一些贵族年轻人厌倦了为奴役自己的制度提供资金，企图发动政变推翻美第奇政府。1527年4月26日，星期五，也就是帕齐阴谋49周年纪念日，在伊波利托和亲美第奇的红衣主教出城迎接前来保卫城市的乌尔比诺公爵之际，他们占领了领主宫。他们劫持了一些知名人士，包括弗朗切斯科的兄长——正义旗手路易吉·圭契阿迪尼，并驱逐了美第奇家族。没有带兵进入城市的德拉·罗韦雷并没有畏惧，马上联系和利用附近的雇佣兵，组织了对领主广场的军事占领行动，占领了象征城市自由的广场后，刚刚武装起来的民众放下了武器，宫中的贵族只能听天由命。

领主宫里的年轻人进行了温和的抵抗，开了几发火绳枪，投掷了几个石块，其中一块石头砸断了米开朗琪罗的《大卫》的粗壮的手臂，佛罗伦萨青年之花不得不屈服于政权捍卫者的强大力量。乌尔比诺公爵不想保证他们的人身安全，他们便戴着风帽、夹着尾巴逃跑了。这些年轻人当着美第奇家族的面被羞辱了，后者也差点被驱逐出城。

所谓的"星期五骚乱"[95]是一次短暂的"恶魔行径"，然而足以在伊波利托和红衣主教们之中激起恐慌，"死亡、迷失、困惑、深受折磨"，正如乌尔比诺公爵弗朗切斯科·马里亚的使节奥拉齐奥·弗洛里迪所见证的那样，他本人十年前也曾被利奥十世下令囚禁。乌尔比诺灾难性战争所造成的深远影响仍在持续。作为教皇长期以来承诺的补救措施，佛罗伦萨将蒙泰费尔特罗和圣利奥堡垒归还给德拉·罗韦雷[96]，在此之后，德拉·罗韦雷便没有动力抵抗向罗马进发的疯狂军队。许多人说这是公爵的报复，任由教皇的城市自生自灭，任由敌人袭击和掠夺罗马。

也是在4月26日这天，在罗马，不知道佛罗伦萨发生了什么的克莱门特七世终于"下定决心要选举红衣主教"，这样日耳曼雇佣兵就无法"将教皇和教皇国一起"征服。他需要建立新的忠诚关系或强化已有的信任关系，充盈教皇国的金库。他不想选举超过6位红衣主教，其中也没有美第奇家族的侄子：选举红衣主教"是由于必要的极端情况，因此教皇不得不说，他将首先被迫自断一只手……当然，这些背叛的野蛮人只会导致意大利的毁灭和全面被压制"；购买一个红衣主教职位的价格则不"低于4万杜卡特"。[97]

这一经济补救措施完全不够，菲利波·斯特罗齐几个月来一直在批评，然而现在已经晚了。5月2日，教皇在罗马宣布"如果没有其他事情发生"，新当选的红衣主教名单将在下一周公布。家族候选人、菲利波的儿子皮耶罗·斯特罗齐被提前排除在外，但也许对他来说这样更好："这里的东西和人都在逃离罗马，每个人的恐惧都胜过了希望。"菲利波计划第二天早上离开，"当日耳曼人和波旁公爵攻进罗马之时，我不知道有什么好处"[98]。

在罗马，恐惧和担忧是有形的，当局禁止所有公民离开城市。话虽如此，总有人能绕过规定，从这个意义上说，克拉丽斯巧妙地利用了其罗马的亲戚关系——伦佐·达·切里（Renzo da Ceri）和克拉丽斯的母亲同是奥尔西尼家族的成员，因此伦佐借了一艘双桅船给她。菲利波假装去散步，偷偷地和克拉丽斯一起逃到奥斯蒂亚，并在比萨上船。凭借他的求生本能，斯特罗齐躲过了他那个时代最大的灾难。

罗马的野兽

当乌尔比诺公爵还在佛罗伦萨以期正式收归领土时，波旁公爵率领的查理五世军队正分阶段向罗马进军。5月6日，袭击开始。教皇紧急征召的3000名步兵根本无法长时间抵挡住约1.5万名帝国士兵的进攻。帝国将军冒失地将士兵带到前线，自己则被火绳枪击中［本韦努托·切利尼（Benvenuto Cellini）会炫耀那是他开了致命的一枪］，将军的死也不能阻止士兵们：勇敢的围攻者没有气馁，士气反而成倍增长。

由伦佐·达·切里领导的罗马人"傲慢、勇敢，总是习惯斗嘴，胡须一直留到胸前"[99]，反对温和的抵抗。但是，当部分日耳曼雇佣兵通过挖掘出的窗户摸入奥勒良城墙内的房屋时，恐慌迅速蔓延开来，守军的大炮转而瞄准了罗马，造成了毁灭性的后果。日耳曼雇佣兵一进城，六个月前就已经上演的可耻剧本被重演，然而，如果第一个版本只是拙劣的模仿，这次则是一场真正的悲剧。

教皇再次使用博尔贾通道逃往圣天使堡避难。焦维奥说，为了防止成为容易攻击的目标，教皇取下了自己的教皇尖顶，换上了主教帽。由于教皇身后跟着13位红衣主教和60位主教，在这惊慌失措的人群中，并不容易辨认出他。博尔戈[*]和梵蒂冈最近刚刚被科隆纳洗劫一空，日耳曼雇佣兵没有找到太多可以掠夺的东西，[100]然后他们向特拉斯提弗列进发并展开袭击。在接下来的几天里，他们挨家挨户地奸杀掳掠，与之相比，1512年可怕的普拉托大屠杀都微不足道。西班牙人洗劫了日耳曼人的房子，日耳曼人洗劫了西班牙人的房子，以表明民族主义的公平：所有人都对意大利人气愤不已。在科隆纳家族的洗劫行动后，罗马的石匠为富人修缮藏财的地方，而他们似乎是这场洗劫中唯一受益的人，因为他们对外有偿披露了这些地点。[101]

罗马之劫的恐怖及造成的损失无法估量：在劫掠持续的九个月中，有1万多人死亡（即大约五分之一的人口），其中包括匆忙扔进台伯河的尸体和被埋葬的尸体。据估计，至少有1000万杜卡特金币被盗、丢失或损毁，这还不包括被破坏或遗失的历史文献和文学艺术珍品。[102]路德会信徒将教会视为万恶之母，向罗马教堂上的十字架开火枪，这一行为象征着对基督教统治下的巴比伦居民所蒙受的肉体痛苦的亵渎。

红衣主教萨尔维亚蒂或许提供了关于罗马之劫最凄惨的描述，在给身在法国的巴尔达萨雷·卡斯蒂廖内的信中他提到：

---

[*] 罗马的一个区域。——译者注

他们残忍和流氓的行径罄竹难书。他们杀死所有无辜的小孩子，将所有病人扔进台伯河，亵渎和糟蹋所有修女，杀死所有修士。圣彼得和圣西斯廷的大礼拜堂被烧毁，圣面被烧毁。他们偷走使徒的头颅及其他圣物，夺走银子，扔在街上，加以践踏。他们践踏圣体并扔进泥土中。总而言之，他们无所不用其极，所以我一想到他们就害怕。看到这些，尽管是异教徒，但总归是基督徒，却做了奥斯曼人从未做过的野蛮事。[103]

所有人都被勒索，有些不幸的人甚至连睾丸都被吊起来，直到他们屈服，答应所有要求。他们还袭击了伊莎贝拉·德斯特所在的科隆纳宫，这里是外交官和贡扎加的朋友们唯一的避难所［此外，在帝国军统帅中有伊莎贝拉的两个儿子路易吉（Luigi Gonzaga）和费兰特·贡扎加（Ferrante Gonzaga）］。吉贝蒂的秘书桑加也在科隆纳宫找到了避难所。[104]与此同时，士兵在街上贩卖所有年龄段的修女和妇女，一人可以卖一个朱利奥银币*，或掷骰子任意把玩，婴儿被扼杀在母亲的怀里，小孩子则被绑架以获得高额赎金，而有的父亲则会杀死自己的女儿以免她们受到性侵犯。[105]

红衣主教科隆纳于5月中旬返回罗马，尽其所能帮助罗马人，但他放火烧毁了教皇在马里奥山上的玛达玛庄园。教皇从圣天使堡

---

* 朱利奥银币是教皇朱利奥二世时期铸造的银币。——译者注

的窗户看到冒着浓烟的别墅，就像在他的命令下烧毁的许多科隆纳的城堡一样。四个星期以来，教皇无助地目睹了敌人凶残的暴行。当红衣主教科隆纳在顾问吉贝蒂和朔姆贝格陪同下与教皇会面时，教皇不得不在查理五世面前低头。于是丧权辱国的条约于6月5日签署，帝国军队统帅负责收缴圣天使堡，奥斯蒂亚、奇维塔韦基亚和奇维塔卡斯特拉纳的堡垒（佩鲁斯奇死在那里，他拒绝交出堡垒，奋力抵抗），以及皮亚琴察、帕尔马和摩德纳三座城市，还要支付40万杜卡特，一部分立即支付，另一部分分期支付。教皇与13位红衣主教一起被俘。为了保证条约的如期履行，人质制度被沿用，他们选择了因顽固的亲法主义而受到惩罚的吉贝蒂，以及在利奥十世时期影响巨大的银行家莱昂纳多的儿子、比萨主教奥诺弗里奥·巴托里尼（Onofrio Bartolini）。[106]科隆纳家族重新拿回了所有属地和城堡，蓬佩奥则得以恢复红衣主教的职位并获得了完全的赦免。

  罗马之劫的记忆被凝结在路德会士兵在拉斐尔壁画上刻下的涂鸦中，这些涂鸦至今仍然可以在法尔内西纳别墅（和梵蒂冈拉斐尔画室）中看到，它们代表着刻骨铭心的伤口。这种创伤是否代表了文艺复兴的结束？当然，在未来的几个世纪里，意大利在国际层面上拥有发言权的时代结束了。事后看来，利奥十世挥霍无度、不负责任的时代，也就是所谓的"黄金时代"，本来会让人怀念，但1527年灾难的种子早已在第一任美第奇教皇的任期内（自1513年至1521年）就播种下了。

克莱门特七世不顾一切地寻求中立和令人恼火的两面派行为，被证明是真正的政治性自杀。现在，教皇失去了罗马，也会失去佛罗伦萨。佛罗伦萨人韦托里和圭契阿迪尼是美第奇家族最亲近也是最疏远的人，韦托里用难以置信的讽刺语气结束了自己关于罗马之劫的对话："虽然一直说罗马的罪孽应该受到谴责，但直到这位教皇在位的时候它才发生，我还以为不会发生了。"[107]

第九章
你的国家没有先知
（1527）

> 我们有时会谈论人类残忍的"兽性"，但这对动物来说是非常不公平和冒犯的。没有动物可以像人一样残忍，这种残忍兼具巧妙与艺术。
>
> ——陀思妥耶夫斯基，《卡拉马佐夫兄弟》

泥泞中的美第奇家族

当劫掠的恐慌在罗马泛滥的时候，菲利波·斯特罗齐和克拉丽斯于5月11日从容地在比萨登陆。菲利波仍然不确定该怎么做，便写信给佛罗伦萨的兄长，了解情况如何。反对美第奇家族的情绪高涨，但谁处于上风仍是未知数。斯特罗齐派他的妻子回到佛罗伦萨，自己则留下来小心地等待。5月14日，克拉丽斯前往美第奇宫，并在红衣主教帕塞里尼和伊波利托面前演了一场戏，训斥"那个农民和这个私生子"。在焦维奥伪造的版本中，伊波利托说她"完全疯了，因为她忘记了自己邪恶和反动的血脉，她宁愿将公国转交给大敌，也不愿将它留在家族手中"。[1]

克拉丽斯似乎被帕塞里尼更温和的建议说服了，这给菲利波带来了些许"恐惧"，他担心被某个美第奇刺客谋杀，这并非毫无依据。软弱的政权可以借他的死传递出一个信号，并消灭一个危险的竞争者。然而，斯特罗齐在兄长的劝说下鼓起勇气，于5月16日前往美第奇宫，与伊波利托和红衣主教交涉。他没有侮辱或指责任何人，只是对教皇身处的逆境以及对自己造成的损失表示难过，作为至亲，他愿意在如此困难的时期为他们提供援助。尽管如此，他始终是欧洲最富有和最有影响力的人物之一。然后，他带着惯常的微笑，对克拉丽斯咄咄逼人的行为表示抱歉，他无法控制妻子的行为，因为她认为自己"拥有家族的血统，条件优于他"。[2]

尽管美第奇家族的社会地位仍然很高，但他们的政治地位却极其脆弱。克莱门特七世于1524年组建的由红衣主教帕塞里尼与年轻的伊波利托和亚历山德罗执政的政府——实际上是教皇掌权摄政——受到佛罗伦萨人的抨击。正如我们所见，斯特罗齐在政权更迭的支持者中找到了合适的位置。有谁比他更适合充当中间人，游说收买家族和渴望共和国回归的有地位的人呢？事实上，在客套话和讽刺性的赞美之后，菲利波主动提出前往领主宫，几个小时前，重返1512年前的共和政府的决定已在那里获得批准。

这场政变的主角是韦托里和尼科洛·卡波尼（Niccolò Capponi，菲利波和弗朗切斯科的姐夫）。[3] 菲利波自然参与其中，自从获释以来，他就对克莱门特七世心怀怨恨。让帕塞里尼屈服并迫使他向新式政府投降并不难：摧毁红衣主教所有的幻想，只需弗朗切斯科·德尔·内罗拒绝提供经济支持即可，后者是佛罗伦萨国库的管理者，也是斯特罗齐把酒言欢的亲密伙伴。[4] 随后尼科洛·卡波尼被任命为正义旗手，其严谨的道德品质受到众人认可。这是一个时代的结束。

菲利波的功劳在于避免了无谓的流血牺牲：在公共和私人两个权力空间之间游走，他设法说服红衣主教和他的门客们举行会面，地点则谨慎地选在佛罗伦萨郊外——卡亚诺的波焦美第奇别墅。以此为借口，他不费吹灰之力就让伊波利托和亚历山德罗这两个私生子离开了城市。[5] 菲利波履行了获释之前对红衣主教科隆纳的承诺，对教皇不理不睬，教皇开始蓄胡，以示对痛失罗马和佛罗伦萨的哀悼。

菲利波的"有钱的屁股"[6] 终于成功动摇了美第奇家族的根基。据一位狡黠的佛罗伦萨观察员称，马基雅维利坚持认为"没有人能比菲利波更适合、更安全地密谋反抗国家：他如此告诉红衣主教朱利奥"[7]。如果这段文字属实，那么这个情景可以追溯到1522至1523年，指的是针对红衣主教朱利奥的阴谋失败的情况。能够真正破坏美第奇权力的，当然不是奥利切拉里学园的知识分子，而是美第奇家族的银行家！马基雅维利目光长远。

菲利波和克拉丽斯终于为自己在克莱门特七世那里所遭受的不公报了仇。另一方面，共和政府流放了折磨民众许久的贵族，但佛罗伦萨人对此并不满意：这些贵族毫发无损地离开了这座城市，且仍能控制佛罗伦萨领土上的一些关键要塞。"菲利波很痛苦，"纳尔迪写道，"那些因此非议他的人实在是忘恩负义，说已经受够了他们，他和克拉丽斯凭借他的威望说服了亲人们，才恢复了祖国的自由。"[8]

1527年6月12日五旬节前夕，比萨向佛罗伦萨人投降，民众欢欣鼓舞，这是成功解放的标志。民众也借此机会抒发了数十年来积攒的对美第奇家族的仇恨。由于无法对本人进行发泄，民众便在夜里从圣母领报大殿祭坛将美第奇家族仍在世和已经去世的人的蜡像偷了出来。他们拖着这些蜡像经过街道、广场，上面满是泥泞和污秽["他们疯了。"日记作者科尼利奥·德·费内（Cornelio de Fine）写道]，让美第奇家族蒙耻蒙羞。[9]在这本"记忆的诅咒"所记载的杰出年轻人中，显然有卢多维科·马基雅维利（Ludovico Machiavelli），他是尼科洛的次子。[10]

克莱门特七世的雕像多次被剑和戟刺穿，就像他的父亲朱利亚诺·德·美第奇在帕齐阴谋中所经历的那样。或许，菲利波和克拉丽斯看着教皇雕像被凌辱的场面，仿佛教皇本人被谋杀和殉难，他们想起了1523年教皇当选时提到的萨伏那洛拉的预言："佛罗伦萨市最大的苦难将会降临在教皇克莱门特时期。"伴随着漫长而痛苦的围攻，预言很快就会成真，但此刻整个城市正享受着自由的气息。

另一个预言，即1492年2月"豪华者"洛伦佐去世前不久，圣老楞佐圣殿司铎收到的预言终于应验了：

我们的主是这么说的:"为什么你有了安定的生活,不认可精神的安宁和物质的荣誉,却用不公正的征收来烦扰教会和教士们;这就是为什么你生活在幸福中,却尽是烦恼;你拥有最亲爱的人和事物,却不能悉心照料他们,所以无法获得心灵的慰藉,因为我的主将他苦恼的话传到我的耳边,我的心已经做好了复仇的准备,反对你,反对你们家族的其他人!"[11]

2017 版附录

"狐狸上场,狮子下场":
阿里奥斯托与美第奇家族的《讽刺诗》[1]

自首次"授权"印刷吉罗拉莫·鲁斯切利(Girolamo Ruscelli)所著的序言(1554年)以来,卢多维科·阿里奥斯托(Lodovico Ariosto)的《讽刺诗》因在"文体和演说术"[2]方面的优越性而广受赞誉。与古典作品相比,它摒除了古典文体的侵蚀性影响。如果说阿里奥斯托的讽刺作品的确具有很高的文学性,那么有时对纯粹文体和语言问题的过分关注往往掩盖了那些年中具体历史事件的元素。诗的许多片段,直到今天仍然是未解之谜。

这些文本源于特定的场合,带有很强的自传元素,并且像所有讽刺作品一样,具有即时性和偶然性,如果不了解当时的历史政治环境以及作者的生平,就很难欣赏和解读这些作品。《讽刺诗》的创作周期大约为8年(1517年—1525年),1518年到1523年间有一段长期的中断,但它回顾了阿里奥斯托整整20年作为朝臣和使节的经历。

为此,进入美第奇教皇国的"黑暗森林",是理解讽刺文学的必要前提。

事实上,在利奥十世当选教皇整整一个月后,阿里奥斯托在罗马,并且已经受到来自费拉拉的朋友们的施压,要求他支持他们。以下是他在1513年4月7日写给贝内德托·范蒂诺(Benedetto Fantino)的信:

> 我确实亲吻了教皇的脚,他表现出聆听的意愿:我不认为他看清了我的样子,因为自从他成为教皇以来,他就不再戴眼镜了。教皇或我的朋友们富贵荣华,但没有人向我抛出橄榄枝,在我看来,他们都在模仿教皇的目光短浅。

阿里奥斯托讽刺利奥十世的近视,在拉斐尔的著名肖像画中后者曾挥舞着眼镜。阿里奥斯托认为自己突然间在教皇和老朋友的眼中消失了:

> 我想可以利用比别纳,因为他是一位伟大的老师,但接近他是非常困难的:一方面,因为他身边总是围着那么一大圈子人,很难能够深入了解;另一方面,因为找到他的所在之处要走过十扇门。我非常厌恶这样的事情,我不知道什么时候能见到他……

阿里奥斯托不喜欢"利益摇摆者"(《讽刺诗》第三首，第83行）的尴尬位置，被迫辗转寻求与彼时的同伴会面。另一方面，比别纳——美第奇教士、教皇财务官和未来的红衣主教——此时已经将放荡的戏剧作家的笑话和乐趣抛诸脑后了。对于像阿里奥斯托这样的外省小臣来说，即使接近《裙底春》的作者[*]也非常艰难，在美第奇家族流放期间，他感受到被排除在权力圈之外的苦恼，尤其是在乌尔比诺宫廷。

朱利亚诺·德·美第奇是那个"宫殿式的城市"中最可爱和最受人爱戴的美第奇成员，文雅和智慧之士在佛罗伦萨汇集：

> 这个地方有廷臣的培养人，
> 本博和其他阿波罗之圣物，
> 让流放不那么粗暴和怪异。
>
> （第三首，第91—第94行）

回想一下，在卡斯蒂廖内的《廷臣论》中，正是朱利亚诺在第三个晚上接受了"宫女"的"培养"。如果阿里奥斯托将《仁慈之心》（*Spirto gentil*）这首诗歌献给"豪华者"洛伦佐之子，那两人的关系应当是十分牢固的。这首诗歌是在朱利亚诺死后（1516年3月17日），以遗孀菲利贝塔·迪·萨伏依的名义创作的。因此，要充分理

---

[*] 指比别纳。——译者注

解《讽刺诗》所产生的深远影响，我们首先必须将它与同时期诗歌中蕴含的甜蜜和赞美的语气进行对比。

阿里奥斯托想象已故的朱利亚诺（被选中的灵魂）悲哀的答复，朱利亚诺临终前要求将遗孀手中的文本交给比别纳，比别纳还是维系与德拉·罗韦雷家族和平关系的保证人：

> 他身上挂着的那些钥匙
> 让战争神殿的大门紧闭，
> 随后大门打开，无人能关。

这段话写于1517年上半年，当时乌尔比诺的战火仍在蔓延。直到去世前，朱利亚诺一直试图规避这次战争。他去世后，家族的"鹰派"——洛伦佐和其母阿方西娜，与教皇利奥结盟——决定夺去弗朗切斯科·玛里亚·德拉·罗韦雷的爵位。因此，罗韦雷在1516年进行了战略性撤退，随后在次年1月，他不费吹灰之力便重新夺回了私下忠于他的属地。乌尔比诺战争所导致的严重财政危机触发了所谓的"红衣主教阴谋"，之后在1517年7月1日举行了臭名昭著的"我们有了30人，让我们再加1个"的选举。

阿里奥斯托拒绝随红衣主教埃斯特前往匈牙利的公使处（第一首讽刺诗的主题），他比以往任何时候都更需要教皇的支持，为的是获得很久之前在桑泰尔诺河畔圣阿加塔许诺给他的恩赐。而关于镇压红衣主教的阴谋和 31 位红衣主教选举之后的罗马局势,在第二首讽刺诗的开头可以感受到,这首诗写于同年 11 月至 12 月间:

> 因为我有迫切的需要,不是欲望,
> 我需要留在罗马,现在红衣主教
> 像巨蛇一样蜕下了外皮;
> 那邪恶已经不那么危险,
> 瘟疫对身体损害更大,
> 来叨扰凡人痛苦的心。

阿里奥斯托提到在降临节之际红衣主教教袍从红色变为紫色,这只是我们解读讽喻的方式之一。他公开宣称他将滑入蛇穴,讽刺的意图显而易见,特别是在嘲笑修道士和大吃大喝的寄生虫的桥段中,就像《最后的晚餐》(第二首,第86—第97行)的使徒一样"在餐桌上整理"(第二首,第75行),并且几乎不掩饰对红衣主教们的蔑视,鄙视他们并非仰慕圣体,而像吸血鬼一样,吸吮"基督的圣血":

> 所以我将会一头落入陷阱,
> 我想说魔鬼会收编这些人,
> 他们如此渴慕基督的圣血?
> (第二首,第 106—第 108 行)

简而言之，罗马之行听起来就像是模仿阿斯托尔福（Astolfo）的登月之旅：找回的不是罗兰"失去的天资"，而是卢多维科失去的恩赐！一项艰巨的任务。

> 如果我是神父，想找一位妻子
> 那是徒劳的；当我没有妻子时
> 还是成为神父，让欲望消失吧。
> （第二首，第118—第120行）

更不用说这在道德上是矛盾的，而且基本上是无用的。

> 但谁曾如此聪明或如此圣洁
> 生命中没有任何疯狂的污点，
> 或少或多，可以夸下海口吗？
> 每个人都有污点，这是我的：
> 若失去能让我获得自由，我
> 不会尊重罗马城最富有的人。
> （第二首，第148—第153行）

在《烟雾缭绕的罗马》（第二首，第164行）中，尊严（不仅仅是红衣主教的尊严）是一种稀有的商品。很多人想获得这个职位，但很少人能够被选上：许多可怜的受害者，少数无情的刽子手……

　　……而欲望也会拉动它，
　　在令人垂涎的高脚椅上，
　　如此，圣乔治白白殉难。
　　（第二首，第205—第207行）

这里提到的是红衣主教拉法埃莱·里亚里奥，他被指控参与了阴谋，在那几个月里付出了巨大的代价，才从圣天使堡的监狱中被释放出来。另外，他的15万杜卡特的赎金还不包括上缴所有恩赐（圣阿加塔又算什么）和神话般的文书院宫。众所周知，里亚里奥曾坐在他"徒劳"觊觎的教皇宝座上，被送到他的牢房里。

　　坐上受祝福的尊座又会怎样？
　　他很快就会想让儿子或孙子
　　快点逃离这世俗的私人生活。
　　（第二首，第208—第210行）

这种对裙带关系的抨击似乎是针对教皇亚历山大六世和他的儿子瓦伦蒂诺公爵切萨雷·博尔贾的。诗中首先提及了针对科隆纳和奥尔西尼的暴力行径：

拿下帕莱斯特里纳和塔利亚科佐,
并分给自己人,将是第一件事情。
有的人被勒死,有的人被斩首,
在离开马尔凯和罗马涅之时,
基督的肮脏之血将会胜利。

(第二首,第218—第222行)

奇怪的是,没有评论家注意到这些诗句明显与马基雅维利《君主论》的第七章相似。而且,如果切萨雷·博尔贾的就任为同时代的人所熟知,那么辞藻和事实的选择仍然值得怀疑:阿里奥斯托明确指的是塞尼加利亚大屠杀,在这场大屠杀中维泰洛佐·维泰利(Vitellozzo Vitelli)和奥利韦罗托·达·费尔莫(Liverotto da Fermo)和他们的同伙被处以绞刑,[3]在罗马涅审判中,雷米罗·德·奥尔科(Remirro de Orco)被斩首,让这些地方的所有民众都感到"满意和惊讶"。[4]

在马基雅维利的第一部诗作《十年纪·一》(*Decennale·primo*)中,特别是第397—第402行,韵脚的回响很明显:

没有浪费时间来引导他们,
费尔莫和维泰洛佐的叛徒,
亦有暴怒的敌人奥尔西尼,

在陷阱中，互相冲撞；

熊踩下了几个脚印，

另一只牛角被斩断。

而且，根据马基雅维利在君主的传记中留下的线索，讽刺诗接下来的三行具有新的意义：

他会让意大利成为法国或西班牙的猎物，

把国家颠覆，并将它的一部分

分给他的私生血肉。

（第二首，第223—第225行）

这里值得引用《君主论》中的文字，以赏析两处的相近性：

我说，因为公爵*非常有权势……他想要获得法国的尊重，因为他知道，最近才意识到，国王是不会容忍他的错误的。为此，他开始寻求新的联盟，法国人向那不勒斯王国进攻的过程中动摇了公爵与法国的关系，此时西班牙人正在围攻加埃塔。[5]

---

* 指瓦伦蒂诺公爵。——译者注

简而言之，瓦伦蒂诺公爵并未在其强大的统治下统一意大利，而是开始"动摇"，疏远法国——法国立即意识到所谓的"盟友"的危险性——并转向西班牙。阿里奥斯托将这个概念总结，它在未来几年里成为沉闷的陈词滥调——"法国或西班牙"。此外，通过"颠覆"这一恶意的书写以及教皇儿子"基督的肮脏之血"和"私生血肉"之间的对比，他合上了致命的圈子或套索，以君主的圣像作为批判的对象。

似乎阿里奥斯托对马基雅维利文本的态度也在恐惧与迷恋、排斥与吸引之间"摇摆不定"。他不确定是抛弃还是仿照马基雅维利的散文。在接下来的诗句中，对裙带关系和腐败的批判转向了"骄傲的战神"朱利奥二世，阿里奥斯托认识他，所以不需要求助于马基雅维利。但是，下面阿里奥斯托对雇佣军危害性的反思很容易在《君主论》中找到回应：

> 无论瑞士还是日耳曼领先，
> 是的，我们需要找到金钱，
> 所有的伤害都归于仆人。
>
> （第二首，第229—第231行）

此外，这些指控既与"尚武教皇"的军事狂热有关，也与教皇利奥最近的、同样有害的狂热有关。就在两个月前，即1517年9月，比别纳本人与朱利奥二世的侄子弗朗切斯科·玛里亚·德拉·罗韦雷结束战争谈判，甚至帮他支付了雇佣兵的欠款，以让他摆脱困境。所以如今就连圣阿加塔这样微薄的恩赐也难以兑现就不足为奇了：

> 我一直明白并且十分清楚
> 他们永远没有足够的银子，
> 或主教或红衣主教或牧师优先。
> ……
> 越富有越吝啬，
> 这四分之三是
> 一年的所需。
>
> （第二首，第232—第234行、第241—第243行）

因此，"仆人"贫困的呻吟无疑可以解读为对美第奇教皇的贪婪的批评（但批注并未提及）："对我来说他还是做红衣主教为好……"（第二首，第268行）

在1518年5月左右创作的《讽刺诗》第三首中，语气显得更加温和：

> 要是我去罗马，他会告诉别人
> 让我成为一名利益的摇摆者！

在我的关系网中可不止一个

……当时那位朱利亚诺

在蒙泰费尔特罗宫廷避难。

（第三首，第82—第84行、第89—第90行）

随后，阿里奥斯托追溯了他与美第奇家族关系发展的整个过程，从朱利亚诺开始，特别是在1512年他返回佛罗伦萨所遇到的艰难时刻，回顾了在囚禁的那几年里红衣主教乔瓦尼一直对他表达的关怀：

直到他去罗马成为利奥，

我一直很感激他，显然

他表现出爱我更胜他人；

几次，在佛罗伦萨作为教皇特使，

他告诉我有需要的时候

我和他的兄弟没有区别。

（第三首，第97—第102行.）

诗人使用了几个比喻，表达了他的幻灭感：故事中牧羊人"徒劳地"寻找，向"那位主/不会欺骗相信他的人"（第三首，第119—第120行）寻求帮助，还有开头的斐德罗的狮子（第三首，第129行）。然后他善意地嘲笑教皇所表达的佛罗伦萨式的好意，教皇其实永远不会把他放在"内利（Neri）、瓦尼（Vanni）、洛蒂（Lotti）和巴契（Bacci）"之前（第三首，第153行）。然后，他换了一种不那么粗暴的方式，回到裙带关系的主题（第三首，第154行），以及债权人的短暂记忆（第三首，第166—第171行）。最后，他提到教皇的召见和"神圣之吻"（第三首，第180行），并让自己沉浸在一个老熟人的记忆中——"我的比别纳，剩下的由我承担"（第三首，第182—第183行）——抱怨自己被笑话"大师"欺骗了。但在内心深处，他依然幻想会受到公正和慷慨的对待，并乞求：

现在教皇的确在履行一切诺言，
已经提供了对那颗种子的渴望，
我已耕耘多年，现在给我果实。
（第三首，第187—第189行）

我们有进一步的外部证据表明，阿里奥斯托希望教皇偿还旧债，并希望继续受到教皇及其亲属的庇护。例如，第三章《在好天气犹在的时节，我的手上放了一根月桂枝》写于1519年2月21日至5月4日访问佛罗伦萨时，即乌尔比诺公爵洛伦佐·德·美第奇去世之前，他认为洛伦佐是过去的人物，无力影响当下的政治舞台。

因此，阿里奥斯托试图与利奥十世保持联系，后来了解到教皇喜欢前一年狂欢节中《偷梁换柱》（*Suppositi*）的演出，他于1520年

1月16日从费拉拉给教皇寄去了《巫术师》(Negromante)。然而与此同时，教皇和费拉拉公爵阿方索一世之间的关系恶化，以至于利奥十世通过圭契阿迪尼和甘巴拉策划谋杀之事东窗事发。在如此紧张的局势下，阿里奥斯托显然不能放任名妓或滑稽演员的搔首弄姿，小心翼翼地不敢说话。教皇去世后，阿方索公开表达了他的慰藉：铸造了一枚银币，一面是他的头，另一面是一个人从一头跃立的狮子嘴里拉出一只羊羔，上面刻着"出自狮口"的座右铭。

阿里奥斯托的讽刺缪斯保持了五年的沉默。然而，当他从昏昏沉沉的睡眠中醒来时，他的笔发出了一种崭新的、不和谐的咆哮。

阿里奥斯托创作《讽刺诗》第四首的日期为1523年2月21日，也就是他出使加法尼亚纳的一周年纪念日，他之前曾被派往那里：

> 我的主人喜欢保护，
>
> 加法尼亚纳的羊群，跑向他，
>
> 一旦利奥躺在罗马；
>
> 他害怕、逃跑和被咬
>
> 以前有过，但他没有处理好，
>
> 要不是得到了合适的天助。
>
> （第四首，第7—第12行）

托斯卡纳的西北部地区是埃斯特家族的地盘，始终处于危险之中，美第奇教皇的死被视为一个神圣的信号。在选举教皇的继任者哈德良六世时，人们希望教皇的政策能倾向和平和新的宗教道德，但在罗马——阿里奥斯托永恒的讽刺视野里——情况没有好到哪里去。无论如何，诗人在口头上实践了和平主义：

> 我不杀人，我不捶也不刺，
>
> 我不打扰别人……
>
> （第四首，第49—第50行）

然而罗马的道德价值观必然没有落实为真诚的言行。事实上，虚伪之风盛行："恶习被赋予美德的称号。"（第四首，第57行）另外，应该指出的是，阿里奥斯托很清楚自己在与阿雷蒂诺竞争，从后者的讽刺诗风格，他可以合理地指控阿雷蒂诺剽窃（第六首，第96行）。

因此，阿里奥斯托对提及的四个人物开始了暴力批判，但他用的是不太明显的假名，所以几个世纪以来一直困扰着批评家们。"艾米莲"（Ermilian）指代声名狼藉的红衣主教阿尔梅里尼似乎无可争议。"里涅里"（Rinieri）和"索隆尼奥"（Solonnio）指的是另外两位权力在握的红衣主教，但肯定不是里多尔菲（Ridolfi）或普奇（Pucci），因为在哈德良六世的统治下，他们失去了教廷中的很多权力。如果第一个名字的身份仍然存疑，那么第二个名字可以直接指向索代里尼，他在罗马非常有影响力且不受欢迎，直到1523年4月（即这首讽刺诗写成后），敌人美第奇发觉了他的阴谋，并予以镇压。

《讽刺诗》中的面具游戏有时是多余的，但在这种情况下，第四个人物身份的缺失，或者说，错误理解，长期以来让我们无法理解阿里奥斯托的思想和争议背后的深刻含义：

> 劳林成为自己国家的首领，
> 公共事业变成了私人事务；
> 三人被流放，六人被斩首；
> 狐狸上场，然后是召集公开力量；
> 狮子下场，然后是受蛊惑的民众；
> 有许可证，有上贡品，有捐赠品：
> 不平等在加剧，压抑善人之哀悼，
> 购得智慧的名位，背后却是
> 盗窃、强奸和谋杀。
>
> （第四首，第94—第102行）

早在19世纪，对人名的鉴定和挖掘就已经注意到《讽刺诗》与马基雅维利的《君主论》之间的相似性，但从严谨的角度来说，关于第四个人的身份，还是泛泛而谈，不知道他是谁。20世纪绝大部分评论家都认为"劳林"就是洛伦佐·德·美第奇。应该记住，作为"首领",他统治佛罗伦萨的时间很短:从1514年9月到1515年5月,他离开了八个月,返回城市后被任命为军队统帅,并于1515年8月再次离开;作为乌尔比诺公爵,他无法在佛罗伦萨发号施令,当他想这样做的时候,也就是1518年9月他从法国回来时,疾病在几个月内就夺走了他的生命。

洛伦佐从来没有用"捐赠品"诱惑佛罗伦萨人,最重要的是,他从来没有机会镇压他们。无论如何,到了1523年他已经去世四年多了,将其划入虚伪的红衣主教的队伍是没有意义的。相反,红衣主教朱利奥·德·美第奇的所有行为均与阿里奥斯托的描述相符,他自1519年5月起接替洛伦佐担任城市首领,在1522年1月教皇选举失败后,他带着所有的银器回到了他的祖国。在这艰难的几个月里,这位不太"受待见"的红衣主教做出了很多承诺,也向最受尊敬的公民们征求了关于选择何种政体的意见。特别是,奥利切拉里学园的几位知识分子挺身而出,其中包括扎诺比·邦德尔蒙蒂,他与他的朋友、诗人路易吉·阿拉曼尼卷入了1522年5月的反美第奇家族的阴谋,这一阴谋将在后面讨论。

回到《讽刺诗》第四首,狐狸变成狮子的引语现在有了崭新的、令人不安的含义:阿里奥斯托在加尔法尼亚纳与逃犯邦德尔蒙蒂和阿拉曼尼的兴奋谈话中,了解到许多关于红衣主教朱利奥做事两面派和实施暴力行径的细节。在1518年5月他所写的《讽刺诗》第三首的一个变体中,如果痛批洛伦佐没有"人性"仍然有意义,那么五年后，当前乌尔比诺公爵已入土为安时，引用马基雅维利作品就是对野心勃勃和报复心强的红衣主教朱利奥的攻击，因为他是当时美第奇家族真正的和唯一的继承人。

另一方面，由于许多信件保存完好，出使新堡或许是阿里奥斯托生平中记录最完整的部分，但显然没有留下与密谋者会见的痕迹。而诗人在第四首中抒发的，恰恰是小省行政工作的单调乏味。

几个月后，即1523年11月23日，他提到由"狐狸—狮子"教皇（即克莱门特七世）选举所引发的瞬间的恐慌：

> 一封来自卢卡的信告诉我朱利奥是如何被任命为教皇的：这个新人，正如我们从新堡那里听到的，似乎砍掉了每个人的头，他们陷入了极度的恐惧，有些人甚至想说服我在那天晚上保卫这片土地；有人想变卖家产，有人想逃跑。我试着安慰他们，我告诉他们，我知道阁下（费拉拉公爵）和美第奇家族之间的友谊是多么深厚，还是有希望的。公爵阁下应该已经知道此事了，所以如果他有什么我可以鼓励他们的话，他会屈尊告诉我，如果没有，他至少会假装关心。

这封信纯粹是马基雅维利式的：支配民众需要伪装。作为谨慎的管理者，阿里奥斯托不想恐吓民众。事实上，"加法尼亚纳的羊群"

又回到了两年前的恐惧中，原因显而易见。从这个角度来看，《讽刺诗》最后的第七首也需重新理解，这里讲述的是阿里奥斯托"极度抗拒"担任使节前往罗马新教皇身边。这首诗为作者提供了一个机会，将散布在以前作品中的对美第奇家族的各种暗示集中在了一起，优雅地收尾。体面的（职务）调动源于：

> 我一直是美第奇家族
> 的朋友，与他们攀谈
> 我非常熟悉，
> 当他们流放，当他们重返
> 城市，当利奥穿上红色的
> 鞋子，拥有金色的十字架……
> （第七首，第 7—第 12 行）

"非常熟悉"可以追溯到 1503 年至 1513 年，这在之前的一首讽刺诗（第三首，第 85—第 115 行）中已经描述过。现在已是不可挽回的失望，只剩下忘恩负义、背叛和暴力：

> 所以我希望，众人开道将
> 我拉到罗马，我能看到谁
> 为美第奇家族献上了头颅

或在流亡时期帮助过他们，

或是驻守家里的朋友亲戚

低微的羔羊给了狮子帮助。

（第七首，第88—第93行）

支持美第奇家族的风险不言而喻，从这些人的直接经验中可知，其中包括弗朗切斯科·玛里亚·德拉·罗韦雷公爵和伊丽莎白·贡扎加，他们曾参加了在乌尔比诺关于"廷臣培训者"的讨论，当时参与的人还有红衣主教里亚里奥、索代里尼和彼得鲁奇，他们最终都成了教皇的刀下鬼，教皇将自己从"低微的羔羊"变成了凶猛的狮子。但是彩绘的"命运之轮"（第七首，第46行）以塔罗牌的形象呈现出来，神圣的正义（如果不是人类的正义）则将比分扳平。事实上，所有的"侄子和亲戚，很多人"（第三首，第154行）都英年早逝了。

埃斯特宫廷的占星家卡洛·索塞纳（Carlo Sosena，第七首，第94行）以预言的形式描述了大屠杀；该名单包括洛伦佐公爵和朱利亚诺公爵、红衣主教路易吉·德·罗西和比别纳["他最好留在图尔*"（第七首，第99行），接纳了比别纳从法国宫廷返回后被毒杀的事件版本，许多人也都相信这个版本，这不是没有充分的理由]、教皇的姐妹孔泰西纳（Contessina）和马德莱娜，还有马德莱娜·多韦

---

* 法国城市。——译者注

涅和她恐怖的婆婆阿方西娜·奥尔西尼。有人说,"你们都会死",事实上一切都发生在1515年至1520年之间,就连教皇本人也未能幸免:

如果利奥不吻我,我不希望

他的一些亲戚吻我……

(第七首,第112—第113行)

"神圣之吻"的记忆在这里被巧妙地转化为"犹大之吻"(第七首,第66行),最后对教皇背叛和吝啬的暗示现在逐渐明朗。最后的墓志铭将暴力集聚起来:

很快我就会离开岩石般的

冷酷和没有教养的人群,

类似于生养她的地方;

我不会……时刻悲伤

这里有理性力量的侮辱。

(第七首,第118—第123行)

加法尼亚纳的"岩石"让人想起十年前(1513年12月10日)马基雅维利写给韦托里的著名(尽管阿里奥斯托不知道)的书信,

信中说他准备让美第奇"滚动"[6]。至于"理性力量的侮辱",让人回想起《君主论》第十八章讽喻的狮子。当然还有克莱门特七世的宽宏大量⋯⋯

与知名的人文主义者一同前往罗马,这种诱惑很吸引人,但他的朋友本博很快就离开了那里(而献给他的《讽刺诗》第六首实际上是后来写的,当时他已经被流放到帕多瓦),萨多莱托(Sadoleto)去了卡庞特拉,"博学的伊奥维奥(Iovio)"在科莫受到了更好的接待。教皇的犹豫和狡黠导致了罗马之劫,其他的人文主义者也被卷入其中,我们在瓦莱里亚诺(Valeriano)的《文人之不幸》(*L'infelicità del letterati*)的葬礼名单中可以找到他们的名字。甚至连古代罗马也充满了恶意,将下层街区与卡比托利欧山联系起来,或将无辜与战争联系起来:

这里曾是苏布拉[*],这是神圣的小山;
这里是维斯塔[**]的神庙,这里是雅努斯[***]的领地。
(第七首,第 134 行)

因此作者让罗马人的虚假奉承蒙蔽自己,他的这个选择是被迫的:他不想落入狐狸的嘴里!《讽刺诗》忧郁和防御性的结尾打消了

---

[*] 古罗马人口最密集的街区。——译者注
[**] 罗马神话中的炉灶、家庭女神。——译者注
[***] 罗马神话中看守大门的神。——译者注

我们的疑虑:"我把自己藏在这个山谷里对我有好处"(第七首,第169行),隐居在加法尼亚纳的平民中,偷一个修士的"酒瓶"也许会让他喝醉,但不至于:

附上疯狂的理由
不让我和你们分离。
(第七首,第180—第181行)

此外,一些仔细阅读阿里奥斯托作品的读者开始怀疑,那次长期的逗留对诗人来说并没有什么不妥。

到目前为止,我们重新阐释了《讽刺诗》,突出了迄今为止未被注意或被误解的马基雅维利或反马基雅维利的共鸣。现在需要更深入地分析扎诺比·邦德尔蒙蒂来完善我们的框架,他正是阿里奥斯托和马基雅维利之间个人和知识的链接。更好地理解他的角色后,我们会更加清楚地看到文艺复兴时期两位伟大的知识分子之间的碰撞超出合理怀疑的范围,以及阿里奥斯托在《讽刺诗》(《疯狂的罗兰》中尤甚)中或多或少带有恶意或讽刺的引用绝不是随机的。

事实上,如果无法证明佛罗伦萨秘书和费拉拉诗人之间的会面,我们可以肯定地知道,阿里奥斯托在16世纪的第二个十年经常在佛罗伦萨。当博斯科利阴谋东窗事发时,阿里奥斯托很可能还在城里,阴谋导致马基雅维利被监禁。作为朱利亚诺的客人,他于 1513 年 3 月 15 日途经佛罗伦萨,前往罗马(利奥十世刚刚在这里当选教皇)。从 13 日写给韦托里的信中可以知道[7],马基雅维利几天前已经出狱了,尽管饱受打击,但他还是松了一口气,因为他毫发无损地度过了"不幸"。至少在 1513 年和 1514 年的 6 月,阿里奥斯托再次经过佛罗伦萨,参加施洗者圣约翰的欢庆活动。另外,佛罗伦萨颁发《疯狂的罗兰》的印刷许可证的时间为 1516 年 3 月 12 日。

在这一切来来去去中,两位作家似乎不可能一次也没见过,而这正是扎诺比·邦德尔蒙蒂发挥作用的地方。

但他是谁呢?

令人惊讶的是,在马基雅维利文学的浩浩书海中,人们对马基雅维利的密友邦德尔蒙蒂(1491—1527)关注甚少,此外,他还是马基雅维利两部主要作品的受题献者[分别是与科西莫·鲁切拉伊(Cosimo Rucellai)和路易吉·阿拉曼尼一起]:《李维论》和《卡斯特鲁乔·卡斯特拉卡尼传》(*La vita di Castruccio Castracani*)。

我们不知道马基雅维利是何时与那个比他小 22 岁的人第一次接触的,但至少从 1517 年起两人就保持着密切的联系(当时马基雅维利 48 岁,邦德尔蒙蒂 26 岁)。在那年 12 月 17 日写给阿拉曼尼的信中,马基雅维利开玩笑地向他的朋友抱怨说,在红衣主教萨尔维亚蒂、菲利波·德·内尔利以及科西莫·鲁切拉伊的陪伴下,他在罗马度过了愉快的时光("好脸色"),"而你几乎不记得我们,可怜的忘恩负义的人，是不是已经冻死、睡死过去了。虽然，为了看起来还活着，扎诺比·邦德尔蒙蒂……巴蒂斯塔·德拉·帕拉和我有时会聚到一起，我们畅想佛兰德斯或威尼斯的旅行，他们希望在威尼斯一起庆祝狂欢节"。[8]

这封私人信件，与马基雅维利书信集中的许多信件一样，展示了浓厚的个人情感以及政治和文学热情。由于诗人们的评论把他排除在外，我们在《疯狂的罗兰》最后一章（"他像个疯子一样把我抛在后面"）中读到了抱怨之声，就不是巧合了。受赠人是路易吉·阿拉曼尼同父异母的兄长，他是扎诺比的密友，在1522年的阴谋之后他也被流放到法国。

因此，马基雅维利的失望情绪爆发，阿里奥斯托和他一样有"职责"，虽然邦德尔蒙蒂从中撮合，但他仍处于同时代的诗人圈子之外。

在交叉的重构中，阿里奥斯托作为马基雅维利读者的问题变得更加清晰。《讽刺诗》中的隐晦引用（以及《疯狂的罗兰》中的引用，最后一章除外或者正是由于最后一章没有引用）证明，在扎诺比的有意撮合下，两人肯定见过面了，并且马基雅维利的散文和诗歌作品，阿里奥斯托也一定读过了（或在奥利切拉里学园中听说过）。这一关键点仍然是一个假设，但对《讽刺诗》上下文的重新阐释让它变得非常可信。

扎诺比不仅是马基雅维利两部作品的受题献人，也是在佛罗伦萨接待阿里奥斯托的人，包括1519年洛伦佐弥留之时。当时，乌尔比诺公爵意欲成为"随意指挥的领主",当危险消除,政府再次扩张的希望就出现了;但红衣主教朱利奥长期以来一直压制着共和政体的幻想,呼吁奥利切拉里学园的知识分子提出新的政体解决方案。1522年春天——尤其是4月26日,帕齐阴谋的周年纪念日这天——这个没有继承人的私生子的压力变得沉重了起来,巴尔托洛梅奥·塞雷塔尼写道:

> 由于没有继承人,便开始商讨整顿这座城市的想法,他很乐意倾听,但什么也没做,直到死亡找上了门(洛伦佐,卒于1519年5月5日)。当教皇去世时(利奥十世,卒于1521年12月1日),红衣主教(朱利奥·德·美第奇)来到了佛罗伦萨,他是经过考验的善人。他听从提议也不断跟进状态,直到他从弗朗切斯科·玛里亚的战争中脱身……原因很简单,之前他也多次和多个特殊的人一起商讨如何把这座城市整顿好……作为国家元首,他被四分之三公民憎恨,他开始提出上述论点并写出五种执政方式,但(这些执政方式)大部分都是重启大议会,任命150名终身公民和任期为一年的最高执政官,这从未在公共领域实行过,但红衣主教特意询问了每一个人对此的看法。[9]

不难看出,塞雷塔尼的推理与《讽刺诗》第四首中对"劳林"

的描述，以及《讽刺诗》第七首中的已故亲戚名单之间存在相似之处。正如我们所见，阿里奥斯托在1519年初（洛伦佐公爵去世前后）两次返回佛罗伦萨，并拜见了红衣主教朱利奥。我们没有二人会面的直接证明，但阿里奥斯托的沉默让我们认为二人之间的关系冷漠。

那么，菲利波·德·内尔利的著名评论在这里有了新的含义：

许多人甚至为上述改革构思了多种政体模式，并与红衣主教一起讨论，其中就有扎诺比·邦德尔蒙蒂。我已读过他的一些著作，他对这些做法有自己的意见，我还看到了马基雅维利的一些著作，所有著作都汇总到红衣主教的手中。红衣主教表明他考虑了这些著作，并准备好好利用它们。[10]

扎诺比在《谈话》(*Discorso*)的片段（这份文件曾被认为已经遗失，现在被找到并出版）中，考虑了"通过选择一位合法的君主来管理我们"[11]的选项，明示朱利奥·德·美第奇在王朝和政治上均不合法。然后，在1522年5月中旬，针对红衣主教朱利奥的阴谋被识破，同谋人中就有邦德尔蒙蒂和阿拉曼尼。根据纳尔迪的可靠证词，两人设法逃脱，正是在加法尼亚纳的长官阿里奥斯托那里避难。

其他同伙就没那么幸运了：雅各布·达·迪亚切托和诗人的表

哥（或表弟）路易吉·托马索·阿拉曼尼被红衣主教下令斩首：简而言之，美第奇家族的"斧子"落在了他们身上，这充分解释了"压抑善人之哀悼"。还应该指出的是，扎诺比和路易吉后来（于1522年9月在瑞士）也被抓获，几个月来一直被试图引渡到佛罗伦萨。实际上他们在12月底之前就被释放了，但在1523年2月21日——这个日子是阿里奥斯托选择的，为的是用讽刺诗庆祝他在加法尼亚纳的第一年——这一机密消息是否早已传到了阿里奥斯托的耳朵里就不得而知了。有人说阿里奥斯托担心自己的赞助人和朋友会落到红衣主教朱利奥的魔爪中，就像被没收的遗产一样，这样的话完全是子虚乌有。

与此同时，还有一个人担心此次抓捕，而不仅仅是担心被捕的囚犯：马基雅维利正是在那几天写好了遗嘱。他可能害怕阴谋者会暴露他在袭击朱利奥·德·美第奇的过程中所扮演的角色？至少菲利波·德·内尔利在《注释》（*Commentari*）中的一段话会让人产生这种怀疑。

内尔利还谈到了邦德尔蒙蒂在奥利切拉里学园中的角色，邦德尔蒙蒂是这里的常客，阿里奥斯托访问佛罗伦萨期间不被邀请参加会议是不可能的。我们没有（也许永远不会有）关于阿里奥斯托和马基雅维利二人会面的确切证据，但重新阅读所有史料，从字里行间我们可以推断这种可能性很大，他们甚至可能已经见过几次面了。

阿里奥斯托的《讽刺诗》中对《君主论》和《十年纪·一》的细致研读是难以批判的，将其排除在《疯狂的罗兰》的最终篇之外似乎也是有意为之。阿里奥斯托对美第奇家族的反对只增不减，最终导致他拒绝担任克莱门特七世身边的使节。这位前"劳林"曾对阿里奥斯托的朋友扎诺比·邦德尔蒙蒂表现出他专横和狡黠的两面派性格。善人在"哀悼中"被压迫，恶人则恣意妄为，逍遥法外。

注 释

序言

1 这段未出版的叙述出自洛伦佐·圭杜奇的日记（GC 29/29, c. 61 ss.），以下引用，如无特别标注，均出自同一史料。由作者和莱昂纳多·乔尔盖蒂（Leonardo Giorgetti）整编的完整文本将于 «Medioevo e Rinascimento» 期刊出版。

2 波利齐亚诺写给雅各布·安蒂夸里（Jacopo Antiquari）的信，佛罗伦萨，1492年5月18日，收录于 Angeli Politiani Opera quae quidem exititere hactenus omnia longe emendatius, Basilea 1553, pp. 46-51；翻译参见 E. Garin (a cura di), *Prosatori latini del Quattrocento*, Napoli 1970, pp. 886-901（此处有删改）。

3 Machiavelli, *Istorie fiorentine*, VIII, 36.

4 弗兰切斯凯托·齐博写给洛伦佐的信，罗马，1492年3月5日（MAP LX 124; Picotti, pp. 686-687）。

5 洛伦佐写给乔瓦尼的信，佛罗伦萨，1492年3月（收录于 W. Roscoe, *The Life of Lorenzo de' Medici, Called the Magnificent*, vol. II, London 1825, pp. 427-430）。

6 尼科洛·米凯洛奇和皮耶罗·多维齐写给洛伦佐的信，佛罗伦萨，1488年7月31日（MAP LIX 97）。

7 L. Frati, *La morte di Lorenzo de' Medici e il suicidio di Pier Leoni*, in «Archivio storico italiano», s. V, t. IV, 1889, p. 259. 关于皮耶·莱奥尼，参见参考文献部分 F. Bacchelli, *Leoni (Lioni), Piero (Pier Leone, Pierleone da Spoleto)*, in DBI, 64, 2005。

8 皮耶罗·多维齐写给洛伦佐的信，佛罗伦萨，1491年3月30日（MAP LVI 50）；参见 A. Brown, *The Early Years of Piero di Lorenzo, 1472-1492: Between Florentine Citizen and Medici Prince*, in J.E. Law, B. Paton (eds.), *Communes and Despots in Medieval and Renaissance Italy*, Farnham 2010, p. 219。

9 菲利波·达·加利亚诺（Filippo da Gagliano）写给尼科洛·米凯洛奇的信，佛罗伦萨，1492年4月9日（GC 29/69, c. 41）。受美第奇指使的最明显的一起谋杀记录在阿拉曼诺·里努奇尼（Alamanno Rinuccini）的《回忆录》（*Ricordi*）中，p. CXLVI:"（他）被扔进位于圣塞瓦焦的弗朗切斯科·迪·鲁贝托·马尔泰利（Francesco di Ruberto

Martelli）别墅的一口井里，因为洛伦佐的某些家人想杀死他。"塞雷塔尼的证词否认马尔泰利家族的所有责任，需谨慎甄别其真实性，因为弗朗切斯科是作者的舅舅，*Storia fiorentina*, pp. 184-185（另参见 p. XII）。

10　德美特里·卡尔孔狄利斯写给马尔切洛·维尔吉里奥·阿德里亚尼（Marcello Virgilio Adriani）的信，米兰，1492年5月5日（收录于 A.M. Bandini, *Collectio veterum aliquot monumentorum ad historiam praecipue literariam pertinentium*, Arezzo 1752, pp. 22-24）; J. Sannazaro, *Opere volgari*, a cura di A. Mauro, Bari 1961, pp. 216-220。由于鉴定皮耶·莱奥尼为自杀，其遗体不能葬入教堂。斯波莱托主教并不相信他是自杀，便于1492年4月29日按宗教仪式将他葬入出生地的圣尼科洛教堂 [Bacchelli, *Leoni (Lioni), Piero*, cit.]。

11　波利齐亚诺自1475年就结识了卡尔孔狄利斯，即后者来到佛罗伦萨的那一年，洛伦佐非常欣赏后者关于希腊经典的学识，因此他们成为竞争对手。

第一部分

第一章

1　斯特凡诺·达·卡斯特罗卡罗写给皮耶罗的信，罗马，1492年4月9日（MAP XIX 80; Picotti, p. 370）。参见斯特凡诺·达·卡斯特罗卡罗写给洛伦佐的信，罗马，1492年3月22日（CS, Appendice Strozziana, III, c. 14），有关红衣主教乔瓦尼的返城："非常满意第一次入城的仪式和评价，无论是对本人还是在场的人。到目前为止，我们已经获得了很多；我仍然祈祷，未来会越来越好，你们会得到一直想要的荣誉和满足。"

2　Parenti, p. 28；参见 Picotti, pp. 361 和 388。在皮耶罗·德·美第奇的人才队伍中，有一位叫作萨尔瓦拉利奥（Salvalaglio）的人，皮耶罗在1492年11月访问罗马的随行人员名单中提到了他（MAP LXXXVIII 234）。他多次在贝尔纳多·比别纳从阿拉贡战场发回的信件中被提到（参见 Bibbiena, *Epistolario*, I, p. 99 ss.），他是皮耶罗信赖的人，脾气暴躁，之前曾为洛伦佐服务；"（洛伦佐）是个暴君，而不是拿着指挥棒的领主，当洛伦佐出门的时候总是带着10个保镖，他们腰佩剑、着披风出去时总是带着，其中一个保镖名叫萨尔瓦拉利奥，走在前面，他是皮斯托亚公民，过着无忧无虑的生活"（Cambi, *Istorie fiorentine*, p.65）。因此，有理由怀疑是他杀害了皮耶·莱奥尼。

3　参见 Picotti, p. 363 ss. 见 "摩尔人" 卢多维科写给皮耶罗的信，维拉诺瓦，1492年4月11日（MAP XV 17）和罗德里戈·博尔贾写给皮耶罗的信，罗马，1492年4月13日（MAP XV 36）。

4　切萨雷·博尔贾写给皮耶罗的信，比萨，1492年4月13日（MAP XV 34）。1491年12月，切萨雷从罗马出发去比萨，带着一封亚历山德罗·法尔内塞（未来的保禄三世）写给红衣主教乔瓦尼的推荐信（MAP LXVII 30）。

5 斯特凡诺·达·卡斯特罗卡罗写给皮耶罗·多维齐的信，阿尼亚诺，1491年12月26日（MAP CXXIV 81; Picotti, p. 678）。

6 乔瓦尼写给皮耶罗的信，罗马，1492年4月12日（MAP CXXXVII 527; Picotti, p. 622）。参见乔瓦尼写给米凯洛奇的信，佛罗伦萨，1492年5月21日（CG, 29/39, c. 7）。

7 斯特凡诺·达·卡斯特罗卡罗写给皮耶罗的信，罗马，1492年4月11日和12日（MAP XV 79和91; Picotti, pp. 360和392）。

8 斯特凡诺·达·卡斯特罗卡罗写给皮耶罗的信，罗马，1492年4月15日（MAP LX 182）；参见 Picotti, p. 695：3月26日他表扬了皮耶罗，因为皮耶罗没有"表现出任何疲劳的迹象，我们其他人仅是看到那些人就已经累倒了"。

9 参见 Picotti, pp. 379–381；Parenti, pp. 30–31。

10 皮耶罗写给乔瓦尼的信，佛罗伦萨，1492年8月4日（ABIB）："如果我经常给阁下写信，阁下应该不会感到惊讶，因为当我想到这些事情的重要性，想到佛罗伦萨和家族需要一位好的教皇时，我希望我能亲自到场，并不是因为我觉得我会比您做得更好，而是在有需要时帮助您。除此之外，我还有一个很大的心愿，就是希望阁下获得尽可能高的地位，这让我辗转反侧……"

11 Guicciardini, *Storia d'Italia* I, 2.

12 乔瓦尼写给皮耶罗的信，罗马，1492年8月21日（MAP XIV 296; Picotti, pp. 626–628）。

13 诺弗里·托尔纳博尼写给皮耶罗的信，罗马，1492年9月8日（MAP XIV 300; Picotti, pp. 465–466和523）："自从我来到罗马，我没看到您为家族和佛罗伦萨做过什么好事。"

14 Parenti, p. 36.

15 见 A. Poliziano, G. Becchi, *La congiura della verità*, a cura di M. Simonetta, Napoli 2013[2].

16 真蒂莱·贝基写给皮耶罗·达·比别纳的信，1491年4月初（MAP CXXIV 204; Picotti, doc. XVIII, come c. 239, pp. 675–678；参见 pp. 262–263和290, n. 106）。

17 Parenti, p. 38.

18 弗朗切斯科·迪塞尔·巴罗内（Francesco di ser Barone）写给皮耶罗·多维齐的信，佛罗伦萨，1492年11月12日（MAP LXXII 121）：这封信利用了针对米兰人或拉瓦兹食客一致的刻板印象，正如路易吉·普尔契（Luigi Pulci）在十四行讽刺诗中所言："我再告诉你，留在家里的人得到了很好的待遇，如果什么都不缺，那就是他们自己生产的，他们在晚上和早上想要那么多卷心菜、萝卜和甜菜，以至于我们都没得吃了。"

19 Guicciardini, *Storie fiorentine*, p. 190.

20 皮耶罗写给尼科洛·米凯洛奇的信，罗马，1492年11月19日（GC 29/35, cc. 20-21）。口述的原话，分别被修改为"自己需求的方式""带着很少他的和我的荣誉""想指着我的鼻子"。

21 皮耶罗写给尼科洛·米凯洛奇的信，罗马，1492年11月24日（GC 29/35, c. 24）；皮耶罗·多维齐写给尼科洛·米凯洛奇的信，罗马，1492年11月26日（GC 29/62, c. 104）。

22 贝尔纳多·多维齐写给朱利亚诺的信，罗马，1492年11月28日（MAP X 622；于 Bibbiena, *Epistolario*, I, pp. 17-19 中被修正）。比别纳认为，祈祷看起来"如此美好，如此优雅，如此紧张，如此严肃，如此有效和出色，让所有听众都非常钦佩。每个人都不满足于赞美主教，真的已经不能更好了，无论是在祈祷中，还是在他的发音和手势上，都无可挑剔。他当时的总结得到了所有人的认可和掌声，如果有人不称赞他，他也会不再嫉妒了，等等"(ivi, p.18)。

23 Guicciardini, *Storia d'Italia* I, 2; M. Simonetta, *Rinascimento segreto: il mondo del Segretario da Petrarca a Machiavelli*, Milano 2004, pp. 233-234; Poliziano, Becchi, *La congiura della verità*, cit., pp. 46-48. 关于"阿雷佐主教的野心"，参见乔瓦尼·斯特凡诺·卡斯蒂廖尼（Giovanni Stefano Castiglioni）写给卢多维科·斯福尔扎的信，佛罗伦萨，1492年12月5日（ASMi, PE, *Firenze*, 938）。

24 引自 M. Pellegrini, *Ascanio Maria Sforza. La parabola politica di un cardinale-principe del Rinascimento*, Roma 2002, p. 426，无注释。

25 皮耶罗·多维齐写给尼科洛·米凯洛奇的信，维泰博，1492年12月8日（GC 29/62, c. 106）。值得注意的是，皮耶罗·德·美第奇派遣皮耶罗·多维齐秘密会见维尔吉内奥·奥尔西尼，但没有在激烈的争议领土谈判中获得成果。参见贝尔纳多·多维齐写给尼科洛·米凯洛奇的信，罗马，1492年12月4日（GC 29/56, c. 1）。

26 Parenti, pp. 55, 61 e 64.

27 如此（"亲切的"），马泰奥·博索在和贝基一同返回托斯卡纳之前，在他从罗马寄出的书信中写道。关于贝尔纳迪诺·达·费尔特雷反犹太人的布道，参见 Parenti, p. 45。

28 *Ibid.*

29 真蒂莱·贝基写给皮耶罗的信，罗马，1493年1月18日（MAP XVIII 115）。参见 Pellegrini, *Ascanio Maria Sforz*a, cit., p. 417。

30 *Ibid.* 一周后，即1493年1月25日，贝亚特丽斯·德斯特生下了马西米利亚诺·斯福尔扎。

31 Parenti, p. 59. 在1493年6月（p. 54），帕伦蒂表达了对教皇的失望。

32 安东尼奥·达·科尔（Antonio da Colle）和安东尼奥·达·比别纳写给皮耶罗的信，罗马，1493年9月20日（MAP LV 77, c. 103*r-v*）；参见 Poliziano, Becchi, *La*

congiura della verità, cit., p. 17）。

33　真蒂莱·贝基写给皮耶罗的信，图尔，1493年10月3日（MAP LXXV 109）。
34　真蒂莱·贝基写给皮耶罗的信，[1493年9月至10月]（MAP CXXIV 196）。
35　乔瓦尼写给贝尔纳多·比别纳的信，科尔蒂博诺，1494年1月2日（MAP XCVIII 579；参见 Picotti, p. 640；*ibid.*, pp. 563-564："这个建议既不明智，也很难执行。"）
36　皮耶罗·阿拉曼尼（Piero Alamanni）写给皮耶罗的信，那不勒斯，1492年9月14日，参见 B. Figliuolo (a cura di), *Piero Alamanni (12 maggio 1492-21 febbraio 1493) e Bartolomeo Ugolini (12 febbraio-18 aprile 1493)*, Napoli 2012, p. 115；参见二人1492年12月27日至28日的通信："本质上，比起行动，更会示威。"（ivi, p. 195；参见 p. 201）。
37　意大利文艺复兴时期的历史，往往是过度纪念的历史，也可以看作是未落成纪念碑的历史。艺术史学家弗朗切斯科·卡利奥蒂（Francesco Caglioti）告诉我们为纪念阿方索一世而计划修建的骑士纪念碑，最后只有多纳泰罗的华丽马头仍然留存完好，雕塑本应该放置在那不勒斯阿拉贡城堡的上拱门，这是洛伦佐对卡拉法的致敬，因为后者救了他的性命和"那些东西"，后者是国王的大臣。（参见 F. Caglioti, scheda *Donatello, Horse's head, Naples, Museo Archeologico Nazionale*, in M. Gregori [ed.], *In the light of Apollo: Italian Renaissance and Greece [Athens, National Gallery - Alexandros Soutzos Museum, 22 December 2003 - 31 March 2004]*, Cinisello Balsamo 2004, vol. I, pp. 198-200, n. II.5）。在米兰，弗朗切斯科·斯福尔扎的大型骑士纪念碑多年来一直处于规划阶段，其尺度和美感必须超过韦罗基奥（Verrocchio）为威尼斯将军巴托洛梅奥·科莱奥尼（Bartolomeo Colleoni）打造的青铜肖像。先是波莱奥洛（Pollaiuolo），然后是达·芬奇接受了制作的委托。但达·芬奇的天才和对无限创意的不连续性让他闻名意大利，他特别专注于马的解剖形状和艺术精度，这匹马的高度超过七米。达·芬奇甚至没有在意骑士的雕像。
38　真蒂莱·贝基写给皮耶罗的信，图尔，1494年1月22日（MAP XVIII 380）。
39　真蒂莱·贝基写给皮耶罗的信，图尔，1494年1月23日（MAP LXXV 127）。
40　真蒂莱·贝基写给皮耶罗的信，[佛罗伦萨或阿雷佐]，1494年6月29日（MAP LXXV 157）："如果上帝让你以光荣的方式摆脱了这个麻烦，您的荣耀将超过您的父亲、祖父和曾祖父，他们在统治中为祖国承受了无尽的灾祸。"
41　贝尔纳多·多维齐写给皮耶罗·多维齐的信[1494年8月中旬]（MAP LXXII 84; Bibbiena, *Epistolario*, I, p. 80,但没有在信的结尾忠实地表达"粗俗的句子"："哦，天哪，这都是些什么愚蠢的首领。"这个句子所指的对象是卡拉布里亚公爵的秘书，并在信中重复了三次）。
42　贝尔纳多·多维齐写给皮耶罗的信，阿拉贡战场，1494年9月25日（MAP

XVIII 293; Bibbiena, *Epistolario*, I, p. 131）。

43 贝尔纳多·多维齐写给皮耶罗的信，圣阿加塔，1494年10月4日（MAP LXXII 77, c. 84 ss.）：全文可参见 G.G. Ferrero (a cura di), *Lettere del Cinquecento*, Torino 1948, pp. 63–72, 可对比 Bibbiena, *Epistolario*, I, p. 155 ss., 屏蔽了粗俗的措辞；Simonetta, *Rinascimento segreto*, cit., p. 231 ss.

44 贝尔纳多·多维齐写给皮耶罗的信，圣阿加塔，1494年10月7日（MAP XVIII 316; Bibbiena, *Epistolario*, I, p. 163）。

45 *Ibid.*（但引文在 Bibbiena, *Epistolario*, I 中被屏蔽。）

46 参见 Pellegrini, *Ascanio Maria Sforza*, cit., p. 531.

47 皮耶罗·多维齐写给安东尼奥·多维齐的信，佛罗伦萨［1494年9月18日之后］（MAP CXXIV 367）。

48 关于劫掠和屠杀的描写，可参考 Bibbiena, *Epistolario*, I, pp. 213, 218–219, 222（1494年10月21日至22日，一场大火夺去了上百名法国士兵的性命，可能是因为"伦巴第人"的报复，也可能是因为意外）。

49 关于"摩尔人"卢多维科所承担责任的公允判断，参见 Rucellai, *De bello italico*, pp. 85–87。

50 安东尼奥·多维齐写给皮耶罗的信，博洛尼亚，1494年10月22日（MAP XVI 446）。

51 Picotti, p. 519："主教贝基不在了，因为其经验老到，便给了他另一项任务，对于年轻人来说，任务过于艰巨。"

52 真蒂莱·贝基写给皮耶罗的信，［佛罗伦萨，约1494年10月20日］（MAP XIV 465; Picotti, p. 594）。参见 p. 566："在出使法国期间，阿雷佐主教的游说工作没有给皮耶罗带来光明的指向，一会儿他建议保持中立，一会儿又要与斯福尔扎和法国秘密结盟，他很可能认为，'迷惑'那个夹在那不勒斯军队中的领导人，让他'法国化'……贝基坚持与阿拉贡联盟，作为一个更安全的盟友，他试着向皮耶罗证明这个建议是正确的，这表明他认为皮耶罗和他的手下在反法政策上并不太坚定。"另外，ivi, pp.570–571："10月22日他被任命为国王查理八世的演说家［参见 *Istruzioni*, in G. Canestrini, A. Desjardins, éds., *Négociations diplomatiques de la France avec la Toscane*, vol. I, Paris 1859, pp. 419–422］，他从佛罗伦萨的别墅前来，与皮耶罗·德·美第奇和比别纳商谈，感觉心灰意冷，沮丧和迷茫。"

53 Parenti, p. 107。

54 皮耶罗写给真蒂莱·贝基和安东尼奥·达·比别纳的信［佛罗伦萨，1494年10月23日至26日］（MAP XVIII 214）。

55 真蒂莱·贝基写给皮耶罗·多维齐的信［皮亚诺罗，1494年10月25日］（MAP XVIII 377; Picotti, pp. 570–571 中错误标注为 XXXIII 374）。参见 Parenti, p. 106。

56 贝尔纳多·多维齐写给皮耶罗的信,法恩扎战场,1494年10月24日(MAP XVIII 355; Bibbiena, *Epistolario*, I, p. 231)。引号中为加密文本。

57 参见安东尼奥·阿拉班蒂(Antonio Alabanti)写给皮耶罗的信,博洛尼亚,约1494年10月22日:"要我说,皮耶罗不是洛伦佐。"(MAP C 152; Picotti, pp. 554和574)

58 皮耶罗写给佛罗伦萨领主国的信,恩波利,1494年10月26日(MAP CXXXVII 578)。信明显参考了"豪华者"洛伦佐于1479年12月7日去往那不勒斯前所写的信件(*Lettere di Principi* II, 1;参见 M. Simonetta, *L'enigma Montefeltro*, Milano 2013^3, p. 199)。参见 Parenti, pp. 112–113:"他感到困扰,在离开时吐了口唾沫:'必须为人民而死。'(也有人说他说的是:'人都是为了自己。')"

59 Parenti, p. 114。

60 贝尔纳多·比别纳写给阿拉贡的费兰迪诺的信,佛罗伦萨,1494年10月31日(MAP LXII 85; Bibbiena, *Epistolario*, I, p. 235):"这座城市都是法国人的了。"在手稿中,"突变"一词替换了"磨难"。

61 Parenti, p. 119。

62 *Ibid.*;参见 Pellegrini, *Ascanio Maria Sforza*, cit., p. 540。

63 红衣主教乔瓦尼写给贝尔纳多·多维齐的信,富切基奥,1494年7月15日(MAP CXXIV 329; Picotti, p. 642)。

64 Parenti, p. 135。指的是卡特琳娜·圣塞维里诺·奥尔西尼(Caterina Sanseverino Orsini),塔利亚科佐伯爵夫人。

65 塞雷塔尼虽未提到安东尼奥的名字,但确认了这则消息,*Storia fiorentina*, p. 207。

66 Parenti, p. 163。

67 Ivi, p. 148;参见 p. 271:1495年11月,贝基接到召见的命令,来到佛罗伦萨,担心需要支援流亡中的美第奇家族。文献中没有贝基人生最后几年的记载,只知道他于1497年4月去世。

68 Pellegrini, *Ascanio Maria Sforza*, cit., p. 543。

69 Ivi, p. 554 ss。

70 参见 F. Gilbert, *Borgia, Cesare*, in DBI, 12, 1971和 Pellegrini, *Ascanio Maria Sforza*, cit., p. 557 ss。

71 佩剑于1500年4月在红衣主教阿斯卡尼奥·斯福尔扎(Ascanio Sforza)的丰厚战利品中被发现,在卢多维科被捕后佩剑被移交给威尼斯人:"[法国国王]路易十二一听说了这件事,就要求归还佩剑。"(Pellegrini, *Ascanio Maria Sforza*, cit., p. 783)

72 M. Rippa Bonati, F. Zampieri, A. Zanatta, *Per una storia della medicina*, Padova

2012, in http://www.pediatria.it/storiapediatria/p.asp?nfile=storia_della_sifilide.
73　参见 Parenti, pp. 290–291.
74　参见 G.-R. Tewes 的研究，*Kampf um Florenz. Die Medici im Exil (1494–1512)*, Köln 2011。
75　Giovio, *Leone X*, I, 91.
76　P. Valeriano, *L'infelicità dei letterati*, a cura di B. Basile, Napoli 2012, pp. 132–133. 美第奇家族被逐出佛罗伦萨之后，阿方西娜在家族宫殿里住了一年多的时间。之后，她于1495年9月20日离开佛罗伦萨，前往罗马，那里是她的故乡。1509年，她花费1.1万杜卡特买下美第奇宫（今马达玛宫，意大利参议院所在地）。
77　巴尔托洛梅奥·德阿尔维亚诺写给在罗马的兄弟贝纳迪诺的信，加埃塔，1504年1月2日（Sanuto IV, 699；参见 ivi, 712, 1月1日一位西班牙士官在信中写道："所有人都被洪水淹没，皮耶罗和30多个影子死于此。"）。
78　蒙特卡西诺修道院中的皮耶罗之墓是否为衣冠冢我们不得而知，其坟墓是由著名建筑师和雕塑家朱利亚诺·达·桑加洛（Giuliano da Sangallo）设计修建的。

第二章

1　朱利亚诺的肖像参见 R. Zapperi, *Monna Lisa addio. La vera storia della Gioconda*, Firenze 2012，同时参考了后面一本书的有用信息：G. Fatini, *Poesie di Giuliano de' Medici*, Firenze 1939。
2　Parenti, p. 28; Cerretani, *Storia fiorentina*, p. 185.
3　Ivi, p. 58（事件发生在1493年8月，朱利亚诺彼时14岁）。
4　G.B. Picotti, *Per le relazioni fra Alessandro VI e Piero de' Medici*, in «Archivio storico italiano», LXXIII, I, 1915, p. 37 ss. 阿雷佐主教真蒂莱·贝基提出了与教皇博尔贾的女儿联姻。关于文艺复兴时期佛罗伦萨的婚姻政策，参见 F. Guidi Bruscoli, *Politica matrimoniale e matrimoni politici nella Firenze di Lorenzo de' Medici. Uno studio del Ms. Notarile Antecosimiano 14099*, in «Archivio storico italiano», CLV, II–III, 1997, pp. 347–398。
5　参见 W.J. Connell, *Un rito iniziatico nel* Libro del Cortegiano *di Baldassar Castiglione*, in «Annali della Scuola Normale Superiore di Pisa. Classe di lettere e filosofia», s. IV, 4, 1999, pp. 473–497。作者指出卡斯蒂廖内不在场是不成立的，因为他于1507年3月就已从英国返回。
6　*Il Libro del Cortegiano* I, 26. 作者为了保证作品最终版本的流畅和优雅，花了大约20年的时间；这是值得的，因为该作品畅销欧洲至少两个世纪。关于该作品的诞生和被接受，请参见 L. Lepri, *Del denaro o della gloria. Libri, editori e vanità nella Venezia del Cinquecento*, Milano 2012。

7　*Il Libro del Cortegiano* II, 46.
8　Ivi, II, 65.
9　Ivi, II, 87.
10　Giovio, *Leone X*, II, 11.
11　巴尔达萨雷·卡斯蒂廖内写给母亲的信，乌尔比诺，1508 年 5 月 13 日（http://aiter.unipv.it/lettura/BC/lettere/0.127）。
12　巴尔达萨雷·卡斯蒂廖内写给母亲的信，乌尔比诺，1508 年 5 月 29 日（http://aiter.unipv.it/lettura/BC/lettere/0.129）。
13　巴尔达萨雷·卡斯蒂廖内写给母亲的信，乌尔比诺，1508 年 12 月 8 日（http://aiter.unipv.it/lettura/BC/lettere/0.143）。
14　巴尔达萨雷·卡斯蒂廖内写给母亲的信，乌尔比诺，1509 年 1 月 10 日（http://aiter.unipv.it/lettura/BC/lettere/0.146）。
15　B. Varchi, *Storia fiorentina*, a cura di G. Milanesi, vol. II, Firenze 1858, p. 418.
16　菲利波·斯特罗齐写给洛伦佐·斯特罗齐的信，那不勒斯，1508 年 12 月 9 日（CS III, 134, 50；参见 M.M. Bullard, *Filippo Strozzi and the Medici: Favor and Finance in Sixteenth-century Florence and Rome*, Cambridge 1980, pp. 50–51）。
17　菲利波·斯特罗齐写给安东·弗朗切斯科·德利·阿尔比齐（Anton Francesco degli Albizzi）的信，[奎尔恰格罗那]，[1508 年 12 月] 22 日（CS III, 134, 51）。信件特意未写明地点、时间和签名，部分内容经过加密处理。
18　菲利波的演讲可见于其兄长所写的《菲利波·斯特罗齐生平》(*Vita di Filippo Strozzi*，参见 G.B. Niccolini, *Filippo Strozzi. Tragedia*, Firenze 1847, p. XX ss.）。关于争议婚姻的分析，参见 M.M. Bullard, *Marriage Politics and the Family in Florence: the Strozzi-Medici Alliance of 1508*, in «The American Historical Review», 84, 3, 1979, pp. 668–687 以及 L. Fabbri, *Alleanza matrimoniale e patriziato nella Firenze del '400. Studio sulla famiglia Strozzi*, Firenze 1991, p. 91 ss。
19　Guicciardini, *Storie fiorentine*, pp. 476–484, e Id., *Accusatoria*, p. 168.
20　Id., *Storie fiorentine*, pp. 186, 198 和 471. 调和宗教和市政利益的一个例子见于菲利波·斯特罗齐写给红衣主教乔瓦尼的信，佛罗伦萨，1510 年 4 月 27 日（CS III, 134, 63），内容关于扎诺比·阿恰约利（Zanobi Acciaiuoli），菲利波的希腊语家庭教师，未来梵蒂冈图书馆的学监。
21　*Il Libro del Cortegiano* II, 10.
22　关于文书院副总理大臣（1505 年阿斯卡尼奥·斯福尔扎死后不久，他开始担任此职务）的性格和疾病的细节，参见 Giovio, *Leone X*, II, 6–7。
23　谋杀发生于 1511 年 5 月 24 日。参见 Guicciardini, *Storia d'Italia* IX, 18："也许是应得的，因为拥有如此的尊严而不被侵犯，是非常应得的，因为他无穷无尽的恶习，四处都是痛苦至极的折磨。"关于阿利多西的死,参见 Sanuto XII, p. 197 ss.。参见 J. Dennistoun, *Memoirs of the Dukes of Urbino Illustrating the Arms, Arts, and Literature of Italy from 1440 to 1630*, vol. II, London 1851, pp. 326-329。赦免的日期是 1511 年 12 月 9 日(红衣主教会议敕令; ivi, pp. 467-468)。

24　贝尔纳多·比别纳写给朱利奥的信,罗马,1511 年 10 月 24 日(Bibbiena, *Epistolario*, I, p. 330)。

25　贝尔纳多·比别纳写给红衣主教乔瓦尼的信,罗马,1511 年 11 月 19 日(ivi, p. 342)。

26　巴尔达萨雷·卡斯蒂廖内写给路易十二的信(1512 年 4 月; http://aiter.unipv.it/lettura/BC/lettere/0.240)。参见 V. Cian, *Un illustre nunzio pontificio del Rinascimento. Baldassarre Castiglione*, Città del Vaticano 1951, p. 57 以及 Dennistoun, *Memoirs of the Dukes of Urbino*, cit., II, pp. 330, 334 和 468-469,1513 年 1 月 10 日敕令。

27　贝尔纳多·比别纳写给红衣主教乔瓦尼的信,福松布罗内,1512 年 3 月 28 日(Bibbiena, *Epistolario*, I, pp. 500-501)。重要的是,红衣主教知晓此次任务,因为几年后他将借此控告乌尔比诺公爵。

28　N. Rubello, *«Il cardinale prigione». Giovanni de' Medici da Ravenna a Bologna*, in D. Bolognesi (a cura di), *1512. La battaglia di Ravenna, l'Italia, l'Europa*, Atti del convegno (Ravenna, 18-20 ottobre 2012), Ravenna 2014, p. 127。圭契阿迪尼(*Storia d'Italia* X, 13)省略了细节,但焦维奥(Giovio, *Leone X*, II, 67)则直接记载了下来,为了强调未来教皇温顺的性格。

29　本条及后面的引文均参见(Jacopo Modesti *et alii*), *Tre narrazioni del Sacco di Prato*, in «Archivio storico italiano», I, 1842, p. 227 ss.; 关于美第奇家族所谓的慈善角色,参见 Cerretani, *Storia fiorentina*, pp. 440-441。

30　菲利波·斯特罗齐写给洛伦佐·斯特罗齐的信,佛罗伦萨,1512 年 8 月 31 日至 9 月 2 日[CS III, 178, 67; A. Bardi, *Filippo Strozzi (da nuovi documenti)*, in «Archivio storico italiano», s. V, t. XIV, 1894, p. 33; 参见 Bullard, *Filippo Strozzi and the Medici*, cit., p. 64]。

31　*Vita di Filippo Strozzi*, p. XXIX; 参见 Bullard, *Filippo Strozzi and the Medici*, cit., p. 63。美第奇家族的信息留在新圣母玛利亚教堂的一座墓碑下方,参见 A. Merola, *Albizzi, Anton Francesco*, in DBI, 2, 1960。

32　菲利波·斯特罗齐写给洛伦佐·斯特罗齐的信,佛罗伦萨,1512 年 9 月 4 日(CS III, 178, 69; Bardi, *Filippo Strozzi*, cit., p. 36)。

33　Sanuto XV, 33-34(罗马,1512 年 9 月 4 日)。

34　贝尔纳多·比别纳写给皮耶罗·比别纳的信,罗马,1512 年 9 月 5 日(Sanuto XV, 57-59,引自 Bibbiena, *Epistolario*, I, pp. 509-510)。明确的回绝值得注意,"我们

发现朱利亚诺清洗（而不是修剪）胡子"；参见 Cerretani, *Storia fiorentina*, p. 444.

35　皮耶罗·多维齐写给红衣主教乔瓦尼的信（大部分经过加密），威尼斯，1512年9月8日（MAP LXXII 189, cc. 230r–231v）。此处公开解密后的信件全文。

36　贝尔纳多·比别纳写给朱利奥的信，罗马，1512年9月15日（MAP IV 392；参见 Bibbiena, *Epistolario*, I, p. 505，但文本经过修正和加密）；参见 Guicciardini, *Storie fiorentine*, p. 479：菲利吉"不关心平民的评价"。参见 Cerretani, *Ricordi*, p. 177："他不害怕，也不认为会失去祖国，最多感觉被平民统治。"

37　Sanuto XV, 122：维琴佐·圭多托（Vincenzo Guidotto）写给威尼斯领主国的信，佛罗伦萨，1512年9月19日；Pitti, *Istoria*, pp. 114–115；Masi, *Ricordanze*, p. 106，认为步兵数量更多；Cerretani, *Storia fiorentina*, p. 447，认为"步兵有400余人"。

38　菲利波·斯特罗齐写给洛伦佐·斯特罗齐的信，佛罗伦萨，1512年9月18日（CS III, 178, 90; Bardi, *Filippo Strozzi*, cit., p. 37）。

39　贝尔纳多·比别纳写给朱利奥的信，罗马，1512年9月20日（MAP LXVIII 363; Bibbiena, *Epistolario*, I, p. 511）。

40　阿方西娜写给朱利奥的信，罗马，1512年9月15日（MAP CXXXVII 606，随信附上一封希腊语的信，是由瓦里诺·法沃里诺写给红衣主教乔瓦尼的，前者是后者的家庭教师）。

41　尼科洛·马基雅维利写给阿方西娜的信，1512年9月16日后（Machiavelli, *Lettere*, p. 222 ss.）。参见 Tommasini I, p. 595；关于匿名的收信人的问题，参见 ivi, p. 529；F. Bausi, *Machiavelli*, Roma 2005, p. 70.

42　CS II, 86, 35；这篇马基雅维利重要的文本很少有人关注，参见 R. Ridolfi, *Vita di Niccolò Machiavelli*, Roma 1954, p. 200.

43　*I Ricordi di Paolo Vettori al cardinale de' Medici sopra le cose di Firenze*，可追溯到1512年10月（CS II, 86, cc. 121–126），可见于 R. von Albertini, *Firenze dalla repubblica al principato. Storia e coscienza politica*, Torino 1970, pp. 357–359。关于文书院的重组，保罗·韦托里想当然地认为马基雅维利会为他保留位置。

44　红衣主教乔瓦尼于1512年11月6日从佛罗伦萨出发（参见 Masi, *Ricordanze*, p. 113）。

45　乔瓦尼写给朱利奥的信，博洛尼亚，1512年11月11日（MAP CXXXVII 609, c. 617）。参见 R. Menicucci, *Il ritorno dei Medici a Firenze (1512–1515) nella rilettura delle prime fonti a stampa e dei documenti d'archivio*, in N. Baldini, M. Nietti (a cura di), *Nello splendore mediceo. Papa Leone X e Firenze*, Firenze 2013, pp. 139–151; 142, n. 60。

46　乔瓦尼写给朱利奥的信，博洛尼亚，1512年11月18日（MAP CXXXVII 612, c. 620; Menicucci, *Il ritorno dei Medici a Firenze*, cit., p. 142, n. 65）。

47　乔瓦尼写给朱利奥的信，博洛尼亚，1512年12月15日（CS II, 86, c. 225r–v；

参见 Menicucci, *Il ritorno dei Medici a Firenze*, cit., p. 142, n. 66)。
48 乔瓦尼写给朱利奥和朱利亚诺的信，博洛尼亚，1512 年 12 月 22 日（CS II, 86, c. 224*r–v*, 部分加密）。
49 参见 L. della Robbia, *Recitazione del caso di Pietro Paolo Boscoli e di Agostino Capponi (1513)*, in «Archivio storico italiano», I, 1842, p. 283 ss.。参见 Pitti, *Istoria*, p. 117.
50 Machiavelli, *Discorsi* III, 6. 关于阴谋的内容是该书最长的章节。
51 Sanuto XV, 572–573 记载了 1513 年 2 月 19 日威尼斯演说家写给维托里奥·利波马尼（Vittorio Lippomani）的信件，书信由威尼斯共和国寄往佛罗伦萨，因为在美第奇家族 1494 年被放逐后，他曾在自己威尼斯的家招待过他们。
52 朱利亚诺写给皮耶罗·多维齐的信，佛罗伦萨，1513 年 2 月 19 日（Sanuto XV, 573–574）。参见朱利亚诺写给曼托瓦侯爵的信，佛罗伦萨，1513 年 2 月 19 日（A. Luzio, *Isabella d'Este ne' primordi del papato di Leone X e il suo viaggio a Roma nel 1514–1515*, in «Archivio storico lombardo», s. IV, a. XXXIII, 1906, p. 107)。
53 朱利亚诺写给皮耶罗·多维齐的信，佛罗伦萨，1513 年 3 月 7 日（Sanuto XVI, 25–26）。
54 Cerretani, *Ricordi*, p. 300. 这是唯一一个记载了终身监禁的文献。
55 巴尔达萨雷·卡斯蒂廖内写给卢多维科·卡诺萨的信，乌尔比诺，1513 年 2 月 13 日至 21 日（http://aiter.unipv.it/lettura/BC/lettere/0.268）。

第三章

1 Sanuto XV, 561–565；《讽刺诗》记载于 p. 562。
2 Cerretani, *Ricordi*, p. 300 以及 *Dialogo*, p. 53, 启程记载于 1513 年 2 月 24 日，另外，抵达罗马时，红衣主教索代里尼自愿提出支持美第奇家族。
3 菲利波·斯特罗齐写给洛伦佐·斯特罗齐的信，罗马，1513 年 2 月 27 日（CS III, 178, 71）。
4 *Ibid.* 关于菲利波·斯特罗齐在每次红衣主教秘密会议中都会管理教皇选举的赌局，参见 L. Fabbri, *L'inaudita elezione di Adriano VI: il conclave del 1521–22 nelle lettere di Filippo Strozzi*, in A. Artini, G. Polverari (a cura di), *«Chi ha sprezzato il giorno delle piccole cose?». A Domenico Maselli, professore, deputato, pastore*, Aversa 2007, pp. 175–211。
5 Giovio, *Leone X*, III, 6. 参见 Pastor IV, 1, p. 13, 文明的意大利语译文是"开向股骨的瘘管"。我们注意到皮耶·莱奥尼，洛伦佐死后"自杀"的医生，曾在乔瓦尼出生的那年（1475 年）写道——这是不吉利的巧合——"私处的瘘管"。
6 Cerretani, *Ricordi*, p. 301（参见 Id., *Dialogo*, p. 54）。
7 尼科洛·马基雅维利写给弗朗切斯科·韦托里的信，佛罗伦萨，1513 年 3 月 13

日（Machiavelli, *Lettere*, p. 232）。3 月 18 日，他补充道："我可以说我的余生就是得到朱利亚诺阁下和保罗的认可。"（ivi, p. 234）

8　Vettori, *Sommario*, p. 152；参见 Nardi, *Istorie*, II, p. 27；ivi, p. 29 引用了一位热那亚人的严谨警告："你们佛罗伦萨人庆祝新教皇国的高贵是正确的，因为你们从未有过教皇；但当你们拥有和热那亚一样多的教皇时，你们将知道教皇的伟大会对自由城市产生了或能产生什么影响。"

9　参见 Tewes, *Kampf um Florenz*, cit.

10　莱昂纳多·巴托里尼写给尼科洛·米凯洛奇的信，罗马，1513 年 3 月 18 日（GC 29/92, c. 30；引自 Bullard, *Filippo Strozzi and the Medici*, cit., p. 73）："一切都做，但要有罗马式的良心。"

11　莱昂纳多·巴托里尼写给尼科洛·米凯洛奇的信，罗马，1513 年 3 月 24 日（GC 29/92, c. 30；引自 Bullard, *Filippo Strozzi and the Medici*, cit., p. 74）。需强调的是，朱利奥二世禁止买卖神职的教皇敕令已生效。

12　洛伦佐·斯特罗齐写给身在罗马的菲利波·斯特罗齐的信，佛罗伦萨，1513 年 3 月 14 日（CS III, 134, 82）。

13　关于凯旋仪式的描写，参见 Giovio, *Leone X*, III, 9-10，根据塞雷塔尼的估计（Cerretani, *Ricordi*, pp. 320 和 344），总共花费 1.2 万弗罗林，这让一个富庶的教皇国变得贫穷。

14　关于科西莫·德·帕齐被毒杀的怀疑，参见 Pitti, *Istoria*, p. 118："科西莫·德·帕齐（利奥十世使团负责人）在进行祈祷时，因胸部剧烈疼痛而病倒，两天后便去世了。在他死后，亲属都认为是毒杀，对之后被斩首的人进行了长时间的问询，发现他有罪。"也参见 Nardi, *Istorie*, II, p. 31；Cerretani, *Ricordi*, pp. 296 和 303（科西莫与正义旗手古列尔莫混淆）。

15　朱利奥写给尼科洛·米凯洛奇的信，罗马，1513 年 5 月 27 日（GC 29/46, c. 1）。

16　莱昂纳多·巴托里尼写给尼科洛·米凯洛奇的信，罗马，1513 年 4 月 20 日（GC 29/92, c. 38）。

17　Ivi, c. 40.

18　Tedallini, *Diario romano*, p. 346. 参见 D. Gnoli, *La Roma di Leone X*, Milano 1938, p. 92 ss.

19　菲利波·斯特罗齐写给洛伦佐的信，罗马，1513 年 11 月 8 日（MAP CVIII 145）。

20　关于朱利奥与菲利波的"亲密关系"，参见 *Vita di Filippo Strozzi*, pp. XXXII e XXXVII。

21　阿方西娜写给洛伦佐的信，罗马，1513 年 11 月 8 日（MAP CXIV 23；参见 Tommasini II, pp. 981-983；Bullard, *Filippo Strozzi and the Medici*, cit., pp. 84-85）。

22　Sanuto XXIV, 90："教皇不发动战争，也不勤政；但他对这些东西会感兴趣。"
23　阿方西娜写给洛伦佐的信，罗马，1514年1月18日（MAP CXIV 41; Tommasini II, pp. 988-989; Bullard, *Filippo Strozzi and the Medici*, cit., p. 121）。
24　洛伦佐写给阿方西娜的信，佛罗伦萨，1514年1月28日（CS I, 3, 37; Tommasini II, p. 989）。
25　尼科洛·马基雅维利写给弗朗切斯科·韦托里的信，佛罗伦萨，[1514年2月至3月]（CS II, 86, 32; Machiavelli, *Lettere*, p. 331）。
26　尼科洛·马基雅维利写给路易吉·圭契阿迪尼的信，维罗纳，1509年11月8日（ivi, p. 205）。
27　阿方西娜写给洛伦佐的信，罗马，1514年3月18日（MAP CXIV 64, c. 66*v*; Tommasini II, pp. 998-999）。
28　巴尔达萨雷·图里尼写给洛伦佐的信，罗马，1514年4月12日（MAP CVII 4）："今天早上教皇亲手穿上他的教士服，即一件白色的长袍和黑色的斗篷。"参见墓志铭："一位下身白色、上身黑色的修道士。"（Aretino, *Operette*, pp. 37 和 278）《廷臣论》一书多次提及马里亚诺·费蒂，切萨雷奥和尼奥利关于利奥十世宫廷的研究中也可以找到他的存在。
29　M. Mussolin 也是赞助利奥的爱好者，*La committenza architettonica tra Roma e Firenze al tempo di Leone X*, in N. Baldini, M. Nietti (a cura di), *Nello splendore mediceo. Papa Leone X e Firenze*, Firenze 2013, pp. 193-203，必须承认，除了卡比托利欧山的"临时装置"和"朱利亚诺·达·桑加洛在坎波·马尔齐奥中心计划建造的美第奇宫项目"（未建成）之外，落地的几栋建筑仅供私人使用：马达玛别墅（门外，关于此处，参见 S.E. Reiss, *Giulio de' Medici and Mario Maffei: A Renaissance Friendship and the Villa Madama*, in L.R. Jones, L.C. Matthew, eds., *Coming about... A Festschrift for John Shearman*, Cambridge [MA] 2001, pp. 281-288）和红衣主教比别纳的官邸，房间内是拉斐尔的壁画，拉斐尔工作繁重，肩负重担。
30　参见 D. Gnoli, *Le cacce di Leone X*, in Id., *La Roma di Leone X*, cit., pp. 217-265 以及 J. Kruse, *Hunting, Magnificence, and the Court of Leo X*, in «Renaissance Studies», 7, 1993, pp. 243-257。
31　贝尔纳多·米凯洛奇写给尼科洛·米凯洛奇的信，罗马，1515年5月22日（GC 29/55, c. 114）。
32　菲利波·斯特罗齐写给洛伦佐的信，罗马，1514年4月8日（MAP CVIII 130）。
33　菲利波·斯特罗齐写给洛伦佐的信，罗马，1514年5月[8日]（MAP CVIII 139）。
34　菲利波·斯特罗齐写给洛伦佐的信，罗马，1514年8月13日（MAP CVIII 124,

c. 127*v*；参见 Bullard, *Filippo Strozzi and the Medici*, cit., p. 87)。

35　皮耶罗·阿尔丁盖利写给保罗·韦托里的信，罗马，1513 年 6 月 1 日（BL, Add. Mss. 10279, 19*r*）。

36　Machiavelli, *Discorsi*, Proemio II.

37　洛伦佐写给巴尔达萨雷·图里尼的信，佛罗伦萨，1514 年 5 月 11 日（MAP CXLI 28*v*）。参见 A. Giorgetti, *Lorenzo duca di Urbino e Iacopo V d'Appiano*, in «Archivio storico italiano», s. IV, t. VIII, 1881, p. 317；ivi, p. 236，作者将此文献定义为"关于洛伦佐最优秀的记载"，但没有意识到道德谴责已经就位。

38　洛伦佐写给菲利波·斯特罗齐的信，佛罗伦萨，1514 年 9 月 7 日（CS I, 9, 43；Tommasini II, pp. 1004–1005；参见 MAP CXLI 54*v*-55*r*）。参见 F.S. Nitti, *Leone X e la sua politica secondo documenti e carteggi inediti*, Firenze 1892, p. 25。但阿方西娜于 1514 年 6 月 16 日就已写信给洛伦佐（MAP CXIV 130; Tommasini II, pp. 999–1001），她已与朱利亚诺谈过，他来到佛罗伦萨的"唯一愿望是要度过一段美好的时光……你担起责任，尊重他，照顾他；我觉得你可以告诉他，当他到那里时，有一个很强烈的愿望，想要为某人服务，让他告诉你怎么做，你则用一切方法取悦他"。换句话说，这个想法是用"欲望"来分散朱利亚诺的注意力，而阿方西娜和他的儿子则掌握真正的权力。

39　菲利波·斯特罗齐写给洛伦佐的信，罗马，1514 年 9 月 8 日（MAP CVIII 117）。

40　菲利波·斯特罗齐写给乔瓦尼·达·波皮（Giovanni da Poppi）的信，罗马，1514 年 9 月 5 日（MAP CVIII 118）。

41　菲利波·斯特罗齐写给洛伦佐的信，罗马，1514 年 9 月 12 日（MAP CVIII 123, c. 126*v*；参见 Bullard, *Filippo Strozzi and the Medici*, cit., p. 34）。

42　菲利波·斯特罗齐写给洛伦佐的信，罗马，1514 年 9 月 14 日（MAP CVIII 125）。

43　巴尔达萨雷·图里尼写给洛伦佐的信，罗马，1514 年 9 月 16 日（MAP CVII 59）。

44　关于大象抵达罗马的叙述，记录于 Sanuto (XVIII, 57–58)，时间为 1514 年 3 月 15 日。参见巴尔达萨雷·图里尼写给洛伦佐的信，罗马，1514 年 3 月 22 日（MAP CXI 243）。参见 Gnoli, *La Roma di Leone X*, p. 108 ss.; Cesareo, p. 174 ss.; Pastor IV, 1, p. 384。一开始，佛罗伦萨人提出将大象转移到阿诺河畔的假设，用多汁的稀有牛排饲喂"野兽"，引发许多"热切"市民的围观。（菲利波·斯特罗齐写给洛伦佐的信，罗马，1514 年 5 月 6 日；MAP CVIII 137）然而，大象的智慧和甜美征服了罗马人的心，情感很少外露的教皇收养了它，并把它当作梵蒂冈的吉祥物。

45　Giovio, *Leone X*, IV, 27.

46　洛伦佐写给阿方西娜的信，佛罗伦萨，1514年2月14日（CS III, 1, 40; Tommasini II, p. 994）："和谁联姻与我无关。"

47　P. Giovio, *Dialogo dell'imprese militari e amorose*, a cura di M.L. Doglio, Roma 1978, pp. 41–42.

48　关于圣乔瓦尼的节日，即1514年6月24日和25日，参见 *Ricordi storici di Filippo di Cino Rinuccini dal 1282 al 1460 colla continuazione di Alamanno e Neri suoi figli fino al 1506, seguiti da altri monumenti inediti di Storia Patria e Continuazione di Ricordi storici a tutto l'Agosto 1530 estratti dal Priorista scritto e compilato da Paolo di Girolamo di Ser Paolo Paoli, autore contemporaneo*, Firenze 1840, p. CLXXX。参见菲利波·斯特罗齐写给洛伦佐的信，罗马，1514年5月19日（MAP CVIII 136），信中提到其他贵族可能挪用了市政府为举办节日而资助的资金（2万里拉中的一部分）。

49　菲利波·斯特罗齐写给洛伦佐·斯特罗齐的信，罗马，1514年10月2日（CS III, 108, 6）。作者感谢梅利莎·布拉德（Melissa Bullard）给自己标明这封信和后面出现的部分《斯特罗齐杂集》中的信件。

50　*Vita di Filippo Strozzi*, p. CXX："他走路很快，有时朋友和他开玩笑，他回答他不知道浪费时间是何意。"

51　菲利波·斯特罗齐写给洛伦佐·斯特罗齐的信，罗马，1515年2月3日（CS III, 108, 7）。

52　洛伦佐写给加莱奥托的信，罗马，1515年1月28日（MAP CXLI 94v; Bullard, *Filippo Strozzi and the Medici*, cit., p. 88）。

53　尼科洛·马基雅维利写给弗朗切斯科·韦托里的信，佛罗伦萨，1514年1月5日（Machiavelli, *Lettere*, p. 315）。

54　弗朗切斯科·韦托里写给尼科洛·马基雅维利的信，罗马，1514年12月30日（ivi, p. 369）。

55　需要注意的是，利维奥反对中立立场的同一引用，可参见写给弗朗切斯科·韦托里的信（1514年12月20日, Machiavelli, *Lettere*, p. 364）和《君主论》第二十一章。参见 *Discorsi* II, 22，马基雅维利抱怨利奥十世"被那些劝谏的人说服了，他们本人都是中立的，却告诉他在这个联盟中可以获得稳妥的胜利"。关于"陷阱"，参见 *Principe* 18。

56　尼科洛·马基雅维利写给弗朗切斯科·韦托里的信，佛罗伦萨，1515年1月31日（Machiavelli, *Lettere*, p. 374）。

57　尼科洛·马基雅维利写给弗朗切斯科·韦托里的信，佛罗伦萨，1513年12月10日（ivi. p.305；这封知名信件中的这一细节很少有人提到）。

58　皮耶罗·阿尔丁盖利写给朱利亚诺的信，罗马，1514年2月14日，收录于

Tommasini II, pp. 1064–1065, da C. Guasti, *I Manoscritti Torrigiani donati al R. Archivio di Stato di Firenze. Descrizione e saggio*, Firenze 1878, p. 67；关于保罗·韦托里与菲利波·斯特罗齐之间的意见分歧，参见 Bullard, *Filippo Strozzi and the Medici*, cit., p. 87.

59　关于比别纳（参见 ASV, Particolari 153）通过大使卢多维科·卡诺萨与法国宫廷秘密通信，参见 P. Richard, *Une correspondance diplomatique de la curie romaine à la veille de Marignan (1515)*, in «Revue d'histoire et de littérature religieuses», 9, 1904, pp. 1–47, 104–142 和 321–355；Id., *Origines de la nonciature de France. Débuts de la représentation permanente sous Léon X, 1513–1521*, in «Revue des questions historiques», 36, 1906, pp. 112–180。

60　阿方西娜写给洛伦佐的信，罗马，1514 年 2 月 9 日（MAP CXIV 51; Tommasini II, p. 992）。

61　Cerretani, *Ricordi*, p. 329；关于加莱奥托的撤职，参见 ivi, p. 328 和 Id., *Dialogo*, p. 68："以如此正义、睿智和善良的方式在城市中占有一席之地，对任何人来说都是奇迹。"

62　法沃里诺写给洛伦佐的信［罗马，1515 年夏］（MAP VII 406）。

63　参见 G. Benzoni, *Lorenzo de' Medici, duca di Urbino*, in DBI, 66, 2007。另参见 Giorgetti, *Lorenzo duca di Urbino*, cit. ; Id., *Lorenzo de' Medici capitano generale della Repubblica Fiorentina*, in «Archivio storico italiano», s. IV, t. XI, 1883, pp. 194–215 e 310–320 ; A. Verdi, *Gli ultimi anni di Lorenzo duca d'Urbino (1515–1519)*, Este 1905。

64　Cerretani, *Ricordi*, p. 327; Id., *Dialogo*, p. 68.

65　乔瓦尼·达·波皮写给洛伦佐的信，罗马，1515 年 5 月 28 日（MAP CXVII 36；参见 Giorgetti, *Lorenzo de' Medici*, cit., p. 210）。

66　马里亚诺修士写给洛伦佐的信，佛罗伦萨，1515 年 6 月 9 日（MAP CXXIII 112；参见 Giorgetti, *Lorenzo de' Medici*, cit., p. 194）。信的结尾写道："向伟大的阿方西娜夫人问好，向来心血未潮，作为仆人，请多多把我推荐给她，向克拉丽斯问好。"

67　弗朗切斯科·圭契阿迪尼写给路易吉·圭契阿迪尼的信，佛罗伦萨，1515 年 6 月 6 日（参见 R. Devonshire Jones, *Francesco Vettori: Florentine Citizen and Medici Servant*, London 1972, p. 109）。

68　红衣主教朱利奥写给洛伦佐的信，罗马，1515 年 6 月 28 日（MAP CXVII 100）。

69　红衣主教朱利奥写给洛伦佐的信，罗马，1515 年 7 月 2 日（MAP CXVII 109）。参见 A. Prosperi, *Clemente VII, papa*, in DBI, 26, 1982, 补充"在一个躯体里"。

70　Vettori, *Sommario*, p. 160.

71　红衣主教朱利奥写给巴尔达萨雷·图里尼的信，罗马，1515 年 7 月 19 日（MAP

CXVII 104）。
72　Tedallini, *Diario romano*, p. 359. 参见 Cerretani, *Dialogo*, p. 64："英俊、善良、志向远大。"
73　卢多维科·卡诺萨写给红衣主教朱利奥的信，里昂，1515年7月18日（MAP CXVII 123）。
74　阿方西娜写给洛伦佐的信，佛罗伦萨，1515年8月11日（MAP CXXXVII 652）。参见 S.E. Reiss, *Widow, Mother, Patron of Art: Alfonsina de' Medici*, in S.E. Reiss, D.G. Wilkins (eds.), *Beyond Isabella: Secular Women Patrons of Art in Renaissance Italy*, Kirksville (MO) 2001, p. 134；总体上参见 N. Tomas, *Alfonsina Orsini de' Medici and the «Problem» of a Female Ruler in Early Sixteenth-century Florence*, in «Renaissance Studies», 14, 2000, pp. 70–90。
75　阿方西娜写给洛伦佐的信，佛罗伦萨，1515年8月11日（MAP CXXXVII 652）。
76　Masi, *Ricordanze*, p. 157（1515年8月14日）："说他没有中毒是值得怀疑的：但夫人并不知道他生病了……他在去佛罗伦萨的路上非常痛苦……似乎从未感受到快乐。" Cerretani, *Ricordi*, pp. 331–332。
77　尼科洛·马基雅维利写给乔瓦尼·韦尔纳奇（Giovanni Vernacci）的信，佛罗伦萨，1515年8月18日（Machiavelli, *Lettere*, p. 376）。关于《君主论》的题献，参见 W.J. Connell, *Dating The Prince: Beginnings and Endings*, in «The Review of Politics», 75, 2013, pp. 497–514 和 Marcello Simonetta, *L'aborto del Principe: Machiavelli e i Medici(1512–1515)*, in «Interpres», XXIII, 2015, pp. 192–228。
78　菲利波·斯特罗齐写给洛伦佐的信，佛罗伦萨，1515年9月4日（MAP CV 150）。
79　菲利波·斯特罗齐写给洛伦佐的信，佛罗伦萨，1515年8月27日（MAP CVIII 142）。
80　Tedallini, *Diario romano*, p. 357.
81　菲利波·斯特罗齐写给洛伦佐的信，佛罗伦萨，1515年9月20日（MAP CVIII 143）。
82　菲利波·斯特罗齐写给洛伦佐的信，佛罗伦萨，1515年9月26日（MAP CVIII 144）。
83　弗朗切斯科·圭契阿迪尼写给路易吉·圭契阿迪尼的信，1515年6月14日（参见 Devonshire Jones, *Francesco Vettori*, cit., pp. 117–118）。
84　日期为1515年10月26日星期五（CS V, 91, 6r; D. Fachard, *Biagio Buonaccorsi. Sa vie, son temps, son œuvre*, Boulogne 1976, p. 106）。关于在帕维亚的短暂停留，也可参见 *Cronichetta* di Salimbeni Bartolini，补充了其他文献所缺失的洛伦佐的行动轨

迹（*Cronichetta sulle ultime azioni di Lorenzo duca di Urbino*, in G. Bartolini Salimbeni, *Del Magnifico Lorenzo de' Medici, Cronica scritta dal senatore Gherardo Bartolini Salimbeni colla storia genealogica di questa illustre casata compilata da Fr. Ildefonso di S. Luigi*, Firenze 1786, pp. 1–80）。关于借韦托里 100 杜卡特金币，参见菲利波·斯特罗齐写给弗朗切斯科·德尔·内罗的信，维杰瓦诺，1515 年 11 月 3 日（CS III, 110, 13*r*）；12 月 18 日，菲利波让他的好兄弟在使节的账上再加 200 杜卡特（CS III, 110, 19*v*）。

85 Vettori, *Sommario*, p. 169.
86 阿方西娜写给洛伦佐的信，佛罗伦萨，1515 年 10 月 25 日［MAP CXXXVII 707; Devonshire Jones, *Francesco Vettori*, cit., pp. 120–121; Giorgetti, *Lorenzo de' Medici*, cit., p. 205,但作者转写时将"rispetti"（尊重）与"dispetti"（捉弄）混淆了，导致无法理解博尔贾的座右铭］。
87 Machiavelli, *Principe* 18.
88 Ivi, p.26.
89 洛伦佐写给戈罗·盖里的信，佛罗伦萨，1513 年 11 月 5 日（CS I, 3, 17；引自 Tommasini II, p. 105, 表达对意大利的热爱；参见 ivi, *Appendice*, p. 981）。
90 菲利波·斯特罗齐写给洛伦佐的信，佛罗伦萨，1515 年 8 月 31 日（MAP CV 232；参见 L.A. Ferrai, *Lorenzino de' Medici e la società cortigiana del Cinquecento*, Milano 1891, p. 8）。
91 阿方西娜写给洛伦佐的信，佛罗伦萨，1515 年 11 月 3 日（MAP CV 18）。
92 巴尔达萨雷·图里尼写给红衣主教朱利奥的信，维泰博，1515 年 11 月 8 日（MAP CV 19, c. 31*v*）；朱利奥写给洛伦佐的信［无地点信息］，1515 年 11 月 12 日（MAP CV 20）："下令让他们为此次访问（佛罗伦萨）做准备，这是让教皇最光荣的事。"
93 这个荣誉是把双刃剑，目的是为了不让他在佛罗伦萨出风头。
94 参见 I. Ciseri, *L'ingresso trionfale di Leone X in Firenze nel 1515*, Firenze 1990； Ead., «*Con tanto grandissimo e trionfante onore*». *Immagini dell'ingresso fiorentino di papa Leone X nel 1515*, in Baldini, Nietti (a cura di), *Nello splendore mediceo*, cit., pp. 237–249。参见 Nardi, *Istorie*, II, p. 45 ss.；Cerretani, D*ialogo*, pp. 75–76。
95 Vasari, 引自 Ciseri, «*Con tanto grandissimo e trionfante onore*», cit., p. 243。
96 L. Landucci, *Diario fiorentino dal 1450 al 1516 continuato da un anonimo fino al 1542*, Firenze 1883, p. 237.
97 Sanuto XXI, 374–375.
98 保罗·焦维奥写给马林·萨努托的信，博洛尼亚，1515 年 12 月 15 日（Sanuto XXI, 376–378, 443 和 509–510）。
99 卢多维科·卡诺萨写给红衣主教比别纳的信，米兰，1515 年 12 月 2 日（MAP

CIII 139）。

100 参见 L. Madelin, *L'entrevue de Bologne et le Concordat de 1516*, in Id., *France et Rome*, Paris 1913, pp. 117-196。

101 Cerretani, *Ricordi*, p. 332. 参见 N. Rubello, *Una solenne entrata? Leone X a Bologna nel dicembre del 1515*, in «Schifanoia», 38-39, 2010, pp. 261-270。

102 Ivi, p. 153 [参见 *Diario* di Paride de' Grassi, BAV, Vat. lat. 5636, c. 124*r*。感谢弗朗索瓦·乌吉内特为我指明此处引用的确切时间（1515年12月12日），他正在主编该书]。

第二部分
第四章

1 阿方西娜写给洛伦佐的信，佛罗伦萨，1515年11月3日（MAP CV 18）。参见 C.H. Clough, *Clement VII and Francesco Maria Della Rovere, Duke of Urbino*, in K. Gouwens, S.E. Reiss (eds.), *The Pontificate of Clement VII: History, Politics, Culture*, Aldershot 2005, p. 83, nota 38 和 Reiss, *Widow, Mother, Patron of Art*, cit., pp. 133-134, nota 101。

2 红衣主教朱利奥写给洛伦佐的信，罗马，1515年11月7日（MAP CXIII 188; Giorgetti, *Lorenzo duca di Urbino*, cit., p. 308, nota 13）。

3 Nitti, *Leone X e la sua politica*, cit., p. 75.

4 参见 Simonetta, *L'enigma Montefeltro*, cit。

5 关于乌尔比诺的谈判，参见 A. Luzio, *Isabella d'Este e Leone X*, in «Archivio storico italiano», s. IV, t. XL, 1907, p. 34 ss。

6 Sanuto XXI, 510；参见 Guicciardini, *Storia d'Italia* XII, 21。

7 Luzio, *Isabella d'Este e Leone X*, cit., p. 37.

8 Masi, *Ricordanze*, p. 188; Cerretani, *Ricordi*, p. 338.

9 皮耶罗·阿尔丁盖利写给洛伦佐的信，罗马，1516年2月27日（MAP CXIV 284）。

10 巴尔达萨雷·图里尼写给洛伦佐的信，罗马，1516年3月4日（MAP CIX 41）。参见 M. Gattoni, *Leone X e la geo-politica dello Stato pontificio (1513-1521)*, Città del Vaticano 2002, p. 151。

11 A. Ferrajoli, *Il ruolo della corte di Leone X (1514-1516). Prelati domestici*, a cura di V. di Caprio, Roma 1984, pp. 496-497.

12 拉法埃莱·彼得鲁奇写给洛伦佐的信，锡耶纳，1516年3月11日（MAP CXXIII 34）。

13 阿方西娜写给洛伦佐的信，罗马，1514年7月2日（MAP CXXXVII 638；参见 Giorgetti, *Lorenzo de' Medici*, cit., p. 198)。

14 伊莎贝拉·德斯特写给伊丽莎白·贡扎加的信，曼托瓦，1516年3月7日（加密），收录于 Luzio, *Isabella d'Este e Leone X*, cit., p. 52。

15 巴尔达萨雷·卡斯蒂廖内写给弗朗切斯科·玛里亚·德拉·罗韦雷的信，罗马，1516年4月18日（http://aiter.unipv.it/lettura/BD/lettere/0.304）。参见 Luzio, *Isabella d'Este e Leone X*, cit., p. 64.

16 Simonetta, *L'enigma Montefeltro*, cit., p. 124 ss. 参见 Poliziano, Becchi, *La congiura della verità*, cit., p. 105。

17 Masi, *Ricordanze*, p. 195; Cerretani, *Ricordi*, p. 341; Id., *Dialogo*, p. 77. 参见 McManamon, *Marketing a Medici regime: the funeral oration of Marcello Virgilio Adriani for Giuliano de' Medici (1516)*, in «Renaissance Quarterly», 44, 1991, pp. 1-41。

18 雅各布·卡兰德拉（Iacopo Calandra）写给身在法国的费代里科·贡扎加的信，曼托瓦，1516年6月14日（A. Luzio, R. Renier, *Mantova e Urbino. Isabella d'Este ed Elisabetta Gonzaga nelle relazioni famigliari e nelle vicende politiche*, Torino 1893, p. 229）. 关于 "利奥十世静默的讽刺"，参见 G.A. Cesareo, *Pasquino e pasquinate nella Roma di Leone X*, Roma 1938, pp. 54-55。

19 菲利波·斯特罗齐写给弗朗斯科·德尔·内罗的信，罗马，1516年5月11日至13日（CS III, 110, 26）。部分该时期的通信往来引自 M.M. Bullard, *Filippo Strozzi il Giovane, l'uomo e le sue lettere*, in AA.VV., *Palazzo Strozzi metà millennio (1489-1989)*, Atti del Convegno di studi (Firenze, 3-6 luglio 1989), Roma 1991, pp. 30-37。

20 菲利波·斯特罗齐写给弗朗斯科·德尔·内罗的信，罗马，1516年5月11日至13日（CS III, 110, 26）。

21 克拉丽斯写给菲利波·斯特罗齐的信，佛罗伦萨，1516年5月16日（CS III, 49, 34）。参见菲利波·斯特罗齐写给弗朗斯科·德尔·内罗的信，罗马，1516年5月13日至14日（CS III, 110, 24）。一位同名的亲戚，菲利波·斯特罗齐修士也参与了平息丑闻的行动。

22 参见 Sanuto XXII, 309-312（佩萨罗，1516年6月14日）: "讲述乌尔比诺公爵丢掉了国家的成功事迹。" 参见 Pastor IV, 1, p. 99 ss。

23 Gnoli, *La Roma di Leone X*, cit., p. 117; Tedallini, *Diario romano*, p. 364: "近1500年没有这样的动物，每月花费100杜卡特"（1517年6月18日）; BAV, Barb. Lat. 3552, c. 27r（1517年6月16日; 参见 Madelin, *France et Rome*, cit., p. 277）; Sanuto XXII, 316, 6月14、17日和19日的信: "葡萄牙国王赠予教皇的大象死了"; 参见 Machiavelli, *Scritti*, p. 177; Aretino, *Operette*, p. 37 ss. 以 *Testamento dell'elefante* 训斥焦万·巴蒂斯塔·阿奎拉诺（Giovan Battista Aquilano）"由于吝啬"没有好好

照顾大象。
24　此处以及接下来的引用，参见 Sanuto XXII, 474-475，8月19日来自佛罗伦萨的信和罗马的消息。
25　Cesareo, *Pasquino e pasquinate*, cit., pp. 55-56；参见 K.A.C. Höfler, *Analecten zur Geschichte Deutschlands und Italien*, Münich 1847, pp. 56-57（帝国线人的报告）。
26　*Diario* di Paride de' Grassi, BAV, Vat. lat. 5636, c. 146*r–v*；参见 Pastor IV, 1, p. 100.
27　Luzio, *Isabella d'Este e Leone X*, cit., p. 76.
28　西尔韦斯特罗·吉利（Silvestro Gigli）写给无名氏（阿莫尼奥？）的信，罗马，1516年8月27日（BL, Vit. B. III, 70*v*–71*r*）。
29　Vettori, *Vita di Lorenzo*, p. 267.
30　Sanuto XXIV, 90. 另参见 Benzoni, *Lorenzo de' Medici, duca di Urbino*, cit。
31　弗朗索瓦一世写给乌尔比诺公爵洛伦佐的信副本，1516年9月19日；乌尔比诺公爵洛伦佐写给弗朗索瓦一世的信副本，1516年10月7日（CS I, 9, cc. 186-187）。
32　巴尔达萨雷·图里尼写给洛伦佐的信，罗马，1518年2月7日："我会告诉您真相，他们对瓦伦蒂诺十分憎恶，嗤之以鼻。"（ASF, *Acquisti e Doni*, 1, ins. 10；参见 1518年3月10日至11日，MAP CXLII 159, 227*v*）另见后文第六章。
33　Vettori, *Vita di Lorenzo*, p. 268.
34　Tedallini, *Diario romano*, p. 367："那年天气很冷，很多年没有这样了。"参见 Madelin, *France et Rome*, cit., p. 205："整个1517年的2月都很寒冷。"（BAV, Barb. Lat. 3552, c. 28*v*）
35　关于戈罗·盖里，参见 A. Giusti, *Gheri, Gregorio*, in DBI, 53, 2000。参见 K. Lowe, *Towards an Understanding of Goro Gheri's Views on amicizia in Early Sixteenth-century Medicean Florence*, in P. Denley, C. Elam (eds.), *Florence and Italy: Renaissance Studies in Honour of Nicolai Rubinstein*, London 1988, pp. 91-105。
36　戈罗·盖里写给阿方西娜的信，佛罗伦萨，1516年11月4日（MAP CXLII 285, 2*r*）。在草稿上，我们读到了划掉的段落："事实上，如果事情没有如我们所愿地结束，上帝喜欢以真善、快速的方式结束邪恶。"
37　戈罗·盖里写给阿方西娜的信，佛罗伦萨，1516年11月6日（MAP CXLII 288, 4*v*–5*v*）。
38　安杰洛·马尔齐（Angelo Marzi）写给正义旗手莱昂纳多·巴尔托里尼的信，佛罗伦萨，1516年11月14日（BNCF, II, III, 432, c. 112）："母狮子来到教皇那里是因为教皇派她去问，所以根据盖里的命令，她又回到了这里。"
39　戈罗·盖里写给阿方西娜的信，佛罗伦萨，1516年12月6日（Copialettere, I, cc. 167*v*–168*r*）。参见 Verdi, *Gli ultimi anni di Lorenzo duca d'Urbino*, cit., p. 38；

A. Ferrajoli, *La congiura dei cardinali contro Leone X*, Roma 1920, p. 39；A. Anzilotti, *La crisi istituzionale della repubblica fiorentina*, Firenze 1912, p. 95；J.N. Stephens, *Machiavelli's* Prince *and the Florentine Revolution of 1512*, in «Italian Studies», 41, 1986, pp. 45–61, p. 48。

40　W.J. Connell, *La città dei crucci. Fazioni e clientele in uno stato repubblicano del '400*, Firenze 2000, p. 207，1502年，马基雅维利曾试图保释盖里，那时盖里是西班牙人的俘虏，佛罗伦萨的"敌人和造反者"，但是法官认为虽然盖里是一个"优秀人才"，但200杜卡特的价格似乎"过于贪心了"。作者认为，这次意外可能是马基雅维利在美第奇家族重新掌权后仍被佛罗伦萨各部门排除在外的原因之一。

41　戈罗·盖里写给巴尔达萨雷·图里尼的信，佛罗伦萨，1516年12月15日[Copialettere, I, 187*v*；参见 K.J.P. Lowe, *Church and Politics in Renaissance Italy: The Life and Career of Cardinal Francesco Soderini (1453–1524)*, Cambridge 1993, p. 99]。

42　戈罗·盖里写给巴尔达萨雷·图里尼的信，佛罗伦萨，1517年1月1日（Copialettere, I, 215*v*；参见 Ferrajoli, *La congiura*, cit., p. 71）。

43　Sanuto VII, 581.

44　戈罗·盖里写给巴尔达萨雷·图里尼的信，1516年10月17日、12月24日、29日；1517年1月1日、4日、9日、11日、14日。参见 Copialettere；关于洛伦佐1517年1月21日到达佛罗伦萨，参见 Verdi, *Gli ultimi anni di Lorenzo duca d'Urbino*, cit., p. 43。贝尔纳多·菲亚明吉（为阿方西娜）写给戈罗·盖里的信，罗马，1517年1月25日（CS I, 7, 19, 公布于 *Inventario* delle *Carte Strozziane, Serie prima*, I, p. 27）。

45　戈罗·盖里写给身在罗马的巴尔达萨雷·图里尼的信，佛罗伦萨，1517年2月17日。参见 Copialettere (Ferrajoli, *La congiura*, cit., p. 15; L. De Pascalis, *La porpora e la penna. La straordinaria vita ed il mondo di Adriano Castellesi da Corneto*, Tarquinia 2002, p. 332)。

46　弗朗切斯科·玛里亚·德拉·罗韦雷写给红衣主教团的信，塞[尼加利]亚，1517年2月21日（*Lettere di principi* I, 32*v*–34*r*）。在十六世纪的版本中，地点写的是"塞维利亚"，显然是印刷错误。

47　参见 Bartolini Salimbeni, *Cronichetta*, p. 38 ss.。关于挑战的文本，参考 BAV, Urb. lat. 1023, c. 141*r*–*v*, in Gattoni, *Leone X*, cit., pp. 333–334.

48　为奥拉齐奥·弗洛里迪和统帅苏亚雷斯签发的通行证，佩萨罗，1517年3月10日（上有乌尔比诺公爵洛伦佐及其秘书法布里奇奥·佩雷格里诺的签名，公国封印；CS I, 9, 107）。

49　关于"虚假诡辩"和"严刑拷打"后弗洛里迪的证词，参见 Guicciardini, *Storia d'Italia* XIII, 1。

50　阿方西娜写给戈罗·盖里的信，罗马，1517年3月17日（CS I, 9, 122；参见

Tommasini II, pp. 1005–1006）。参见 Gattoni, *Leone X*, cit., p. 166。

51　弗朗切斯科·玛里亚·德拉·罗韦雷的回忆以及 *Memoria a voi signor Capitano Soarz e Horatio Florido di quanto in nome nostro haverite a proponere e fare intendere a l'excellentissimo signore Lorenzo de' Medici*（上有弗朗切斯科·玛里亚·德拉·罗韦雷的签名以及公国封印；CS I, 9, 108–109）。

52　弗朗切斯科·玛里亚·德拉·罗韦雷写给洛伦佐的信，*Ex castro Colburdoli*，1517年3月14日（CS I, 9, 110）。参见洛伦佐写给弗朗切斯科·玛里亚·德拉·罗韦雷的信，草稿无1517年3月的日期标注（CS I, 9, 111）。

53　完全不尊重洛伦佐是造成"背叛"的原因之一；参见 Bartolini, *Cronichetta*, p. 6（1515年8月28日，帕尔马）：弗朗切斯科·玛里亚"暗示不想亲自来（战斗），因为他承诺过必须在朱利亚诺公爵的政府之下，他很乐意屈服于朱利亚诺公爵，而不是洛伦佐"。

54　参见 F. Ugolini, *Storia dei Conti e Duchi di Urbino*, Firenze 1859, vol. II, pp. 527–528, nota 19（两张洛伦佐签发给马尔多纳多的通行证，目的是让他背叛弗朗切斯科·玛里亚，里米尼，1517年2月27日）。参见 Giovio, *Vita di Leone X*, III, 65 以及 Guicciardini, *Storia d'Italia* XIII, 6。Gattoni, *Leone X*, cit., pp. 180–182，引用 BAV, Barb. Lat. 4905, cc. 150r–152r 的叙述，没有批注。

55　Tedallini, *Diario romano*, p. 367，细节可参见 BL, Add. Mss. 8436, cc. 74r–v。

56　戈罗·盖里写给洛伦佐的信，佛罗伦萨，1517年3月18日（Copialettere, II, 88r–89r: *Interrogationi da farsi a Horatio secretario di Francesco Maria*；参见 Verdi, *Gli ultimi anni di Lorenzo duca d'Urbino*, cit., doc. X, pp. VI–VII）。

57　戈罗·盖里写给红衣主教朱利奥的信，佛罗伦萨，1517年3月18日（Copialettere, II, 89r–89v）。参见戈罗·盖里写给阿方西娜的信，佛罗伦萨，1517年3月18日（Copialettere, II, 90r）。

58　戈罗·盖里写给洛伦佐的信，佛罗伦萨，1517年3月19日（Copialettere, II, 94r；关于"资金"，参见 99v）。

59　戈罗·盖里写给阿方西娜的信，佛罗伦萨，1517年3月19日（Copialettere, II, 94v）。

60　戈罗·盖里写给阿方西娜的信，佛罗伦萨，1517年3月20日（Copialettere, II, 98r）。

61　戈罗·盖里写给阿方西娜的信，佛罗伦萨，1516年12月7日（Copialettere, I, 171v–172r）。参见戈罗·盖里写给巴尔达萨雷·图里尼的信，1517年1月13日："如果你重读圭契阿迪尼与博洛尼亚、拉文纳以及罗马涅其他地方总督之间的告示，你会发现所有地方都处于质疑和危险的边缘"；1517年8月16日，关于罗马涅的城市，盖里下令"在这些土地上，应该派遣优秀的总督去管理而不是去偷窃，以免过去的问题继续存在"。(引自 Verdi, *Gli ultimi anni di Lorenzo duca d'Urbino*, cit., pp. 40 e 37)

62　Machiavelli, *Discorsi* II, 10.

63　只有 7563 杜卡特的花销记录在 MAP CXXXII 89*r*；关于计算的总额，参见 Bullard, *Filippo Strozzi and the Medici*, cit., p. 130。Giovio, *Leone X*, IV, 13 以及 Guicciardini, *Storia d'Italia* XIII, 8 认为总额为 80 万杜卡特。

64　关于教皇利奥任期的后面几年，参见 A. Mercati, *Le spese private di Leone X nel maggio-agosto 1513*, in Id., *Saggi di storia e letteratura*, Roma 1982, vol. II, pp. 207–225 和 Serapica, *Spese private di Leone X*, ASR, Camerale I, Spese minute di palazzo, Regg. 1489, 1490 e 1490bis (引自 Cesareo, Gnoli, Pastor *passim*)。

65　Cerretani, *Ricordi*, pp. 344–345 和 Id., *Dialogo* pp. 80–81 描述了医治的细节以及治疗时的疼痛，补充道："佛罗伦萨估计（洛伦佐）已经死了，出于某种目的而保密。"

66　Bartolini, *Cronichetta*, p. 59；4 月 6 日，加斯科尼人和德国人之间发生了"巨大的骚动"，后者向教皇使节比别纳寻求庇护，但"这对他们没有帮助，因为一个人被旁边的火绳枪杀死了，另一个人则在最尊贵的使节身边被杀：看到这种情况，使节惊慌失措，赶忙逃回自己的住处"(ivi, p. 64)。参见 Gattoni, *Leone X*, cit., pp. 167 和 180。

67　克拉丽斯写给菲利波·斯特罗齐的信，佛罗伦萨，1517 年 4 月 7 日（CS III, 49, 35；参见 Bullard, *Filippo Strozzi and the Medici*, cit., p. 81）。

68　弗朗切斯科·德尔·内罗写给菲利波·斯特罗齐的信，佛罗伦萨，1517 年 4 月 13 日（CS III, 49, 24）。

69　菲利波·斯特罗齐写给弗朗切斯科·德尔·内罗的信，安科纳，1517 年 4 月 15 日（CS III, 110, 31；参见 Bullard, *Filippo Strozzi and the Medici*, cit., p. 154）：分别借 5000 杜卡特给利奥十世，3000 杜卡特给洛伦佐，2000 给盖里，借款"不谨慎"，德尔·尼罗有理由说，如果他找到"能做得更好的人"，他就不会任由他们宰割了。他"非常绝望，因为他需要无限的财富，但实际上一分钱也没有"，所以教皇军队分崩离析是轻而易举的事情。

70　菲利波·斯特罗齐写给弗朗切斯科·德尔·内罗的信，安科纳，1517 年 4 月 19 日（CS III, 110, 38; Bullard, *Filippo Strozzi and the Medici*, cit., p. 135）。国库保管人菲利波向总督盖里的"贷款"总额难以量化：3 月 26 日，德尔·尼罗给了他 4500 杜卡特，4 月 11 日又给了 4000 杜卡特。1517 年底，盖里欠他 2000 金币，并且"我知道我既是市政府的债权人也是债务人"，正如菲利波·斯特罗齐写给弗朗切斯科·德尔·内罗的信中所述，罗马，1517 年 11 月 29 日（CS III, 110, 79）。

71　戈罗·盖里写给贝尔纳多·菲亚明吉的信，佛罗伦萨，1517 年 5 月 12 日（Copialettere, II, 202*v*）。这并未阻止他继续索要优待：戈罗·盖里写给菲利波·斯特罗齐的信，佛罗伦萨，1517年4月19日（CS III, 151, 38–39）。

72　弗朗切斯科·德尔·内罗写给菲利波·斯特罗齐的信，佛罗伦萨，1517年4月20日（CS III, 49, 29）。

73　L.A. Ferrai, *Lettere di cortigiane del secolo XVI*, Firenze 1884, p. 33；关于卡米拉写的信落入克拉丽斯手中，参见 pp. 18, 37, 58, 68（参见 A. Romano, *Lettere di cortigiane del Rinascimento*, Roma 1980, *ad indicem*）。

74　Ferrai, *Lettere di cortigiane del secolo XVI*, cit., p. 45.

75　他的兄长如此描述他："菲利波身材高大，面容姣好，身材瘦削灵活，更适应疲劳而不是放松，或其他令人愉快的事情；在举手投足间能看出他非常通人情，在第一次见面时几乎总是微笑。"（*Vita di Filippo Strozzi*, p. CXX）

76　弗朗切斯科·德尔·内罗写给菲利波·斯特罗齐的信，佛罗伦萨，1517年4月21日（CS III, 49, 32），在"在钥匙上，有一些绿蜡和黄蜡的印迹，我不知道她从哪里拿到的，壁橱里的所有东西我都带回家烧掉了。可能您把它们放在其他地方了；如果您不通过信件安抚或阻止她，她会毁掉那些可怜的女人"。

77　菲利波·斯特罗齐写给弗朗切斯科·德尔·内罗的信，安科纳，1517年4月22日（CS III, 110, 33–34）。

78　菲利波·斯特罗齐写给弗朗切斯科·德尔·内罗的信，安科纳，1517年4月25日（CS III, 110, 41–42）。

79　菲利波·斯特罗齐写给弗朗切斯科·德尔·内罗的信，安科纳，1517年4月27日（CS III, 110, 43）。

80　*Vita di Filippo Strozzi*, pp. XXXVI–XXXVIII："更何况是类似的国家（比如乌尔比诺公国）不会很持久，而且主要是在我们的城市中，将一种财富与另一种财富无损剥离，他不知道该怎么做。"

81　*Ibid*.

82　克拉丽斯写给菲利波·斯特罗齐的信，佛罗伦萨，1517年4月13日（III, 49, 36）。克拉丽斯有多想做一个优秀的妻子，从她寄给菲利波的衣服就能看出（c. 37），或许与4月20日的信件有关（III, 49, 42）。

83　克拉丽斯写给菲利波·斯特罗齐的信，佛罗伦萨，1517年4月30日（III, 49, 40）："我收到了您的四封信，最后一封是4月27日的，我会简短回复，因为我这里没有什么新鲜事。"

84　Giovangirolamo de' Rossi, *Storia generale* 中未出版的手稿，c. 419*r*，引自 P. Pallassini, *Una fonte inedita per la «Guerra di Siena»*, in «Bullettino senese di Storia Patria», CXIV, 2007, p. 116。逸事是关于班迪内利（Bandinelli）的："他是一位出色的雕塑家，修建了乔瓦尼·德·美第奇的坟墓，应他的儿子科西莫公爵的要求，加入了许多浮雕和半浮雕的人物，由于被薪俸管理者巴尔达萨雷·图里尼激怒，后者

是一个生活放荡的人，他（班迪内利）用大理石将图里尼刻画得出神入化，让图里尼亲吻荡妇的私处。以至于每个见过他的人都认出了他。"

85　克拉丽斯写给身在安科纳的巴尔达萨雷·图里尼的信，佛罗伦萨，1517 年 4 月 30 日（CS III, 49, 51）。参见菲利波·斯特罗齐写给洛伦佐·斯特罗齐的信，罗马，1514 年 10 月 2 日（CS III, 108, 6）："克拉丽斯明天出发去洛雷托。"

86　费拉拉的贝亚特丽斯写给洛伦佐的信，罗马，1517 年 4 月 23 日（CS I, 9, 174；部分内容发表于 Ferrai, *Lettere di cortigiane*, cit., pp. 81–85）。第 84 页删减的部分可参见 Romano, *Lettere di cortigiane del Rinascimento*, cit., p. 145。

87　弗朗切斯科·德尔·内罗写给菲利波·斯特罗齐的信，佛罗伦萨，1517 年 4 月 30 日（CS III, 49, 15）。

88　弗朗切斯科·德尔·内罗写给菲利波·斯特罗齐的信，佛罗伦萨，1517 年 5 月 3 日（CS III, 49, 13）。

89　弗朗切斯科·德尔·内罗写给菲利波·斯特罗齐的信，佛罗伦萨，1517 年 5 月 12 日（CS III, 49, 10）。

第五章

1　巴尔达萨雷·图里尼写给洛伦佐的信，罗马，1514 年 8 月 28 日（MAP CVII 56）；D.S. Chambers, *Cardinal Bainbridge in the Court of Rome, 1509 to 1514*, Oxford 1965, p. 136；参见 *Letters and Papers*, I, n. 5365, 西尔维斯特·吉利写给红衣主教沃尔西的信，罗马，1516 年 8 月 31 日（BL, Vit. B II, 95）。关于他 26 日的来信，他证实了关于对红衣主教班布里奇死亡的怀疑、里纳尔多神父的供词和随后的翻供，他在监狱里刺伤了自己，在死前三个小时他发誓自己一个人（没有其他人知道）对红衣主教的死负责。审判官为了平息英国使节的愤怒，坚持要求教皇在主教死后将他再一次绞死并分尸，尽管他的供词是通过严刑逼供获取的。里纳尔多一直是个疯子（Chambers, *Cardinal Bainbridge*, cit., p. 137："疯子……几乎是个怪物"），虽然他是一名牧师，但他在宗座财产管理处从未有过任何职务。吉利认定他不可能犯有这样的罪行，特别是其供词与犯罪内容不符，当被问及他为什么指控伍斯特主教时，他回答这样做是为了自救，因为他是个小偷，偷了主人的金钱和文件。

2　Tedallini, *Diario romano*, p. 352："他绝望到把匕首捅进自己的胸膛"（1514 年 8 月 28 日），这一行为被解释为畏罪自杀。

3　马里奥·佩鲁斯奇写给克莱门特七世的信，奇维塔卡斯特拉纳，1528 年 2 月 8 日（参见 Ferrajoli, *La congiura*, cit., p. 189）。

4　保罗·焦维奥写给鲁道夫·皮奥·达·卡尔皮（Rodolfo Pio da Carpi）的信，那不勒斯，1535 年 12 月 12 日："一个暴徒……马里奥·佩鲁斯奇的兄弟。"（Giovio, *Lettere*, I, p. 170；参见 Ferrajoli, *La congiura*, cit., p. 184）

5　Pastor IV, 1, p. 100："责令重审。"
6　参见 F. Winspeare, *La congiura dei cardinali contro Leone X*, Firenze 1957, pp. 24-25。引文参见 *Lozana andalusa*。
7　Sanuto XXVII, 73（罗马，1519 年 3 月 13 日，狂欢节期间）。
8　为什么这个易激动的美第奇派被解雇、监禁并差点丢了性命仍然是一个谜。我们对这个默默无闻的年轻人几乎一无所知，他是安东・弗朗切斯科・德利・阿尔比齐的兄弟，后者于 1512 年驱逐了皮耶尔・索代里尼，然后于 1537 年因在蒙特穆洛（Montemurlo）与科西莫一世作战而被斩首。宝贵的证据参见菲利波・斯特罗齐写给洛伦佐・斯特罗齐的信，佛罗伦萨，1510 年 4 月 6 日（CS III, 178, 58*v*）："吉罗拉莫・德利・阿尔比齐已在此待了几天，他已做好充分的武装准备，以及准备好说好话。"他从佛罗伦萨出发，耍了一个花招，即俘虏了其亲戚的一位对手，引发了丑闻，最终在佛罗伦萨八人委员会打官司。至于背叛教皇，不得不说，在利奥十世统治下的罗马，纯粹出于友谊和忠诚而行动的人是非常少见的；毕竟，由于洛伦佐公爵的仁慈，阿尔比齐很快官复原职。多年后，阿尔比齐在为科西莫一世公爵服务时去世。本韦努托・切利尼生气地指责他购买自己的作品付钱太少，因为他对雕塑艺术一无所知，作为"违法的士兵和男人"，被"谋杀"是应该的（Ferrajoli, *La congiura*, cit., p. 156）。
9　Ivi, p. 18；1517 年 3 月的 *Motu proprio* 参见 pp. 323-327。
10　Ivi, pp. 34-35，引自一位未曾听说过的蒂齐奥。参见贝尔特兰多・科斯塔比利写给阿方索・德斯特的信，罗马，1517 年 6 月 24 日："信件落到了我们的主的手里，不知道通过何种途径。"（Pastor IV, 2, p. 656）寄生虫、仆人和叛徒的形象在彼得罗・阿雷蒂诺的《妓女》(*Cortigiana*) 中得到了很好的体现，这部喜剧在瓦莱里奥（Valerio）的形象中加入了悲剧的色彩，他是一群恶棍中唯一诚实的仆人。
11　Ferrajoli, *La congiura*, cit., pp. 25 e 230-231.
12　雅各布・达・布雷西亚因服务到位而获得教皇的奖励，教皇还赠送了他一座由拉斐尔设计的宫殿，宫殿位于罗马博尔戈区，于 1515 年开始建造。关于雅各布・达・布雷西亚，一些信息参见 L.G. Marini, *Degli archiatri pontifici*, vol. I, Roma 1784, pp. 317-319，配有教皇题名，1936 年宫殿被墨索里尼拆除。
13　参见 A. Rehberg (a cura di), *Il Liber decretorum dello scribasenato Pietro Rutili. Regesti della più antica raccolta di verbali dei consigli comunali di Roma (1516-1526)*, Roma 2010, p. 115（1517 年 8 月 8 日）。在受到补偿的忠仆中，有吉安・马泰奥・吉贝蒂，他们是克莱门特七世的薪俸管理员；Cesareo (*Pasquino e pasquinate*, cit., p. 236), dai *Registri delle spese private di Leone X* (1518)，记载了一笔为医生支付的"50 杜卡特的房租，租金由布兰迪诺骑士承担"，他是教皇最喜欢的弄臣之一。
14　Ferrajoli, *La congiura*, cit., pp. 26 ss. e 245-246.

15 对尼尼酷刑的生动描写，详见 De Pascalis, *La porpora e la penna*, cit., p. 346, 此处为意译。

16 G.B. Picotti, *La congiura dei cardinali contro Leone X*, in «Rivista Storica Italiana», n.s., I, 1923, p. 260. 对 Ferrajoli 的著作进行评论后，作者突出强调起诉流程的矛盾之处，倾向于被告无罪。

17 BAV, Reg. lat. 387, c. 182. 参见 Ferrajoli（*La congiura*, cit.），指出这封信件和其他信件中的两处错误：洛伦佐·苏亚雷斯的信不是 1516 年 9 月，而是 10 月（cc. 184 e 186），而 1517 年 1 月 28 日西皮奥内·彼得鲁奇的信编码有误，应为 c.26 而不是 c.36；参见 Gattoni, *Leone X*, cit., p. 189。

18 有点像 Simonetta, *L'enigma Montefeltro*, cit., p. 114 加密信中的"陛下"，但是反过来。

19 最后一个可能是里亚里奥，而不是 Carcioffio，基于后来里亚里奥想要成为教皇的所谓的"野心"，这是审讯的结果；参见 Ferrajoli, *La congiura*, cit., pp. 28-30；Comes, Averoldus 的匿名秘书，可能指的是波拉·阿尔托贝洛·阿维罗迪（Pola Altobello Averoldi），里亚里奥的亲信（参见 ivi, p. 108；Winspeare, *La congiura dei cardinali*, cit., p. 101）。

20 ASFi, *Manoscritti Torrigiani*, p. 464，引自 Ferrajoli, *La congiura*, cit., pp. 327-331 和 Gattoni, *Leone X*, cit., pp. 332-333。

21 Ferrajoli, *La congiura*, cit., p. 44; Winspeare, *La congiura dei cardinali*, cit., p. 121.

22 邦西尼奥雷·邦西尼奥里写给贝尔纳多·米凯洛奇的信，罗马，1517 年 5 月 23 日（GC 29/63, cc. 222r）："我从宫里在场的人那里听说的。"

23 *Ibid*.

24 Giovio, *Leone X*, IV, 3：用巨额的金钱承诺，他拘留了当时在佛罗伦萨的韦尔切利，借口是治疗患有梅毒的共和国总督戈罗·盖里：他们一直盯着他，假装什么都没发生，以防他感知到危险而逃跑。

25 Ferrajoli（*La congiura*, cit. pp.200-205）提供了人物生平的简单介绍。参见 A. Luzio, R. Renier, *Contributo alla storia del malfrancese ne' costumi e nella letteratura italiana*, in «Giornale storico della letteratura italiana», V, 1885, p. 416 ss。

26 戈罗·盖里写给洛伦佐的信，佛罗伦萨，1517 年 5 月 20 日（Copialettere II, 238r）；同日信件的变体参见 Guasti, *I Manoscritti Torrigiani*, cit., p. 176。

27 邦西尼奥雷·邦西尼奥里写给贝尔纳多·米凯洛奇的信，罗马，1517 年 5 月 23 日（GC 29/63, c. 222v）。

28 *Ibid*.

29 Ferrajoli, *La congiura*, cit., p. 332；参见 Winspeare, *La congiura dei cardinali*, cit., p. 126。

30 红衣主教阿德里亚诺·卡斯特莱西写给红衣主教沃尔西的信，罗马，1517年5月23日（Letters and Papers, II, n. 3277: BL, Vit. B. III, 148）："在最残忍的情况下让自己感到悲痛……他们准备好执行死刑，即使是亲手执行死刑。"

31 参见 Pastor IV, 2, p. 653。

32 Sanuto XXIV, 323-324："锡耶纳红衣主教的秘书（尼尼）和保罗·古谢里（Paulo Gusieri，此处错误，应为 Agostini，参见6月23日的宣判，记载于 Ferrajoli, La congiura, cit., p. 336 和 Sanuto XXIV, 421）供认不讳，因此锡耶纳（彼得鲁奇）轻易地套出供词，他们想要毒死他。"参见 ivi, 326, 里亚里奥的亲戚写信给领主国："虽然他们坚持认为教皇将会公正审判，但他们仍然乞求开恩。"

33 R.L. Guidi, *Frati e umanisti nel Quattrocento*, Alessandria 2013, p. 131："教皇处理此事所表现出的犬儒哲学值得记录在马基雅维利的书中。"参见 P. Sella, *Leone X e la definitiva divisione dell'Ordine dei Minori* (OMin.). *La bolla «Ite vos»* (29 maggio 1517), Grottaferrata (RM) 2001。

34 戈罗·盖里写给巴尔达萨雷·图里尼的信，佛罗伦萨，1517年5月30日（Copialettere II, 430r）。

35 邦西尼奥雷·邦西尼奥里写给贝尔纳多·米凯洛奇的信，罗马，1517年5月30日（GC 29/63, c. 226r）。

36 Ferrajoli, *La congiura*, cit., p. 36.

37 Picotti, *La congiura*, cit., p. 260 ss.

38 邦西尼奥雷·邦西尼奥里写给贝尔纳多·米凯洛奇的信，罗马，1517年6月6日（GC 29/63, c. 228r）。

39 *Ibid.* 参见 Giovio, *Leone X*, IV, 7："利奥命令把坐在椅子上的里亚里奥带进城堡，强迫红衣主教团出席；其他人脸色惨白，他却抱怨说，他的仁慈和友善，要受到最狠的侮辱！"

40 邦西尼奥雷·邦西尼奥里写给贝尔纳多·米凯洛奇的信，罗马，1517年6月6日（GC 29/63, c. 228r）。

41 Ivi, c. 228v. 第二天，教皇再次经过房间，但邦西尼奥里不在。

42 *Ibid.*

43 *Ibid.*

44 弗朗切斯科·贡扎加写给伊莎贝拉·德斯特的信，1517年6月4日（引自 Luzio, *Isabella d'Este e Leone X*, cit., p. 85）。

45 BAV, Ottob. lat. 2348, c. 497v；参见 Ferrajoli, *La congiura*, cit., p. 149。

46 戈罗·盖里写给巴尔达萨雷·图里尼的信，佛罗伦萨，1517年6月5日（Copialettere II, 268r；参见 Verdi, *Gli ultimi anni di Lorenzo duca d'Urbino*, cit., p. 75）。原文为拉丁文。

47　Ferrajoli, *La congiura*, cit., p. 59; Winspeare, *La congiura dei cardinali*, cit., p. 137.
48　Simonetta, *L'enigma Montefeltro*, cit., p. 163. 参见 *La congiura della verità*, p. 105。
49　Cornelio de Fine, *Diarium Romanum* (1511-1532), BNF, Lat. 12552, c. 102*v*。
50　Sanuto XXIV, 353-354（Marco Minio da Roma，1517 年 6 月 5 日）。
51　戈罗·盖里写给拉法埃洛·德·美第奇的信，佛罗伦萨，1517 年 6 月 6 日（Copialettere I, 433*v*）。
52　阿方索·斯特罗齐写给身在佛罗伦萨的洛伦佐·斯特罗齐的信，罗马，1517 年 6 月 6 日（CS III, 145, 109）。阿方索是菲利波同父异母的兄弟，他从菲利波处获悉洛伦佐撤退至波焦阿卡诺，他希望商业复苏的"时段"尽快到来，这样就可以"在整个意大利做点生意"。
53　红衣主教阿德里亚诺·卡斯特莱西写给红衣主教沃尔西的信，罗马，1517 年 5 月 23 日（cit.）。
54　De Pascalis, *La porpora e la penna*, cit., pp. 361-362.
55　*Diario* di Paride de' Grassi, Vat. lat. 5636, cc. 177*r*-178*v*; Ferrajoli, *La congiura*, cit., p. 73; Winspeare, *La congiura dei cardinali*, cit., p. 139. Giovio, *Leone X*, IV, 将 6 月 4 日和 8 日的红衣主教会议报道了出来。
56　Rehberg (a cura di), *Il Liber decretorum dello scribasenato Pietro Rutili*, cit., p. 77.
57　Sanuto XXIV, 374（Marco Minio da Roma，1517 年 6 月 12 日）。
58　Ivi, 376（Marco Minio da Roma，1517 年 6 月 15 日）。
59　邦西尼奥雷·邦西尼奥里写给贝尔纳多·米凯洛奇的信，罗马，1517 年 6 月 14 日（GC 29/63, c. 230*r*）。
60　Ferrajoli, *La congiura*, cit., p. 109，引用 1517 年 6 月 16 日费拉拉使节科斯塔比利（Costabili）的公文。
61　邦西尼奥雷·邦西尼奥里写给贝尔纳多·米凯洛奇的信，罗马，1517 年 6 月 20 日（GC 29/63, c. 231*r*）。
62　戈罗·盖里写给红衣主教比别纳的信，佛罗伦萨，1517 年 6 月 20 日（Copialettere II, 305*r*; Ferrajoli, *La congiura*, cit., p. 78; Winspeare, *La congiura dei cardinali*, cit., p. 147）。
63　Ferrajoli, *La congiura*, cit., p. 95，作者提到萨罗被关在圣马洛可的隔离牢房中，里面仅能关押一人，出口在上方。牢房太小了，只能蜷缩，不能躺下，也不能伸腿。
64　BAV, Ottob. lat. 2137, c. 33；BNF, Lat. 12552, c. 103*v*；参见 Ferrajoli, *La congiura*, cit., p. 78。
65　*Ibid.* 关于卡斯特莱西的流亡之路，参见 De Pascalis, *La porpora e la penna*, cit., p. 367 ss。
66　邦西尼奥雷·邦西尼奥里写给贝尔纳多·米凯洛奇的信，罗马，1517 年 6

月 23 日（GC 29/63, c. 232r）。这段话指的是 1478 年对阴谋者的处理方式，参见 Simonetta, *L'enigma Montefeltro*。

67　Masi, *Ricordanze*, p. 224.

68　Ivi, p. 226.

69　Pastor IV, 1, p. 126 与齐格勒（*Historia Clementis VII*）相矛盾，他是一位和 T.C.P. Zimmermann（*Guicciardini, Giovio, and the Character of Clement VII*, in K. Gouwens, S.E. Reiss, eds., *The Pontificate of Clement VII: History, Politics, Culture*, Aldershot 2005, p. 27）一样的历史学家，但后者被认为消息灵通。Picotti（p. 257）收集了不少间接消息，并指出红衣主教朱利奥很可能参与了审问（Winspeare, *La congiura dei cardinali*, cit., p. 199, 此处否认）。佩鲁斯奇与未来的教皇克莱门特七世密切的关系强化了这一假设。参见 *Scorribande, passim*。

70　邦西尼奥雷·邦西尼奥里写给贝尔纳多·米凯洛奇的信，罗马，1517 年 5 月 23 日（GC 29/63, c. 222v）：" 红衣主教们请求派遣一名主教，他派遣了或给了萨卢佐主教 [朱利亚诺·托尔纳博尼 (Giuliano Tornabuoni), 教皇的另一位亲戚]；据说他会把城主的位置留给你，虽然是为了平民。"

71　根据 Frenz, *Die Kanzlei der Päpste der Hochrenaissance (1471–1527)*, Tübingen 1986, 埃米利奥·德·比安奇从 1517 年起成为一名秘密侍从，从 1523 年起成为使徒书记作家。但在 1511 年 10 月，他是朱利奥二世 " 相当信任 " 的人之一，并于 1513 年 7 月代表教皇被派往曼托瓦（Bibbiena, *Epistolario*, I, pp. 282 和 518）。他还出席了阿戈斯蒂诺·基吉（Agostino Chigi）1519 年 8 月 28 日的遗嘱仪式，遗嘱由教皇侍从塞拉皮卡签字。

72　Picotti, p. 267.

73　Ferrajoli, *La congiura*, cit., p. 267.

74　Ivi, p. 163.

75　比别纳写给红衣主教乔瓦尼的信，罗马，1511 年 10 月 8 日（Bibbiena, *Epistolario*, I, pp. 280 和 282），比安奇的名字以密文重复了两次：" 他很信任新来的另一个德·比安奇（埃米利奥，朱利奥的兄弟）"；参见 ivi, p. 519, 埃米利奥被派往曼托瓦。1513 年 7 月，比别纳向埃米利奥支付 28 和 30 杜卡特，参见 Mercati, *Le spese private di Leone X*, cit., nn. 59 和 67。

76　Giovio, *Leone X*, IV, 33. 关于利奥十世侍从之间的亲密关系，参见巴尔达萨雷·图里尼写给洛伦佐的信，罗马，1515 年 7 月 22 日（MAP CXVII 137, c. 136v）：" 塞拉皮卡和朱利奥·德·比安奇是您的仆人，他们说这些马匹和他们所拥有的一切都是为了您的快乐。"

77　C. Fea, *Notizie intorno Raffaele Sanzio da Urbino ed alcune di lui opere* ..., Roma 1882, pp. 84–87；参见 Ferrajoli, *La congiura*, cit., p. 87；Gattoni, *Leone X*, cit., pp. 201–

202，转写了梵蒂冈秘密档案馆中的原文件全文。

78 邦西尼奥雷·邦西尼奥里写给贝尔纳多·米凯洛奇的信，罗马，1517年6月23日（GC 29/63, c. 232*r*）。

79 Sanuto XXIV, 418；参见 Ferrajoli, *La congiura*, cit., p. 87 和 Gattoni, *Leone X*, cit., p. 201。

80 BAV, Barb. lat. 3552, c. 29*r*，强调里亚里奥与德拉·罗韦雷之间的亲属关系。参见 Ferrajoli, *La congiura*, cit., pp. 86 和 88。

81 Sanuto XXIV, 420。

82 Mercati, *Le spese private di Leone X*, cit., p. 208，引自 *Diario* di Paride de' Grassi, BAV, Vat. lat. 5636, c. 242*r*，指的是1518年6月的最后几天（感谢弗朗索瓦·乌吉内特为我指明了准确的页码）。

83 Sanuto XXIV, 421。

84 盖拉尔多·巴托里尼写给身在安科纳的菲利波·斯特罗齐的信，佩萨罗，1517年4月15日（CS III, 151, 32）。

85 邦西尼奥雷·邦西尼奥里写给贝尔纳多·米凯洛奇的信，罗马，1517年6月27日（GC 29/63, c. 233）。

86 Gattoni, *Leone X*, cit., pp. 220–221。

87 Sanuto XXIV, 448。

88 戈罗·盖里写给巴尔达萨雷·图里尼的信，佛罗伦萨，1517年6月5日（Copialettere II, 267*v*）。

89 邦西尼奥雷·邦西尼奥里写给贝尔纳多·米凯洛奇的信，罗马，1517年7月1日（GC 29/63, cc. 234，附31位红衣主教的名单，以及 cc. 235）。

90 BAV, Barb. lat. 3552, c. 30*r*："没有教皇曾摆出如此盛宴。"

91 *Ibid.*；Cornelio de Fine, *Diarium Romanum*, BNF, Lat. 12552, c. 101*v*："电闪雷鸣时，天降大雨……"

92 Masi, *Ricordanze*, p. 216。

93 红衣主教朱利奥写给弗朗切斯科·韦托里（在法国）的信，罗马，1516年4月30日（BL, Add. Mss. 23721, f. 16*r*）。

94 BAV, Ottob. lat. 2348, cc. 499*v*–500*r*（1517年5月至6月的书信备查簿）。参见 *Cortegiano* IV, 2；U. Motta, *Castiglione e il mito di Urbino. Studi sulla elaborazione del «Cortegiano»*, Milano 2003, p. 241，在1516年之前，有人谈到"特里卡里科主教卢多维科伯爵（……有更大的希望，估计我们很快就会看到结果）"，明确指代红衣主教职位的假设。

95 Gnoli, *La Roma di Leone X*, cit., p. 318；参见 Cesareo, *Pasquino e pasquinate*, cit., pp. 120–124。

96　Ivi, pp. 111–112. 圣乔治是拉法埃莱·里亚里奥的红衣主教头衔：在我们的引文中，为了简便，我们使用姓氏。
97　Aretino, *Operette*, p. 37 ss. 参见 Cesareo, *Pasquino e pasquinate*, cit., *passim*。
98　*Ibid.* Ferrajoli, *La congiura*, cit., p. 144，提到主教职位传给了一个儿子，但在 p. 181 指出 1517 年其兄弟乔瓦尼·吉罗拉莫担任主教；参见 p. 184：1528 年 5 月 14 日，克莱门特七世将主教职位授予马里奥的儿子卡米洛，作为罗马之劫的部分损失补偿。其他关于授予佩鲁斯奇家族的恩惠，参见 *Scorribande*, p. 96 ss。
99　1517 年 10 月，他担任罗马总督已经 4 个月了，参见 Ferrajoli, *La congiura*, cit., p. 116；关于阿尔本加的主教职位，参见 ivi, pp. 52, 97, 139, 144；关于萨罗的命运，也参见 H. Hyde, *Cardinal Bendinello Sauli and Church Patronage in Sixteenth-century Italy*, Woodbridge 2009，但误解了不少审判文件，不理解将其释放的章节（见下文）。
100　Ferrajoli, *La congiura*, cit., p. 89；Cesareo, *Pasquino e pasquinate*, cit., p. 105，作者认为，他被埋葬"在同一个城堡里，在礼拜堂的下方。"（BAV, Urb. lat. 1641, cc. 410*r*–412*v*）但是，参见 Cornelio de Fine（*Diarium Romanum*, BNF, Lat. 12552, c. 103*r*），作者认为入土仪式是在晚上进行的。
101　卢多维科·卡诺萨写给红衣主教朱利奥的信，圣昆廷，1517 年 6 月 12 日（*Lettere di principi* II, 12*r*）。弗朗索瓦一世为红衣主教索代里尼辩护，并于 1517 年 7 月 4 日致信佛罗伦萨法官（Canestrini, Desjardins, *Négociations diplomatiques*, II, cit., pp. 778–779，日期错标为 1516 年）。
102　戈罗·盖里写给巴尔达萨雷·图里尼的信，佛罗伦萨，1517 年 7 月 6 日（Copialettere II, 349*v*）；参见 Ferrajoli, *La congiura*, cit., p. 91. 盖里坚持如果里亚里奥官复原职，那么"奥斯蒂亚的城堡不能给他"。
103　戈罗·盖里写给弗朗切斯科·韦托里的信，佛罗伦萨，1517 年 7 月 31 日（Copialettere II, 394*r*）。
104　Pastor IV, 1, p. 121.
105　Ivi, 2, p. 660 ss. 参见 De Pascalis, *La porpora e la penna*, cit., p. 372。
106　Fea, *Notizie*, cit., pp. 83–84.
107　释放里亚里奥的章节参见 Pastor IV, 2, p. 667 ss。释放萨罗的未发表的章节，参见 BNF, Dupuy 28, cc. 34–36。关于 1517 年 7 月 24 日恢复萨罗职权的副本和恢复里亚里奥职权的官方文件（教皇秘书本博签字），保存在 ASV, A.A. Arm. I-XVIII 1903–1904。
108　戈罗·盖里写给弗朗切斯科·圭契阿迪尼的信，佛罗伦萨，1517 年 7 月 26 日（CS I, 130, 49）。
109　1517 年 7 月 1 日的消息公布后，他再次出发：参见洛伦佐写给利奥十世的信，佛罗伦萨，1517 年 7 月 5 日（ASV, Segr. Stato, Principi 4, 201）。

110 戈罗·盖里写给弗朗切斯科·韦托里的信,佛罗伦萨,1517年8月12日（Copialettere II, 394v–395v）;参见 Ferrajoli, *La congiura*, cit., p. 77; Verdi, *Gli ultimi anni di Lorenzo duca d'Urbino*, cit., p. 75。
111 Sanuto XXIV, 451–454.
112 BO Ms. 443, cc. XCVI–C.
113 Gattoni, *Leone X*, cit., p. 174.

第六章

1 参见戈罗·盖里写给弗朗切斯科·韦托里的信,佛罗伦萨,1518年1月11日（Copialettere I, 418v）:"在我们看来,斯达菲列奥已经脱离了他的身份,他所说的每个词都能谱成一首歌,好像他用肉眼就能看穿法国国王的心。正如教皇所说,我认为这源于他轻信他人的善良天性,而不是其他原因。"弗朗切斯科·韦托里写给洛伦佐的信,昂布瓦兹,1518年1月28日（MAP CXLII 151, 220 quat. V;加密）:"我相信您的领主国为他讲好话并招待他,这对这位使节来说是有好处的,因为他听得进去话。"比别纳的评价则更为友善,他在1518年7月27日写给韦托里的信中提到:"提起使节（斯达菲列奥）,我只能和您确认,这个可怜的人儿只有善意,没有恶茬,他会和您开玩笑,逗您开心。这是我的看法。就算他有别的想法,他也是一个像您一样的好人,这样大家才会认可他,剩下的情况您自己斟酌。"（BL, Add. Mss. 10280, f. 24r）

2 红衣主教朱利奥写给乔瓦尼·斯达菲列奥的信,罗马,1517年11月4日（Guasti, *I Manoscritti Torrigiani*, cit., p. 189）。

3 弗朗切斯科·韦托里写给戈罗·盖里的信,昂布瓦兹,1517年12月5日（MAP CXLII 174;加着重号的部分为我们的解密文本）。

4 红衣主教朱利奥写给乔瓦尼·斯达菲列奥和弗朗切斯科·韦托里的信,罗马,1517年11月4日;参见1517年10月18日（Guasti, *I Manoscritti Torrigiani*, cit., pp. 184 和 188–189）。

5 红衣主教朱利奥写给乔瓦尼·斯达菲列奥和弗朗切斯科·韦托里的信,罗马,1518年1月9日（ivi, p. 210）。

6 婚姻协约的日期为1518年1月16日（F. Vettori, *Scritti storici e politici*, a cura di E. Niccolini, Bari 1972, pp. 335–337; BNF, Dupuy 28, 38r–v）; Devonshire Jones, *Francesco Vettori*, cit., p. 128,指出韦托里和斯达菲列奥"并未见到那个女孩"。另参见 *Sommario de li articoli del maritaggio di Lorenzo di Piero di Lorenzo de' Medici, duca di Urbino, con Maddalena de la Tour d'Auvergne*（MAP CXLII 282）,韦托里的亲笔签名。

7 洛伦佐写给弗朗切斯科·韦托里的信,罗马,1518年1月16日（BL, Add. Mss.

23721, ff. 11r–15r, 引自 Devonshire Jones, *Francesco Vettori*, cit., p. 132："辜负了年轻人对年长人的信任。"）。

8　参见 *Raccolto delle azioni di Francesco e Pagolo Vettori*, in F. Vettori, *Scritti storici e politici*, cit., p. 348："弗朗切斯科与国王、常驻使节待在一起，在这次出使过程中，他明显谨慎了许多，可以说他作为一名公使，俨然成了领主的顾问，因此经他的调解，不仅让洛伦佐·德·美第奇娶多韦涅伯爵的女儿马德莱娜为妻，她与她的姐妹（阿尔巴尼亚公爵的妻子）拥有数千盾币的遗产，另外还有拉沃尔公国作为嫁妆，收入 5000 盾币。"参见 Vettori, *Vita di Lorenzo*, p. 269 ss.："她生性高贵，有人说，房子原本属于戈特弗雷迪·博利奥尼（Gottifredi Bollioni），他有很多事迹被记录下来了。"关于马德莱娜，参见 G. Benzoni, *Maddalena de la Tour d'Auvergne, duchessa di Urbino*, in DBI, 67, 2007。

9　弗朗切斯科·韦托里写给戈罗·盖里的信，昂布瓦兹，1518 年 1 月 24 日（MAP CXLII 149, 217r）："信使今天没有来，我特别高兴也特别疑惑，我也不知道该如何处理，因为许多意大利人和法国人不看好这次的联姻，他们可能对女孩产生奇怪的幻想，女人很容易说服的。"

10　弗朗切斯科·韦托里写给戈罗·盖里的信，昂布瓦兹，1518 年 1 月 28 日（MAP CXLII 151, 220r）："昨天，信使给我带来了 16 日阁下的信，他对联姻感到满意，我无法找到更好的选择了，因为在我看来，除了方便，我从来没有这么痛苦过。"

11　后面还会有更多的珠宝，参见巴尔达萨雷·图里尼写给洛伦佐的信，罗马，1518 年 3 月 6 日（ASF, *Acquisti e Doni*, 142, 8, 5, 关于洛伦佐·齐博携带的珠宝："比之前的漂亮。"）；盖拉尔多·巴托里尼写给洛伦佐的信，罗马，1518 年 3 月 6 日（BNCF, *G. Capponi*, Cassetta 4, I, ins. 12），送给新娘的珠宝中，包括一颗珍珠、一颗红宝石和一颗大钻石。

12　弗朗切斯科·韦托里写给洛伦佐的信，多韦涅，1518 年 2 月 7 日至 8 日（ABIB）。这封信是由秘书代笔，且部分加密。信的最后两页有韦托里的亲笔签名。

13　参见 T. Henry, P. Joannides (dir.), *Raphaël. Les dernières années*, Paris 2012, p. 269 ss。

14　弗朗切斯科·韦托里写给戈罗·盖里的信，昂布瓦兹，1518 年 2 月 8 日之后（MAP CXLII 157, 224*ter r*）。参见弗朗切斯科·韦托里写给戈罗·盖里的信，昂布瓦兹，1518 年 2 月 8 日（MAP CXLII 154）："我的盖里阁下，我不想对夫人（阿方西娜）和您说这是一位极致的美人，虽然别人和我提过好多次，但我不相信，因为我记得见过她，还怀疑自己被骗，但其实她做妻子的品质是可以的。"

15　Ivi, 1518 年 2 月 8 日［222*quat v*（解密文本代码 B = 加密原文代码 324 sept r）；参见 Devonshire Jones, *Francesco Vettori*, cit., p. 134］："我来法国宫廷已接近 30 个月，在我看来，我了解一部分他们的婚姻习俗，但如果公爵必须来这里，我会让他别带太多人，因为花销巨大且不撑场面，而且许多人会说他傲慢。如果他走正常线路，100匹马就足够了，随从们应穿着朴素，莫要过于浮夸，惹人嫉妒。"

16　弗朗切斯科·韦托里写给洛伦佐的信，昂布瓦兹，1518年1月28日（MAP CXLII 151, 220*quat r*）。

17　弗朗切斯科·韦托里写给戈罗·盖里的信，昂布瓦兹，1518年1月28日（MAP CXLII 151, 220*ter v*）。

18　弗朗切斯科·韦托里写给戈罗·盖里的信，昂布瓦兹，1518年3月3日（BNCF, *G. Capponi*, Cassetta 4, I, ins. 10；参见 Devonshire Jones, *Francesco Vettori*, cit., p. 134）。

19　弗朗切斯科·韦托里写给戈罗·盖里的信，昂布瓦兹，3月2日（MAP CXLII 158; Devonshire Jones, *Francesco Vettori*, cit., p. 134）。

20　这是献给洛伦佐的两首狂欢节诗歌之一，庆祝夺回乌尔比诺。参见 F. Bausi, *Politica e poesia: il «Lauretum»*, in «Interpres», VI, 1985–1986, pp. 232–233。

21　Grassi, *Il diario di Leone X*, cit., p. 66，记载萨罗于1518年3月29日去世。参见 Ferrajoli, *La congiura*, cit., p. 99，戈罗·盖里写给洛伦佐的信，佛罗伦萨，1517年11月20日："关于红衣主教萨罗，我的意思是他生病了：他或许想得到神圣的审判，在人类社会他并未受到公正对待"；盖里写给弗朗切斯科·韦托里的信，1518年12月3日："红衣主教萨罗得病了；或许神要做出人类没能做到的审判了"（Copialettere II, 414*v*）；戈罗·盖里写给巴尔达萨雷·图里尼的信，佛罗伦萨，1518年3月31日（萨罗死后）："假如明天我要忏悔，我会说'愿其他共犯尽快追随他而去'。"（Ferrajoli, *La congiura*, cit., p. 100）

22　戈罗·盖里写给弗朗切斯科·韦托里的信，佛罗伦萨，1517年10月1日（Copialettere II, 407*r*–408*v*），随信附上红衣主教们的审判卷宗"看看有没有错误"；1517年12月3日（ivi, 413*r*–414*v*）询问韦托里是否收到卷宗；参见 Ferrajoli, *La congiura*, cit., p. 143："您没有通知我是否收到了红衣主教的审判卷宗，因为距离寄出的时间已经过去几天了。"弗朗切斯科·韦托里写给戈罗·盖里的信，昂布瓦兹，1517年12月13日（MAP CXLII 177, 267*r*）："我收到了审判卷宗，我已按红衣主教美第奇的吩咐告知教皇使节。"对此，法国方面较为沉默。

23　朱利亚诺·布兰卡齐写给弗朗切斯科·韦托里的信，佛罗伦萨，1518年3月3日（J.-J. Marchand, *L'altro asino di Machiavelli. Da una lettera di Giuliano Brancacci a Francesco Vettori del 3 marzo 1518*, in S. Calligaro, A. Di Dio [a cura di], *Marco Praloran 1955–2011. Studi offerti dai colleghi delle università svizzere*, 收集于 S. Albonico, Pisa 2013, p. 37 ss.）。

24　Cerretani, *Ricordi*, p. 348，记载了高额的消费，佛罗伦萨1万杜卡特，为里昂之行预留5000杜卡特，在此讨论是否模仿瓦伦蒂诺公爵"大肆挥霍"。Id., *Sommario et ristretto cavato dalla Historia di Bartolomeo Cerretani, da lui in dialogo delle cose di*

Firenze dall'anno 1494 al 1519 (BNCF, II, IV, 19, f. 48*r*) 明确指出前乌尔比诺公爵构成的潜在危险，他与部分佛罗伦萨流亡者寄居在曼托瓦。

25　Devonshire Jones, *Francesco Vettori*, cit., p. 135.

26　菲利波·斯特罗齐写给弗朗切斯科·德尔·内罗的信，昂布瓦兹，1518 年 4 月 26 日（CS III, 110, 94*r*）。他的同伴因与一位妓女恋爱而失望，他对此感到遗憾，"科尔瓦塔，让我如此开心，我怀疑我会像玛古特（普尔契诗中的半巨人，是笑死的）那样死去，"补充道，"公爵也还在笑。"

27　菲利波·斯特罗齐写给弗朗切斯科·德尔·内罗的信，昂布瓦兹，1518 年 5 月 30 日（CS III, 110, 95*r*）。

28　Vettori, *Vita di Lorenzo*, p. 270：遗憾的是，他只在攻打纸制城堡时才表现出这种男子气概，而不是在乌尔比诺的真正战争中。关于韦托里返回佛罗伦萨的愿望，参见菲利波·斯特罗齐写给弗朗切斯科·韦托里的信，布卢瓦，1518 年 6 月 10 日（CS III, 108, 11–12）。

29　菲利波·斯特罗齐写给克拉丽斯的信，布卢瓦，1518 年 6 月 11 日至 15 日（CS III, 108, 9*v*）。

30　红衣主教比别纳写给弗朗切斯科·韦托里的信，昂热，1518 年 7 月 27 日（BL, Add. Mss. 10280, f. 24*r*；参见 Devonshire Jones, *Francesco Vettori*, cit., p. 108）。关于比别纳的赞美，见弗朗切斯科·韦托里写给尼科洛·马基雅维利的信，罗马，1513 年 11 月 23 日（Machiavelli, *Lettere*, p. 300）。

31　Masi, *Ricordanze*, p. 235. 参见洛伦佐写给戈罗·盖里的信，波焦阿卡亚诺，1518 年 8 月 29 日和 30 日（MAP CXLIV 170 和 172，关于阿方西娜送去的野鸡和庭园林莺），1518 年 9 月 6 日和 7 日（CXLIV 180 和 182，教皇与阿方西娜同时进入佛罗伦萨，教皇对此并不乐意，母亲要求一大早就出发，懒儿子不想这么做，因为"早起非常不舒服"）。

32　阿方西娜写给乔瓦尼·达·波皮的信，佛罗伦萨，1518 年 9 月 8 日（Tommasini II, pp. 1010–1011；参见 ivi, p. 345）。

33　洛伦佐写给戈罗·盖里的信，蒙特菲亚斯科内，1518 年 10 月 6 日（MAP CXLIV 209）。

34　Sanuto XXVI, 142（马可·米尼奥写给威尼斯领主国的信，科尔内托，1518 年 10 月 19 日）。

35　洛伦佐写给戈罗·盖里的信，托斯卡内拉，1518 年 10 月 14 日（MAP CXLIV 215）。

36　洛伦佐写给戈罗·盖里的信，科尔内托，1518 年 10 月 17 日（MAP CXLIV 220）。

37　Sanuto XXVI, 166（马可·米尼奥写给威尼斯领主国的信，科尔内托，1518 年

10 月 19 日）；参见 ivi, 165（1518 年 10 月 16 日）：洛伦佐必须自己与弗朗索瓦一世商讨 "归还摩德纳和雷焦两城，教皇帮他说情，等乌尔比诺公爵自己走开，他已经与法国国王说好，让他们归还"。

38 Vettori, *Vita di Lorenzo*, p. 270. 10 月 28 日，威尼斯使节（Sanuto XXVI, 175）记录道："虽然乌尔比诺公爵未能获得任何教皇的恩典，教皇还是会封他为红衣主教。"

39 洛伦佐写给戈罗·盖里的信，帕罗，1518 年 10 月 27 日（MAP CXLIV 227；参见 Devonshire Jones, *Francesco Vettori*, cit., p. 136）："明天我们前往马格利亚纳，周六前往罗马。"

40 菲利波·斯特罗齐写给弗朗切斯科·德尔·内罗的信，罗马，1518 年 10 月 21 日（CS III, 110, 108）："公爵会过来，但时间不长，我被迫在这里等他。要是耗时太多，我就先自己回去，我不想再留在这里了。我需要家里的披风"；洛伦佐写给戈罗·盖里的信，科尔内托，1518 年 10 月 24 日（MAP CXLIV 225）："告诉克拉丽斯，菲利波昨晚来了，心情很好"；菲利波·斯特罗齐写给弗朗切斯科·德尔·内罗的信，科尔内托，1518 年 10 月 24 日（CS III, 110, 109）："我给您写信是为了让您把家里的披风寄到罗马。要是没寄出的话，就算了，如果公爵不改变主意，他将在罗马逗留几天，他说他最多只能待 4 或 6 天。"

41 Vettori, *Vita di Lorenzo*, p. 271. 韦托里的版本得到确认（Sanuto XXVI, 194，罗马，1518 年 10 月底）："乌尔比诺公爵陪同教皇来到马格利亚纳，之后去往佛罗伦萨。据说他的母亲阿方西娜夫人身体抱恙；向教皇提出的请求，似乎什么也没有得到。"贝内代托·邦德尔蒙蒂不得不四处为洛伦佐的突然离开向红衣主教道歉（贝内代托·邦德尔蒙蒂写给洛伦佐的信，罗马，1518 年 10 月 30 日，BNCF, G. Capponi, Cassetta 4, I, ins. 45；参见 Devonshire Jones, *Francesco Vettori*, cit., p. 137）。

42 贝内代托·邦德尔蒙蒂写给盖里的信，罗马，1518 年 11 月 3 日（MAP CXLIII 165, c. 568v；参见 Devonshire Jones, *Francesco Vettori*, cit., p. 139）。

43 贝内代托·邦德尔蒙蒂写给洛伦佐的信，罗马，1518 年 11 月 8 日（BNCF, G. Capponi, Cassetta 4, I, ins. 53）。

44 Cerretani, *Sommario*, f. 51v；参见 Devonshire Jones, *Francesco Vettori*, cit., p. 139.

45 Sanuto XXVI, 216（11 月 18 日，从罗马）："佛罗伦萨的乌尔比诺公爵患有双重的间日热；虽然对外宣称只是轻症。他的母亲阿方西娜夫人也病了。"

46 Ivi, 245（1518 年 12 月 1 日，从罗马）。

47 Ivi, 395（1519 年 1 月 23 日，从罗马）："阿方西娜夫人生病了。"参见 ivi, 419："平息骚乱可能会在那个城市引发不满"；ivi, 434（1 月 29 日，从罗马）："教皇找到乌尔比诺公爵的秘书，询问佛罗伦萨的消息，公爵身体情况好转（教皇说），没有生命危险，只是肚子不舒服，他不想红衣主教去佛罗伦萨，后者则想去，因为公爵做事杂乱无章，不听话。"

48　Ivi, 455-456（1519 年 2 月 8 日，从卢卡）。
49　Ivi, 459（1519 年 2 月 4 日，从罗马）。
50　Ivi, 479（1519 年 2 月 13 日，从罗马）。
51　菲利波·斯特罗齐写给弗朗切斯科·德尔·内罗的信，阿尔波焦，1519 年 4 月 5 日（CS III, 110, 117；关于为濒死的洛伦佐准备的桑图乔别墅，参见 Bullard, *Filippo Strozzi and the Medici*, cit., p. 82）。
52　Sanuto XXVI, 509（1519 年 2 月 22 日，从罗马）。
53　Sanuto XXVII, 68（1519 年 3 月 13 日，从罗马）。
54　Ivi, 195（1519 年 4 月 16 日，从罗马）。
55　Ivi, 273（1519 年 5 月 4 日，从罗马）：为了支持这一负面观点，他们说那不勒斯的一位男爵因需要钱，熔化了他的一个金盆，发现里面有六磅铅和三磅烧过的铁；金盆是从巴里公爵夫人那里买来的，公爵夫人是从自己的父亲那里继承来的，佛罗伦萨人给了他一个公开的名字。
56　Vettori, *Vita di Lorenzo*, p. 271.
57　Ivi, 268-269（领主国写给教皇的吊唁信，威尼斯，1519 年 5 月 12 日）。
58　红衣主教比别纳写给戈罗·盖里的信，圣杰尔马诺，1519 年 5 月 15 日（ABIB）；Bibbiena, *Epistolario* 缺失此文献，最后一封信的日期为 1519 年 4 月 11 日（II, p. 207）；从圣杰尔马诺写给洛伦佐的信流落到了蒙卡特罗，时间是在洛伦佐去世之后，但当他离世的消息还未传到圣杰尔马诺，1519 年 5 月 7 日（MAP CLXII 106）。
59　贾科莫·詹菲利亚齐写给戈罗·盖里的信，蒙波利安［？］，1519 年 5 月 16 日（ABIB）。
60　Pastor IV, I, p. 180; A. Luzio, *Isabella d'Este e Leone X dal congresso di Bologna alla presa di Milano (1515-1521)*, in «Archivio storico italiano», s. IV, XLIV, 1909, p. 81.
61　卢多维科·卡诺萨写给红衣主教比别纳的信，罗马，1519 年 5 月 14 日（*Lettere di principi* I 1570, 8v）；关于卡诺萨的简短介绍，参见 9r："一个有价值的人，管理能力强，有权威和声誉，在执行任务时，值得注意的是，哪一面表现得更多：或深情的，或精明的，还是勤奋的，但他是自由的，他认为应该将其意见提供给君主。"）。
62　红衣主教朱利奥写给弗朗切斯科·玛里亚·德拉·罗韦雷的信，佛罗伦萨，1519 年 6 月 6 日（*Lettere volgari* III, 93-94）。
63　参见红衣主教朱利奥写给洛伦佐的信，罗马，1516 年 3 月 3 日（MAP CXIII 94），信中称弗朗切斯科·玛里亚为"费尔特罗人"，可见在夺去其爵位之前，美第奇家族就已经把他当成前公爵了。
64　Cerretani, *Ricordi*, p. 353 和 Id., *Sommario*："在返程路上，弗朗切斯科·韦托里和菲利波·斯特罗齐为所欲为"（BNCF, II, IV, 52r; Devonshire Jones, *Francesco*

Vettori, cit., p. 137）；Pitti, *Istoria*, p. 125：" 混乱的成员，无情的法官，准备好接受公爵及其母亲的指示，他们都携带武器，握着被折断的长矛和一群极为邪恶的佛罗伦萨年轻人，头目就是菲利波·斯特罗齐……韦托里和斯特罗齐对一切都很满意"；F. de' Nerli, *Commentari* (VI, 94)："而洛伦佐公爵，最后一次尝试让教皇不得不将佛罗伦萨降为公国，在他结婚后，他去了罗马，并带来了弗朗切斯科·韦托里和菲利波·斯特罗齐，教皇非常信任他们。" 如今，此书最好的版本为 S. Russo, *Filippo de' Nerli, «Commentari de' fatti civili occorsi nella città di Firenze dal 1215 al 1537». Edizione critica*，博士论文，那不勒斯费德里科二世大学，2007，http://www.fedoa.unina.it/2921/，引文在 p. 140。

65　红衣主教比别纳写给红衣主教朱利奥和洛伦佐的信，阿纳西，1518 年 10 月 3 日（Bibbiena, *Epistolario*, II, p. 140）："对帆船被海盗劫持和保罗·韦托里被俘一事，我深表遗憾，因为里昂有很多信件，我觉得应该交给了夫人，她很火，弗朗切斯科·韦托里的兄长，他们非常喜欢他，他做事一丝不苟，也是一个很好的、最忠实的家族仆人。" 参见红衣主教比别纳写给身在佛罗伦萨的弗朗切斯科·韦托里的信，阿纳西，1518 年 10 月 14 日（cat. Sotheby's London, 1968, lotto 921, n. 2），"国王和夫人" 对于保罗被抓一事也表示遗憾。参见红衣主教比别纳写给盖里的信，巴黎，1518 年 12 月 5 日（Bibbiena, *Epistolario*, II, p. 169）："我很高兴您的领主国愿意支付保罗·韦托里的赎金，以我和弗朗切斯科·韦托里的名义向领主国表示感谢。" 贝内代托·邦德尔蒙蒂写给戈罗·盖里的信，罗马，1518 年 11 月 6 日（MAP CXLIII 167, 572*v*），信中指出，赎金为 8300 杜卡特。缴获帆船是另一桩利奥的惨案，他们对此保持沉默，以免给教会军队已经很糟糕的名声雪上加霜。

66　参见 Devonshire Jones, *Francesco Vettori*, cit., p. 138，否认了这句否定句；参见 F. Vettori, *Scritti storici e politici*, cit., pp. 184-185 和 271。

67　Masi, *Ricordanze*, p. 241（参见 ivi, p. XII）。另参见 Cerretani, *Ricordi*, p. 358，作者明确提到菲利波·斯特罗齐和弗朗切斯科·韦托里是公爵恶毒的顾问。参见弗朗切斯科·韦托里写给保罗·韦托里的信，1519 年 3 月 10 日（CS III, 145, 108）：在为公爵的后事做准备时，弗朗切斯科告诉他的弟弟，由于他不受欢迎，他很快将 "在外面的某个地方苟且偷生，因为我很清楚自己的位置"。

68　弗朗切斯科·韦托里写给保罗·韦托里的信，佛罗伦萨，1519 年 5 月 14 日（CS I, 136, 231; Tommasini II, 2, p. 1067; Albertini, *Firenze dalla repubblica al principato*, cit., pp. 248-249; E. Niccolini, *Ventiquattro lettere di Francesco Vettori*, in «Giornale storico della letteratura italiana», CLXVII, 1990, pp. 575-576）。几年后，韦托里告诉斯特罗齐他的迷信和恐惧，他睡在卡雷焦美第奇别墅的房间里，之前阿方西娜不让他进入，"她还没死，还非常恨我"［弗朗切斯科·韦托里写给菲利波·斯特罗齐的信（无日期，应为 1521 年），CS III, 108, 149*v*］。

69　Cerretani, *Sommario*, 55v；参见 Id., *Ricordi*, p. 361 ss., 配上乐于助人的盖里的面色平静的肖像。

70　菲利波·斯特罗齐对盖里被疏远十分高兴，他写信给弗朗切斯科·德尔·内罗，罗马，1519 年 11 月 26 日（CS III, 110, 124v）："那个愚蠢的盖里一直困扰着我，他想让您为他做一千件事，但他不知回报，好像在说，其他人和您算个什么玩意儿"；参见 Bullard, *Filippo Strozzi and the Medici*, cit., p. 90："菲利波称盖里是一个混蛋，因为他在国库给韦托里制造了不必要的麻烦"；Devonshire Jones, *Francesco Vettori*, cit., p. 145。

71　Goro Gheri, Copialettere IV, 352r–361r; *Memoriale*，由 Anzilotti, *La crisi istituzionale*, cit., a p. 100 ss。批注, 全文收录于 Albertini, *Firenze dalla repubblica al principato*, cit., pp. 360–364；参见 ivi, pp. 28–31，提到 "不受欢迎的盖里"。

72　正是法沃里诺在 1515 年肆无忌惮地支持现已去世的洛伦佐无法无天的行为（参见第三章）。

73　菲利波·斯特罗齐写给洛伦佐·斯特罗齐的信，罗马，1520 年 2 月 6 日（CS III, 108, 14*bis*；参见 Bardi, *Filippo Strozzi*, cit., p. 19）。

74　参见 *Vita di Filippo Strozzi*, p. XXXVII："贪婪的克拉丽斯……偷偷地拿走了不少金银细软。"

75　菲利波·斯特罗齐写给洛伦佐·斯特罗齐的信，罗马，1520 年 2 月 9 日（CS III, 108, 15）。

76　菲利波·斯特罗齐写给洛伦佐·斯特罗齐的信，罗马，1520 年 2 月 11 日（CS III, 108, 16–17）。

77　Bardi, *Filippo Strozzi*, cit., p. 19；参见菲利波·斯特罗齐写给弗朗切斯科·德尔·内罗的信，罗马，1520 年 2 月 13 日（CS III, 110, 160；参见 Bullard, *Filippo Strozzi and the Medici*, cit., p. 90）。

78　菲利波·斯特罗齐写给弗朗切斯科·韦托里的信，罗马，1520 年 2 月 11 日（CS III, 108, 21–23）。有关罗马无节制的狂欢节庆祝活动的生动描写，参见安杰洛·杰曼内罗（Angelo Germanello）写给伊莎贝拉·德斯特的外交信件，罗马，1520 年 2 月 19 日（Pastor IV, 2, pp. 686–687）。

79　菲利波·斯特罗齐写给洛伦佐·斯特罗齐的信，罗马，1520 年 2 月 23 日（CS III, 108, 29r）。关于阿方西娜，菲利波补充道："无论生死，都要来麻烦我。"（ivi, 29v）

80　参见 Tommasini, II, p. 1054 (CS I, 10, c. 20)："以伟大的洛伦佐、教皇利奥十世和克莱门特七世的继承人名义收回的物品的简要说明：阿方西娜夫人立下遗嘱，将遗产留给了继承人教皇利奥，除了嫁妆之外，她还留下了不少动产，如遗嘱中所载明的银器、工具和金钱。教皇利奥同意克拉丽斯和菲利波·斯特罗齐关于阿方西娜夫人或她的母系亲属卡特琳娜·达·圣塞韦里诺留给克拉丽斯的合法财产的要求；按合同所示，给了他价值 1.2 万杜卡特金币的银器、工具和物品。"

81 菲利波·斯特罗齐写给洛伦佐·斯特罗齐的信，罗马，1520 年 3 月 26 日（CS III, 108, 42*r*）。

82 保存在罗马国家档案馆，Camerale I, *Spese minute di palazzo*, Regg. 1489, 1490 e 1490*bis*。参见 Cesareo, *Serapica*, p. 171 ss。

83 菲利波·斯特罗齐写给洛伦佐·斯特罗齐的信，罗马，1520 年 4 月 17 日（CS III, 108, 48*r*）。

84 菲利波·德·内尔利写给身在卢卡的尼科洛·马基雅维利的信，佛罗伦萨，1520 年 8 月 1 日（Machiavelli, *Lettere*, p. 393）。

85 菲利波·斯特罗齐写给洛伦佐·斯特罗齐的信，罗马，1520 年 3 月 31 日（CS III, 108, 46*v*），主题是关于圭契阿迪尼与斯特罗齐兄弟之间对投机的兴趣。

86 L.A. Muratori, *Delle antichità estensi e italiane*, vol. II, Modena 1740, p. 323. 作者从 1700 年起至 1750 年去世，都是埃斯特公爵的图书和档案管理员；他是 *Rerum Italicarum Scriptores* 和 *Antiquitates Italicae Medii Aevi* 的编纂者，被认为是近代研究中世纪历史之父。

87 弗朗切斯科·圭契阿迪尼写给吉安·马泰奥·吉贝蒂的信，摩德纳，1520 年 11 月 6 日（Guicciardini, *Lettere*, vol. V, pp. 232-235, n. 1098）；*Storia d'Italia* (XIII, 16) 则谨慎屏蔽了此信息。参见 R. Ridolfi, *Vita di Francesco Guicciardini*, Milano 1982, p. 114 ss。

88 尼科洛·马基雅维利写给弗朗切斯科·圭契阿迪尼的信，卡尔皮，1521 年 5 月 17 日（Machiavelli, *Lettere*, pp. 402-405），信的开头开玩笑：" 信使来时，我在如厕。"

89 P. Giovio, *Elogio degli uomini illustri*, a cura di F. Minonzio, Torino 2006, p. 191："比别纳本人认为，比以往疑心要重，晚餐时教皇给他的煎鸡蛋被下了毒，但证据不足，即使杰出医生反复使用特殊疗法，对他的康复也没有任何效果。"

90 V. Cian, *Un decennio della vita di M. Pietro Bembo (1521-1531)*, Torino 1885, p. 8. 德·格拉西的证言（"他的内脏很脏，好像被毒药腐蚀了一样"）引自 Richard, *Une correspondance diplomatique*, cit., p. 354。A.M. Bandini, *Il Bibbiena, o sia il Ministro di Stato delineato nella vita del Cardinale Bernardo Dovizi da Bibbiena*, Livorno 1758, p. 51, 作者是第一个支持毒杀论的人，描述为 "青黑色的"（对 "肮脏的" 的误读，参见 BAV, Vat. lat. 5636, c. 309*r*）。

91 卢多维科·卡诺萨写给利奥十世的信，布卢瓦，1521 年 1 月 30 日（*Lettere di principi* I, 11*r-v*）；卢多维科·卡诺萨写给红衣主教朱利奥的信，布卢瓦，1521 年 1 月 30 日（ivi, 11*v-*12*r*，亦见于 *Lettere di principi* II, 21*r-*22*r*，但信中没有签名，好像在突出强调信件内容的危险性）；参见卡诺萨写给红衣主教朱利奥的秘书吉安·马泰奥·吉贝蒂的信，布卢瓦，1521年1月30日（ivi, 22r-v）。
92 关于这位文人和外交官的出色的和悲剧的形象，参见最近的 Lepri, *Del denaro e della gloria*, cit。
93 卢多维科·卡诺萨写给红衣主教朱利奥的信，布卢瓦，1521年1月30日（cit.）。
94 Giovio, *Leone X*, IV, 50-52。
95 D. Gnoli, *La gazzarra delle pasquinate*, in Id. *La Roma di Leone X*, cit., p. 312。
96 G.A. Cesareo, *Papa Leone X e Maestro Pasquino*, in Id., *Pasquino e Pasquinate*, cit., p. 61；Giovio, *Leone X*, III, 31 也引用了碑文。
97 参见 M. Pellegrini, *Leone X, papa*, in DBI, 64, 2005。需说明的是，雕像并没有"巨人的比例"，而是正常人的大小。
98 Sanuto XXXII, 233（1521年12月5日，吉罗拉莫·邦菲奥·达·罗马说的则相反）。参见 ivi, 235, 242 ecc。
99 Ivi, 289-290（1521年12月21日，从罗马）。座右铭是献给弄臣布兰迪诺和马里亚诺修士的："已经完成了，没有什么安慰。"
100 G.A. Cesareo, *Medaglie satiriche post mortem Leonis X*, in Id., *Pasquino e Pasquinate*, cit., p. 279。关于在奖牌上"每个人被诅咒成古代喜剧的形式"，参见保罗·焦维奥写给身在佛兰德斯的吉贝蒂的信，佛罗伦萨，1522年3月18日（Giovio, *Lettere*, p. 93）。
101 Cesareo, *Medaglie satiriche post mortem Leonis X*, cit., p. 281；参见 ivi, pp. 309-310, Sanuto (XXXII, 188)，实际上是一份提名名单，里面提到"贝托利诺修道院院长，佛罗伦萨人"；参见 *Lettere di Giambattista Busini a Benedetto Varchi*, p. 188 中亦提及此人。
102 莱昂纳多·巴托里尼写给盖拉尔多·巴托里尼的信，罗马，1518年9月10日（Archivio Bartolini Salimbeni，引自 Tewes, *Kampf um Florenz*, cit., p. 1104），感谢提名奥诺弗里奥为大主教。
103 Sanuto XXXII, 230; Cesareo, *Pasquino e pasquinate*, cit., p. 83。
104 感谢尼科洛·卡波尼（Niccolò Capponi）为我提供这些储存在家族档案馆中的信息 [Archivio Capponi alle Rovinate, Firenze, II (B) Ragioni, Capponi e Martelli di Roma, ins. V]。另参见 A. Fara, "Exequiarum appaltatores": *mercatores romanam curiam sequentes e i funerali di papa Leone X de' Medici tra investimento e bona fama in alcune carte dell'archivio Capponi delle Rovinate di Firenze*, in «RR-Roma nel Rinascimento», 2014, pp. 331-355。
105 诗句所指的"疯子"是锡耶纳红衣主教彼得鲁奇，来自地狱的他对教皇中毒死亡的事实只能苦笑，也就是说，早在彼得鲁奇阴谋发生的四年前，彼得鲁奇就希望他死了。

106　Cesareo, *Pasquino e pasquinate*, p. 110. 关于里亚里奥在达马索圣老楞佐圣殿的葬礼，参见 Cornelio de Fine, *Diarium Romanum* (BNF, Lat. 12552, c. 103*r*)。实际上里亚里奥于1521年7月9日在那不勒斯去世，他的墓碑位于圣使徒大教堂。

第七章

1　菲利波·斯特罗齐写给身在佛罗伦萨的洛伦佐·斯特罗齐的信，罗马，1521年12月14日（CS III, 178, 82），这封信及其他引用的信件发表于 Fabbri, *L'inaudita elezione di Adriano VI*, cit.。关于美第奇红衣主教在选举教皇的秘密会议中的极大胜算，也可参见 Sanuto XXXII, 260 ss（1521年12月14日至15日）。

2　菲利波·斯特罗齐写给身在佛罗伦萨的洛伦佐·斯特罗齐的信，罗马，1521年12月23日（CS III, 178, 83）。参见 Pastor IV, 2, p. 13 ss。

3　菲利波·斯特罗齐写给身在佛罗伦萨的洛伦佐·斯特罗齐的信，罗马，1522年1月8日（CS III, 178, 89）。

4　Pastor IV, 2, pp. 16–17。

5　菲利波·斯特罗齐写给身在佛罗伦萨的洛伦佐·斯特罗齐的信，罗马，1522年1月9日（CS III, 178, 72）。关于秘密会议的详细政治分析，参见 Fabbri, *L'inaudita elezione di Adriano VI*, cit。

6　Sanuto XXXII, 423（1522年1月28日）和437（1522年1月31日）："她被寄养在费利切（德拉·罗韦雷）夫人那里，她是教皇朱利奥的侄女，乌尔比诺公爵的血亲。"

7　弗朗切斯科·韦托里写给卢多维科·卡诺萨的信，佛罗伦萨，1522年2月12日（*Lettere di principi* II, 26*v*–28*r*；参见 Devonshire Jones, *Francesco Vettori*, cit., p. 153 ss.）。在下一条注释之前的引文均来自该信。

8　卢多维科·卡诺萨写给弗朗切斯科·韦托里的信，巴黎，1522年5月9日（*Lettere di Principi*, II, 30*v*–31*v*；参见 Devonshire Jones, *Francesco Vettori*, cit., p. 155）。

9　《扎诺比关于多种政府类型的谈话》（*Discorso di Zanobi Buondelmonti sopra i vari generi di governi*）的开篇，被认为已经遗失，参见 BL, Add. Mss. 8808, ff. 7*r–v*；这很有意思，因为使用道德主义的方法，区分公正或不公正政府的论点与马基雅维利的论点不符。

10　菲利波·斯特罗齐一早就认为马基雅维利是一个有想法的独特人才，他一直支持后者为美第奇家族服务。参见菲利波·斯特罗齐写给洛伦佐·斯特罗齐的信，罗马，1520年3月17日："我很高兴你把马基雅维利引荐给美第奇家族，他会慢慢获得主人的信任，他是一个有潜力的人。"（CS III, 108, 40*v*；参见 Tommasini II, pp. 1081–1083；Devonshire Jones, *Francesco Vettori*, cit., p. 148, contro Ridolfi, *Vita di Niccolò Machiavelli*, cit., p. 266；Bausi, *Machiavelli*, cit., p. 83 ss.；ivi, p. 91，作者引用了多封

马基雅维利写给红衣主教朱利奥的信件，内容与"佛罗伦萨改革"有关）也可参见菲利波·斯特罗齐写给弗朗切斯科·德尔·内罗的信，罗马，1519年12月3日（CS III, 110, 128）："弗朗切斯科·韦托里给您和高挑匀称的马基雅维利寄出了一封忏悔信。期待一下吧，您会同意我的看法的。"

11 马基雅维利的第二份遗嘱，日期为1522年11月27日（Bausi, *Machiavelli*, cit., p. 92），因担心受扎诺比·邦德尔蒙牵连而立，当时后者在瑞士被捕。关于阴谋的意识形态根源分析，参见Albertini, *Firenze dalla repubblica al principato*, cit., pp. 83–85。

12 Nerli, in Russo, *Filippo de'Nerli*, cit., pp. 146–147.

13 关于内尔利描述的阴谋，参见 ivi, pp. 147–148；也可参见 Lowe, *Church*, cit.；P.J. Osmond, *The Conspiracy of 1522 against Cardinal Giulio de' Medici: Machiavelli and «gli esempli delli antiqui»*, in K. Gouwens, S.E. Reiss (eds.), *The Pontificate of Clement VII: History, Politics, Culture*, Aldershot 2005, pp. 55–72，附参考文献。其他文献，重要的还有C. Guasti, *Documenti della congiura fatta contro il Cardinale Giulio de' Medici nel 1522*, in «Giornale storico degli Archivi toscani», III, 1859, pp. 121–150, 185–213 e 239–267。

14 Sanuto XXXIII, 297（1522年6月13日）；吉罗拉莫·内格里给马尔坎托尼奥·米歇尔的信，罗马，1522年6月26日（*Lettere di Principi* I, 88v）："佛罗伦萨针对红衣主教的阴谋被识破的消息是真的，四人入狱。"

15 Albertini, *Firenze dalla repubblica al principato*, cit., p. 38.

16 Pastor IV, 2, p. 42 ss.

17 多年后，当他的一个合伙人想以弗朗切斯科·德尔·内罗的名义记录账目时，菲利波承认他利用了哈德良六世的心不在焉；参见菲利波·斯特罗齐写给米廖雷·科沃尼的信，里昂，1529年4月29日（CS V, 1209, I, 41）："我认为以我的名义继续记账，会更容易抵偿旧账，不留证据，而且经常以君主注意不到的方式去做，就像在哈德良时代一样。"

18 吉罗拉莫·内格里给马尔坎托尼奥·米歇尔的信，罗马，1522年9月1日（*Lettere di Principi* I, 91v–92v；也可参见 Sanuto XXXIII, 427–430，由 Pastor IV, 2, p. 46 评论："他的模范和圣洁的生活，他的简朴、虔诚和对正义的热爱，让即使有批判倾向的观察者也印象深刻。"

19 Pastor IV, 2, p. 66 ss.

20 菲利波·斯特罗齐写给洛伦佐·斯特罗齐的信，佛罗伦萨，1522年11月30日（CS III, 108, 57；参见 Bardi, *Filippo Strozzi*, cit., p. 49）："我把你的来信放在火边，然后戴着手套阅读，嘴里叼着一串芸香，瘟疫危险和令人恐惧，你要注意。"

21 吉罗拉莫·内格里写给马尔坎托尼奥·米歇尔的信，罗马，1523年3月17日

(*Lettere di Principi* I, 95r-97r)。

22　乔瓦尼·玛里亚·德拉·波尔塔(Giovanni Maria della Porta)写给埃莱奥诺拉·贡扎加(Eleonora Gonzaga)的信,罗马,1522年9月13日(ASF, *Urbino I*, G, CCLXV, 3v);参见 Lowe, *Church and Politics in Renaissance Italy*, cit., p. 129,其中引用德拉·波尔塔写给德拉·罗韦雷公爵的信,罗马,1522年9月13日(ASF, *Urbino I*, G, CXXXII, 302v)。

23　自1513年8月5日,该头衔原本属于萨罗,自1517年11月19日封给朱利奥·德·美第奇,自1518年5月5日封给甘巴拉纳。Lowe, *Church and Politics in Renaissance Italy*, cit., p. 111,阿尔本加主教职位的继承"不言自明"。

24　Sanuto XXXIII (non XXXII, come in Ferrajoli, *La congiura*, cit., p. 144), 620.

25　红衣主教德拉·罗韦雷在1517年针对其亲戚里亚里奥的投票中弃权,卒于1520年9月27日,没有引起毒杀的怀疑(参见 Sanuto XXIX, 258)。

26　弗朗切斯科·韦托里写给尼科洛·马基雅维利的信,佛罗伦萨,1523年4月16日,(参见 R. Ridolfi, *Contributi all'epistolario machiavelliano. La lettera del Vettori del 16 aprile 1523 nel testo dell'originale inedito*, in «La Bibliofilia», 71, 1969, pp. 259-264:手稿如今收录于 ASF, *Acquisti e Doni*, 398,日期为1522年4月17日):"最近几天,罗马教皇下令俘虏了某个西西里人,他当时正前往法国劝说国王入侵西西里,他说自己与岛上的许多首领密谋着把信交给国王;他随身携带了红衣主教索代里尼的一封信,内容涉及这件事以及许多其他有利于法国人的事情。他们向在罗马的教皇大声疾呼,指控红衣主教是教会、教皇与和平的敌人。教皇仍然没有做出任何决定。索代里尼最为害怕。"

27　*Exemplum litterarum Cardinalis Vulterrani*(日期缺失,可能是1523年3月到4月,ASF, *Urbino I*, G, CXXXII 347r-v;参见 Lowe, *Church and Politics in Renaissance Italy*, cit., p. 133, nn. 8 e 10):"如果你敬畏当下,你会发现一个活着的人,你会让威尼托和佛罗伦萨怀疑的人停止思考,像往常一样,你会善待敌人,伤害朋友。但如果必须要来,让国王或波旁公爵前来……你要安抚他们,让他们尽快返回,让他们知道联盟的益处,联盟很快就会帮他们取得胜利和光荣,花费少,零风险,你可以在这里和利奥十世做更多的事情,而不是在别处和其他人一起,去到摆好盘的宴席,砍下蛇头,你会为每个人开路……保守这项事业的秘密,在这里你会被驱逐,他们会给你带来阻碍,因为你是疯子。"索代里尼使用轻蔑和傲慢的语气是他真正的错误。勒韦没有引用这封信中最精彩的词句,而是非常直截了当地总结道:"索代里尼以预言的方式告诉朱利亚诺,如果国王有什么想传达的信息,最好通过某人传话,而不是写在信里。"

28　"脚踏两只船"的说法也可见于 Poliziano, Becchi, *Congiura della verità*, cit., p. 64,指的是古列尔莫·德·帕齐。在信的最后,索代里尼感谢弗朗索瓦一世的财务大臣鲁伯特。

29 菲利波·斯特罗齐写给洛伦佐·斯特罗齐的信，罗马，1523年4月27日（CS III, 178, 88）。参见 Nerli, in Russo, *Filippo de' Nerli*, cit., p. 149。

30 菲利波·斯特罗齐写给洛伦佐·斯特罗齐的信，罗马，1523年4月28日（CS III, 178, 87）；参见 Bardi, *Filippo Strozzi*, cit., p. 39；Lowe, *Church and Politics in Renaissance Italy*, cit., p. 135。参见 E. Rodocanachi, *Histoire de Rome. Les Pontificats d'Adrien VI et de Clément VII*, Paris 1933, pp. 73–75；Sanuto XXXIV, 122（罗马，1523年4月29日）；Cerretani, *Ricordi*, p. 427。

31 菲利波·斯特罗齐写给洛伦佐·斯特罗齐的信，罗马，1523年5月1日（CS III, 178, 73）。

32 卢多维科·卡诺萨写给弗朗索瓦一世的信，[格雷扎纳？] 1523年5月16日（*Lettere di Ludovico Canossa*, 2/2）。

33 弗朗索瓦一世写给哈德良六世的信，[巴黎？] 1523年7月4日（收录于 Rodocanachi, *Histoire de Rome*, cit., *Appendice IV*, pp. 277–279）。

34 弗朗切斯科·韦托里写给保罗·韦托里的信，佛罗伦萨，1523年5月18日（BNCF, II, III, 432, c. 62; Niccolini, *Ventiquattro lettere di Francesco Vettori*, cit., p. 577）。

35 Gnoli, *La Roma di Leone X*, cit., p. 311.

36 Aretino, *Operette*, p. 70.

37 Ivi, pp. 77–83.

38 吉罗拉莫·内格里写给马尔坎托尼奥·米歇尔的信，罗马，1523年4月7日（*Lettere di principi* I, 98r）："帕斯奎诺心情不好，因为教皇不想让他举行圣马可的庆祝活动。"（4月25日）参见 Aretino, *Operette*, p. 303，马可·法尼是该书的主编，将《忏悔录》（*Confessione*）的写作时间确定在1523年3月初至4月初，这一份进一步的证据明确了具体的日期。

39 Sanuto XXXIV, 244 e 257（1523年6月5日和13日）。参见吉罗拉莫·内格里写给马尔坎托尼奥·米歇尔的信，罗马，1523年6月17日（*Lettere di principi*, I, 98r-v）："他们再次将塞拉皮卡扔进监狱。也许他们是想要挖掘教皇利奥的贵重物品，大多数已成为陪葬品。"

40 塞拉皮卡是阿雷蒂诺讽刺短诗《廷臣的抱怨》（*Lamento de uno cortegiano*）中的典范，该篇短诗作于哈德良六世抵达罗马之前；参见 Aretino, *Operette*, pp. 51–60 和 p. 291，附有生平概述。参见巴尔达萨雷·卡斯蒂廖内写给费代里科·贡扎加的信，罗马，1522年4月底："继续审问塞拉皮卡……因为在罗马多地发现了教皇藏匿的保险箱，我见过一件教皇的白色锦缎长袍，我真的认为它拥有世界上最漂亮的里衬；无尽的珠宝、十字架和其他金银细软。据说是他偷走的，但与这无关。"（参见 Cesareo, *Pasquino e pasquinate*, cit., p. 181）

41 保罗·焦维奥写给费代里科·贡扎加的信，罗马，1523年6月8日（Giovio, *Lettere* I, pp. 102-103）。这一段由埃内斯托·费雷罗（Ernesto Ferrero）出版，他注明此前被卢奇奥（Luzio）遗漏了。

42 Pastor IV, 2, p. 139.

43 Sanuto XXXIV, 438（1523年9月22日）。关于哈德良反对马基雅维利的态度，参见 Pastor IV, 2, p. 145；关于在他之后选举出的"政治人物和专家"，参见 p. 159.

44 红衣主教朱利奥写给弗朗切斯科·韦托里的信，罗马，1523年9月15日（ASF, *Acquisti e Doni*, 59, ins. III, 6）："弗朗切斯科·德尔·内罗让我们了解了……应如何表现出自己的支持。"

45 Pastor IV, 2, p. 153. 关于克莱门特七世死前对西克斯图斯四世进行报复（后者曾密谋帕齐阴谋，前者的父亲朱利亚诺·德·美第奇就在此次阴谋中丧生），摧毁了西斯廷教堂里的祭坛画的推测，参见 Simonetta, *L'enigma Montefeltro*, cit., cap. *La vendetta dei Medici*, pp. 256-258.

46 卢多维科·卡诺萨写给红衣主教朱利奥的信，格雷扎纳，1523年9月17日（*Lettere di Ludovico Canossa*, 40/1）。参见弗朗切斯科·韦托里写给红衣主教朱利奥的信，佛罗伦萨，1523年10月9日（CS I, 136, 207-208; Niccolini, *Ventiquattro lettere di Francesco Vettori*, cit., pp. 578-579）："在法国待久了，让我过于相信他们。"

47 卢多维科·卡诺萨写给弗朗索瓦一世的信，格雷扎纳，1523年10月20日（*Lettere di Ludovico Canossa*, 2/15, c. 21; Pastor IV, 2, p. 158）。

48 Masi, *Ricordanze*, p. 270; Cerretani, *Ricordi*, p. 436.

49 克莱门特七世写给佛罗伦萨领主国的信，罗马，1523年11月22日（同时期的副本：MAP LXVII 46）。

50 J. Ziegler, *Historia Clementis VII*, in J.G. Schelhorn (eds.), *Amoenitates historiae ecclesiasticae et literariae*, II, Francofurt Marchionum 1738, p. 335, 里面提到雅各布·萨尔维亚蒂用于克莱门特七世选举的"赏金"，赌他会使用朱利奥三世的名号。

51 菲利波·斯特罗齐写给洛伦佐·斯特罗齐的信，罗马，1523年12月23日（CS III, 108, 58*v*）："我们的教皇已经通过某些正确的方式让沃尔泰拉明白，如果（你融合）新的做法或绕过它们，因为他不会承认任何借口。"关于对索代里尼家族的宽恕和归还他们在佛罗伦萨的财产，参见 Cerretani, *Ricordi*, p. 437.

52 巴尔达萨雷·卡斯蒂廖内写给费代里科·贡扎加的信，拉文纳，1523年11月30日（Pastor IV, 2, p. 160）。

53 卢多维科·卡诺萨写给克莱门特七世的信，1523年11月19日之后（*Lettere volgari* I, f. 6*v*）。

54 卢多维科·卡诺萨写给驻法国教皇使节的信，里昂，1522年4月10日（*Lettere di principi* II, 29*r*）："如果我们圣明的主开眼，我极其希望在我死后，有那么一位教皇,至少有一部分能够配得上这个名号,致力于和平。我们的教皇是万物之父,用他的权力消除一切差别,他可以成为这些国王中的一员,我相信他这样做的话,他将拥有这个王国,就像教皇可以对任何一个王国发号施令一样";1522年4月30日(30*r*):"假如有机会亲吻教皇的脚,可能没有机会,他对待我的方式让我想要远离罗马,我不想住在那里。"

55 吉罗拉莫·内格里写给马尔坎托尼奥·米歇尔的信,罗马,1523年12月8日 (*Lettere di principi* I, 102*r*); 参见 Nerli, in Russo, *Filippo de' Nerli*, cit., p. 150:他叫皮耶罗·奥兰迪尼(Piero Orlandini), 亲美第奇派。参见 Masi, *Ricordanze*, p. 271。

56 Cerretani, *Ricordi*, pp. 436–437.

57 Nardi, *Istorie* (Lib. 7), II, p. 85.

58 Rodocanachi, *Histoire de Rome*, cit., p. 104.

59 A. Corsaro, *Il poeta e l'eretico. Francesco Berni e il «Dialogo contra i poeti»*, Firenze 1988, p. 34, 这首诗的灵感来自吉贝蒂,"引导他(教皇)臣服于法国的政策,他是坚定的法国支持者"。需要说明的是,敏锐的塞雷塔尼早在1519年就已经了解了朱利奥性格中的这一面:"红衣主教朱利奥只说不做,犹豫不决,什么也做不成"。(*Ricordi*, p. 360)

第八章

1 Vettori, *Sommario*, p. 207; 参见 Id., *Sacco di Roma*, p. 296.

2 菲利波·斯特罗齐写给洛伦佐·斯特罗齐的信,罗马,1523年12月23日(CS III, 108, 58*r*)。

3 菲利波·斯特罗齐写给洛伦佐·斯特罗齐的信,罗马,1524年1月8日(CS III, 108, 76*v*);参见 Devonshire Jones, *Francesco Vettori*, cit., p. 164)。

4 参见 Devonshire Jones, *Francesco Vettori*, cit., p. 163。在 *Ricordo delli magistrati* 中,韦托里写道,1月25日他"和其他人一起"出发,掩盖自己的特殊待遇(Vettori, *Scritti storici e politici*, cit., p. 8;参见 Id. *Sommario*, p. 208)。

5 弗朗切斯科·韦托里写给弗朗切斯科·德尔·内罗的信,罗马,1524年2月5日(CS I, 136, 236; Tommasini II, p. 1148; Niccolini, *Ventiquattro lettere di Francesco Vettori*, cit., p. 580)。

6 弗朗切斯科·韦托里写给弗朗切斯科·德尔·内罗的信,罗马,1524年2月16日(CS I, 136, 235; Bullard, *Filippo Strozzi and the Medici*, cit., p. 153; Niccolini, *Ventiquattro lettere di Francesco Vettori*, cit., p. 581)。关于对菲利波·斯特罗齐的夸奖,参见 Vettori, *Sommario*, p. 136。参见弗朗切斯科·德尔·内罗写给红衣主教乔瓦尼·萨尔维亚蒂的信,佛罗伦萨,1525年4月8日(CS I, 156, 115; Bullard, *Filippo Strozzi and the Medici*, cit., p. 134):"无论是虔诚之地还是亵渎之地都没有钱,我已经剥削

了犹太人,为了满足我们的教皇。"

7 参见菲利波·斯特罗齐写给弗朗切斯科·德尔·内罗的信,罗马,1524年2月6日(CS III, 110, 200*r*):关于一桩正在进行的法律案件,"教皇召见我,问我满不满意"。参见 *Vita di Filippo Strozzi*, p. XXXIX:"重新与教皇在私人时间里交谈,我们感觉很舒服,很自由。"

8 Pastor IV, 2, p. 162,其中,他倾向于洛伦佐的父亲身份,未来的乌尔比诺公爵。然而,如果亚历山德罗在1512年9月之前出生在佛罗伦萨,那么他的父亲的身份应当受到质疑,因为洛伦佐不可能踏足那里。

9 参见第二章以及 Zapperi, *Monna Lisa addio*, cit.

10 Zeffi, *Vita di Lorenzo Strozzi*, 引自 W.J. Landon, *Lorenzo di Filippo Strozzi and Niccolò Machiavelli. Patron, Client and the* Pistola fatta per la peste: *An Epistle Written Concerning the Plague*, Toronto-Buffalo-London 2013, p. 230。参见 Vettori, *Sommario*, p. 208。

11 菲利波·斯特罗齐写给洛伦佐·斯特罗齐的信,罗马,1524年4月1日(CS III, 108, 61*v*;参见 Bullard, *Filippo Strozzi and the Medici*, cit., p. 153)。

12 Guicciardini, *Storia d'Italia* XVI, 12;参见 Rodocanachi, *Histoire de Rome*, cit., p. 101; Pastor IV, 2, p. 166。关于吉贝蒂秘密升迁,参见 Ziegler, *Historia Clementis VII*, cit., p. 341 ss. (Caput V)。关于二者的对比,参见 Sanuto XLI, 284。

13 弗朗切斯科·韦托里写给巴尔托洛梅奥·兰弗雷迪尼的信,佛罗伦萨,1531年5月9日(Albertini, *Firenze dalla repubblica al principato*, cit., p. 454)。

14 菲利波·斯特罗齐写给弗朗切斯科·韦托里的信,罗马,1524年3月12日(BNCF, *Nuove acquisizioni*, 515, 2)。关于朔姆贝格的任务,参见 Pastor IV, 2, p. 168 ss.; Gattoni, *Clemente VII e la geo-politica dello Stato pontificio*, cit., pp. 53 和 79。关于使节在1524年8月末去世的内容,参见 Cornelio de Fine, *Diarium Romanum*(BNF, Lat. 12552, 126*v*)。

15 吉安·弗朗切斯科·瓦利埃写给桑托·奎里尼(Santo Querini)的信,罗马,1524年9月9日(Sanuto XXXVI, 625–632)。参见卢多维科·卡诺萨写给巴尔达萨雷·卡斯蒂廖内的信,格雷扎诺,1524年8月7日(*Lettere di principi* II, 46*r*),瓦利埃作为未来《廷臣论》的编辑,在写自己"重大信件"的时候,一定手中有这一封书信(Pastor IV, 2, p. 171),信中的引用未指明作者。

16 Ivi, 2, p. 173:卡斯蒂廖内于1524年10月7日从罗马出发,但他的命令是在1524年8月31日(参见 Gattoni, *Clemente VII*, cit., p. 78)。

17 巴尔达萨雷·卡斯蒂廖内写给吉安·马泰奥·吉贝蒂的信,帕维亚,1524年12月26日(Cian, *Un illustre nunzio*, cit., p. 106)。

18 公文的第一部分发表于 Canestrini, Desjardins, *Négociations diplomatiques*, II, cit.,

p. 817。
19　Pastor IV, 2, p. 175.
20　巴尔达萨雷·卡斯蒂廖内写给红衣主教乔瓦尼·萨尔维亚蒂的信,里昂,1525年1月11日(CS I, 153, 189–190; Cian, *Un illustre nunzio*, cit., pp. 107–108)。
21　Pastor IV, 2, p. 177.
22　参见 Sanuto XXXVII, 649 ss.; A. Champollion-Figeac, *Captivité du Roi François I*, Paris 1847。
23　克莱门特七世写给路易莎·迪·萨伏依的信,罗马,1525年3月4日(G. Molini, *Documenti di storia italiana copiati su gli originali autentici e per lo più autografi esistenti in Parigi*, vol. I, Firenze 1836, pp. 184–185)。
24　吉安·马泰奥·吉贝蒂写给红衣主教乔瓦尼·萨尔维亚蒂的信,罗马,1525年3月1日至7日(CS I, 155, 2, 37 和 61, 1525年3月1日、5日和7日; Canestrini, Desjardins, *Négociations diplomatiques*, II, cit., p. 834; 参见 Rodocanachi, *Histoire de Rome*, cit., p. 130)。
25　焦万·巴蒂斯塔·桑加写给巴尔达萨雷·卡斯蒂廖内的信,罗马,1525年3月9日(*Lettere di principi* II, 75v)。
26　Cian, *Un illustre nunzio*, cit., p. 108. 拉斐尔著名的肖像画展示了他初期的秃顶,头上被黑色帽子遮盖着。
27　弗朗切斯科·韦托里写给罗伯托·阿恰约利的信,罗马,1525年3月7日;阿恰约利回信,佛罗伦萨,1525年3月12日(Devonshire Jones, *Francesco Vettori*, cit., pp. 171–174)。
28　弗朗切斯科·韦托里写给弗朗切斯科·德尔·内罗的信,罗马,1525年3月11日(CS I, 136, 234; Tommasini II, p. 1149; Niccolini, *Ventiquattro lettere di Francesco Vettori*, cit., p. 585)。
29　这是马基雅维利在《君主论》中用来定义西克斯图斯四世的绰号,他是"豪华者"洛伦佐的敌人,对教皇的父亲朱利亚诺之死负有责任(参见 Simonetta, *L'enigma Montefeltro*, cit.)。
30　雅各布·萨尔维亚蒂写给红衣主教乔瓦尼·萨尔维亚蒂的信,罗马,1525年5月13日(CS I, 157, 105; Inv. II, p. 67)。
31　雅各布·萨尔维亚蒂写给红衣主教乔瓦尼·萨尔维亚蒂的信,罗马,1525年5月24日(CS I, 157, 245; Inv. II, p. 68)。参见 Bausi, *Machiavelli*, cit., p. 94.
32　Ridolfi, *Vita di Niccolò Machiavelli*, cit., p. 319.
33　克莱门特七世写给弗朗切斯科·圭契阿迪尼的信,罗马,1525年6月6日(Gattoni, *Clemente VII*, cit., p. 101)。
34　Guicciardini, *Accusatoria*, p. 145.

35 雅各布·萨多莱托（Jacopo Sadoleto）写给尼科洛·马基雅维利的信，罗马，1525年7月6日（Machiavelli, *Lettere*, p. 420）。

36 菲利波·斯特罗齐写给弗朗切斯科·韦托里的信，罗马，1525年6月20日（BNCF, *Nuove acquisizioni*, 515, 5; Bardi, *Filippo Strozzi*, cit., pp. 42–43）。引文原文"video meliora proboque, deteriora sequor"，引自 *Metamorfosi* VII, 20，在其他信件中反复出现的格言，预测了1537年菲利波·斯特罗齐的悲剧。在阿莱西奥·德卡里亚（Alessio Decaria）的建议下，将这一悲剧解读为著名的彼特拉克的诗句"一件普通的事情"（*Rerum vulgarium fragmenta* 264, 136）。

37 弗朗切斯科·德尔·内罗写给尼科洛·马基雅维利的信，佛罗伦萨，1525年7月27日（Machiavelli, *Lettere*, p. 421）。

38 尼科洛·马基雅维利写给弗朗切斯科·圭契阿迪尼的信，佛罗伦萨，1525年8月3日［ivi, pp. 423-426；收录在博罗梅奥档案馆收藏的 M. Simonetta, *Lettere «in luogo di oraculi»: quattro autografi dispersi di Luigi Pulci e di (e a) Niccolò Machiavelli*, in «Interpres», XXI, 2002, pp. 291-301］。对庄园的描写几乎成了善政和恶政的讽喻。

39 弗朗切斯科·圭契阿迪尼（以菲诺奇托圣母的名义）写给尼科洛·马基雅维利的信，法恩扎，1525年8月（Machiavelli, *Lettere*, pp. 427-430）。

40 弗朗切斯科·圭契阿迪尼写给尼科洛·马基雅维利的信，法恩扎，1525年8月7日（ivi, pp. 426）。

41 卢多维科·卡诺萨写给弗朗切斯科·韦托里的信，威尼斯，1525年9月15日（BNCF, *Carte del Machiavelli*, Cassetta V, n. 12; P. Villari, *Niccolò Machiavelli e i suoi tempi illustrati con nuovi documenti*, vol. III, Firenze 1882, pp. 418-419）。

42 Ludovico Canossa, *Carte varie*, 1, in Biblioteca Comunale di Verona. 1525年10月29日的解密信件的副本（一直保留到1525年11月18日）来自里昂。联盟军的信件副本，时间为1525年11月23日，参见 Gattoni, *Clemente VII*, cit., pp. 331-333。

43 卢多维科·卡诺萨写给阿尔贝托·皮奥·迪·卡尔皮的信，威尼斯，1525年12月15日（*Lettere di Ludovico Canossa*, n. 12）：威尼斯人"不知道该从教皇那里期望什么，最让他们害怕的是，如此长时间的犹豫不决建立在如此薄弱的理由上"；卡诺萨写给鲁伯特的信，1525年12月22日（ivi, n. 23；参见 Pastor IV, 2, p. 195）："看到教皇的踌躇，如果他见识不到帝国军的实力，恐怕也不要寄希望于他参与联盟军。"

44 菲利波·斯特罗齐写给弗朗切斯科·韦托里的信，罗马，1525年10月14日（BNCF, *Nuove acquisizioni*, 515, 6; Bardi, *Filippo Strozzi*, cit., p. 45）。参见 Pastor IV, 2, pp. 190-191，关于教皇面对科隆纳的愤怒所表现出的"羞涩和慌乱"，参见 Sanuto XL, 138。

45 Champollion-Figeac, *Captivité du Roi François I*, cit., pp. XXVI e 166.

46 Vettori, *Sommario*, pp. 222-223. 保罗·韦托里留下了不少债务，关于他的死，

参见菲利波·斯特罗齐写给弗朗切斯科·韦托里的信，罗马，1526 年 3 月 10 日（CS III, 108, 66–67），信中记载了保罗与斯特罗齐家族的亲属关系（他和菲利波的一个堂姐妹结了婚），坚持自己与弗朗切斯科的朋友关系，除了以往的争吵，还是愿意为其结清债务的。

47　尼科洛·马基雅维利写给菲利波·斯特罗齐（1526 年 3 月 10 日，遗失）和弗朗切斯科·圭契阿迪尼的信，佛罗伦萨，1526 年 3 月 15 日（Machiavelli, *Lettere*, pp. 454–458，提到寄给菲利波的书信）。

48　菲利波·斯特罗齐写给尼科洛·马基雅维利的信，罗马，1526 年 3 月 31 日（CS III, 108, 84–85；参见 Machiavelli, *Lettere*, pp. 459–461。我保证很快会提供这封信的订正版，它以一个关于芭芭拉的笑话结尾）。

49　N. Machiavelli, *Relazione di una visita fatta per fortificare Firenze*, in Id., *Arte della guerra e scritti politici minori*, a cura di S. Bertelli, Milano 1961, p. 289 ss.

50　尼科洛·马基雅维利写给弗朗切斯科·圭契阿迪尼的信，佛罗伦萨，1526 年 5 月 17 日（Machiavelli, *Lettere*, p. 464）。作者将拉丁语原文翻译成意大利语，该处引文出自利维奥（那是他关于安尼巴莱说的最后几句话），作者感谢阿莱西奥·德卡里亚的说明。

51　Gattoni, *Clemente VII*, cit., p. 137.

52　菲利波·斯特罗齐写给洛伦佐·斯特罗齐的信，罗马，1525 年 12 月 28 日（CS III, 108, 73）。关于分娩的详细描述，参见菲利波·斯特罗齐写给洛伦佐·斯特罗齐的信，罗马，1526 年 1 月 19 日和 20 日（CS III, 108, 77–78）。

53　菲利波·斯特罗齐写给弗朗切斯科·韦托里的信，罗马，1526 年 6 月 30 日（BNCF, *Nuove acquisizioni*, 515, 8; Bardi, *Filippo Strozzi*, cit., p. 47）。

54　A. Luzio, *Isabella d'Este e il sacco di Roma*, in «Archivio storico lombardo», s. IV, a. XXXV, 1908, p. 27. 参见 Gattoni, *Clemente VII*, cit., p. 147。

55　吉安·马泰奥·吉贝蒂给阿尔托贝洛·阿维罗迪的信，罗马，1526 年 6 月 10 日（*Lettere di principi* II, 113*r*）。

56　M. Simonetta, *La Storia d'Italia del pennaruolo. Accusatorie autobiografiche contro Guicciardini*, in S.U. Baldassarri, A. Polcri (a cura di), *Encyclopaedia Mundi. Studi di letteratura italiana in onore di Giuseppe Mazzotta*, Firenze 2013, pp. 113–147.

57　弗朗切斯科·圭契阿迪尼写给罗伯托·阿恰约利的信，联盟军营地，1526 年 7 月 18 日（Guicciardini, *Lettere*, vol. XI, n. 2837）；感谢保拉·莫雷诺（Paola Moreno）让我参考该书第六卷，彼时尚未出版，参见 Ridolfi, *Vita di Francesco Guicciardini*, cit., p. 197。

58　参见 Simonetta, *Rinascimento segreto*, cit., p. 239。

59　罗伯托·阿恰约利写给弗朗切斯科·圭契阿迪尼的信，昂布瓦兹，1526 年 8 月

7 日（Machiavelli, *Legazioni*, p. 52）。
60　Pastor IV, 2, p. 210；参见 *Scorribande*, pp. 13–14。
61　弗朗切斯科·韦托里写给尼科洛·马基雅维利的信，佛罗伦萨，1526 年 8 月 5 日（Tommasini II, pp. 1242–1244；Machiavelli, *Lettere*, pp. 474–478；亲笔签名，不久后将会和解密的信件一起发布，今天收录在 ASFi, *Acquisti* 和 *Doni*, 398, cc. 13–16，但作为费尔特里内利合集的一部分，保存在纽约皮尔庞特摩根图书馆，直至 1998 年）。
62　尼古拉斯·雷恩斯（Nicolas Raince）写给弗朗索瓦一世的信，罗马，1526 年 8 月 1 日（Pastor IV, 2, p. 211; BNF, Fr. 2984, 25）。
63　弗朗切斯科·韦托里写给尼科洛·马基雅维利的信，佛罗伦萨，1526 年 8 月 7 日（Machiavelli, *Lettere*, pp. 478–483；解密信及亲笔签名不久后被公布，保存在 BL, Add. Mss. 10281, ff. 178–181）。
64　弗朗切斯科·韦托里写给尼科洛·马基雅维利的信，佛罗伦萨，1526 年 8 月 24 日（Machiavelli, *Lettere*, pp. 485–487；亲笔签名不久后被公布，保存在 BL, Add. Mss. 10, 281, 186–187）。
65　菲利波·斯特罗齐写给弗朗切斯科·韦托里的信，罗马，1526 年 8 月 26 日（CS III, 108, 89–90；参见 Tommasini II, pp. 1245–1246；parz. Bardi, *Filippo Strozzi*, cit., p. 22）。
66　*Scorribande*, pp. 14–15（协议签署时间为 1526 年 8 月 20 日至 23 日，蒙卡达联署）。
67　Vettori, *Sommario*, pp. 231–232；参见 *Vita di Filippo Strozzi*, p. XXXIX。
68　尼科洛·马基雅维利写给弗朗切斯科·圭契阿迪尼的信，佛罗伦萨，1526 年 11 月 5 日（Machiavelli, *Lettere*, p. 495）。
69　Pastor IV, 2, p. 215 ss. e 713 ss. 参见 Giovio, *Vita di Pompeo Colonna*, p. 164*v*；Cornelio de Fine, *Diarium*, BNF, Lat. 12552, c. 142*r*；吉罗拉莫·内格里写给马尔坎托尼奥·米歇尔的信，罗马，1526 年 10 月 24 日（*Lettere di principi* I, 104*r*）。
70　Guicciardini, *Storia d'Italia* XVII, 13，作者认为科隆纳"在野心和愤怒的驱动下"，意欲杀死教皇，通过武力当选新教皇。
71　吉安·马泰奥·吉贝蒂写给焦万·巴蒂斯塔·桑加的信，罗马，1526 年 9 月 20 日（ASV, Fondo Pio 53, 10*v*–24*r*；参见 *Scorribande*, pp. 16–17；Gattoni, *Clemente VII*, cit., p. 148）。关于科隆纳劫掠梵蒂冈以及与教皇为敌的深层原因，参见 *Ricordi di Marcello Alberini* (in A. Corvisieri, *Documenti inediti sul Sacco di Roma nel 1527*, Roma 1873, pp. 212 ss., 392）。
72　克莱门特七世与大帝代表乌戈·德·蒙卡达签署的协议，罗马，1526 年 9 月 21 日（BNF, Fr. 2980, c. 31, in Molini, *Documenti di storia italiana*, cit., I, pp. 229–231；参见 Gattoni, *Clemente VII*, cit., p. 149）。

73 菲利波·斯特罗齐写给洛伦佐·斯特罗齐的信,杰纳扎诺,1526年9月27日(CS III, 108, 92; Bardi, *Filippo Strozzi*, cit., p. 23)。

74 尼科洛·马基雅维利根据佛罗伦萨八人委员会外交军事事务团的指示发送给身在摩德纳的弗朗切斯科·圭恰阿迪尼的指示,1526年11月30日(Machiavelli, *Legazioni*, VII, p. 182)。

75 吉安·马泰奥·吉贝蒂写给翁贝托·甘巴拉的信,罗马,1526年11月27日(ASV, Fondo Pio, 53, 46*r*)。参见 Guicciardini, *Storia d'Italia*, XVII, 15。

76 吉安·马泰奥·吉贝蒂写给翁贝托·甘巴拉的信,罗马,1526年12月7日(*Lettere di Principi* I, 83*r*; II, 178*v*; ASV, Fondo Pio, 53, 54*r*)。

77 由于命运的捉弄,最后是乔瓦尼的儿子——科西莫·德·美第奇——在约十年后继承了美第奇家族的权力。

78 吉安·马泰奥·吉贝蒂写给翁贝托·甘巴拉的信,罗马,1526年11月29日(ASV, Fondo Pio, 53, 49*v*–50*r*)。

79 卢多维科·卡诺萨写给吉安·马泰奥·吉贝蒂的信,威尼斯,1526年12月11日(Gattoni, *Clemente VII*, cit., pp. 413–415)。

80 菲利波·斯特罗齐写给克莱门特七世的信,那不勒斯,1526年12月8日(ASV, Segr. Stato, Principi, 4, 169)。

81 菲利波·斯特罗齐写给弗朗切斯科·韦托里的信,那不勒斯,1526年12月28日(CS III, 108, 94–96)。

82 菲利波·斯特罗齐写给洛伦佐·斯特罗齐的信,那不勒斯,1527年1月5日(CS III, 108, 101–102)。

83 关于对科隆家族的一系列监视,参见 Gattoni, *Clemente VII*, cit., pp. 475–484。参见 *Scorribande*, pp. 28–29。

84 菲利波·斯特罗齐写给弗朗切斯科·韦托里的信,那不勒斯,1526年12月30日(CS III, 108, 97*a*–98);参见 Bardi, *Filippo Strozzi*, cit., p. 50,文献中未见两处引文,第一处"induratum est cor Pharaonis",引自 *Ex.* 7,13。第二处"melius est semel ruere quam semper pendere",引自 Seneca, *Lettere a Lucilio* (III, XXII, 3):"没有人胆小到宁愿永远坚持下去,也不愿跌倒一次。"作者感谢阿莱西奥·德卡里亚指明出处。

85 Bardi, *Filippo Strozzi*, cit., p. 50;参见 Devonshire Jones, *Francesco Vettori*, cit., pp. 184–185, n. 132。弗朗切斯科·德尔·内罗写给身在佛罗伦萨的弗朗切斯科·韦托里的信,罗马,1527年2月23日(ABIB):"这里一片迷惑,看不清形势。"

86 参见帕拉·鲁切拉伊写给身在罗马的弗朗切斯科·韦托里的信,佛罗伦萨,1526年12月5日(ABIB)。

87 *Vita di Filippo Strozzi*, pp. XLI–XLII.

88 蓬佩奥·科隆纳承诺菲利波·斯特罗齐,只要佛罗伦萨从"美第奇家族的专制"

中解脱出来，就把他从新堡里释放出来，那不勒斯，1527 年 2 月 21 日（CS III, 127, 220r；Devonshire Jones, *Francesco Vettori*, cit., p. 184 ss.）；由巴蒂斯塔·德拉·帕拉起草。

89 菲利波·斯特罗齐写给巴蒂斯塔·德拉·帕拉和扎诺比·邦德尔蒙蒂的信，那不勒斯，1527 年 1 月 30 日（CS I, 99, 21; Bullard, *Filippo Strozzi and the Medici*, cit., p. 6; Devonshire Jones, *Francesco Vettori*, cit., p. 187; N.S. Baker, *The Fruit of Liberty: Political Culture in the Florentine Renaissance, 1480–1550*, Cambridge 2013, pp. 95–96）:"我一直在研读利维尔和亚里士多德，一方面可以参考实际操作，一方面则是战略战术。"这封信中包含了对萨卢斯特的暗喻，记录了一个真正的推翻美第奇家族统治的复仇计划，并彻底执行。

90 Pastor IV, 2, pp. 247–248；Rodocanachi, *Histoire de Rome*, cit., pp. 170–171（1527 年 4 月 18 日）。第一封菲利波·斯特罗齐从罗马写给洛伦佐·斯特罗齐的信，日期为 1527 年 4 月 16 日（CS III 108, 107）。

91 弗伦茨贝格的中风发生在 1527 年 3 月 16 日。弗朗切斯科·圭契阿迪尼写给红衣主教帕塞里尼的信，营地，1527 年 3 月 17 日（*Opere inedite* V, p. 332; Rodocanachi, *Histoire de Rome*, cit., p. 168）。指挥官被送回日耳曼，于 8 月去世。

92 波旁公爵写给查理五世的信，营地，1527 年 4 月 4 日（ivi, p.168）。

93 参见 Gattoni, *Clemente VII*, cit., pp. 184 和 199–202（1527 年 4 月 13 日至 14 日的协定，CS I, 130, 32–35，文末提到了释放菲利波的条款）。

94 尼科洛·马基雅维利写给佛罗伦萨八人委员会的信，博洛尼亚，1527 年 3 月 23 日（Machiavelli, *Legazioni* p. 213）。

95 奥拉齐奥·弗洛里迪写给埃莱奥诺拉·贡扎加的信，佛罗伦萨，1527 年 4 月 26 日（ASFi, *Urbino*, Cl. I, Div. G, filza CCLXV, cc. 303r–304r）；参见 M. Simonetta, *Il ruolo di Francesco Guicciardini nel Tumulto del venerdì (26 aprile 1527) secondo alcune testimonianze extra-fiorentine*, in *Laboratoire italien*, 17, 2016：圭契阿迪尼炫耀自己拯救了祖国（即佛罗伦萨），没有意识到他给自己的雇主判了死刑。

96 参见 Gattoni, *Clemente VII*, cit., p. 485，关于补救措施的谈判从 2 月就已开始。

97 焦万·巴蒂斯塔·桑加写给翁贝托·甘巴拉的信，罗马，1527 年 4 月 26 日（ASV, Fondo Pio, 53, 112v）。

98 菲利波·斯特罗齐写给洛伦佐·斯特罗齐的信，罗马，1527 年 5 月 2 日（CS III, 108, 110; Bardi, *Filippo Strozzi*, cit., pp. 56–57）。参见 Pastor IV, 2, p. 250，关于 5 月 3 日秘密会议提名的六名红衣主教："向他们要钱太晚了。"其中还有伊莎贝拉·德斯特的一个儿子，埃尔科莱·贡扎加（Ercole Gonzaga）。

99 Vettori, *Sommario*, p. 244.

100 Ivi, pp. 230–231; Id., *Sacco di Roma*, pp. 279 e 285.

101 Rodocanachi, *Histoire de Rome*, cit., p. 194. 参见吉安·马泰奥·吉贝蒂写给翁贝托·甘巴拉的信，罗马，1526 年 12 月 7 日（*Lettere di principi* I, 82*v*; II, 178*r*; ASV, Fondo Pio, 53, 53*v*），内容是关于"恐惧，这是每个人都能切身感受到的，整个罗马都加装了那些东西，据说可以让房子更安全，好像随时都在等待劫掠的到来"。

102 Pastor IV, 2, pp. 269-270; D. Gnoli, *Descriptio Urbis o Censimento della popolazione di Roma avanti il Sacco Borbonico*, in «Archivio della Società Romana di Storia Patria», XVII, 1894, pp. 375-518.

103 红衣主教乔瓦尼·萨尔维亚蒂写给巴尔达萨雷·卡斯蒂廖内的信，巴黎，1527 年 6 月 8 日（ASV, Segr. Stato, Nunziatura di Francia I, 1*r*-4*r*; Pastor IV, 2, *Appendice*, n. 116, pp. 724-726）。关于罗马之劫的其他见证，参见 Sanuto XLV, *passim*（引自 D. Romei, *Da Leone X a Clemente VII. Scrittori toscani nella Roma dei papati medicei, 1513-1534*, Manziana 2007, p. 55 ss.）。

104 焦万·巴蒂斯塔·桑加写给翁贝托·甘巴拉的信，狱中，1527 年 6 月 27 日（ASV, Fondo Pio, 53, 122*r*-128*v*; Pastor IV, 2, pp. 726-727; *Appendice*, n. 117）。

105 罗马之劫最黑暗和痛苦的细节记录于 Marcello Alberini, *Ricordi*，一个当时 16 岁的罗马市民，后来成为教皇国的工作人员（in Corvisieri, *Documenti inediti sul Sacco di Roma*, cit.）。参见 N. Catelli, *Scherzar coi santi. Prospettive comiche sul Sacco di Roma*, Parma 2008。

106 一份同时期或稍晚时期的副本收录于 BNF, Dupuy 28, 49 ss.。参见 Sanuto XLV, 245-249（日期误写为 5 月 5 日）；Pastor IV, 2, p. 275。

107 Vettori, *Sacco di Roma*, p. 296；参见 Id., *Sommario*, p. 245。

第九章

1 参见 Varchi, *Storia fiorentina*, cit., p. 151 ss.；S. Lo Re, *La crisi della libertà fiorentina. Alle origini della formazione politica e intellettuale di Benedetto Varchi e Piero Vettori*, Roma 2006, p. 48，谈到了洛伦佐·斯特罗齐"委婉但更关注政治次要方面"的另一面（*Vita di Filippo Strozzi*, p. XLV）。

2 *Vita di Filippo Strozzi*, p. XLVIII.

3 尼可洛·卡波尼与菲利波·斯特罗齐的姐姐亚历山德拉·斯特罗齐结婚；弗朗切斯科·韦托里则与尼科洛的姐姐马德莱娜·卡波尼结婚。韦托里的叙述（*Sommario*, p. 245）实质上与洛伦佐·斯特罗齐的版本基本一致，但没有提到菲利波的名字。

4 Lo Re, *La crisi*, cit., pp. 48-49；参见 *Lettere di Giambattista Busini a Benedetto Varchi*（lettera II, 罗马, 1548 年 11 月 23 日），p. 8。

5 驻佛罗伦萨的曼托瓦使节于 1527 年 5 月 17 日写道："通过菲利波·斯特罗齐，一切以和平的方式进行。"（Gattoni, *Clemente VII*, cit., p. 192）

6 参见 P. Simoncelli, *Fuoriuscitismo repubblicano fiorentino, 1530–54*, 1. *1530–37*, Milano 2006, p. 244。作者感谢萨尔瓦托雷·洛·雷指明引用的出处。

7 *Lettere di Giambattista Busini a Benedetto Varchi*（lettera XI，罗马，1549 年 2 月 16 日），p. 115。

8 Nardi, *Istorie*, II, pp. 130–131；参见 Lo Re, *La crisi*, cit., pp. 47 ss. e 234–237。

9 Cornelius de Fine, *Diarium*, BNF, Lat. 12552, c. 154*r* ；参见 Lo Re, *La crisi*, cit., p. 60, 作者将事件的时间确定为 1527 年 12 月，但只是一个假设。

10 Tommasini I, p. 218. 作者感谢乔治·博蒂尼（Giorgio Bottini）指明引用的出处。

11 洛伦佐·圭杜奇的日记（GC 29/29, c. 61 ss.）。

后记

1 皮耶罗·马基雅维利写给弗朗切斯科·内利的信，佛罗伦萨，1527 年 6 月 22 日（Machiavelli, *Lettere*, p. 509）却清楚地表明："他向马泰奥修士忏悔他的罪过，后者陪着他直到生命的结束。"

2 Machiavelli, *Arte della guerra*, cit., p. 581。

3 尼科洛·马基雅维利写给弗朗切斯科·韦托里的信，佛罗伦萨，1513 年 12 月 10 日（Id., *Lettere*, p. 304）。关于这封信，参见 W.J. Connell, *La lettera di Machiavelli a Vettori del 10 dicembre 1513*, in «Archivio storico italiano», CLXI, 2013, 4, pp. 665–723。

4 乔瓦尼·德·美第奇的瘘管是 1513 年秘密会议（本书第三章）和 1517 年红衣主教的阴谋（本书第五章）中磨难与乐趣的代表，此前从未与《君主论》联系在一起。引文来自马基雅维利对意大利的规劝。

5 Machiavelli, *Principe* 26。

6 尼科洛·马基雅维利写给弗朗切斯科·韦托里的信，佛罗伦萨，1514 年 12 月 20 日（Machiavelli, *Lettere*, p. 365）。

7 参见 Simonetta, *L'aborto del* Principe, cit。

8 引自 *editio princeps*，即 *Il principe di Niccholo Machiavello al Magnifico Lorenzo di Piero de Medici*, in Roma, per Antonio Blado d'Asola, MDXXXII；参见 P. Cosentino, *Roma, Blado, 1532*, in G. Inglese (a cura di), *Il Principe. Testo e saggi*, Roma 2013, pp. 265–287。

2017 年版附录

1 本附录的原文可参见 M. Simonetta, *Le satire di Ariosto, i Medici e Machiavelli*, in «Giornale storico della letteratura italiana», 134, 2017, pp. 186–210。引文均引自 L. Ariosto, *Satire*, a cura di C. Segre, Torino 1987. 信件、诗歌和《五首诗》（*Cinque*

Canti）则引自 *Opere minori*, a cura di C. Segre, Milano-Napoli 1954。
2　G. Ruscelli, *Dediche e avvisi ai lettori*, a cura di A. Iacono e P. Marini, Manziana 2011, p. 124.
3　*Descrizione del modo tenuto dal Duca Valentino nello ammazzare Vitellozzo Vitelli, Oliverotto da Fermo, il Signor Pagolo e il duca di Gravina Orsini* 的手写文本或许在奥利切拉里学园中流传，但《君主论》第七章的提示就已经够了："他们轻易将塞尼加利亚交到他的手上。他们的头应声而落……"参见 L. Ariosto, *Cinque Canti* (2.25)："既不治疗教皇也不停止升职的人 / 他抓住了罗马涅 / 而后在马尔凯掀起战局 / 最后是佩萨罗和塞尼加利亚。"
4　Machiavelli, *Principe* 7.
5　*Ibid.*
6　尼科洛·马基雅维利写给弗朗切斯科·韦托里的信，佛罗伦萨，1513 年 12 月 10 日（cit.）。
7　尼科洛·马基雅维利写给弗朗切斯科·韦托里的信，佛罗伦萨，1513 年 3 月 13 日（cit.）。
8　尼科洛·马基雅维利写给卢多维科·阿拉曼尼的信，佛罗伦萨，1517 年 12 月 17 日（Machiavelli, *Lettere*, p. 383）。
9　B. Cerretani, *Ricordi*, p. 398（1522 年 4 月 26 日）。
10　S. Russo, *Filippo de' Nerli*, «*Commentari de' fatti civili occorsi nella città di Firenze dal 1215 al 1537*», libro VII, p. 146.
11　M. Simonetta, *The Lost Discourse On Governments by Machiavelli's Friend Zanobi Buondelmonti*, in «Culture del testo e del documento», 53, 2017, pp. 165–178.

主要历史事件

1492 年 4 月 8 日　　伟大的"豪华者"洛伦佐去世
1494 年 11 月 9 日　　美第奇家族第一次被逐出佛罗伦萨
1503 年 12 月 29 日　加里利亚诺战役,皮耶罗·德·美第奇去世
1512 年 4 月 11 日　　拉文纳战役(乔瓦尼·德·美第奇被俘)
1512 年 9 月 1 日　　普拉托大屠杀后,美第奇家族重返佛罗伦萨
1513 年 3 月 11 日　　选举教皇利奥十世(乔瓦尼·德·美第奇)
1515 年 9 月 14 日　　马里尼亚诺战役(法国国王弗朗索瓦一世胜利)
1516 年 3 月 17 日　　内穆尔公爵朱利亚诺去世
1516 年 8 月 21 日　　册封洛伦佐为乌尔比诺公爵
1517 年 7 月 1 日　　选举 31 位红衣主教
1519 年 5 月 4 日　　乌尔比诺公爵洛伦佐去世
1521 年 12 月 1 日　　教皇利奥十世去世
1522 年 1 月 9 日　　选举教皇哈德良六世
1523 年 11 月 23 日　选举教皇克莱门特七世(朱利奥·德·美第奇)
1525 年 2 月 24 日　　帕维亚战役(法国国王弗朗索瓦一世被俘)
1526 年 1 月 14 日　　签订《马德里条约》(释放法国国王弗朗索瓦一世)

1526 年 5 月 22 日	克莱门特七世、佛罗伦萨、威尼斯和弗朗索瓦一世在干邑结成神圣联盟，共同对抗查理五世
1526 年 9 月 20 日	科隆纳梵蒂冈之劫（菲利波·斯特罗齐被俘）
1527 年 3 月 16 日	从那不勒斯城堡释放菲利波·斯特罗齐
1527 年 4 月 26 日	星期五暴乱（反对美第奇家族的起义失败）
1527 年 5 月 6 日	罗马之劫
1527 年 5 月 16 日	美第奇家族第二次被逐出佛罗伦萨
1527 年 6 月 21 日	尼科洛·马基雅维利去世

主要人物简介

（根据人物出场顺序排列）

洛伦佐·德·美第奇 意大利文艺复兴时期佛罗伦萨的实际统治者，又称"豪华者"洛伦佐

吉罗拉莫·萨伏那洛拉 15世纪后期意大利宗教改革家

安杰洛·波利齐亚诺 意大利文艺复兴时期的著名诗人、学者和人文主义者，曾任"豪华者"洛伦佐的家庭教师和秘书

皮耶罗·德·美第奇 "痛风者"皮耶罗，"豪华者"洛伦佐的父亲

卢克雷齐娅·托尔纳博尼 "豪华者"洛伦佐的母亲

科西莫·德·美第奇 老科西莫，"豪华者"洛伦佐的祖父

乔瓦尼·德·美第奇 "豪华者"洛伦佐次子，之后以利奥十世之名登上教皇之位

尼科洛·马基雅维利 曾任佛罗伦萨共和国第二国务厅长官，兼任共和国执政委员会秘书，负责外交和国防，著有《君主论》《佛罗伦萨史》等

教皇西克斯图斯四世 原名为弗朗切斯科·德拉·罗韦雷，默许了帕齐阴谋的实施

朱利亚诺·德·美第奇 "豪华者"洛伦佐的弟弟，死于帕齐阴谋

吉罗拉莫·里亚里奥 西克斯图斯四世的侄子，伊莫拉伯爵，帕齐阴谋的幕后黑手

教皇英诺森八世 西克斯图斯四世的继任者

弗兰切斯凯托·齐博 英诺森八世的私生子，与"豪华者"洛伦佐的女儿马德莱娜联姻

马德莱娜·德·美第奇 "豪华者"洛伦佐的女儿，与英诺森八世的私生子弗兰切斯凯托联姻

克拉丽斯·奥尔西尼 "豪华者"洛伦佐的妻子

皮耶罗·德·美第奇 "愚者"皮耶罗，"豪华者"洛伦佐的长子

卢多维科·斯福尔扎 "摩尔人"卢多维科，米兰公爵，弗朗切斯科·斯福尔扎之子

罗德里戈·博尔贾 红衣主教，之后以亚历山大六世之名登上教皇之位

切萨雷·博尔贾 瓦伦蒂诺公爵，罗德里戈·博尔贾的儿子

朱利亚诺·德拉·罗韦雷 西克斯图斯四世的侄子，之后以朱利奥二世之名登上教皇之位

阿方西娜·奥尔西尼 "愚者"皮耶罗的妻子

洛伦佐·德·美第奇 "愚者"皮耶罗的长子，乌尔比诺公爵

真蒂莱·贝基 "豪华者"洛伦佐的老师，美第奇家族在罗马的代理人，阿雷佐主教

维尔吉尼奥·奥尔西尼 那不勒斯国王的雇佣兵队长，皮耶罗母亲克拉丽斯及其妻子阿方西娜的近亲

弗朗切斯科·圭契阿迪尼 历史学家，美第奇家族官员，曾担任摩德纳总督

和教皇军队中尉

尼科洛·米凯洛齐 洛伦佐忠诚的秘书，那不勒斯使节，佛罗伦萨总理大臣

皮耶罗·多维齐·达·比别纳 "愚者"皮耶罗的秘书

阿拉贡的费尔南多二世 "天主教徒"费尔南多，西班牙国王

查理八世 法国瓦卢瓦王朝国王

阿拉贡的费兰特 那不勒斯国王

吉安·加莱亚佐·斯福尔扎 米兰公爵，卢多维科·斯福尔扎的侄子

阿拉贡的伊莎贝拉 阿拉贡的费兰特的孙女，吉安·加莱亚佐·斯福尔扎的妻子

弗朗切斯科·斯福尔扎 米兰公爵，卢多维科·斯福尔扎的父亲

皮耶尔·索代里尼 佛罗伦萨共和国正义旗手

贝尔纳多·多维齐·达·比别纳 皮耶罗·多维齐的弟弟

阿拉贡的阿方索 那不勒斯国王，阿拉贡的费兰特的儿子

阿拉贡的费兰迪诺 时任卡拉布里亚公爵，阿拉贡的阿方索（那不勒斯国王阿方索二世）的长子

皮耶尔弗朗切斯科·德·美第奇 美第奇家族旁系分支成员

朱利亚诺·迪·洛伦佐·德·美第奇 内穆尔公爵，"豪华者"洛伦佐的第三个儿子

克拉丽斯·德·美第奇 "愚者"皮耶罗的女儿，后与菲利波·斯特罗齐结婚

朱利奥·德·美第奇　朱利亚诺·德·美第奇的私生子，后成为红衣主教，副总理大臣，后以克莱门特七世之名登上了教皇之位

彼得罗·本博　利奥十世的秘书，教皇国的秘书，威尼斯人文主义者

巴尔达萨雷·卡斯蒂廖内　文艺复兴时期诗人，代表作《廷臣论》，曾为费拉拉、乌尔比诺和曼托瓦服务，担任西班牙宗座使节

弗朗切斯科·贡扎加　曼托瓦侯爵

圭多巴尔多·达·蒙泰费尔特罗　乌尔比诺公爵，费代里科·达·蒙泰费尔特罗的儿子

伊丽莎白·贡扎加　圭多巴尔多·达·蒙泰费尔特罗的妻子

卢多维科·卡诺萨　神职人员，出使法国

加莱奥托·德拉·罗韦雷　红衣主教，教皇朱利奥二世的侄子

菲利波·斯特罗齐　银行家，与克拉丽斯·德·美第奇结婚

弗朗切斯科·玛里亚·德拉·罗韦雷　乌尔比诺公爵，圭多巴尔多·达·蒙泰费尔特罗的外甥和教皇朱利奥二世的侄子

保罗·韦托里　佛罗伦萨共和国国库负责人，曾任教皇舰队队长

安东·弗朗切斯科·阿尔比奇　参与了推翻索代里尼的阴谋

彼得罗·保罗·博斯科利　曾对美第奇家族发起政变

莱昂纳多·巴托里尼　银行家，美第奇家族心腹

拉法埃莱·里亚里奥　教皇西克斯图斯四世的甥孙，17 岁时被任命为红衣主教

格里马尼　红衣主教，威尼斯人

弗朗切斯科·索代里尼　红衣主教，乔瓦尼的大敌，正义旗手皮耶尔·索代里尼的弟弟

阿方索·彼得鲁奇　锡耶纳主教，红衣主教，支持红衣主教乔瓦尼

本迪奈罗·萨罗　热那亚主教，红衣主教，支持红衣主教乔瓦尼

洛伦佐·斯特罗齐　菲利波·斯特罗齐的兄长

科西莫·德·帕齐　前佛罗伦萨大主教，曾参与博斯科利阴谋

英诺森·齐博　弗兰切斯凯托·齐博和马德莱娜·德·美第奇的儿子，后成为红衣主教

马里亚诺·费蒂　修士，教皇敕令铅封员，教廷中最受宠爱的弄臣

贝尔纳多·米凯洛奇　弗利主教，佛罗伦萨总理大臣尼科洛·米凯洛奇的弟弟，红衣主教乔瓦尼的导师

皮耶罗·阿尔丁盖利　教皇的特派秘书

加莱奥托·德·美第奇　洛伦佐·德·美第奇的远房堂兄，后拥有国库负责人权力

弗朗切斯科·韦托里　佛罗伦萨使节，保罗·韦托里的兄长

菲利贝塔·迪·萨伏依　朱利亚诺·迪·洛伦佐·德·美第奇的妻子，弗朗索瓦一世的姨妈

弗朗索瓦一世　法国国王，路易莎·迪·萨伏依之子

帕里德·德·格拉西　教皇的祭司

伊莎贝拉·德斯特　曼托瓦侯爵夫人

拉法埃莱·彼得鲁奇　圣天使堡总督，红衣主教，阿方索·彼得鲁奇的堂兄

博尔盖塞·彼得鲁奇　锡耶纳总督，阿方索·彼得鲁奇的兄长

弗朗切斯科·德尔·内罗　佛罗伦萨国库的管理者，妹夫是马基雅维利

菲耶斯基　红衣主教，克拉丽斯和菲利波·斯特罗齐女儿的教父

博纳文图拉　来自费拉拉的修士

戈罗·盖里·达·皮斯托亚　佛罗伦萨文书院的官员，效忠美第奇家族，教皇心腹

奥拉齐奥·弗洛里迪　乌尔比诺使节

马里奥·德·佩鲁斯奇　被称为"佩鲁斯科"，法官，佩鲁斯奇阴谋的主导者

马尔坎托尼奥·尼尼　锡耶纳的教士，佩鲁斯奇的家庭教师，佩鲁斯奇阴谋的受害者

多梅尼科·科莱塔　锡耶纳教士，圣天使堡城主的副手，在佩鲁斯奇阴谋中担任法官的职务，出于个人和政治原因，憎恨阿方索·彼得鲁奇

邦西尼奥雷·邦西尼奥里　佛罗伦萨的神职人员和人文主义者，目击了红衣主教彼得鲁奇在梵蒂冈被逮捕

波金泰斯塔　红衣主教彼得鲁奇的同乡，锡耶纳军队的前任统帅，在佩鲁斯奇阴谋中被抓

阿德里亚诺·卡斯特莱西　红衣主教，他曾是罗马教廷派到英格兰的征收员，自1503年以来他一直在那里管理巴斯教区

朱利奥·德·比安奇　博洛尼亚人，后参与谋杀教皇利奥十世

埃米利奥·德·比安奇　朱利奥·德·比安奇的兄弟，教皇的私人侍从

西尔维奥·帕塞里尼　红衣主教，曾是教皇的薪俸管理者

弗朗切斯科·阿尔梅里尼　红衣主教，用钱购买了教廷财政官职位

乔瓦尼·斯达菲列奥　新任宗座使节，希贝尼克主教和教会法学家

马德莱娜·德·拉图尔·多韦涅　洛伦佐·德·美第奇的妻子

凯瑟琳·德·美第奇　洛伦佐·德·美第奇的女儿，后成为法国王后

乔瓦尼·拉扎罗·德·马吉斯特里斯　绰号"塞拉皮卡"，教皇侍从

阿方索·德斯特　费拉拉公爵

翁贝托·甘巴拉　宗座总书记官，曾参与刺杀费拉拉公爵阿方索·德·埃斯特

吉安·马泰奥·吉贝蒂　红衣主教朱利奥的秘书，后成为其心腹顾问，教会的薪俸管理者

亚历山德罗·法尔内塞　后以保禄三世之名登上教皇之位

哈德良·弗洛里斯　红衣主教，马克西米利安一世的孙子查理的导师，后以哈德良六世之名登上教皇之位

蓬佩奥·科隆纳　红衣主教，美第奇家族宿敌，但后来与之结盟

扎诺比·邦德尔蒙蒂　卷入了1522年5月的反美第奇家族的阴谋，是马基雅维利《论李维》的两位被题献人之一

菲利波·德·内尔利　历史学家，马基雅维利"非常亲密的朋友"

巴蒂斯塔·德拉·帕拉　参与了推翻美第奇家族的阴谋，扎诺比的同伙

雅各布·达·迪亚切托　参与了推翻美第奇家族的阴谋，扎诺比的同伙，被斩首

托马索·迪·路易吉·阿拉曼尼　参与了推翻美第奇家族的阴谋，扎诺比的同伙，被斩首

斯特凡诺·萨罗　宗座总书记官，已故红衣主教萨罗的兄弟

亚历山德罗·德·美第奇　佛罗伦萨公爵，被称为"摩尔人"

罗伯托·阿恰约利　佛罗伦萨驻法国使节

尼古拉斯·冯·朔姆贝格　教皇顾问，卡普亚大主教

吉安·弗朗切斯科·瓦利埃　红衣主教比别纳门下的一位思维敏锐的观察员

焦万·巴蒂斯塔·桑加　吉安·马泰奥·吉贝蒂的秘书

雅各布·萨尔维亚蒂　银行家

乔瓦尼·萨尔维亚蒂　雅各布·萨尔维亚蒂的儿子，红衣主教，教皇使节，与在西班牙的宗座使节卡斯蒂廖内一起工作

"黑条"乔瓦尼·德·美第奇　美第奇家族的旁系分支成员，雇佣兵队长

费代里科·贡扎加　弗朗切斯科·贡扎加的儿子，曼托瓦侯爵，在乌尔比诺战争期间担任神圣联盟军队统帅

乌戈·德·蒙卡达　西班牙统帅

查尔斯·德·兰诺伊　那不勒斯总督

格奥尔格·冯·弗伦茨贝格　日耳曼雇佣兵队长

伦佐·达·切里　奥尔西尼家族的成员，雇佣兵队长

奥诺弗里奥·巴托里尼　比萨主教，莱昂纳多·巴托里尼的儿子

尼科洛·卡波尼　菲利波和弗朗切斯科的姐夫

卢多维科·马基雅维利　尼科洛·马基雅维利的次子

参考文献和文献来源

文中提到的一些档案馆和图书馆的缩写
ABIB Archivio Borromeo, Isola Bella
ASFi Archivio di Stato di Firenze
ASMi Archivio Sforza, Archivio di Stato di Milano
ASR Archivio di Stato di Roma
ASV Archivio segreto vaticano
BAV Biblioteca apostolica vaticana, Città del Vaticano
BL British Library, London
BNF Bibliothèque Nationale de France, Paris
BNCF Biblioteca nazionale centrale, Firenze
BO Biblioteca Oliveriana, Pesaro
Copialettere Copialettere di Goro Gheri, ASFi
CS Carte Strozziane, ASFi
GC Fondo Ginori Conti, BNCF (29. *Carte Michelozzi*)
MAP Archivio mediceo avanti Principato, ASFi

手稿来源
Anonimo diario di un francese a Roma, BAV, Barb. lat. 3552.
Cerretani, Bartolomeo, *Sommario et ristretto cavato dalla Historia di Bartolomeo Cerretani, da lui in dialogo delle cose di Firenze dall'anno 1494 al 1519* (BNCF, II, IV, 19, cc. 1*r*-57*v*, e CS I, 138, cc. 1*r*-57*r*).
De Fine, Cornelio, *Diarium Romanum* (1511-1532), BNF, Lat. 12552, cc. 86*r*-210*v*.
Guiducci, Lorenzo, *Diario (1492-1496)*, BNCF, GC 29/29, cc. 61*r*-68*v*.
Lettere di Ludovico Canossa, Copia del XIX sec. del carteggio conservato alla Biblioteca capitolare di Verona, Carteggi bb. 161-161bis, in Biblioteca comunale di Verona.
Serapica (alias Giovanni Lazzaro de Magistris), *Spese private di Leone X*, ASR, Camerale

I, Spese minute di palazzo, Regg. 1489, 1490 e 1490bis.

文献来源

Aretino, *Operette* = Aretino, Pietro, *Operette politiche e satiriche*, tomo 2, a cura di M. Faini, Roma 2012.

Bartolini Salimbeni, *Cronichetta* = Bartolini Salimbeni, Gherardo, *Del Magnifico Lorenzo de' Medici, Cronica scritta dal senatore Gherardo Bartolini Salimbeni colla storia genealogica di questa illustre casata compilata da Fr. Ildefonso di S. Luigi*, Firenze 1786.

Bibbiena, *Epistolario* = Dovizi, Bernardo, *Epistolario di Bernardo Dovizi da Bibbiena*, I. *1490-1513*; II. *1513-1520*, a cura di G.L. Moncallero, Firenze 1955.

Bosso, *Epistolae* = Bosso, Matteo, *Recuperationes Faesulanae*, Bononiae 1493.

Cambi, *Istorie fiorentine* = *Istorie di Giovanni Cambi cittadino fiorentino pubblicate, e di annotazioni, e di antichi munimenti accresciute ed illustrate da Fr. Ildefonso di San Luigi*, in *Delizie degli eruditi toscani*, vol. XXI, Firenze 1785 (vol. II).

Castiglione, *Lettere* = vedi l'edizione on line http://aiter.unipv.it/lettura/BC/.

Cerretani, *Dialogo* = Cerretani, Bartolomeo, *Dialogo della mutazione di Firenze*, a cura di G. Berti, Firenze 1993.

Cerretani, *Ricordi* = Cerretani, Bartolomeo, *Ricordi*, a cura di G. Berti, Firenze 1993.

Cerretani, *Storia fiorentina* = Cerretani, Bartolomeo, *Storia fiorentina*, a cura di G. Berti, Firenze 1994.

DBI = *Dizionario biografico degli Italiani* (voci ora disponibili *on line* sul sito dell'Enciclopedia Treccani http://www.treccani.it).

Giovio, *Leone X* = Giovio, Paolo, *Vita di Leone X*, a cura di M. Simonetta, trad. di L. Alfinito (c.d.s.).

Giovio, *Le vite* = Giovio, Paolo, *Le Vite di Leon Decimo e d'Adriano Sesto, e del Cardinal Pompeo Colonna*, tradotte da L. Domenichi, Venezia 1557.

Giovio, *Lettere* = Giovio, Paolo, *Lettere*, 1. *1514-1544*, a cura di G.G. Ferreri, Roma 1956.

Guicciardini, *Storia d'Italia* = Guicciardini, Francesco, *Storia d'Italia*, a cura di E. Mazzali, Milano 2006 (con l'indicazione dei capitoli).

Guicciardini, *Storie fiorentine* = Guicciardini, Francesco, *Storie fiorentine*, a cura di A. Montevecchi, Milano 1998.

Guicciardini, *Lettere* = Guicciardini, Francesco, *Le lettere*, a cura di P. Jodogne, P. Moreno, voll. I-XI, Roma 1986-(c.d.s.).

Guicciardini, *Accusatoria* = Guicciardini, Francesco, *Consolatoria Accusatoria*

Defensoria. Autodifesa di un politico, con un saggio introduttivo di U. Dotti, Roma-Bari 1993.

Il Libro del Cortegiano = Castiglione, Baldassar, *Il Libro del Cortegiano*, a cura di W. Barberis, Torino 1998 (con l'indicazione dei capitoli).

Lettere di Giambattista Busini a Benedetto Varchi = Busini, Giovan Battista, *Lettere di Giambattista Busini a Benedetto Varchi sopra l'assedio di Firenze corrette ed accresciute di alcune altre inedite*, a cura di G. Milanesi, Firenze 1861.

Lettere di principi = *Lettere di principi, le quali o si scrivono da principi o a principi o ragionano di principi*, a cura di G. Ruscelli, Venezia, libro I, 1562-1570; libro II, 1575; libro III, 1577-1581.

Lettere volgari = *Lettere volgari di diversi nobilissimi huomini, et eccellentissimi ingegni, scritte in diverse materia, nuovamente ristampate et in più luoghi corrette*, Venezia, I, 1544; II, 1545; III, 1564.

Letters and Papers = J.S. Brewer (ed.), *Letters and Papers, Foreign and Domestic, Henry VIII*, voll. 1-4 (1509-1530), London 1864-1920, ora disponibili in versione ampliata e aggiornata in http://www.british-history.ac.uk/catalogue.

Machiavelli, *Discorsi* = Machiavelli, Niccolò, *Discorsi sulla prima Deca di Livio*, a cura di F. Bausi, Roma 2001 (con l'indicazione dei capitoli).

Machiavelli, *Istorie fiorentine* = Machiavelli, Niccolò, *Istorie fiorentine*, in Id., *Tutte le opere*, a cura di M. Martelli, Firenze 1971 (con l'indicazione dei capitoli).

Machiavelli, *Lettere* = Machiavelli, Niccolò, *Lettere*, a cura di F. Gaeta, Milano 1961.

Machiavelli, *Legazioni* = Machiavelli, Niccolò, *Legazioni e commissarie. Scritti di governo*, VII. *1510-1527*, a cura di J.-J. Marchand, A. Guidi, M. Melera-Morettini, Roma 2011.

Machiavelli, *Principe* = Machiavelli, Niccolò, *Il Principe*, in Id., *Tutte le opere*, a cura di M. Martelli, Firenze 1971 (con l'indicazione dei capitoli).

Machiavelli, *Scritti* = Machiavelli, Niccolò, *Scritti in poesia e in prosa*, a cura di A. Corsaro *et al.*, coord. di F. Bausi, Roma 2012.

Masi, *Ricordanze* = Masi, Bartolomeo, *Ricordanze di Bartolomeo Masi calderaio fiorentino dal 1478 al 1526*, a cura di G. O. Corazzini, Firenze 1906.

Nardi, *Istorie* = Nardi, Iacopo, *Istorie della città di Firenze*, a cura di L. Arbib, Firenze 1838-1841.

Parenti = Parenti, Piero, *Storia fiorentina*, 1. *1476-78, 1492-96*, a cura di A. Matucci, Firenze 1994.

Pastor = Pastor, Ludwig von, *Storia dei papi nel periodo del Rinascimento e dello scisma luterano dall'elezione di Leone X alla morte di Clemente VII*, vol. IV, 1. *Leone X*; 2. *Adriano VI e Clemente VII*, Roma 1926.

Picotti = Picotti, Giovanni Battista, *La giovinezza di Leone X. Il papa del Rinascimento*, Milano 1927.

Pitti, *Istoria* = Pitti, Iacopo, *Istoria fiorentina*, a cura di A. Mauriello, Napoli 2007.

Ricordi storici di Filippo di Cino Rinuccini dal 1282 al 1460 colla continuazione di Alamanno e Neri suoi figli fino al 1506, seguiti da altri monumenti inediti di Storia Patria e Continuazione di Ricordi storici a tutto l'Agosto 1530 estratti dal Priorista scritto e compilato da Paolo di Girolamo di Ser Paolo Paoli, autore contemporaneo, Firenze 1840.

Rucellai = Rucellai, Bernardo, *De bello italico. La guerra d'Italia*, a cura di D. Coppini, Firenze 2011.

Sanuto = Sanuto, Marino, *Diarii*, Venezia 1879-1902.

Scorribande = Piergentili, Pier Paolo, Venditti, Gianni (a cura di), *Scorribande, lanzichenecchi e soldati ai tempi del Sacco di Roma. Papato e Colonna in un inedito epistolario dall'Archivio della Valle-Del Bufalo (1526-1527)*, Roma 2009.

Tedallini, *Diario romano* = Tedallini, Sebastiano di Branca, *Diario romano dal 3 maggio 1485 al 6 giugno 1524*, a cura di P. Piccolomini, in *Rerum Italicarum scriptores*, XXIII, 3, Città di Castello 1907.

Tommasini = Tommasini, Oreste, *La vita e gli scritti di Niccolò Machiavelli nella loro relazione col machiavellismo*, 2 voll. Torino 1883.

Tre narrazioni del Sacco di Prato, in «Archivio storico italiano», I, 1842, pp. 227-271.

Vettori, *Sommario, Vita di Lorenzo, Sacco* = Vettori, Francesco, *Sommario della istoria d'Italia (1512-1527), Vita di Lorenzo de' Medici, duca d'Urbino, Sacco di Roma*, in Id., *Scritti storici e politici*, a cura di E. Niccolini, Bari 1972, pp. 133-296.

Vita di Filippo Strozzi = Niccolini, Giovanni Battista, *Filippo Strozzi. Tragedia, corredata d'una Vita di Filippo e di documenti inediti*, Firenze 1847.

参考文献

Albertini, Rudolf von, *Firenze dalla repubblica al principato. Storia e coscienza politica*, Torino 1970.

Angeleri, Mario (a cura di), *Leone X. Aspetti di un pontificato controverso*, Lecco 2013.

Anzilotti, Antonio, *La crisi istituzionale della repubblica fiorentina*, Firenze 1912.

Ariosto, Ludovico, *Opere minori*, a cura di C. Segre, Milano-Napoli 1954.

Id., *Satire*, a cura di C. Segre, Torino 1987.

Baker, Nicholas S., *The Fruit of Liberty: Political Culture in the Florentine Renaissance, 1480-1550*, Cambridge 2013.

Bandini, Angelo Maria, *Collectio veterum aliquot monumentorum ad historiam praecipue literariam pertinentium*, Arezzo 1752.

Id., *Il Bibbiena, o sia il Ministro di Stato delineato nella vita del Cardinale Bernardo Dovizi da Bibbiena*, Livorno 1758.

Bardi, Alessandro, *Filippo Strozzi (da nuovi documenti)*, in «Archivio storico italiano», s. V, t. XIV, 1894, pp. 3-78.

Bausi, Francesco, *Machiavelli*, Roma 2005.

Id., *Politica e poesia: il «Lauretum»*, in «Interpres», VI, 1985-1986, pp. 214-282.

Benzoni, Gino, *Lorenzo de' Medici, duca di Urbino*, in DBI, 66, 2007.

Id., *Maddalena de la Tour d'Auvergne, duchessa di Urbino*, in DBI, 67, 2007.

Brown, Allison, *The Early Years of Piero di Lorenzo, 1472-1492: Between Florentine Citizen and Medici Prince*, in J.E. Law, B. Paton (eds.), *Communes and Despots in Medieval and Renaissance Italy*, Farnham 2010, pp. 209-222.

Bullard, Melissa M., *Filippo Strozzi and the Medici: Favor and Finance in Sixteenth-century Florence and Rome*, Cambridge 1980.

Ead., *Filippo Strozzi il Giovane, l'uomo e le sue lettere*, in AA.VV., *Palazzo Strozzi metà millennio (1489-1989)*, Atti del Convegno di studi (Firenze, 3-6 luglio 1989), Roma 1991, pp. 30-37.

Ead., *Marriage Politics and the Family in Florence: The Strozzi-Medici Alliance of 1508*, in «The American Historical Review», 84, 3, 1979, pp. 668-687.

Ead., *Mercatores Florentini Romanam Curiam Sequentes in the Early Sixteenth Century*, in «Journal of Medieval and Renaissance Studies», VI, 1976, pp. 51-71.

Canestrini, Giuseppe, Desjardins, Abdel (éds.), *Négociations diplomatiques de la France avec la Toscane*, Paris, vol. I. 1859; vol. II. 1861.

Capponi, Niccolò, *Il principe inesistente. La vita e i tempi di Machiavelli*, Milano 2012.

Catelli, Nicola, *Scherzar coi santi. Prospettive comiche sul Sacco di Roma*, Parma 2008.

Cesareo, Giovanni Alfredo, *Pasquino e pasquinate nella Roma di Leone X*, Roma 1938.

Chambers, David Sanderson, *Cardinal Bainbridge in the Court of Rome, 1509 to 1514*, Oxford 1965.

Id., *Popes, Cardinals and War: The Military Church in Renaissance and Early Modern Europe*, London-New York 2006.

Champollion-Figeac, Aimé, *Captivité du Roi François I*, Paris 1847.

Cian, Vittorio, *Un decennio della vita di M. Pietro Bembo (1521-1531)*, Torino 1885.

Id., *Un illustre nunzio pontificio del Rinascimento. Baldassar Castiglione*, Città del Vaticano 1951.

Ciseri, Ilaria, *L'ingresso trionfale di Leone X in Firenze nel 1515*, Firenze 1990.

Ead., *«Con tanto grandissimo e trionfante onore». Immagini dell'ingresso fiorentino di papa Leone X nel 1515*, in N. Baldini, M. Nietti (a cura di), *Nello splendore mediceo. Papa Leone X e Firenze*, Firenze 2013, pp. 237-249.

Clough, Cecil H., *Clement VII and Francesco Maria Della Rovere, Duke of Urbino*, in K. Gouwens, S.E. Reiss (eds.), *The Pontificate of Clement VII: History, Politics, Culture*, Aldershot 2005, pp. 75-108.

Connell, William J., *Dating The Prince: Beginnings and Endings*, in «The Review of Politics», 75, 2013, pp. 497-514.

Id., *La città dei crucci. Fazioni e clientele in uno stato repubblicano del '400*, Firenze 2000.

Id., *La lettera di Machiavelli a Vettori del 10 dicembre 1513*, in «Archivio storico italiano», CLXI, 2013, 4, pp. 665-723.

Id., *Un rito iniziatico nel* Libro del Cortegiano *di Baldassar Castiglione*, in «Annali della Scuola Normale Superiore di Pisa. Classe di lettere e filosofia», s. IV, 4, 1999, pp. 473-497.

Corsaro, Antonio, *Il poeta e l'eretico. Francesco Berni e il «Dialogo contra i poeti»*, Firenze 1988.

Corvisieri, Alessandro, *Documenti inediti sul Sacco di Roma nel 1527*, Roma 1873.

Cosentino, Paola, *Roma, Blado, 1532*, in G. Inglese (a cura di), *Il Principe. Testo e saggi*, Roma 2013, pp. 265-287.

Della Robbia, Luca, *Recitazione del caso di Pietro Paolo Boscoli e di Agostino Capponi (1513)*, in «Archivio storico italiano», I, 1842, pp. 283-312.

Dennistoun, James, *Memoirs of the Dukes of Urbino Illustrating the Arms, Arts, and Literature of Italy from 1440 to 1630*, 3 voll., London 1851.

De Pascalis, Luigi, *La porpora e la penna. La straordinaria vita ed il mondo di Adriano Castellesi da Corneto*, Tarquinia 2002.

Devonshire Jones, Rosemary, *Francesco Vettori: Florentine Citizen and Medici Servant*, London 1972.

Ead., *Lorenzo de' Medici, Duca d'Urbino, «Signore» of Florence*, in M.P. Gilmore (ed.), *Studies on Machiavelli*, Firenze 1972, pp. 299-315.

Di Teodoro, Francesco P., *Raffaello, Baldassar Castiglione e la lettera a Leone X, con l'aggiunta di due saggi raffaelleschi*, Bologna 2003.

Fabbri, Lorenzo, *Alleanza matrimoniale e patriziato nella Firenze del '400. Studio sulla famiglia Strozzi*, Firenze 1991.

Id., *L'inaudita elezione di Adriano VI: il conclave del 1521-22 nelle lettere di Filippo Strozzi*, in A. Artini, G. Polverari (a cura di), *«Chi ha sprezzato il giorno delle piccole cose?». A Domenico Maselli, professore, deputato, pastore*, Aversa 2007, pp. 175-211.

Fachard, Denis, *Biagio Buonaccorsi. Sa vie, son temps, son œuvre*, Boulogne 1976.

Faini, Marco, *Un'opera dimenticata di Pietro Aretino: il Lamento de uno cortegiano*, in «Filologia e critica», XXXII, 2007, pp. 75-93.

Fara, Andrea, "Exequiarum appaltatores" : mercatores romanam curiam sequentes e i funerali di papa Leone X de' Medici tra investimento e bona fama in alcune carte dell'archivio Capponi delle Rovinate di Firenze, in «RR – Roma nel Rinascimento», 2014, pp. 331-355.

Fatini, Giuseppe, *Poesie di Giuliano de' Medici*, Firenze 1939.

Fea, Carlo, *Notizie intorno Raffaele Sanzio da Urbino ed alcune di lui opere [...]*, Roma 1882.

Ferrai, Luigi Alberto, *Lettere di cortigiane del secolo XVI*, Firenze 1884.

Id., *Lorenzino de' Medici e la società cortigiana del Cinquecento*, Milano 1891.

Ferrajoli, Alessandro, *Il ruolo della corte di Leone X (1514-1516). Prelati domestici*, a cura di V. di Caprio, Roma 1984.

Id., *La congiura dei cardinali contro Leone X*, Roma 1920.

Figliuolo, Bruno (a cura di), *Piero Alamanni (12 maggio 1492-21 febbraio 1493) e Bartolomeo Ugolini (12 febbraio-18 aprile 1493)*, in *Corrispondenza degli ambasciatori fiorentini a Napoli*, vol. VII, Napoli 2012.

Firpo, Massimo, Lo Re, Salvatore, *Gli occhi azzurri di Alessandro de' Medici*, in «Mitteilungen des Kunsthistorisches Institut in Florenz», XLIX, 2005, pp. 413-426.

Fraikin, Jean, *Nonciatures de Clément VII*, Tome I. *Depuis la bataille de Pavie jusqu'au rappel d'Acciaiuoli (25 février 1525-juin 1527)*, Paris 1906.

Frati, Lodovico, *La morte di Lorenzo de' Medici e il suicidio di Pier Leoni*, in «Archivio storico italiano», s. V, t. IV, 1889, pp. 255-260.

Frenz, Thomas, *Die Kanzlei der Päpste der Hochrenaissance (1471-1527)*, Tübingen 1986.

Garin, Eugenio (a cura di), *Prosatori latini del Quattrocento*, Napoli 1970.

Gattoni, Maurizio, *Leone X e la geo-politica dello Stato pontificio (1513-1521)*, Città del Vaticano 2002.

Id., *Clemente VII e la geo-politica dello Stato pontificio (1523-1534)*, Città del Vaticano

2002.

Gilbert, Feliz, *Borgia, Cesare*, in DBI, 12, 1971.

Giorgetti, Alceste, *Lorenzo de' Medici capitano generale della Repubblica Fiorentina*, in «Archivio storico italiano», s. IV, t. XI, 1883, pp. 194-215 e 310-320.

Id., *Lorenzo duca di Urbino e Iacopo V d'Appiano*, in «Archivio storico italiano», s. IV, t. VIII, 1881, pp. 222-238 e 305-325.

Giovio, Paolo, *Dialogo dell'imprese militari e amorose*, a cura di M.L. Doglio, Roma 1978.

Id., *Elogio degli uomini illustri*, a cura di F. Minonzio, Torino 2006.

Giusti, Antonella, *Gheri, Gregorio*, in DBI, 53, 2000.

Gnoli, Domenico, *Descriptio Urbis o Censimento della popolazione di Roma avanti il Sacco Borbonico*, in «Archivio della Società Romana di Storia Patria», XVII, 1894, pp. 375-518.

Id., *La Roma di Leone X*, Milano 1938.

Goldthwaite, Richard A., *Private Wealth in Renaissance Florence: A Study of Four Families*, Princeton 1968.

Gouwens, Kenneth, Reiss, Sheryl E. (eds.), *The Pontificate of Clement VII: History, Politics, Culture*, Aldershot 2005.

Grassi, Paride, *Il diario di Leone X. Dai volumi manoscritti degli Archivi vaticani della S. Sede*, a cura di M. Armellini, Roma 1884.

Guasti, Cesare, *Documenti della congiura fatta contro il Cardinale Giulio de' Medici nel 1522*, in «Giornale storico degli Archivi toscani», III, 1859, pp. 121-150, 185-213, 239-267.

Id., *Le Carte Strozziane del R. Archivio di Stato in Firenze. Inventario. Serie prima*, vol. 1, Firenze 1884; vol. 2, Firenze 1891.

Id., *I Manoscritti Torrigiani donati al R. Archivio di Stato di Firenze. Descrizione e saggio*, Firenze 1878.

Guidi, Remo L., *Frati e umanisti nel Quattrocento*, Alessandria 2013.

Guidi Bruscoli, Francesco, *Politica matrimoniale e matrimoni politici nella Firenze di Lorenzo de' Medici. Uno studio del Ms. Notarile Antecosimiano 14099*, in «Archivio storico italiano», CLV, II-III, 1997, pp. 347-398.

Henry, Tom, Joannides, Paul (dir.), *Raphaël. Les dernières années*, Paris 2012.

Höfler, Karl A.C., *Analecten zur Geschichte Deutschlands und Italien*, München 1847.

Hörnqvist, Mikael, *Approaching the Medici: Machiavelli as Co-Author of Paolo Vettori's Ricordi of 1512?*, in D.S. Peterson, D.E. Bornstein (eds.), *Florence and Beyond: Culture,*

Society and Politics in Renaissance Italy. Essays in Honour of John Najemy, Toronto 2008, pp. 399-416.

Hyde, Helen, *Cardinal Bendinello Sauli and Church Patronage in Sixteenth-century Italy*, Woodbridge 2009.

Kruse, Jeremy, *Hunting, Magnificence, and the Court of Leo X*, in «Renaissance Studies», 7, 1993, pp. 243-257.

Landon, William J., *Lorenzo di Filippo Strozzi and Niccolò Machiavelli. Patron, Client and the Pistola fatta per la peste: An Epistle Written Concerning the Plague*, Toronto-Buffalo-London 2013.

Landucci, Luca, *Diario fiorentino dal 1450 al 1516 continuato da un anonimo fino al 1542*, Firenze 1883.

La via al Principe: Niccolò Machiavelli da Firenze a San Casciano, Biblioteca Nazionale Centrale Firenze, 10 dicembre 2013-28 febbraio 2014, catalogo a cura di S. Alessandri, F. de Luca, F. Martelli, F. Tropea, Firenze 2013.

Lepri, Laura, *Del denaro o della gloria. Libri, editori e vanità nella Venezia del Cinquecento*, Milano 2012.

Lo Re, Salvatore, *La crisi della libertà fiorentina. Alle origini della formazione politica e intellettuale di Benedetto Varchi e Piero Vettori*, Roma 2006.

Lowe, Kate J.P., *An Alternative Account of the Alleged Cardinals' Conspiracy of 1517 against Pope Leo X*, in «Roma moderna e contemporanea», 11, 2003, 1-2, pp. 53-67.

Ead., *Church and Politics in Renaissance Italy: The Life and Career of Cardinal Francesco Soderini (1453-1524)*, Cambridge 1993.

Ead., *Towards an Understanding of Goro Gheri's Views on* amicizia *in Early Sixteenth-Century Medicean Florence*, in P. Denley, C. Elam (eds.), *Florence and Italy. Renaissance Studies in Honour of Nicolai Rubinstein*, London 1988, pp. 91-105.

Luzio, Alessandro, *Isabella d'Este di fronte a Giulio II negli ultimi anni del suo pontificato*, in «Archivio storico lombardo», s. IV, a. XVII, 1912, pp. 245-334; a. XVIII, 1912/2, pp. 55-144 e 392-456.

Id., *Isabella d'Este e il sacco di Roma*, in «Archivio storico lombardo», s. IV, a. XXXV, 1908, pp. 5-107.

Id., *Isabella d'Este e Leone X dal congresso di Bologna alla presa di Milano (1515-1521)*, in «Archivio storico italiano», s. IV, a. XL, 1907, pp. 18-97; a. XLIV, 1909, pp. 72-128; a. XLV, 1910, pp. 245-302.

Id., *Isabella d'Este ne' primordi del papato di Leone X e il suo viaggio a Roma nel 1514-1515*, in «Archivio storico lombardo», s. IV, a. XXXIII, 1906, pp. 99-180, 454-489.

Luzio, Alessandro, Renier, Rodolfo, *Contributo alla storia del malfrancese ne' costumi e nella letteratura italiana*, in «Giornale storico della letteratura italiana», V, 1885, pp. 408-432.

Idd., *Mantova e Urbino. Isabella d'Este ed Elisabetta Gonzaga nelle relazioni famigliari e nelle vicende politiche*, Torino 1893 (rist. anastatica Bologna 1976).

Machiavelli, Niccolò, *Arte della guerra e scritti politici minori*, a cura di S. Bertelli, Milano 1961.

Madelin, Louis, *France et Rome*, Paris 1927.

Marchand, Jean-Jacques, *L'altro asino di Machiavelli. Da una lettera di Giuliano Brancacci a Francesco Vettori del 3 marzo 1518*, in S. Calligaro, A. Di Dio (a cura di), *Marco Praloran 1955-2011. Studi offerti dai colleghi delle università svizzere*, raccolti da S. Albonico, Pisa 2013, pp. 27-45.

Marini, Luigi G., *Degli archiatri pontifici*, 2 voll., Roma 1784.

McManamon, John W., *Marketing a Medici Regime: The Funeral Oration of Marcello Virgilio Adriani for Giuliano de' Medici (1516)*, in «Renaissance Quarterly», 44, 1991, pp. 1-41.

Menicucci, Roberta, *Il ritorno dei Medici a Firenze (1512-1515) nella rilettura delle prime fonti a stampa e dei documenti d'archivio*, in N. Baldini, M. Nietti (a cura di), *Nello splendore mediceo. Papa Leone X e Firenze*, Firenze 2013, pp. 139-151.

Mercati, Angelo, *Le spese private di Leone X nel maggio-agosto 1513*, in Id., *Saggi di storia e letteratura*, vol. II, Roma 1982, pp. 207-225.

Merola, Alberto, *Albizzi, Anton Francesco*, in DBI, 2, 1960.

Molini, Giuseppe, *Documenti di storia italiana copiati su gli originali autentici e per lo più autografi esistenti in Parigi*, 2 voll., Firenze 1836-1837.

Motta, Uberto, *Castiglione e il mito di Urbino. Studi sulla elaborazione del «Cortegiano»*, Milano 2003.

Muratori, Ludovico Antonio, *Delle antichità estensi e italiane*, vol. II, Modena 1740.

Mussolin, Mauro, *La committenza architettonica tra Roma e Firenze al tempo di Leone X*, in N. Baldini, M. Nietti (a cura di), *Nello splendore mediceo. Papa Leone X e Firenze*, Firenze 2013, pp. 193-203.

Niccolini, Enrico, *Ventiquattro lettere di Francesco Vettori*, in «Giornale storico della letteratura italiana», CLXVII, 1990, pp. 547-589.

Nitti, Francesco S., *Leone X e la sua politica secondo documenti e carteggi inediti*, Firenze 1892.

Osmond, Patricia J., *The Conspiracy of 1522 against Cardinal Giulio de' Medici:*

Machiavelli and «gli esempli delli antiqui», in K. Gouwens, S.E. Reiss (eds.), *The Pontificate of Clement VII: History, Politics, Culture*, Aldershot 2005, pp. 55-72.

Pallassini, Piero, *Una fonte inedita per la «Guerra di Siena»*, in «Bullettino senese di Storia Patria», CXIV, 2007, pp. 97-213.

Pandolfi, Tullio, *Giovan Matteo Giberti e l'ultima difesa della libertà d'Italia negli anni 1521-1525*, in «Archivio della R. Società Romana di Storia Patria», XXXIV, 1911, pp. 131-237.

Pellegrini, Marco, *Ascanio Maria Sforza. La parabola politica di un cardinale-principe del Rinascimento*, Roma 2002.

Id., *Leone X, papa*, in DBI, 64, 2005.

Picotti, Giovanni Battista, *La congiura dei cardinali contro Leone X*, in «Rivista Storica Italiana», n.s., I, 1923, pp. 249-267.

Id., *Per le relazioni fra Alessandro VI e Piero de' Medici*, in «Archivio storico italiano», LXXIII, I, 1915, pp. 37-100.

Poliziano, Angelo, *Opera quae quidem exititere hactenus omnia longe emendatius*, Basilea 1553.

Poliziano, Angelo, Becchi, Gentile, *La congiura della verità*, a cura di M. Simonetta, Napoli 2013[2].

Prosperi, Adriano, *Clemente VII, papa*, in DBI, 26, 1982.

Rehberg, Andreas (a cura di), *Il Liber decretorum dello scribasenato Pietro Rutili. Regesti della più antica raccolta di verbali dei consigli comunali di Roma (1516-1526)*, Roma 2010.

Reiss, Sheryl E., *Giulio de' Medici and Mario Maffei: A Renaissance Friendship and the Villa Madama*, in L.R. Jones, L.C. Matthew (eds.), *Coming about... A Festschrift for John Shearman*, Cambridge (MA) 2001, pp. 281-288.

Ead., *Widow, Mother, Patron of Art: Alfonsina de' Medici*, in S.E. Reiss, D.G. Wilkins (eds.), *Beyond Isabella: Secular Women Patrons of Art in Renaissance Italy*, Kirksville (MO) 2001, pp. 125-157.

Richard, Pierre, *Une correspondance diplomatique de la curie romaine à la veille de Marignan (1515)*, in «Revue d'histoire et de littérature religieuses», 9, 1904, pp. 1-47, 104-142 e 321-355.

Id., *Origines de la nonciature de France. Débuts de la représentation permanente sous Léon X, 1513-1521*, in «Revue des questions historiques», 36, 1906, pp. 112-180.

Ridolfi, Roberto, *Contributi all'epistolario machiavelliano. La lettera del Vettori del 16 aprile 1523 nel testo dell'originale inedito*, in «La Bibliofilia», 71, 1969, pp. 259-264.

Id., *Vita di Francesco Guicciardini*, Milano 1982.

Id., *Vita di Niccolò Machiavelli*, Roma 1954.

Rochon, André, *La jeunesse de Laurent de Médicis (1449-1478)*, Paris 1963.

Rodocanachi, Emmanuel, *Histoire de Rome. Les Pontificats d'Adrien VI et de Clément VII*, Paris 1933.

Id., *Courtisanes et bouffons, étude de mœurs romaines au XVIe siècle*, Paris 1894.

Romano, Angelo, *Lettere di cortigiane del Rinascimento*, Roma 1990.

Romei, Danilo, *Da Leone X a Clemente VII. Scrittori toscani nella Roma dei papati medicei (1513-1534)*, Manziana 2007.

Roscoe, William, *The Life of Lorenzo de' Medici, Called the Magnificent*, London 1825.

Rossi, Vittorio, *Pasquinate di Pietro Aretino ed anonime per il conclave e l'elezione di Adriano VI*, Palermo-Torino 1891.

Roth, Cecil, *I Carteggi Volgari di Piero Vettori nel British Museum*, in «Rivista storica degli Archivi Toscani», I, 1929, VII, fasc. III, pp. 1-34.

Id., *The Last Florentine Republic*, London 1925.

Rubello, Noemi, *«Il cardinale prigione». Giovanni de' Medici da Ravenna a Bologna*, in D. Bolognesi (a cura di), *1512. La battaglia di Ravenna, l'Italia, l'Europa*, Atti del convegno (Ravenna, 18-20 ottobre 2012), Ravenna 2014, pp. 117-138.

Id., *Una solenne entrata? Leone X a Bologna nel dicembre del 1515*, in «Schifanoia», 38-39, 2010, pp. 261-270.

Ruscelli, Girolamo, *Dediche e avvisi ai lettori*, a cura di A. Iacono e P. Marini, Manziana 2011, p. 124.

Russo, Sergio, *Filippo de' Nerli, «Commentari de' fatti civili occorsi nella città di Firenze dal 1215 al 1537». Edizione critica*, Tesi di dottorato, Università degli Studi di Napoli «Federico II», 2007, in http://www.fedoa.unina.it/2921/.

Sannazaro, Jacopo, *Opere volgari*, a cura di A. Mauro, Bari 1961.

Sanuto, Marino, *La spedizione di Carlo VIII in Italia*, a cura di R. Fulin, Venezia 1883.

Sella, Pacifico, *Leone X e la definitiva divisione dell'Ordine dei Minori (OMin.). La bolla «Ite vos» (29 maggio 1517)*, Grottaferrata (RM) 2001.

Simoncelli, Paolo, *Fuoriuscitismo repubblicano fiorentino, 1530-54, 1.1530-37*, Milano 2006.

Simonetta, Marcello, *Il ruolo di Francesco Guicciardini nel Tumulto del venerdì (26 aprile 1527) secondo alcune testimonianze extra-fiorentine*, in «Laboratoire italien», 17, 2016.

Id., *L'aborto del* Principe: *Machiavelli e i Medici (1512-1515)*, in «Interpres», XXIII,

2015.

Id., *La Storia d'Italia del* pennaruolo. *Accusatorie autobiografiche contro Guicciardini*, in S.U. Baldassarri, A. Polcri (a cura di), *Encyclopaedia Mundi. Studi di letteratura italiana in onore di Giuseppe Mazzotta*, Firenze 2013, pp. 113-147.

Id., *L'enigma Montefeltro*, Milano 2013[3].

Id., *Le satire di Ariosto, i Medici e Machiavelli*, in «Giornale storico della letteratura italiana», 134, 2017, pp. 186-210.

Id., *Lettere «in luogo di oraculi»: quattro autografi dispersi di Luigi Pulci e di (e a) Niccolò Machiavelli*, in «Interpres», XXI, 2002, pp. 291-301.

Id., *Rinascimento segreto: il mondo del Segretario da Petrarca a Machiavelli*, Milano 2004.

Id., *The Lost Discourse On Governments by Machiavelli's Friend Zanobi Buondelmonti*, in «Culture del testo e del documento», 53, 2017, pp. 165-178.

Stephens, John N., *Machiavelli's Prince and the Florentine Revolution of 1512*, in «Italian Studies», 41, 1986, pp. 45-61.

Tewes, Götz-Rüdiger, *Kampf um Florenz. Die Medici im Exil (1494-1512)*, Köln 2011.

Id., *Die Medici und Frankreich im Pontifikat Leos X. Ursachen, Formen und Folgen einer Europa polarisierenden Allianz*, in *Der Medici-Papst Leo X. und Frankreich*, hrsg. von G.-R. Tewes, M. Rohlmann, Tübingen 2002, pp. 11-116.

Tomas, Natalie, *All in the Family: The Medici Women and Pope Clement VII*, in K. Gouwens, S.E. Reiss (eds.), *The Pontificate of Clement VII: History, Politics, Culture*, Aldershot 2005, pp. 41-53.

Ead., *Alfonsina Orsini de' Medici and the «Problem» of a Female Ruler in Early Sixteenth-century Florence*, in «Renaissance Studies», 14, 2000, pp. 70-90.

Valeriano, Pierio, *L'infelicità dei letterati*, a cura di B. Basile, Napoli 2012.

Varchi, Benedetto, *Storia fiorentina*, a cura di G. Milanesi, 3 voll., Firenze 1858.

Verdi, Adolfo, *Gli ultimi anni di Lorenzo duca d'Urbino (1515-1519)*, Este 1905.

Villari, Pasquale, *Niccolò Machiavelli e i suoi tempi illustrati con nuovi documenti*, 3 voll., Firenze 1877-1882.

Winspeare, Fabrizio, *La congiura dei cardinali contro Leone X*, Firenze 1957.

Zapperi, Roberto, *Monna Lisa addio. La vera storia della Gioconda*, Firenze 2012.

Ziegler, Jacobus, *Historia Clementis VII*, in J.G. Schelhorn (ed.), *Amoenitates historiae ecclesiasticae et literariae*, II, Francofurt Marchionum 1738, pp. 210-380.

Zimmermann, T.C. Price, *Paolo Giovio: The Historian and the Crisis of Sixteenth-century Italy*, Princeton 1995.

Id., *Guicciardini, Giovio, and the Character of Clement VII*, in K. Gouwens, S.E. Reiss (eds.), *The Pontificate of Clement VII: History, Politics, Culture*, Aldershot 2005, pp. 19-27.

Zobi, Antonio, *Delle nozze del Magnifico Giuliano de' Medici con la principessa Filiberta di Savoia*, Firenze 1886.

后　记
曾经的秘书

> 他就把自己的屁股当作喇叭。
> ——但丁·阿利吉耶里,《神曲·地狱篇》,第二十一章,139

佛罗伦萨,奥尔特拉诺,马基雅维利的家,1527年6月21日

马基雅维利发着烧躺在床上。他没有得到共和国新政府的任何职务。人们认为他对教皇和旧政权过于妥协,佛罗伦萨人用仇恨和不信任的眼光看着他。据说,正是因为他对被排挤的极度懊恼,才导致他过早地在58岁时就去世了。不过更可能的是,他真正的死因是他给自己开的治疗便秘的药。但从那以后,马基雅维利的死激发了恶魔般的迷信。

据传说,在去世的前一天,马基雅维利拒绝忏悔。[1]他说他迫不及待下地狱去见他的朋友和同僚们,他们是历史上最聪明、最有趣的人。

不过，不知道马基雅维利是否害怕遇到美第奇家族的成员们，尤其是"豪华者"洛伦佐的后裔——儿子皮耶罗、乔瓦尼和朱利亚诺，还有孙子洛伦佐。最后两个人是《君主论》的受题献者，他们的名声或多或少有些配不上，一个是理想的代表，另一个是现实的代表，他们将因为这本书而为世人永远铭记和厌恶。

"豪华者"的侄子朱利奥现在掌控着教会，名号为克莱门特七世。或者更确切地说，他在日耳曼雇佣兵掠夺罗马时逃往圣天使堡。如果让雇佣军受到丰富的战利品和暴力的快感的推动，他们将展现出无可置疑的效率，这一点证明了马基雅维利的判断。

两年前，马基雅维利将他的《佛罗伦萨史》献给教皇。他尊重朱利奥的先人，在悲怆的书页中回忆了其父朱利亚诺在帕齐阴谋中被谋杀的经历。但是他在其伯父洛伦佐去世时停笔，避免记录"疯子"皮耶罗尴尬的两年，以及美第奇家族的长期流放生活，他们的"坏种子"是由懒惰和不负责任的君主种下的，君主只会躲在"书桌"的后面：

> 我们意大利的君主认为在尝到从山的那边打过来的战争的滋味之前，一位君主只要做到下面的事情就足够了：知道在书桌前想出一个机智的回答，写出一封漂亮的信，在言辞间表现出睿智和机敏，知道如何编造谎言，用宝石和黄金打扮自己，衣食比别人更加光鲜，身边常有佳人相

伴，用贪婪和傲慢统治臣民，在慵懒中腐朽，给军队论功行赏，鄙视那些向他们进谏的人，期望他们所言皆成圣言。君主们没有意识到那些穷苦人正将袭击他们的人视为猎物。[2]

佛罗伦萨解除了马基雅维利的流放令，他穿着"气派且优雅的衣服"，坐在他乡村朴素的办公桌前，周围满是泥土和虱子。他想象着走进"古代男性的古老宫廷"[3]，他想在地狱里继续和他们闲聊，但即使是阴间他也无法远离尘世的苦恼。

就像但丁在地狱中的旅行一样，肥胖的利奥十世的背因瘘管变形，"弯曲成一个喇叭"的形状。这一疾病让他成为教皇，消灭了所有惹恼他的红衣主教，并为朱利奥开辟了成为第二任美第奇教皇的道路。刚刚来到撒旦之家的利奥十世，被腐朽权力的恶臭所笼罩，会马上意识到在珀库西纳打扫圣安德烈亚教堂里无害的土渍、泥土和虱子要容易得多。马基雅维利此前也曾谴责"野蛮统治"的"恶臭"，却不谴责"显赫的"美第奇家族的"恶臭"，除非他不想嗅到教皇利奥屁股上的那点秘密。他呼吁治愈意大利"那些已经扭曲了一段时间的创伤"，这是对教皇的讽刺暗示。[4]

马基雅维利犯下的未履行法律责任罪，要比其他所有狠毒的罪行更加严重。在接下来的几个世纪里，伪善的敌人会批判他，但他仍毫无顾虑地提出公允的建议："看看上帝如何祈祷派人来拯救你，脱离残忍和野蛮,只要有一个人举起旗帜,我们已经准备好了追随它。"[5]

这些表达模棱两可,却极具预言性,常被引用,在今天的意大利仍然适用,"没有领袖,没有秩序,被殴打、剥离、撕裂",意大利是狐狸和狮子的猎物,它们自己反过来又被"狼"和"陷阱"捕杀。

1514年12月,马基雅维利应韦托里的要求给当时的红衣主教朱利奥·德·美第奇写了一封信,听起来像是对罗马之劫的预言:

> 无论谁说教皇出于对人的尊重和教会的权威,受到特殊的保护,总能找到避难之处拯救自己,我会回答他们说这个想法值得思考,并且是有一定依据的:虽然不值得信任,但我认为,如果想好好提出建议,就不应该多想,为了如此的希望不会形成可悲的派别分裂;因为一切都在掌控之内;而且我知道,有的教皇像世俗的领主一样经历过被迫逃离、流放、迫害等极端事件,那会儿还是教会在精神上更受到崇敬的时代。[6]

马基雅维利——从"特殊"中抽象出来——眼光看得长远,但他那个时代的君主和教皇总是着眼于近期或当下,很少担心如此决策所造成的后果。美第奇家族、教皇、儿子、侄子或正统的和非正统的继承人,他们在两代人的时间里挥霍了巨额的资金,使用权力时或过于谨慎或不够明智。不仅罗马人为他们的错误付出了代价,佛罗伦萨人和未来几代意大利人也都为此付出了代价。

来到马基雅维利病榻旁的朋友们有弗朗切斯科·韦托里、弗朗切斯科·德尔·内罗和菲利波·斯特罗齐，他们在过去 15 年中近距离地为美第奇家族服务，现在他们则开始了没有美第奇家族的统治时代。马基雅维利完全被排除在新政府的"改组"之外。他的朋友韦托里是一只拥有七条命的猫，兜兜转转，在未来的政权更迭中得以幸存下来。马基雅维利的姐夫德尔·尼罗会继续管理公共资金，就好像管理自己的钱一样，直到佛罗伦萨共和国的各种调查阻断了他中饱私囊的行径。

而菲利波·斯特罗齐是美第奇家族幸运和不幸的神秘主角，他是《君主论》史上首次印刷版本的受题献人，该书出版日期为 1532 年 1 月 1 日。罗马出版商布拉多（Blado）向斯特罗齐致辞——"英勇而受人尊敬的人"，他是这本书 1515 年 5 月的受题献人洛伦佐·德·美第奇的姐夫[7]。如果马基雅维利投靠了一位拥有"实际公国"的领主，出版商则认可菲利波作为"假想的王公"的气质，"只是缺少实有的公国，不然就称得上是真正的王公了"[8]。

斯特罗齐不单单是一位"假想的王公"，本书中引述的许多证据能够证明这一点。菲利波与美第奇家族之间的"双向账目"还没有结清，仍将持续十年，最终将以悲剧收场。但这是另一个故事，请参见另一本书：《黑幕历史》(*Storia al nero*)。

致　谢

　　本书的写成和出版离不开我的朋友们亲切的关怀，所以我对他们的感谢绝不是流于形式：感谢乔治·博蒂尼（Giorgio Bottini）、弗朗切斯科·卡廖蒂（Francesco Caglioti）和马可·法尼（Marco Faini），以及我的父母内拉（Nella）和路易吉·西蒙内塔（Luigi Simonetta），他们用专业和耐心阅读了本书各个阶段的草稿。特别是，弗朗切斯科在审阅草稿的过程中，发现了一些细小的但重要的表述不准的地方，为作者做出了无价的贡献。我的妻子诺加·阿里卡（Noga Arikha）关爱和忍受着每天潜入阴险的美第奇世界的我。非常感谢优秀的编辑劳拉·莱普里（Laura Lepri），在我不确定的时刻，她都会鼓励我。在本书的编辑阶段，路易莎·卡斯特拉尼（Luisa Castellani）凭借严谨和热情的态度，对文字进行了实质性的润色。

　　在我无法参阅原件之前，非常感谢梅丽莎·布拉德（Melissa Bullard）向我提供了她从《斯特罗奇杂集》转写的部分打字机文稿，并与我分享了她对菲利波·斯特罗齐复杂世界的理解。

　　由衷感谢恩佐·巴尔迪尼（Enzo Baldini）、弗朗切斯科·鲍西

（Francesco Bausi）、康塞塔·比安卡（Concetta Bianca）、洛伦茨·博宁格（Lorenz Böninger）、西蒙·布雷尼（Simone Bregni）、艾莉森·布朗（Alison Brown）、尼科洛·卡波尼（Niccolò Capponi）、保罗·卡塔（Paolo Carta）、尼古拉·卡特利（Nicola Catelli）、比尔·康奈尔（Bill Connell）、安东内罗·科萨罗（Antonello Corsaro）、保拉·科森蒂诺（Paola Cosentino）、阿莱西奥·德卡里亚（Alessio Decaria）、洛伦佐·法布里（Lorenzo Fabbri）、丹尼斯·法查德（Denis Fachard）、安德烈亚·法拉（Andrea Fara）、让－路易斯·弗内尔（Jean-Louis Fournel）、莱昂纳多·乔治蒂（Leonardo Giorgetti）、肯·古文斯（Ken Gouwens）、安德烈亚·圭迪（Andrea Guidi）、雷莫·圭迪（Remo Guidi）、米卡埃尔·赫恩奎斯特（Mikael Hörnqvist）、菲利帕·杰克逊（Philippa Jackson）、弗兰切斯卡·克莱因（Francesca Klein）、萨尔瓦托雷·洛·雷（Salvatore Lo Re）、凯特·勒韦（Kate Lowe）、让－雅克·马尔尚（Jean-Jacques Marchand）、保罗·普罗卡乔利（Paolo Procaccioli）、雪莉·瑞斯（Sheryl Reiss）、诺埃米·鲁贝罗（Noemi Rubello）、戈茨－吕迪格·特威斯（Götz-Rüdiger Tewes）和弗朗索瓦·乌吉内特（François Uginet）为我提供文件和出版物，或指出书中的错误和遗漏。若书中仍有疏漏，自然是作者的问题。

我很感激亚历山德罗·皮索尼（Alessandro Pisoni）让我来到迷人的贝拉岛，让我自由访问岛上博罗梅奥档案馆，同时感谢皮埃尔·保罗·皮尔真蒂利（Pier Paolo Piergentili）让我访问梵蒂冈秘密档案馆，这让我非常有收获。

最后，路易吉·德·帕斯卡利斯（Luigi De Pascalis）在其记录详尽的红衣主教卡斯特莱西的传记中，以小说家的同理心，把自己放在可怜的马尔坎托尼奥·尼尼的位置上，尼尼身处一场比自己大得多的游戏中，最终变成了游戏的牺牲品，这也激发了我写作本书的动力。

在《佛罗伦萨史》的结尾，马基雅维利回忆道，"豪华者"洛伦佐"多次出现在他的儿女中间，出现在他们的游戏中"，因为他知道严肃与轻松、嬉戏与悲剧之间来回交替的重要性。这就是我将本书献给我的两个儿子——维戈·卢西亚诺（Vigo Luciano）和阿莫斯·奥兰多（Amos Orlando）——的原因，孩子们让我在他们的游戏间隙消遣着历史。

美第奇家族家系图

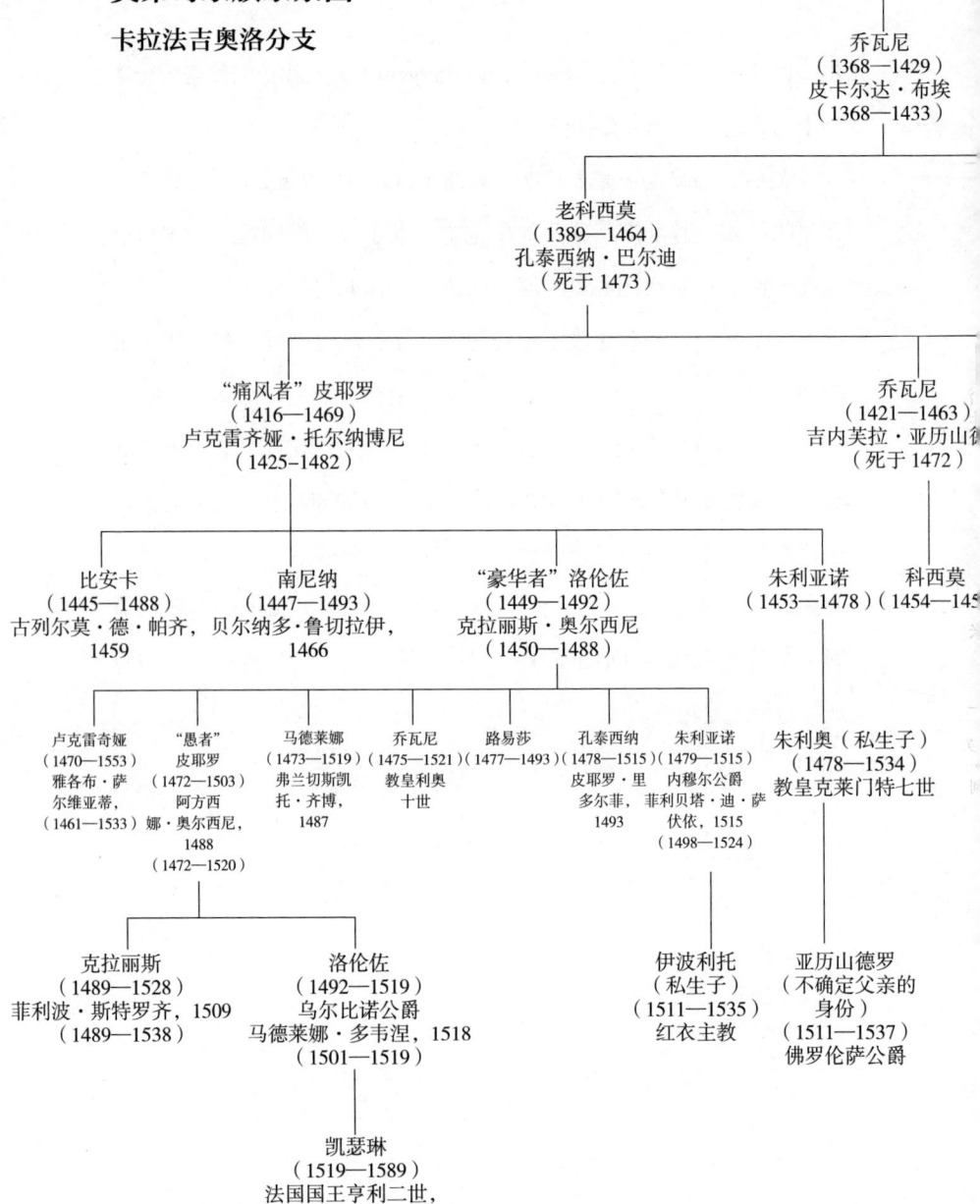

卡拉法吉奥洛分支

- 乔瓦尼
（1368—1429）
皮卡尔达·布埃
（1368—1433）

  - 老科西莫
（1389—1464）
孔泰西纳·巴尔迪
（死于1473）

    - "痛风者"皮耶罗
（1416—1469）
卢克雷齐娅·托尔纳博尼
（1425-1482）

      - 比安卡
（1445—1488）
古列尔莫·德·帕齐，
1459

      - 南尼纳
（1447—1493）
贝尔纳多·鲁切拉伊，
1466

      - "豪华者"洛伦佐
（1449—1492）
克拉丽斯·奥尔西尼
（1450—1488）

        - 卢克雷奇娅
（1470—1553）
雅各布·萨尔维亚蒂，
（1461—1533）

        - "愚者"皮耶罗
（1472—1503）
阿方西娜·奥尔西尼，
1488
（1472—1520）

          - 克拉丽斯
（1489—1528）
菲利波·斯特罗齐，
（1489—1538）

          - 洛伦佐
（1492—1519）
乌尔比诺公爵
马德莱娜·多韦涅，1518
（1501—1519）

            - 凯瑟琳
（1519—1589）
法国国王亨利二世，
1533

        - 马德莱娜
（1473—1519）
弗兰切斯凯托·齐博，
1487

        - 乔瓦尼
（1475—1521）
教皇利奥十世

        - 路易莎
（1477—1493）

        - 孔泰西纳
（1478—1515）
皮耶罗·里多尔菲，
1493

        - 朱利亚诺
（1479—1515）
内穆尔公爵
菲利贝塔·迪·萨伏依，1515
（1498—1524）

          - 伊波利托
（私生子）
（1511—1535）
红衣主教

      - 朱利亚诺
（1453—1478）

        - 朱利奥（私生子）
（1478—1534）
教皇克莱门特七世

          - 亚历山德罗
（不确定父亲的身份）
（1511—1537）
佛罗伦萨公爵

      - 科西莫
（1454—145？）

    - 乔瓦尼
（1421—1463）
吉内芙拉·亚历山德？
（死于1472）

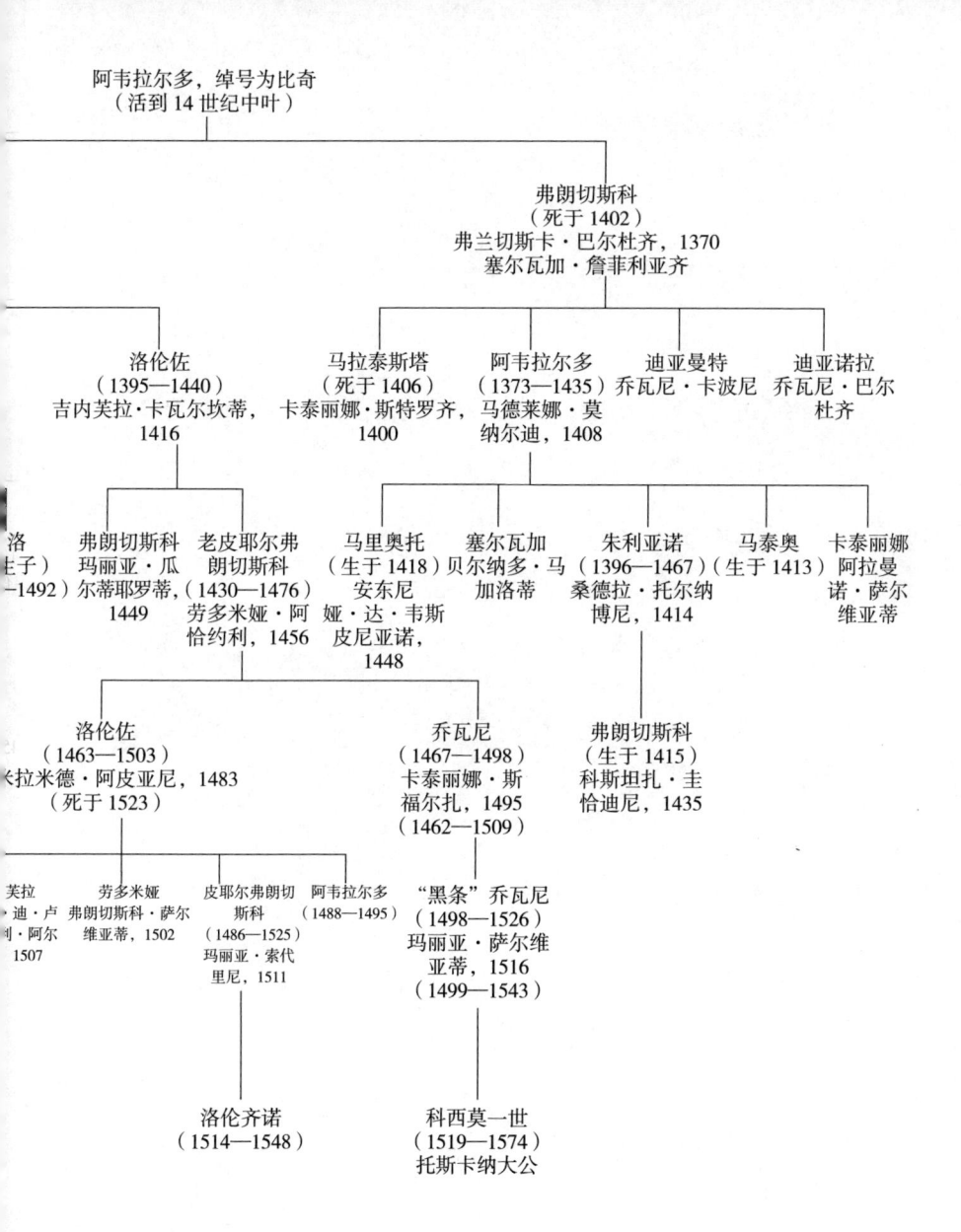

```
阿韦拉尔多，绰号为比奇
（活到14世纪中叶）
│
├─────────────────────────────────────────────────┐
│                                      弗朗切斯科
│                                      （死于1402）
│                                      弗兰切斯卡·巴尔杜齐，1370
│                                      塞尔瓦加·詹菲利亚齐
│         ┌──────────┬──────────┬──────────┬──────────┐
洛伦佐      马拉泰斯塔   阿韦拉尔多    迪亚曼特      迪亚诺拉
（1395—1440）（死于1406）（1373—1435）乔瓦尼·卡波尼  乔瓦尼·巴尔
吉内芙拉·卡瓦尔坎蒂，卡泰丽娜·斯特罗齐 马德莱娜·莫                杜齐
1416          1400      纳尔迪，1408
```

洛	弗朗切斯科	老皮耶尔弗	马里奥托	塞尔瓦加	朱利亚诺	马泰奥	卡泰丽娜
生子）	玛丽亚·瓜	朗切斯科	（生于1418）	贝尔纳多·马	（1396—1467）	（生于1413）	阿拉曼诺·萨尔
—1492）	尔蒂耶罗蒂，	（1430—1476）	安东尼	加洛蒂	桑德拉·托尔纳		维亚蒂
	1449	劳多米娅·阿	娅·达·韦斯		博尼，1414		
		恰约利，1456	皮尼亚诺，				
			1448				

洛伦佐   乔瓦尼   弗朗切斯科
（1463—1503）   （1467—1498）   （生于1415）
拉米德·阿皮亚尼，1483 卡泰丽娜·斯   科斯坦扎·圭
（死于1523）   福尔扎，1495   恰迪尼，1435
               （1462—1509）

芙拉   劳多米娅   皮耶尔弗朗切 阿韦拉尔多   "黑条"乔瓦尼
迪·卢 弗朗切斯科·萨尔 斯科   （1488—1495）（1498—1526）
阿尔   维亚蒂，1502 （1486—1525）   玛丽亚·萨尔维
1507   玛丽亚·索代   亚蒂，1516
                   里尼，1511   （1499—1543）

                   洛伦齐诺   科西莫一世
                   （1514—1548）   （1519—1574）
                                         托斯卡纳大公

图书在版编目（CIP）数据

狐狸与狮子：美第奇家族之谜/（意）马尔切洛·西莫内塔（Marcello Simonetta）著；于泽正译. 西安：世界图书出版西安有限公司，2024.7 —（美第奇家族三部曲）. —ISBN 978-7-5232-1332-2

I. K835.460.9

中国国家版本馆 CIP 数据核字第 2024AM8614 号

狐狸与狮子：美第奇家族之谜
HULI YU SHIZI : MEIDIQI JIAZU ZHI MI

作　　者	［意大利］马尔切洛·西莫内塔
译　　者	于泽正
责任编辑	王婧姝
书籍设计	鹏飞艺术
出版发行	世界图书出版西安有限公司
地　　址	西安市雁塔区曲江新区汇新路 355 号
邮　　编	710061
电　　话	029-87233647（市场部） 029-87234767（总编室）
网　　址	http://www.wpcxa.com
邮　　箱	xast@wpcxa.com
经　　销	新华书店
印　　刷	北京天恒嘉业印刷有限公司
开　　本	960mm×640mm 1/16
印　　张	24.75
字　　数	242 千字
版　　次	2024 年 7 月第 1 版
印　　次	2024 年 7 月第 1 次印刷
国际书号	ISBN 978-7-5232-1332-2
定　　价	56.80 元

版权所有　翻印必究
（如有印装错误，请与出版社联系）

VOLPI E LEONI: I MISTERI DEI MEDICI
© 2014 by Marcello Simonetta
Published by arrangement with Agenzia Santachiara
© 2014 RCS Libri S.p.A., Milan
© 2017 Rizzoli Libri S.p.A. / BUR Rizzoli, Milan
© 2018 Mondadori Libri S.p.A. / BUR, Milan
The Simplified Chinese edition is published by arrangement with
Niu Niu Culture
Simplified Chinese translation copyright © 2024
by Phoenix-Power Cultural Development Co., Ltd.
All rights reserved.

著作权合同登记号　图字：10-2021-110 号